KB102570

함석헌과 왕양명
그리고 오늘의 한국 사회

생각과 실천 3집

함석헌과 왕양명 그리고 오늘의 한국 사회

2020년 1월 10일 초판 1쇄 인쇄
2020년 1월 17일 초판 1쇄 발행

지은이 | 강종일 김대식 김영호 김정곤 박선균
           이민용 이은선 임헌영 최재목 황보윤식
엮은이 | 함석헌학회
펴낸이 | 김영호
펴낸곳 | 도서출판 동연
등 록 | 제1-1383호(1992년 6월 12일)
주 소 | 서울시 마포구 월드컵로 163-3
전 화 | (02) 335-2630
팩 스 | (02) 335-2640
이메일 | yh4321@gmail.com

Copyright ⓒ 함석헌학회, 2020

ISBN 978-89-6447-539-3 93150

생각과 실천 3집

함석헌과 왕양명
그/리/고 오늘의
한국 사회

함석헌학회 지음

동연

'다면불' 함석헌과 시대적 이단아 양명학의 만남

각계 인사의 성원에 힘입어 함석헌학회가 창립된 지도 10주년이 된 시점이다. 되돌아보고 앞을 내다볼 때다. 함석헌에 대한 이해와 연구는 그의 다채로운 행적과 대하 같은 사상을 다루어야 하기 때문에 결코 쉬운 작업이라 할 수 없다. 그는 단순한 선비나 학자가 아니고 역사의 중요한 길목에서 사유하고 참여한 사회운동가, 사회개혁가였다. 그가 남긴 저술과 강연 기록은 방대하고 거기에 담긴 독창적인 사상은 스펙트럼이 넓고 깊다. 그래서 그를 '만물상'이라 부른다. 불상으로 말하면 '다면불'(이민용)이다. 장님들이 만진 코끼리와 같다. 코끼리가 실체(진리)라면 장님들의 만진 부분은 기껏 부분적 실체(진리)일 뿐이다. 그것을 전체적 진리로 오인하기 때문에 장님이다. 이 비유가 유래한 인도사상과 불교에서는 부분적 실체조차 부정한다.

인도철학의 부정적 인식론을 넘어서 원효대사는 긍정적 화쟁(和諍)-회통(會通)의 논리로 '장님들이 지각한 코끼리(전체)가 코끼리 아닌 것도 아니지 않는가'고 묻는다. 부분적 진리와 세속적 진리(俗諦)를 인정하는 태도다. 이것이 인도불교와 중국불교와도 다른 한국불교 나아가서 한국사상의 특성이다. 함석헌은 연개소문-원효-최치원-민족종교로 이어지는 전통의 흐름에 서 있는 토착 사상가로 분류되어야 맞다. 그것이 우리가 찾아낸 함석헌의 사상적 정체성이다. 그 토대 위에서 앞으로의 연구가 더 나아가야 한다. 그는 기독교사상의 아류가 아니다. 그의 성서 해석은 독창적이다. 그의 신은 인격신만이 아니고 중국의 천, 도, 인도의 브라만, 한민족의 한울님까지 아우르는 보편신, 우주신, 다면신이다.

한 종교가 전체가 아닌 부분적 진리만을 표상한다는 시각은 현대 서양 종교학자들이 종교다원주의의 근거로 삼는 요소다. 다원주의는 한국인에게 삼교(유불선)가 종교의 역할을 분담한 삼국시대부터 몸에 배인, 원리였다. 서구 사회는 20세기에 들어와서야 다원주의에 입각한 종교학이 태동했다. 기독교가 종교였던 서구 사회가 다원주의적 시각을 갖게 된 것은 식민지 인도의 언어와 문화를 연구하다가 그 심오한 전통에 놀라 세계 종교를 연구하면서부터였다. 그가 바로 종교학의 비조가 된 독일 출신 옥스퍼드대 교수 막스 뮐러였다.

뮐러가 채택한 원리는 (원래 괴테가 언어에 적용한) '하나만 아는 자는 하나도 모른다'(He who knows one knows none)였다. 그것을 종교에 대입하면 '한 종교만 아는 사람은 그 하나도 아는 것이 아니다.' 함석헌도 그 나름으로 도달한 원리가 '한(자기) 종교의 온전한 이해에 이르려면 다른 모든 종교를 이해함으로서만 가능하다'는 취지였다. 그가 뮐러를 알고 있지 못했으므로 우연의 일치일 뿐이다. (1970년대 초를 전후하여) 서구 대학에서 '세계 종교' 과목이 필수교양으로 편성되기 시작한 데서 그 근거를 여기서 찾을 수 있다(함석헌의 선견지명을 다시 확인해주는 사례다). 이후 종교학은 초기에 종교과학(religionswissenschaft, science of religion)으로, 이어서 비교종교(comparative religion)로 불리게 된다.

배타주의적인 입장을 아직도 고수하는 보수적인 종교인들은 다원주의를 거부한다. 원효가 사용한 비유로, 평생 자기가 판 우물에 갇혀 자기가 본 하늘이 전부라고 믿는 우물 안 개구리가 된다. 한국 종교 지도에서 그렇지 않은 신자들이 얼마나 될까. 그들에게 함석헌은 이단이었다. 그는 이단과 정통의 구분을 없애고 이단이라면 다 이단이 아니냐고 맞받아쳤다. 특히 주자학만 정통으로 취급한 조선조에는 양명학도 이단이나 마찬가지였으므로 두 이단이 비교종교(사상)의 맥락에서 만난 격이 된다. 정통보다 이단이 더 창조적이기 쉬우므로 생산적인 담론의 장이 될 것이 분명하다. 논의를 활성화하는 취지에서 요약과 논평을 곁들어보자. 원효의 화쟁론식 회통적 접근이 바람직하다. 그것은 함석헌의 문법과도 상통한다.

종교학의 관점에서 접근한 「함석헌의 울타리 벗기기」(이민용)는 의도한 대로 우리에게 성찰의 기회를 제공한다. 학회가 출발한 지도 10년이 된 시점에서 필요한 일이다. 함석헌을 미리 정한 테두리나 틀에 가두어 해석하는 것은 환원주의, 본질주의의 한계를 갖는다고 본다. 그가 '보편종교'라고 말하지만 과연 그런 것이 있는가 묻는다. 종교는 처음부터 정해진 조형(prototype)이 있는 것은 아니다. 개별 종교전통이 있을 뿐이다. 그가 믿는 예수는 신화로 덧씌운 존재가 아니다. 역사적 예수에 충실하지만, 동시에 함석헌은 영적 차원을 강조한다. 부활도 영적 부활이다.

그가 무교회주의를 벗어난 것은 꼭 우치무라의 대속사상만이라기보다는 한국 무교회주의자들이 모임을 또 하나의 교회처럼 만들려고 하는 모순된 행동을 참을 수 없었기 때문이라고 볼 수 있다. 장기려 박사(의사)에게 그가 새삼 신앙고백을 해야 했던 것은 당시 크리스천들이 함석헌의 다원주의적 종교관을 이해할 수준이 아니었기 때문이다. 신앙은 주격, 목적격이 없는 개념이란 것, 즉 누가 누구를 믿는다고 분별할 수 없는 것, 그러니까 누구를 믿던 신앙은 한 가지라는 말은 폭탄선언이었을 것이다(그것은 하버드 세계종교연구소를 주도한 캔트웰 스미스의 입장과 일치한다).[1] 그와 동시에 그것은 한 개인이 다양한 종교나 신앙을 가질 수 있음을 의미한다. 한국인도 역사적으로 누적된 종교들을 정신 세포 속에 지닐 수밖에 없다. 인용된 황필호 교수도 한국인이 어떤 종교를 새로 믿는다고 할 때 그것은 개종(改宗, conversion)이 아니라 기존의 신앙에 덧보태는 가종(加宗, add-version)이라고 보았다. 함석헌도 종교적으로 내 님이 다섯인 '갈보'로 비유하고 끝없이 열린 자세를 표명했다. 민족의 고유한 다중적인 신앙을 떳떳이 고백하지 못하는 것은 배타주의적인 외래 종교의 압박 때문이다. 그는 외래 종교들 아닌 고유한 우리 종교를 우리가 못 갖는 것을 부끄러워했다. 자칫 자기 종교의 테두리에서만 함석헌을 보는 것은 한계를 지닌다는 지적은 경청할 만하다.

왕양명의 '양지'와 함석헌의 '씨올'의 비교(이은선)는 공간과 시대

---

1 은퇴 후 고향 토론토에서 말년을 보내고 있는 스미스 교수를 방문했을 때 그는 열세 번째 마지막 저술을 완성하는 과정이며 그때 불교 경전을 열심히 읽고 있다고 하기에 신앙의 정체성을 묻자 그는 다중(多重)적 정체성을 말했다. 주 신앙 앞에 수식어가 붙는 '불교도-이슬람-힌두-크리스천'(Buddhist-Islam-Hindu-Christian)이라 할 수 있다는 식이다. 그는 이슬람을 전공하고(토론토대, 프린스턴대) 크리스천 선교단체의 일원으로 인도에 가서 봉사하다가 힌두교와 이슬람 문화에 접하면서 비교종교, 세계 종교 학자로 거듭났다. 마치 미국 교포가 한국계-미국인(Korean-Canadian)으로 불리거나 이중 국적자가 되듯이 이중(다중) 교적(敎籍)이 서구에서 일반화되는 경향이다. 그 가운데 불교도-크리스천(Buddhist-Christian)이 대세다. 절충주의적인 신앙의 자기 조립이 서구 젊은이들의 추세다. 어떤 한국 목사가 미국 교포들에게 '부처는 태어나지 말았어야 할 존재'라고 설교할 만큼 한국기독교는 뒤처져 있다. 유례없는 교회 세습도 후진성을 드러낸다.

를 격한 두 사상이 어떻게 마주치고 있는가를 다양한 측면에서 보여준다. 몇 가지 두드러진 접촉점을 들자면,

1) 지식과 실천행동의 일치(知行合一). 왕양명에게 '지(知)의 완성'으로서 행(行)은 그대로 함석헌에게도 적용된다. 20세기 한국 사회를 대표하는 '행동하는 양심,' 행동하는 지성을 묻는다면 누구보다 함석헌이다. 왕양명처럼 그에게도 행동을 수반하지 않은 지식은 참지식이 아니다. 그는 시대마다 감옥에 들락거리며 불의와 독재에 저항하고 투쟁한 사회개혁가였다. '양심'의 강조에서도 둘은 만난다. 다만 왕양명은 양심보다 양지(良知)를 강조한다. '마음의 선한 직관력'인 양지와 양심이 다 마음의 생래적인 타고난 기능이라는 점에서 다르지 않다.

2) 내면성의 강조. '심즉리'(心卽理)가 가리키듯이 이치(진리)를 바깥에서, 주자의 '격물'처럼, 물체 속에서 찾는 것이 아니고 마음 안에서 찾는다. 인의예지신(仁義禮智信)도 자기 내면에서 찾고 우러나는 것이어야 한다. 양명의 이(理)는 ―'이해'(理解)처럼― '생각하는 일'(reasoning)을 뜻한다고 해석하고 '생각하는 백성', '생각하는 씨ᄋᆞᆯ'에서처럼 생각(사유)을 유난히 강조한 함석헌과 접속시킨다(종교의 내면성을 거듭 거론한 함석헌은 '하늘나라는 너희 안에 있다'는 예수의 선언을 주목했다. 그가 참여한 무교회 신앙도 외형적 조직에서 탈피하는 운동이고 퀘이커의 예배는 '속의 빛'을 찾는 명상이 위주다. 그는 '대인' 글 주석에서 왕양명과 퀘이커를 '다 속정신을 주장하는 사람들'로 분류한다).

3) 깨달음. 의식의 진화에서 획기적인 변곡점은 깨달음(대각, 대오)이라 부르는 종교체험이다. 두 사상의 뛰어난 독창성(originality)은 그만큼 큰 인식의 변환('존재 사건')에서 출발한 것이다. 왕양명의 (용장) '대오'와 함석헌의 생사를 넘나든 관동 대진재의 체험('仁愛의

불길')이 의식의 전환점으로 설정된다. 전자는 '심즉리'(心卽理)의 이치와 '지행합일'의 실천론을 낳는다. 후자는 인간 및 사회의 실상과 자신의 실체를 깨닫게 만들었다. 두 가지 체험이 큰 전환점이었지만 이에 그치지 않고 다른 체험들이 연이어 일어나 더 많은 사상의 가지를 생성시켰다(함석헌에게는 신의주학생사건, 투옥 체험 등이 보태져 깨달음이 확대된다). 일회성 대오, 대각이 아니라고 축적된 깨달음이다.

4) '대인'(大人)/'한 사람'. 이상적인 인간형으로 왕양명은 '대인'을 제시한다. 여기에 함석헌은 '한 사람'을 대응시킨다('큰'을 포함 다의적인 '한'은 '한'민족의 옛 정신으로 그것을 구현한 이가 '한 사람'이다. 옛 선비, 온달, 원효 화랑들이 다 한 사람이다. 왕양명의 표현대로 '우주를 한 몸으로 본' 이들이다[저작집 24:463]. 잃어버린 '한' 정신은 씨올 속에 갈무리되어 있으므로 다시 찾아내서 드러내면 된다).

두 사상의 접촉점을 찾는 분석을 통해서 논자는 유학자의 시각에서 함석헌이 진유(眞儒), 참 선비(유자)이며 나아가서 유학의 보편성을 드러낸 '통유'(通儒)로 분류한다. 사실 유학은 시대정신에 맞는 그의 참신한 해석을 통해서 보편종교, 세계 종교로 거듭날 수 있다. 그 한 가지 예가 '수신제가치국평천하'(修身齊家治國平天下)의 순서를 거꾸로 바꾸는 해석이다. 지금은 평천하가 우선이다. 결론에서 논자는 양명의 양지(良知)와 함석헌의 씨올을 큰 테두리에서 통합을 논한다. 진리의 정상으로 가는 모든 길은 결국 만난다는 의미에서 통합은 비교종교에서 무리한 목표가 아니다.

통합이 무리일 수 있다는 주장에도 일리가 있다면 그것은 사상 형성의 실존적인 배경이 서로 다르다는 점에서 가능하다. 양명은 선비로서 당시 사회의 상류계급에 속한 엘리트라면 함석헌은 평범한 상인 계층 출신이다. 또한 당시 군주의 지배원리를 제공한 주자와 주자학을 비판할 정도라면 그는 고도의 형이상학적 사유와 탐구를 단독으로 할 수 있는 입지에서 민중의 삶과는 동떨어진 이론을 세우지 않았을까 의심된다. 그에 비해서 함석헌은 상류층 문화와 상아탑에서가 아니고 역사와 사회의 현장에서 민중과 함께 수난을 겪으면서 통찰하고 사유했다. 알고 보면 왕양명도 보통 선비가 아니라 직업군인으로서 변방에서 근무하면서 '민중의 비참과 고통' 앞에서 무력감을 느끼는 정도였다면 의구심은 다소 해소된다.

"우치무라 간조(內村鑑三)의 양명학 이해"(김정곤)는 함석헌과는 직접적인 관련은 없는 주제이지만 우치무라가 그의 사상 형성에 어떻게 영향을 끼쳤는지 알려준다. 그것은 긍정적, 부정적 양면에서다.

긍정적인 측면으로,

1) 우치무라의 '만인구원론'은 개인구원론을 넘어선 함석헌의 인류구원론과 상통한다.

2) 일본 중심주의와 국가 중심주의의 초월은 함석헌의 민족주의·국가주의의 극복과 닮았다(일본 중심주의는 이론의 여지가 없지 않다. 자전적인 글에서 함석헌이 우치무라에게서 실망한 요소 중의 하나로 기술한다. 우치무라가 무사도와 기독교를 융합한 '일본적 기독교'를 주장한 것을 두고 함석헌이 일본 중심주의의 그림자를 보았는지도 모른다).

3) '무교회주의자들'의 '1인1교회주의'는 함석헌의 '개개인이 교회'라는 주장과 일치한다.

4) 우치무라의 '세계인'(Weltmann)은 함석헌의 세계주의를 연상시킨다.

5) 우치무라의 '우주적 인간'(우주인)은 함석헌의 '우주인'과 유사하다.

6) 우치무라가 '양지'(良知) 대신 '양심'을 사용한 것은 '양심'을 중시한 함석헌과 비슷하다.

위 접촉점들이 반드시 영향을 받았기 때문이라고 단정할 수는 없다. 힌트를 얻고 스스로 사유하는 과정에서 확신을 갖게 될 수 있다. 나름대로 사유한 결과 둘이 마주쳐서 스파크가 일어났을 수도 있다. 한 가지 예로, 함석헌이 역설한 전체 및 전체주의(전체론)에 대한 암시를(1970년 전후) 샤르댕에게서 받았다고 했지만 검증해보면 그것은 이미 훨씬 전(1940년대 후반)에 뚜렷하게 싹트고 있었다(「아름다움에 대하여」 참조).

부정적인 측면에서,

1) 우치무라가 '대속', '십자가 구속'을 내세운 반면에 함석헌은 자기 노력과 희생에 의한 구속(자속)을 강조한다.

2) 우치무라는 내세론에서 영과 더불어 육체의 부활을 주장하지만 함석헌은 영의 부활만을 인정한다. 예수의 부활도 영적이다.

양명학에 대한 태도도 똑같지 않다. 우치무라는 메이지 유신을 계기로 수입된 양명학의 영향을 적지 않게 받은 것으로 기술된다. 함석헌은 여느 한국인처럼 문화적, 윤리적으로 유교의 영향을 받은 것은 맞지만 종교적, 영성적 차원에서는 크게 기대지는 않았다. 경전을 자주 인용하지만 주로 원시유교 즉 사서삼경, 특히 공맹을 주로 말하고 주자, 양명 등 신유학(성리학)은 자주 인용하지 않았다. 사상적으로 공유하는 부분과 접촉점이 의외로 많음이 이번 발표를 통해서 드러난 것은 두 사상의 독창성과 보편성을 보여준다.

열거한 일치점과 차이점은 이 논문에서 거론된 것들이다. 이외에도 다른 점들이 더 있을 수 있다. 일치가 차이보다 많다. 따라서 한두 가지, 특히 구속론의 차이로 함석헌이 무교회 모임과 결별했다고 보는 것은 단순 논리다. 그것이 사실이라면 이미 우치무라 생전에 갈라섰을 터이다. 1950년대 후반에 한국 모임과 결별했을 뿐이다. 그 이유는 무교회 정신과 배치되는 행동으로 모임을 또 하나의 조직('무교회')으로 만들려 했기 때문이다. 무교회는 우치무라만의 독점물이 아니다. 함석헌은 함석헌대로 자신이 그린 무교회 신앙을 구축할 수 있다. 대속 같은 우치무라의 성서 해석을 다 흡수해야 하는 것은 아니다. 누구나 선택적으로 자기만의 신관, 종교관을 갖듯이 무교회도 다를 수 있다. 비록 모임을 떠났지만 그는 무교회주의 정신을 지니고 살았다. 우연히 퀘이커 신앙을 채택한 것은 그 '친우회'가 가장 비조직적인 단체이며 평화주의를 실천하기 때문이다. 그는 조직적인 악에 대항하기 위해서는 최소한의 조직이 필요하다고 보았다.

"왕양명과 함석헌에게 있어 둘러-있음의-세계에 대한 현재화와 존재인식"(김대식)이 설정한 목표는 '자연철학적 관점을 공유하고 있는 그들의 철학과 사상을 통하여 오늘의 인간과 환경문제를 조명하는 단초를 찾아내는 것'이다. 그 방법은 '왕양명의 심즉리(心卽理)와 함석헌의 바탈 혹은 생각(정신)이라는 두 개념이 갖는 환경철학적 함의를 풀어 밝히는 것'이다. 왕양명이 '천지 만물'과 '인간'은 본래 '일체'(一體) 또는 '동체'(同體)라고 보았다는 의미에서 "'마음'은 주객으로 이원화된 개개인의 마음이 아니라 일원화된, 즉 자연 생명 전체를 포괄하는 '천지 만물의 마음'"으로 해석한다. (너/나, 선/악 등 분별을 넘어선, 일원론적, 전체론적 존재론과 생명관을 전개한) 함석헌도 이와 다르지 않다. "왕양명의 '심즉리'와 매우 흡사한 생태 사상을 잘 드러내 주고 있다."

근래 기후변화와 연관된 지구환경의 문제가 더 심각해지는 만성

환경질환을 앓고 있는 상황에서 필요한 탐색이다. 동서를 아우르는 정밀한 분석을 통해서 도달한 처방은 무엇일까. 문제의 해결방안을 레비나스의 '나-너(Ich-Du)의 상호 거리-둠/상호 인정 윤리'를 통하여 '타자인 자연에 대해서 무한히 책임을 지는 환경존재론 혹은 자연존재론의 확립'에서 찾고 '그 가능성과 실마리는 왕양명과 함석헌의 마음철학, 바탈철학에서 잘 드러났다'고 본다. 동/서, 전통사상/현대사상을 융합한 바람직한 처방으로 보인다(다만 두 동양사상가의 물/아[심/물]일체관, 너/나 한 뿌리[汝我同根]관, 자타불일自他不二관과 서양철학자의 '너-나의 상호 거리'를 인정하는 이원론적 자타불일自他不一관 사이의 간격을 극복하는 과제가 남아있다. 이와 더불어 함석헌의 '바탈'이 존재론적으로 본성本性을 가리킨다고 본다면, 그것은 양명의 '심즉리心卽理'보다는 주자학의 '성즉리性卽理'에 더 가까울 수 있다. '마음 바탈'이 유의미한 복합어가 된다면 해명될 수 있을지 모른다).

"함석헌 사상의 배태와 전개(중반기)"(김영호)는 『함석헌저작집』(제19권 '영원의 뱃길')의 내용 분석이다. 함석헌 사상의 스펙트럼은 사유의 질료가 된 굴곡진 20세기 역사만큼 넓고 다양하다. 분야로 말하면 인문학, 사회과학을 두루 아우른다. 종교적, 철학적 주제에서 정치적, 경제적 구조와 당면한 사회적 현안에 이르기까지 망라한 대하사상이다. 그는 개인구원, 민족구원을 넘어 인류구원을 사명으로 인식했다. 구원, 구제는 종교의 최종 목적이다. 궁극적 가치를 가르치는 종교는 함석헌의 사유의 일차적 원천이며 토대가 된다.

오늘 우리가 만나는 그의 사상은 오랜 배태 및 숙성 과정에서 나온 결정체다. 자기 안에서 자라고 있던 생각이 다른 사상들이 제시한 이론과 가설을 접하고 스파크가 일어나 확증된 경우가 많다. 민중사관(마찌니), 전체론(샤르댕)이 대표적이다. 비폭력주의나 무교회주의인들 자기 안에서 싹트지 않았다고 할 수 있을까? 역사가, 종교인으로서 폭력과 전쟁에 대한 저항감, 당시 한국교회에 대한 회의가 늘 잠재하고 있었던 터였다. 함석헌 사상의 전체 내용에 접근하기는 쉽지 않다. 여러 갈래 사상들이 학술적인 저술보다 많은 글과 강연 기록에 산개되어 있기 때문이다. 어느 글을 봐도 대체로 여러 가지 사상이 농축되어 있는 경우가 많지만 한 권으로 묶인 자료 속에서 전체적인 모습을 더 선명하게 엿볼 수 있다.

여기서 분석 대상으로 삼은 저작집(30권) 중 한 권(19)에 포함된 24편의 단문은 종교와 신앙에 관한 주제들이지만 신앙만 아니라 사회적 현실에 대한 비판적 분석이 담겨있다. 그 전형적인 글이 "제2의 종교개혁"(139-168쪽)이다. 종교만 아니라 경제, 정치, 학문, 교육, 사회, 문명 전반의 개혁을 다룬다. 모든 개혁이 함께 이루어져야 한다(오늘도 나타나는 정치와 보수신앙과의 유착이 그 증거다). 서양 역사에서 보듯이 종교개혁이 (르네상스, 정치혁명, 산업혁명 등) 모든 개혁의 발판이었다. 종교개혁은 단순히 조직종교의 변화가 아니라 '새 세계관의 수립'을 뜻한다. 온전한 세계관이 없이 새로운 세계를 건설할 수 없다(종교를 세계관으로 보는 비교종교학자 니니안 스마트에 앞선 선구적 주장이다). 그 세계관은 물질이 아닌 정신이 핵심이다. 서구 물질문명을 극복한 정신문명이 등장할 차례. 탐욕에 빠져 모두 정신없이 살아가는 정신 빠진 한국 사회가 가야 할 길이다.

"함석헌의 세계주의와 평화사상"(황보윤식)은 저작집 제13권(『우리 민족의 이상』)의 분석으로 1961-89년 어간에 발표한 글 모음이다. 이 기간은 그가 야인 생활을 박차고 사회운동에 참여하여 반군사독재와 민주화운동에 앞장선, 거의 한 세대 기간에 해당하므로 그의 생애 후반부에 전개된 사상과 실천 양면을 자세히 엿볼 수 있다. 두 차례나 투옥한 경험이 있는 역사가의 입장에서 3.1운동 이후의 현대사를 자세하게 요약한다. 역시 종교(기독교)적인 주제가 많지만 민족과 관련된 부분(문단)을 모으면 민족과 민족주의의 문제를 충분히 스케치할 수 있다. 역사적인 배경도 참고가 되지만 여기에 인용된 풍부한 본문(말씀)이 다시 우리를 일깨워준다.

왜 함석헌이 인류가 국가주의, 민족주의를 넘어서야 할 단계에 이르렀다 하는가, 이에 대한 역사적인 근거가 제시된다. 그 연장 선상에서 함석헌을 아나키스트로 규정한다. 함석헌이 '비인간적 정치 질서, 불평등의 경제 질서, 엘리트 중심의 사회질서'를 거부하는 아나키즘의 특성을 공유하기 때문이다. 이론의 여지가 없지 않다.[2] 여

2 함석헌을 아나키스트라고 해서 틀렸다고 할 수는 없다. 여기서 열거된 특성을 공유하고 있기 때문이다. 다만 다면불처럼 다른 측면과 시각도 있을 수 있다. 장님들이 자기가 본 코끼리만 옳다고 할 수는 없는 것과 같다. 일면만이 전부라고 고집하는 것은 마치 함석헌의 종교관이 신비주의의 특성을 공유한다고 해서 그를 신비주의자라고 단정할 수 없는 것과 같다. 국가주의 극복을 초국가주의, 탈국가주의로 말할 수는 있지만, 기존 국가가 아니고 다른 형태(소규모)의 국가(공동체)가 대안이 될 수도 있지 않을까. 국가주의와 함께 그와 병행하는 민족주의 너머 세계주의를 내다보면서 무국가나 무정부 사회를 소망했을까. 그가 민족과 민족주의를 구분했듯이 국가와 국가주의를 구분할 수도 있지 않을까. 그는 어떤 자칭 민족주의자보다 더 충실한 민족주의자였다. 그와 동시에 세계주의자이기도 했다. '주의'가 다른 입장을 배제하는 배타적인 개념일 수는 없다. 인간이 선과 악 양면성을 갖는 것과 같다. 우리도 민족주의자 겸 세계주의자가 되는 것이 좋다. 민족은 남북을 하나로 다시 묶는데 필요하고 세계는 민족의 꿈을 펼치는 장으로 필요하다. 국가주의의 극복을 이야기할 때 함석헌이 특히 경계하는 대상은 대국가주의(제국주의 포함), 국가(정부)지상주의였다. 물론 독재국가도 문제. 현실적으로 위에서 열거한 조건을 충족한 국가체제가 가능하다. 함석헌은 스위스나 북구 나라들(小强國)을 모범 국가로 보았다. 직접 방문하기도 했다. 그 같은 복지국가를 극복해야 한다고 말할 수는 없다. 그는 또한 세계주의 단계에서 세계가 하나가 된다면 필요한 세계정

기서 말하는 아나키즘은 일반적으로 알려진 '무정부주의'와는 다른 것으로 이해된 듯하다. 그렇다면 논쟁의 소지가 적어진다(그 경우 아나키즘은 뭐라고 번역할 수 있을까?).

이 글에서 중요하게 다룬 또 한 가지 주제는 민족(성) 개조의 문제다. 함석헌은 민족으로서 우리가 고쳐가야 할 단점을 섬세하게 짚어 냈다. 역사를 읽고 체험적으로 찾아낸 것들로 누구나 수긍할 만한 진단이다. 특히 교육, 종교, 정치 분야에서 반영되어야 할 내용이다. 반세기도 전에 지적한 사항들이 오늘에 와서 더욱 유효하게 보인다는 데 문제의 심각성이 있다(예를 들면, 자존감의 부족은 수구적인 정당과 종파가 민족보다 일본과 미국에 더 충성하는 모습에서 나타난다).

두 원로(박선균, 문대골)의 글은 함석헌 선생을 가까이 모시고 '씨올의 소리' 발간, 씨올농장장공동체, 민주화운동 등에 참여한 대표적인 씨올꾼의 생생한 기록이다. 한국 현대사의 중요한 대목에서 역사의 현장을 목도한 두 증인은 일찍이 말씀을 읽고 감응하여 실존적 결단을 내리고 이후의 삶을 씨올운동에 투여했다. 생애와 사상의 이해에 도움이 될 것이 분명하다.

부 수립 제안을 환영했다. 국제연합은 그 초기적인 형태다. 함석헌은 유엔군의 한국전 참전을 획기적인 사건으로 보았다. 노장의 무위자연 사상을 미래의 새 문명의 원천으로 생각한 그가 자연공동체를 이상으로 삼았다면 소국가나 세계정부도 최선이 아닌 차선의 대안일 수 있다. 그렇다면 아나키스트 주장이 더 타당성을 갖게 된다. 어떻든 위에서 시도한 셈이 되었지만, 어떤 진리 주장이나 주제든지 원효가 내세운 화쟁 논법으로 접근하는 것이 가장 합리적인 방법이 아닐까. 앞으로 구체적으로 어떤 종교, 어떤 사회가 등장할지 알 수 없다는 것이 함석헌의 입장이다. 오직 하나님만이 결정할 일이다(神意史觀에 부합한다). 나아가서 안 보이는 신의 아바타가 보이는 전체이므로 민중 전체가 결정해갈 일이라는 것이다.

이 책이 발간되기까지 여러 학자의 도움이 컸다. 수년 전 영남대에서 개최한 양명학회(회장 최재목 교수)와의 합동발표회는 우리가 계속 추구해야 할 비교 연구의 전형이 될 것이다. 보수적인 지역 풍토에서 함석헌을 논의한 것은 큰 의의가 있었다는 평가였다. 행사를 주관한 최재목 교수의 공력이 아니었으면 불가능한 일이었다. 근래 날로 악화되는 출판 환경 등 제반 사정으로 계획보다 출간이 늦어진 것을 발표자 여러분에게 사과드린다. 어떤 것은 다른 학회지에 이미 게재되었을지도 모르지만 독자층이 다른 이 책은 이것대로 의의가 있으리라 본다. 이민용 교수(한국종교문화연구원 이사장)과 윤영천 교수(인하대)는 번갈아가며 초기 편집을 맡아 편집위원 역할을 수행했다. 황보윤식 박사는 출판사를 주선하고 출판작업을 함께 마무리했다. 모든 분에게 깊은 감사를 드린다. 창립 10주년이 지난 시점에서 다음 10년을 후속 씨올꾼들이 급변하는 세계와 사회환경에 걸맞은 새로운 모습으로 이끌어 가리라 기대한다. '진리의 바통'은 이어져야 한다.

김영호

(인하대학교 명예교수)

차 례

깨어난 백성이라야 산다
― 깨달음, 이성, 집단지성, 개혁

김영호

(인하대학교 명예교수)

I. 한국 사회 어디로 가나(쿠오바디스)

저 신문장이들을 몰아내라. 잡지장이, 연극장이, 라디오 텔레비장이들을
모두 몰아내라. 그놈들 우리 울음 울어달라고 내세웠더니 도리어 우리 입
틀어막고 우리 눈에 독약 넣고 우리 팔다리에 마취약 놔버렸다. 그놈들 소
리 한댔자 사냥군의 개처럼 짖고 행동한댔자 개가 꼬리치듯 할 뿐이다. 쫓
아내라(1970) (저작집 2:305; 함석헌 사상 깊이읽기 3:515).

한국 사회는 목하 대치 국면이다. 어느 때라고 그렇지 않은 때는
기억에 없지만 오늘의 현실은 어느 때보다 더 심각한 양상으로 보인
다. 함석헌은 남북분단이 정신분열의 상징이라 했는데 거기에다 동
서, 여야, 보수·진보까지 더해 핵분열 직전 상태다. 그야말로 동서남
북으로 갈래갈래 찢어진 나라가 되었다. 방책이 없는 극한대립, 백약

이 무효인 분열증 발작 상태로 진단된다. 문제는 이것을 통제할 장치가 없거나 있더라도 가동될 수 없고 심판 기준이 없다는 것이다. 전통적, 종교적인 윤리 도덕은 이미 작동을 멈춘 지 오래다(누가 아직도 10계명, 5계를 지키고 있는가). 오직 남은 것은 법이다. 그러나 법은 지키고 있는가. 가장 법을 지켜야 할 검찰이 법대로 수사하고 있는가. 과연 헌법의 출발점 '대한민국은 민주공화국' 조항에 충실한가부터 따져봐야 한다. 헌법은 놔두고, 수사 과정에서 기본적인 무죄 추정 원칙과 피의사실 공개 금지를 위반하는 위법단체가 바로 검찰이다. 재판과정에서 그것만으로도 그들의 모든 수사는 원천무효로 판정되는 것이 옳다. 말은 '법대로'라고 하지만 '법대로'가 아니고 검찰 맘대로 해석하는 법이다. 무소불위한 검찰이 법이다.

세계도 동서, 남북, 중동으로 갈려있는 판세라 한국은 안팎으로 시달리는 형세다. 밖은 다스릴 수 없어도 안이라도 단속해야 살아남을 수 있지 않은가. 뉴욕타임스는 한국 휴전선을 중동의 골란 하이츠를 제치고 세계의 가장 위험한 화약고로 꼽았다. 동서남북으로 열강(중, 미, 러, 일)이 압박하고 있는 정치지형 속에서 우리는 어디로 가고 있는가. 민족으로서 참으로 난감한 처지다. '한국 어디로 가고 있는가.' 이것은 함석헌이 쓴 글과 마지막 인터뷰의 주제였다. 반세기가 지난 오늘 다시 물어야 할 화두다. '한국 사회 쿠오바디스'. 할리우드 영화가 한국 사회를 풍미하기 시작한 초창기에 히트한 영화 가운데 〈쿼바디스〉(1951년작, 머빈 르로이 감독/로버트 테일러 주연)가 있었다. 로마 시대의 정치적 쟁투를 소재로 한 영화로 생각된다. 그 말은 원래 기독교 성서(요한복음)에 나오는 문장으로 "주여 어디로 가시나이까"의 뜻이다. 주가 아닌 한국 사회의 방향과 목표는 무엇인가. 누가 설정하는가. 군주 같은 개인이 설정하는 시대가 아니다. 나라의 주체인 백성(인민), 민중이 한다. 전체가 한다. '민중'(씨ᄋᆞᆯ)과 '전체'는 함석헌이 찾아내 부각시킨 개념이다. '씨ᄋᆞᆯ'과 더불어 함석헌 사상의 키워드다. 기독교 같은 유신론 종교에서는 신(하나님)으로 대치시킬 수 있다. 함석헌은 종교적인 신 개념을 보편적인 '전체'로 확대했다. 안 보이는 신은 보이는 전체로 나타난다.

지금 온 사회가 민생, 정치개혁, 북미회담 등 다른 국사는 다 제쳐 둔 채 장관 한 사람의 임명을 둘러싸고 사실과 진실 공방에 온통 몰입하고 있다. 자칫 민족사회가 붕괴할 수도 있는 상황이다. 이 모든 분란의 단초는 누가 열었는가, 원인 제공자는 보수 야당에서 출발하여 세 권력 집단(정당, 언론, 검찰)이 합세한 형태로 드러났다. 이들이 국민을 블랙홀로 몰아넣었다. 어느 쪽이 나락으로 추락할 것인가, 전무후무한 갈림길에 섰다. 어느 한쪽은 망해야 될 판이다. 한 치도 양보가 없는 대치 구조다. 마치 선악의 싸움과 같이 국민은 어느 한쪽을 선택하도록 강요당하는 상황에 놓여있다. 원래 선악의 구조는 구약성서 창세기에 등장한 선악과 신화 속에서 시발했다. 더 거슬러서 유대교가 영향을 받은 바빌로니아 전통까지 올라간다. 당시 신화에는 선신과 악신이 등장한다. 구약에서 여호와는 선신이고 사탄은 악신을 대표한다. 선악 이분법은 철학적으로 흑백논리를 낳았다. 그것이 신약성경에서 예수를 배신하는 악역을 맡은 가룟 유다를 악한 존재로 규정하는 사실에도 반영된다. 2천 년간 내려온 선악의 분별을 깨버린 것은 함석헌이었다. '배신자' 가룟 유다를 선악을 넘어선 '전체' 속으로 포용했다. 이는 제2의 종교개혁에 상당하는 혁명적인 발상이다.

선악 분별의 구조가 두드러진 오늘의 대치상황을 극복하는 방안을 찾는다면 원효의 '화쟁'(和諍) 사상과 함석헌의 전체론을 꼽을 수 있다. 다만 전혀 중재와 타협을 한사코 거부하는 폭력적인 소수 조폭 집단(100여 명의 야당)과 초법적 권력 집단(2,000여 명의 검찰)이 승복할 수 있는가가 문제다. 그럴 수 있는 집단이라면 애초부터 문제가 없었을 터이다. 게다가 이들을 충성스럽게 비호하는 거대한 언론 권력도 걸림돌이다. 초법적인 세 권력 집단을 제압할 수 있는 세력은 횃불혁명을 성공시킨 국민밖에 없다. 다시 횃불혁명이 일어날 것인가? 또 한편의 대하 드라마가 펼쳐지고 있다. 진실과 진리를 탐구한다는 지식인이라면 최치원같이 '황소격문'을 쓰는 심정으로 무언가 표현해야 하지 않을까(다행히 6천 명이 넘는 교수 및 학술연구자가 선언문을 내서 사태 반전의 촉매제가 되었다). 가슴을 찌르는 격문을 읽고 부르르 떨면서도 황소는 양심이 살아있는 도적이어선지 칼을 내던지고 항복이라도 했지만 양심이 마비된 이 땅의 도적들은 격문 하나에 미동도 할 것 같지 않다. 그래도 좋다. 내가 너고 너가 나라는 자타불이(自他不二)의 시각에서 보면 내가 내 스스로에게, 내 안의 권력자, 독재자에게 던진 경고가 된다. 히틀러, 박정희가 나와 다른 존재가 아니고 그들 속에 내가, 내 속에 그들이 들어있다. '세계가 나이고 나는 세계이다'(크리슈나무르티). 함석헌을 연구하고 그의 뜻을 실천한다는 명분을 지닌 씨ᄋᆞᆯ로서는 그를 다시 불러내 빙의되어서라도 길을 찾는 수밖에 없다. 우리는 결국 (장준하의 「사상계」와 더불어) 4.19혁명으로 이끈 시대정신을 일깨운 그의 글 "생각하는 백성이라야 산다"의 새 버전을 이제는 집합적으로 계시받을지도 모른다. 정치가 지배하는 현실의 맥락을 놓치지 않고 사유하고 참여한 함석헌이 이 상황에서 침묵하지 않고 '씨ᄋᆞᆯ의 소리'를 크게 내질렀을 터이다. 그가 남긴 말로 충분할지도 모른다.

위에 인용한 글이 그것을 증명한다. 모두 싸잡아서 재단하는 어투이긴 하지만 대체로 마치 오늘의 상황을 내다보고 이야기하는 듯

하다. 그만큼 언론은 외부적으로는 전에 없는 자유가 주어졌음에도 변화가 없고 오히려 더 공고하게 권력화된 것이 드러났다. 그가 이 현실을 봤다면 더욱 통탄했을 것이다. 이 글은 엄혹한 군사독재 시절에 「사상계」조차 폐간당하고 함석헌이 담대하게 발간한(1970. 4. 19) 「씨올의 소리」(월간) 창간호에 나온 글이다. 기존 언론이 소임을 다하지 못해 새로운 잡지의 필요성을 말하고자 한 것이다. 나오자마자 발매 방해를 당하여 제2호에서는 당시 주류 신문인 두 '일보'(동아, 조선)에 사실 보도를 호소했지만 한마디로 거절당하고 이렇게 썼다. "그것이 어찌 신문인가? 내 마음으로 한다면 벌써 '근조 동아일보', '애도 조선일보'의 만장을 그 문 앞에 가져다 세운 지 오래다." 지난 시대에, 무엇이 문제인가라고 (김제태 목사가) 그에게 물었을 때, 발표된 글에서도 나오지만, '인정과 도리'가 없는 사회가 되어가는 모습이라고 한 함석헌의 한탄을 다시 실감하는 매정한 현실이 지금 눈앞에서 전개되고 있다. 학생 시절부터 사회개혁의 열정으로 연구와 사회참여를 병행하는 삶을 살아온 정의롭고, 마음 여린, 순진무구한 서생, 전형적인 올곧은 옛 선비 같은 학자 하나를 두고 자녀의 어릴 때 일기장까지 뒤지면서 가족과 인척을 샅샅이 털고 난도질하는 비정하고 무자비한 사법(검찰) 권력이 공분을 일으키고 있다. 강남족('강남 좌파')은 사회정의를 부르짖으면 안 되느냐는 항의에 일리가 있다. 집값 안정처럼 개혁은 지나치게 가진 자와 부동산 투기로 부자가 된 졸부들이 우글거리는 강남에서 시작하는 것이 가장 효과적이지 않겠는가.[1]

---

[1] 세 가지로 표현된 그의 성격은 3개월 가까이 온 나라에 노출된 상세한 신상정보와 언행 그리고 다른 사람들의 증언을 종합하면 누구나 내릴 수 있는 객관적 판단이다. 이것을 결정적으로 뒷받침하는 또 하나의 추가적인 증거는 이미 보도된 대로

사태는 (진정한 보수도 못 되는) 야당의 폭력적인 전략에서 발단했다. 프랑스혁명에 맞먹는 촛불혁명으로 정권을 잃은 야당은 3분의 1 의석으로는 합법적 투쟁이 불가능해서 '한 놈만 골라서 패면 된다'는 조폭 수법으로 개혁 정권을 무력화시켜 정권 재창출을 노리는 전략으로 죽고 살기 총공세를 벌이고 있다. 불과 100여 명의 의원 집단

윤석열 청장이 (김학의처럼 윤중천의) 별장 접대를 받았다는 혐의가 보도되었는데 그것을 안 그가 민정수석 당시 조사를 했던 사실을 확인하고 아무 증거가 없으므로 사실이 아니라고 하는 것을 법무부 장관으로서 즉각 발표하여 윤 청장의 혐의를 벗겨준 사례다. 보통사람이라면 고소하게 생각하고 잘 됐다고 웃으며 침묵했을 텐데 자기를 타박하는 당사자에게 도움을 준 것이다. 사실을 제각 알려줘야겠다고 느끼고 직접 발표했다. 이 시대에 드문 원수를 사랑하는 사례다. 개인적인 친분은 없지만 2000년대에 필자가 '씨올의 소리' 편집 책임을 맡으면서, 그가 신문에 쓴 칼럼들을 읽고 함석헌 정신과 통한다고 보고, 그에게 글을 요청했을 때 그의 간결하면서 친절한 응답이 기억된다. 그것은 다른 지명인사들의 자만심 넘친 답장이나 무응답과는 다른 모습이었다. 그가 사회적으로 엘리트가 된 것은 우리 모두 공유하는 사회환경 속에서 어쩌다가 운이 좋아서 된 것이지 무리하게 부모의 유별난 열성이나 탐욕으로 된 것 같지 않다. 그가 비교적 똑똑하고 잘났다면 그것은 그도 어쩔 수 없는 것 아닌가. 그렇다고 자만심 넘치는 태도도 아니다. 그것이 그의 특별난 자산이라면 사회적인 기여를 더 하는 데 도움이 될 수 있는 것 아닌가. 자녀들이 추천서를 많이 받은 것은 그 정도 부모의 신분이면 누구나 그런 정도는 다 하는 것 아닌가. 문제는 개인보다 (이명박이 더 악화시킨) 입시와 학교제도에 있다. 비리라 하지만 동양대 건을 비롯해서 밝혀진 것은 없지 않은가. 검찰이 우선 해야 할 일 중의 하나는 개인 비리보다 산적한 사학 비리의 철저한 수사다. 특권이라 한다고 한다면 그도 인정하는 것이고 공정한 평등사회를 만들기 위해서 더 노력할 사람이 아닌가. 바로 그런 사회를 만들기 위해서 필요한 검찰개혁에 헌신하고 있는 것이다. 학생 시절 그가 사회주의 운동에 가담했다는 사실은 자신과 가족보다 사회 발전에 관심이 더 많은 드문 사람이었음을 나타낸다. 여러 가지 배경을 고려하지 않고 특히 20대가 그를 비난한다는 것은 이해하기 힘들다. 언론이 그것을 강조한 탓이 크다. 이번 사태에서 역설적으로 발생한 부산물 하나는 자한당 사람들이 좌절하겠지만 그의 프로필이 높아져서 대선 후보로 지지도가 급상승하여 3위까지 치고 올라왔다는 사실이다. 국회의원 같은 선출직도 싫다는 사람이 대통령인들 하겠다고 하겠는가. 보통사람 같으면 지금쯤은 이를 갈고 하려고 할지도 모른다. 두고 볼 만한 일이다. 아직 조국 드라마는 끝나지 않았다.

이 온 나라를 마비시키는 형세다. 민주국가에서는 유례가 드문 소수의 폭력이다. 이것이 권력화한 검찰과 부패한 족벌 언론의 목표와 맞아떨어져 사태가 더욱더 악화일로다. 정확한 사실 확인도 하지 않고 검찰이 흘리고 그것을 받아쓴 언론이 제공하는 일방적인 정보만을 받아먹은 국민은 처음에는 갈피를 못 잡았다. 더욱 절망적인 것은 그동안 길잡이 역할을 해오던 소수의 신문·방송까지 한 통속이 되는 기괴한 현상이 벌어진 사실이다. 세 부패 집단이 합세한 연합 작전으로 여론이 출렁이고 있다. 여당, 야당은 여론조사 결과에 일희일비하고 있다. 여당은 지지도 반짝 상승에 고무되어 압박 작전의 수위를 높이고 있다. 엄밀하게 말해서 오도된 언론 보도의 영향으로 출렁인 민심을 반영한 조사는 원천무효다. 세 집단에 의한 여론조작으로 나온 결과이기 때문이다.

내년 총선 시점까지는 법정에서 진실이 가려질 것이므로 기다리는 수밖에 없다. 그런데 소수는 오래, 다수를 일시적으로 속일 수는 있어도 다수를 오래 속일 수는 없다는 명언을 상기시키는 일이 벌어졌다. 사실과 진실이 소수 언론매체를 통해서 점점 더 밝혀지면서 여론이 다시 반전되고 있다. 그 추세는 양쪽의 힘겨루기에도 나타난다. 야당과 보수 기독교 교파가 동원한 광화문 집회와 서초동과 여의도에 모인 자발적 집회 사이에는 큰 격차가 있다는 사실이 반전을 뒷받침한다. 사실과 진실이 전파를 타고 빠르게 번져 사람들을 일깨우기 시작하여 깨어난 민중이 다시 촛불을 들기 시작한 것이다.

II. 무엇을 보수하자는 것인가

　개혁이냐 역사의 퇴행이냐, 민족으로서 우리는 갈림길에 섰다. 혁명적 변화를 요구하는 엄중한 상황이다. 문제의 심각성은 두 가지로 나타난다. 신뢰의 상실과 언어의 혼란이다. 두 가지는 함께 묶여 있다. (검찰 같은) 공공기관이나 (언론매체가 대표하는) 사회적 기구도 신뢰할 할 수 없는 상황이 되었다. 믿음이 없는 소통 부재의 사회가 바벨탑처럼 무너질 것은 뻔하다. 사법기관으로서 검찰이 선도하는 불법·무법이 판치는 사회라면 존재할 이유가 있을까. 보수할 가치가 있을까, 존재할 수조차 있을까. 함석헌의 판단대로 문명은 물론 우리가 사는 사회도 막다른 골목에 이르렀다는 것은 깨인 지식인이라면 통찰하거나 체감할 수 있다. 무엇을 보수할 수 있다는 것인가, 보수파에게 묻는다. 남북문제를 풀고 일본, 중국, 미국, 러시아 등 틈바구니에서 살아남기 위한 전략과 지혜를 함께 짜내도 부족한 판에 야당은 불난 집에 기름을 붓고 있다. 나라를 부패의 구렁텅이로 몰아넣은 두 정권을 창출한 원흉이 탄핵과 함께 사라졌어야 하는데 국회의 잔여 임기 덕에 살아남아 다시 준동하고 있다. 진정한 보수로 개혁해야 생존할 수 있다는 사실은 모르고 사회 혼란을 주도하여 오늘의 사태를 초래했다. 정부가 내놓은 건설적인 정책은 협조하면서 비판과 반대를 할 때 더 인정받는다는 사실은 모르고 비난과 반대만 일삼고 있다. 더 나은 대안을 내놓으면 지지도는 올라가기 마련이 아닌가. 햇볕과 바람의 차이를 모르는가.

　무엇보다 중요한 것은 법과 규칙을 따르는 것이다. 그것이 보수의 일차적인 조건이며 자격요건이다. 장관 임명 청문회는 임명권자에게 참고자료를 제공하기 위한 것이다. 모든 책임은 대통령이 진다.

그래서 '아무개정권'이라 한다. 책임을 잘 수행했는지 여부는 다음 선거에서 국민이 심판한다. 정당도 마찬가지다. 민주주의 정체와 사회에서 밟아야 할 정도는 민주적 절차를 따르는 것이다. 그것을 벗어난 정당은 민주정당이라 할 수 없다. 정당의 공과는 다음 선거에서 마땅히 심판이나 재신임을 받아야 한다. 헌법을 다시 살펴보고 헌법학자에게 물어보라. 함석헌도 당부했듯이 투표는 인물 본위보다는 (이념에 따른) 정당 본위로 투표하는 것이 맞다. 지역의 이익을 챙기는 것보다 사회 전체의 복지 향상이 더 중요하다. 보수, 진보, 중도, 녹색 등 정당은 이념과 정책이 선명해야 한다. 한국의 보수는 가치와 목표가 기득권 유지와 지역 이익 챙기기 이외에 무엇인지 분명하지 않다. 지역구보다 비례대표가 많아야 사회 전체를 위한 정당이 될 수 있다. 이것을 반영한 선거제도 개혁법안은 통과되어야 한다. 이에 대하여 야당은 반대로 돌아선 것은 반개혁적이다. 스스로에게도 득이 될 수 없는 근시안적 판단이다. 개정안은 정당별 득표와 더 비례하기 때문에 협치의 가능성을 높여 지금과 같은 대치 국면을 줄일 수 있다.

1. 보수다운 보수, 개혁적 보수가 나와야

미국도 그렇지만 어느 나라나 진보 정권이 실천한 정책의 과실을 보수 정권이 더 보태지는 못하고 야금야금 따먹는 것이 공통적인 현실이다. 통계적으로 확인할 수 있다. 한국은 그 전형적인 사례이다. 민주주의의 전반적 후퇴는 물론 부패, 양극화, 무리한 부동산 정책에 의한 경제지수의 단기적 상승, IMF 사태, 재벌의 비대화, 금강산관광 중단과 개성공단 폐쇄를 비롯한 남북관계 악화, 학교의 특화를 통한 교육의 악화, (4대강 공사로 인한) 국토 파괴, 실패한 자원외교와 재정 낭비, 대통령 탄핵에 이른 정치부패 등 무수한 실정(失政) 사례를 들 수 있다. 잘했다고 평가할만한 정책이나 성공사례가 있는가. 한 가지도 꼽기 어려운 놀라운 통계다. 해체되었어야 할 정당이 잔여임기 덕으로 슬슬 고개를 들고 이름을 바꿔가며 정권 탈취를 위한 폭력적이고 무법적인 작전을 펴고 있다.

미국의 경우를 들어보자, 공화당 부시 정권은 민주당 클린턴 정부가 축적해 놓은 흑자 재정(수천억 달러)을 이라크전쟁에 몽땅 쏟아 부었다. 미군과 이라크의 군대 및 주민 수백만 명의 살상자, 국토 및 주거지 파괴를 가져온 전쟁이었다. 부시는 최근에야 이라크전쟁이 잘못된 정보에 의하여 일으켰음을 인정했다. 링컨 정도를 제외하고는 아이젠하워, 레이건, 닉슨 등 현대의 공화당 대통령들의 치적은 상대적으로 진보적인 민주당 출신 대통령에 비해서 민주주의와 평등 같은 가치와 양극화, 경제에서까지도 뒤처졌다는 평가다. 지금 공화당 대통령 트럼프도 국가원수로서는 상상하기 힘든 행태와 인격을 보여주면서 자의적인 정책으로 우방을 혼란에 빠트려 이제는 탄핵 직전까지 이르렀다. 우리로서는 다른 일은 잘못하더라도 북한 문제만이라도 해결해 주기를 바라는 심정이지만 과연 가능할지 의문이다. 영국도 보수당이 집권하면서 유럽연합 탈퇴를 무리하게 시도하는 과정에서 영국 국민과 유럽공동체를 혼란에 빠뜨리고 있다. 그것은 경제적으로나 정치적으로 영국을 후퇴시키는 일이라고 모두 평가하지만 대영제국의 영광과 자존심을 되찾고 싶은 심사에 기인한 무모한 짓일 뿐이다. 2019년 12월에 다시 선거를 실시하면 아마 노동당에게 정권을 넘겨야 할지도 모른다.

일본은 거의 70년 동안(잠시를 빼고) 보수적인 자민당이 연속 집권하면서 정치 발전은 물론 경제조차 정체되는 지경에 이르렀다. 체제는 공산당, 사회당까지 허용되지만, 진보적 대안이 작동할 수 없는 환경과 보수적 국민성에 연유한다. 그 여파로 한일관계도 악화되었다. 경제적으로 한국이 일본을 따라잡고 있는 상황을 견딜 수 없는 심리에서 연유한다. 게다가 남북의 통일은 그들에게 재앙이므로 극력 훼방을 놓는다. 그런 정권의 수반 아베를 대통령보다 더 따르는 보수 야당은 일본의 자민당 이중잣대인가, 한국의 정당인가. '토착왜구'가 맞는가. 국민들이 묻지 않는가.

독일처럼 과거사조차 인정하지 않고 옛날의 영광을 동경하는 보수당이 장기 집권하는 일본은 미래가 매우 어둡다. 후쿠시마 원전 사고가 일본 열도 절반을 오염시키고 있음에도 국민을 속이고 있다. 핵으로 말하면 우리도 위험하다. 북한의 핵무기 개발은 세계 전체의 문제이기도 하다. 게다가 우리는 세계에서 가장 밀집된 핵발전소(19개)를 보유하고 있다. 언제 폭발할지 모르는 화약고다. 만약 전쟁이 나서 너 죽고 나 죽기라도 한다면 북한이 여기에 장사포만 한 발 떨어트린다면 끝장이다. 왜 (보수가 비난하는) '퍼주기'라도 해서 남북이 화해해야 하지 않겠는가. 유럽은 다당제, 사회민주주의 체제로 가장 안정된 정치체제를 유지하는 복지 국가들이다. 특히 사회복지가 완벽한 북유럽 국가들은 보수당이 집권할 기회는 적다. 사회민주당의 집권이 지루하게 느끼는 시점이나 근래 이민과 난민의 유입으로 사회문제가 발생할 때 보수당에게 잠시 기회를 줄 뿐이다. 스웨덴을 방문해본 함석헌은 강소국들을 부러워했다.

한국 현대사도 군사독재를 포함하여 모든 보수 정권은 구조적으로 한국인의 저력을 다 발휘할 수 없는 기간이었다. 그릇된 정보를 흘리고 여론조작을 하여 집권한 정권들로서 엄밀하게 말하면 원천무효에 해당한다. 한민족은 어디에 내놓아도 자립할 수 있는 우수한 민족이다. 중국에서도 50여 소수 민족 중에서 가장 높은 생활 수준을 유지한다고 연변 교포에게서 들었다. 중국만 아니라 미국, 캐나다 등지의 해외동포들도 거주국 국민의 평균 이상의 수준을 향유한다(차별받는 재일동포들도 아마 그렇지 않을까). 정치체제에 따라서 절대 평균은 달라진다. 함석헌은 현실을 지배하는 정치를 필요악처럼 여기면서 정치를 통찰하고 씨을을 대변하여 엄혹한 시절에도 비판하고 저항했다. 김종필에게 그는 '정신 나간 노인'으로 비쳤다. 그는 인간의 주요한 속성을 자유와 성장(자람)으로 규정하고 그것을 방해하는 권력에 거세게 항거했다. 그러므로 자유와 성장이 보장되지 않은 상태에서 그에게 보수(수구)는 설 자리가 없었다. 혁명적 개혁과 진보가 요구되는 단계에서 보수는 역사에 대한 반동이며 퇴행이었다. 비폭력주의로 무장한 그의 기여로 그가 앞장선 오랜 민주화운동이 결실을 하게 된 것은 천만다행이다.

2. 언론과 검찰의 개혁

이 혼돈 상태에서 국민에게 가장 중요한 요인은 사실과 진실을 밝히는 언론의 역할이다. 정치가 아무리 파행해도 '대바른' 언론만 살아있으면 된다는 것이 함석헌의 소신이었다. 잔혹한 군사독재 시절에 민중의 갈증을 다소나마 추겨준 것도 함석헌이 창간한 「씨을의 소리」였다. 그것은 비폭력 민주화운동의 나침판이 되어 당시 유일한 비판지로 정간, 폐간 등 탄압 속에서 역사적인 역할을 수행했다. 이번 사태에서 그 역할은 소수의 개인 방송들이 수행했다. 함석헌은 역사단계론에서 개인과 영웅이 주체가 되는 개인주의 시대가 지났더라도 개인이 사라지는 것이 아니고 개인이 개혁의 단초를 열 수 있다고 인정한다. 전체의 의지와 시대정신을 읽는 지혜와 용기를 갖춘 언론인들이 개혁을 주도할 수 있다는 사실이 이번에 확인되었다.

검찰과 언론의 민낯이 드러나면서 사회 전체가 불신의 늪에 더 깊이 빠졌다. 신뢰가 상실된 사회가 오래 지탱할 수 없을 것은 불문가지다. 불신은 언어의 혼란, 소통의 부재로 이어졌다. 신뢰 상실은 거짓말(사기)로 출발하고 (최순실에 끌려) 빙의(憑依) 통치로 끝난 '이명박근혜' 정권에서 싹텄다. 그 기간에 우리 사회는 명실상부(名實相符)하지 않은 언어가 난무하는 불신 사회로 전락했다. '각자도생'만이 살길이라는 아우성이 울렸다. 그 혼란의 와중에서 검찰이 권력을 틀어쥐고 국민과 국가수반의 머리 위에서 군림하게 된 것이다. 그것은 국감에서 검찰청장이 보여준 (군주시대의 용어로) 무엄하기 짝이 없는 교만한 응답 태도에서 읽을 수 있다. 열화 같은 국민의 촛불에 데이지 않고 얼마나 견디는지 두고 볼 일이다. 함석헌은 선악의 경계를 넘어선 전체론을 전개했지만 현실적으로 폭력적인 거대 악을 방어해야 하는 절박한 과도기 상황에서 선악 싸움은 피할 수 없다.

표적 인물이 견디다 못해 장관직을 사직한 이후에도 검찰은 수사를 일단 중단하고 결과를 정리하지 않고 끈질기게 가족과 인척의 혐의를 파헤치고 새로운 혐의를 언론에 계속 흘리고 있다. 그것을 언론이 (경향신문까지도) 냉큼 받아서 1면 톱뉴스로 실었다. '사법살인'이란 말이 실감된다. 무자비한 사회다. 그것은 4.3 사건, 6.25, 월남전, 5.18에서 보여준 악독성의 재현이다. 이것이 고칠 수 없는 민족성이라면 (함석헌도 주장한) 민족개조를 하든지 아니면 공동체가 해체하든지 다른 도리가 없다. 사태 진행 과정에서 모두 놀란 것은 검찰과 언론종사자의 사고와 도덕성의 수준이다. 대학교육을 받은 엘리트들의 판단력이 이 정도인가. 역사의식은 물론 상식조차 없다. 그들이 누리는 자유만큼 책임을 지닌다는 원칙도 모르는 집단에게 자유를 부여할 필요가 있을까. 두 진보 정권에서 검찰개혁이 과거에 실패한 것은 그것을 검찰 자체에게 맡긴 실수 때문이었다. 차라리 일단 무리를 해서라도 검찰을 개혁한 뒤에 자율권을 부여하는 방편을 찾았어야 했다(논객 김갑수도 같은 의견을 제시했다). 물론 강력한 저항에 부딪혀 불가능했을지도 모른다.

3. 인문교육의 필요성

이 잘못된 질서를 바로잡기 위해서는 혁명적인 변화가 필요하다. 장기적으로는 대학교육에서 인문학이 필수과목으로 편성되어야 한다. 선진국의 학부과정은 인문학 중심 교양과목이 주류다. 전공은 선택이다. 전문분야는 전문 대학원 과정에서 이수한다. 동·서 전통을 아우른 함석헌의 사상과 저술은 인문학 꾸러미다. 역사, 철학, 종교, 문학, 사회학, 신학 등 분야들이 망라된다. 그의 사상을 이해하면 올바른 가치관과 폭넓은 세계관을 정립할 수 있다. 서구 물질문명의 종말을 내다본 그는 새 문명의 원리를 동양고전에서 찾아야 한다고 주장하고 시대에 맞는 새로운 해석의 필요성을 역설했다.

그 맥락에서 오늘의 상황을 비추어볼 만한 예를 하나 들어보자. 그는 사물을 통찰할 때 무엇이 더 중요한가를 생각해야 된다고 조언한다. 유가 경전 「대학」의 첫 대목 "물유본말 사유종시 지소선후"(物有本末 事有終始 知所先後)를 인용하고 "일에는 끝과 시작이 있다"(事有終始)에 주목한다. 왜 '시종'이 아니고 '종시'라 했나. 목적(뜻)의 중요성을 강조하기 위한 것이다. '만물에는 뿌리(근본)와 끝(지엽)이 있고', '먼저 할 바와 나중에 할 바가 뭔지 알라.' 가지보다 뿌리, 나무보다 숲을 볼 수 있어야 한다. 가지나 나무보다 뿌리만 보는 우직한 검사보다 뿌리와 숲을 보는 검사가 전체적 사실을 정확하게 파악할 수 있다. 그 수장 자리에 있다면 더욱 그렇다. 국가기관으로서 국가와 정부가 지향하는 목표에 비추어 경중, 우선순위를 가릴 줄 알아야 한다. 한 사람에만 수사 인력을 총동원하는 이유를 국민은 이제 다 파악했다. '법대로'가 정황과 맥락(선후관계)을 무시하는 것이라면 비인간적이다.

옛날 같으면 「대학」을 포함 사서삼경을 철저히 공부하고 나서 과거시험을 통과한 올곧은 선비와 관료가 되었을 텐데 오직 법조문이나 외우고 판사, 검사가 되어, 스스로 인정했듯이 사악한 정권들의 '개'가 되고 만다. 횃불혁명으로 모처럼 온당한 합리적인 정권이 임명했으면 부당, 불의한 지시가 아니라면 따르는 것이 하급자의 임무요, 도리가 아닌가. 가리지 않고 '살아있는 권력'도 수사할 수 있다고 한 것은 범법 증거가 확실할 때만 공평하게 적법한 절차에 따라 수사할 수 있다는 것이지 조작된 혐의로 미리 짜놓은 각본에 따라 친인척까지 무자비하게 수사하라는 것은 아니다. 폐기된 연좌제의 부활이다. 횃불 데모 참여자들은 자신과 자녀들도 당할 수 있다는 위협감을 느끼고 참가했다고 이구동성이다. 겨우 2천 명의 무소불위 권력 집단이 수천만 국민을 불안에 떨게 한다. 먼지투성이인 야당 의원인들 다를까? 검찰 자신은 깨끗한가? 자정(自淨)하기를 기다리는 것은 '아랫물이 맑아야 윗물이 맑아진다'고 하는 것만큼 어려운 일이다. 그렇다면 아랫물에서 온 씨올들의 촛불이 정화해줄 수밖에 없다.

간음한 여인을 끌어다 놓고 인민재판을 하는 유대인들에게 "너희 중에 죄를 짓지 않은 사람이 있으면 돌로 쳐라"고 외친 예수의 말에

슬금슬금 다 도망했다. 마음속으로라도 간음하지 않은 사람은 없다는 뜻도 들어있다. 예수는 '이에는 이로, 눈에는 눈으로'라는 유대교 율법주의를 배격하고 사랑의 진리를 전파했다. 율법주의의 원천인 함무라비 법전에 근거한 오늘의 법치는 근원적인 문제를 안고 있다. 배우자와 자녀들을 무자비하게 수사하는 검찰이 바로 '이에는 이로'를 서슴없이 말하는 것은 원시적인 법률관이다. 공자는 하찮은 잘못을 저지른 아버지를 고발한 우직한 아들을 나무랐다. 법은 인륜과 법도(法道)에 부합하는 것이어야 한다.

함석헌이 꿰뚫어 보았듯이 장발장의 경우처럼 개인의 범죄는 개인보다 사회 전체의 책임이다. '병신 자식도 내 자식'이다. 많은 국가에서 사형 제도를 폐지하는 근거의 하나도 그것이다. 개인은 전체 공동체의 구성원이다. 전체는 사회를 대치한 개념이다. 함석헌은 원론적 의미의 사회주의자에 속한다. '전체'는 일종의 완벽한 '사회'다. 종교적으로 사회구원을 전체 구원으로 완성시켰다. 함석헌이 '같이 살기 운동'을 제안한 것도 어린아이들까지 포함된 가족의 집단자살 사건을 보고 솟아난 생각이었다. 선악을 나누는 권선징악(勸善懲惡)은 율법주의 시대의 유물이다. 함석헌은 지금까지 배신자로만 여겨온 가룟 유다를 지옥에서 건져 올려 '전체'의 가슴에 안겼다. 신학적으로 혁명적인 발상이다. 윤리 도덕의 원천인 종교와 논리적 사고를 다루는 철학, 과거의 교훈을 가르치는 역사를 아우르는 인문학을 배워야 할 이유가 여기에 있다. 연수 과정에서라도 보충해야 한다.

사람을 따르지 않는다고 자랑했지만 나쁜 사람은 따르지 않더라도 훌륭한 사람은 따라야 하는 것이 상식이 아닌가? 따를 스승도, 성인도 없는 유아독존의 독선주의자라는 말인가? 따르는 대상이 겨우 검찰조직임이 드러났다. 폭력적인 야당을 따르는 결과가 되었다. 폭언도 폭력이다. 한국 사회는 폭력사회다. '비폭력 대화 프로그램'이 특히 여성들에게 인기가 있는 것은 그 증거다. 폭력에는 세 가지 형태 즉 신체적 폭력, 말(언어)의 폭력, 생각(사상, 이념)의 폭력이 있다. 세 보수집단이 하나씩 역할분담을 하는 형태다. 왜 함석헌이 비폭력주의를 역설했는지 알 수 있다. 한 신문 칼럼은 대통령의 포용정책을 호소하지만 폭력을 일삼는 집단과의 대화가 현실적으로 가능할까? 조직적인 악에는 조직적인 행동이 필요하다는 함석헌의 충고를 실천할 때다. 횃불집회는 그 출발이다.

III. 탈바꿈과 개혁의 도구: 깨달음과 이성

위에서 살펴본 현실의 진단을 놓고 우리는 어떻게 해야 하는가. 사회지도층에 속한 지식인, 학문연구자로서 타당한 합리적인 방안을 제시할 사명을 느껴야 하지 않을까. '생각과 실천'의 틀에서 씨알이 어떻게 사유하고 실천해야 하는가. 인식론적으로 접근해보자. 세 권력 집단이 일방적으로 주도하는 이 사태에서 핵심 요인이 된 사실과 진실을 어떻게 가려낼 수 있는가?

사실, 진실, 진리는 언어와 인식의 문제다. 인식은 사유(생각)와 깨달음을 통해서 이루어진다. 그 과정에서 이성이 작용한다. 서양철학에서는 이성이 사유와 인식의 주요 도구다. 함석헌의 인식론에서 주요한 인식수단은 '생각'이다. 6.25전쟁 후 한국 사회를 일깨운 것은 그의 글 "생각하는 백성이라야 산다"이었다. 함석헌의 '생각'은 (불교 개념) '6식'의 하나로 '마음'이 수행하는 감각인 '의식'(意識)에서부터 사유를 넘어 깨달음에 이르기까지 광범위하다. 철학도 믿음을 요구한다고 말한 그는 종교와 철학의 경계를 허문다. 종교 없는 철학은 근거가 약하고 철학 없는 종교는 미신이 되기 쉽다.

사람마다 성장하면서 의식의 변화를 겪는다. 변화는 종교적인 깨달음이나 거듭남에서 심리적인 경험까지 크고 작은 형태로 다양하게 나타난다. 종교들은 대개 창시자의 깨달음(대각)에서 출발했다. 그 조형은 석가모니의 대각(bodhi)이다. 그래서 그 종교를 '불교'(Buddhism) 즉 '(깨달은 존재) 부처(Buddha)의 가르침'이라 부른다. 신을 믿는 유신론적인 종교에서는 계시가 깨달음에 해당한다. 예수도 종교체험을 했다. 동학의 창시자 최제우는 '한울님'의 음성을 듣는 '대각'을 체험했다. 강증산(증산교)과 소태산(원불교)도 대각·도통(道通)했다고 전한다.

심리학에서 매슬로는 사람마다 일상 속에서 '아하!'(aha) 하는 '정상(頂上) 체험'(peak experience)을 자주 갖는다고 말한다. 이성적 사유의 한계를 뛰어넘는 직관적인 인식으로 그것이 많을수록 더 창조적이 된다. 종교체험도 일종의 정상체험이다. 티베트 불교에서는 명상에서 '옴 아하 훔'(om aha hum)이 중요한 만트라(주문)이다. 깨달음에도 수준과 단계가 있다. 불교에서는 열 단계(보살수행 十地)로 말한다. 불교를 넘어 범종교적으로 낮은 단계의 초기적인 깨달음을 체험한 수행자들이 신통력을 행사하면서 종파를 만들어 행세한다. 사람들이 사교(邪敎) 집단, 유사 종교에 현혹되는 사례가 많다. 그것을 판별하는 상식을 갖추도록 학교에서 가르쳐야 하는데 한국 교육에서는 전무한 상태다(선진국에서는 '세계 종교'가 교양과목이다). 무지의 피해는 엄청나다. 잘못된 신앙(미신)은 일생을 망친다. 개인만의 문제가 아니다. 이슬람 국가를 '악의 축'으로 규정한 미국 대통령(부시)이 잘못된 중동 정책으로 이라크전쟁을 벌여 엄청난 인명피해와 재정 낭비를 초래란 것은 잘 알려진 사실이다. 탄핵된 대통령 박근혜도 전형적인 사례로 사교의 피해자이다. 부모가 암살당하는 불운 속에서 최태민-최순실 부녀에게 빙의, 최면당하여 주체적인 판단력을 잃어버린 위험한 통치자였다. 헌법재판소에서 판사들은 자신은 무일푼이라는 사람이 최와 경제공동체라는 사실을 입증하는 데 고심했다. 신앙공동체를 입증하면 되는 일이었다. 사교의 경우 경제는 신앙에 완전히 귀속되기 때문이다. 이 과정에서 종교지도자들은 침묵했다. 그것을 모르거나 자신들도 빙의된 상태이기 때문인가. 아직도 그를 교주처럼 떠받드는 태극기 부대 정당이 생존하여 정치 혼란의 주역이 되었다는 것은 자체가 사교집단임을 입증한다.

그래서 높은 깨달음에 기초한 올바른 신앙이 중요하다. 함석헌이 말한다.

> 그렇다. 깨달아야 믿음이다. 못 깨달으면 미신이요 기적이요, 깨달으면 정신(正信)이요 권능이다. 무엇을 깨닫는다는 말인가. 나를 깨닫는다는 말이다. 역사를 깨닫는다는 말이다. 역사의 책임을 지는 나요, 내가 실현된 것이 역사임을 깨달아야 믿음이다. 그 믿음을 가져야 인격이요, 국민이요, 문화의 창조자다("우리 역사와 민족의 생활신념", 저작집 1:182).

깨달음의 대상은 '나'의 실체와 '역사'이다 여기에 불교 등 전통종교와 다른 점이 있다. 나의 실체만이 아니다. 내가 책임지고 실현한 역사와 오늘의 현실이다. 수천 년 동안 검증된 전통적인 세계 종교는 비교적 안전하다. 창시자들은 대각한 성인들이었다. 영성과 깨달음보다는 삼강오륜 같은 엄격한 윤리체계에 치우친 유교를 수립한 공자도 불교의 돈오(頓悟)나 대각 같은 종교체험의 주장은 없지만 그에 상당한 점차적인 인식 과정을 거쳤다. 그는 자신의 의식발전 과정을 6단계로 설명한다. 나이(15, 30, 40, 50, 60, 70)별로 변화를 불혹(不惑, 40), 지천명(知天命, 50), 이순(耳順, 60), 종심소욕불유구(從心所欲不逾矩, 70) 등으로 표현된다. 마지막 두 단계 '이순'과 '불유구'는 불교의 무애(無礙) 즉 걸림 없는 경지를 연상시킨다.

공자와 비슷하게 함석헌은 사람의 일생을 여섯 토막으로 정리했다: 어림, 젊음, 일함, 찾음, 깨달음, 날아올라감(저작집 7:111-118). 후반 세 토막은 공자보다 더 분명한 종교적 함의를 지닌 표현이다. 진리를 찾아 깨닫고 생사를 초월하는 과정을 나타낸다. 이 과정은 누구나에게 적용되는 이상이지만 또한 그 자신이 설정한 목표다. 그의 사상의 깊이로 봐서 그 목표에 가까운 일생을 살았다 할 수 있다. 그 스스로는 '내 인생은 실패다'라고 표현했지만 그것은 세속적 차원에서이지 정신적, 영적 차원은 아닐 수 있다. 공자처럼 함석헌도 사유의 도구인 이성을 주 인식 도구로 사용했다. "생각하면 깨닫게 된다. 깨닫고 보면 인생관이 달라진다"(116). 인생관이 달라지는 정도라면 종교적인 깨달음이나 탈바꿈(transformation)에 가깝다.

함석헌이 전개한 독창적인 사상의 심오함은 종교적 깨달음의 차원에서만 가능한 것으로 보이지만 이성이 도달할 수 있는 최고의 경지에서 나온 산물이라 할 수도 있다. 범인으로서는 더이상 바랄 수 없는 수준이기 때문이다. 『호모 사피엔스』, 『호모 데우스』, 최근에는 21세기 문명의 특성을 다룬 문명비판 등 주목받은 저술을 낸 이스라엘 인류학자 유발 하라리는 불교명상(위파사나)을 매일 수행해왔다고 말한다. 명상이 그에게 뛰어난 창의적인 발상을 유발하는 촉진제가 된 것이다.

함석헌은 좌선 같은 특정한 명상수행을 실천하지는 않았지만 역사와 세계와 사회의 현실을 화두로 삼아 평생 사유했다. 그것은 참선 수행에 못지않은 일종의 명상이었다. 입산수도하지 않아도 일상현실 속에서도 명상수행과 같은 결과를 가져올 수 있음을 증명한다. 나아가서 그의 이타적, 사회적 실천은 보살의 실천수행(중생교화)에 못지않다. 오히려 추상적, 형이상학적 진리 인식에 그치고 구체적인 삶의 현장이 없는 자기만의 소승적 깨달음이 아닌 대승적 깨달음과 실천의 길을 제시했다고 할 수 있다. 이것을 확인하기 위해서 한 깨달은 스님의 강설을 들어보자.

> 자식이 아프면 나도 아프고 부모가 아파 병원에 있으면 내 마음도 병원에 있게 된다. 그렇게 사랑하는 사람이 바로 나인 사람들이 있고, 이를 넓혀 나라를 나라고 여기는 애국지사들도 있다. 깨달은 이들은 세상을 바로 나로 여긴다. 이는 생각을 넓혀서 그런게 아니고 사실이 그렇게 되어 있다. 모두가 한 순간도 단절돼 있지 않고 연결돼 있는 것이다(일감 스님, "부처님 깨달음은 가장 상식적이고 보편적이다." 한겨레신문 인터넷 판, 휴심정, 10월 25일).

함석헌도 나라와 나를 일치시키는 분석을 했다. 그는 세계주의자라 선언하지만 어떤 민족주의자보다도 애국자였다. 그는 대전 현충원 독립지사 묘역에 있다. 동시에 그는 민족을 넘어 세계나 전체와 일치시키는 경지로 나아갔다. '너'와 '나'는 점(⊙)의 위치 차이일 뿐이다. 앞에 안으면 '너'요 뒤에 업으면 '나'이다. 네 속에 내가, 내 속에 네가 들어있다. 그것은 연기적 관계다. 만물이 연결되어 있다는 화엄사상적 연기론은 그의 생명관 속에 깔려있다. 나아가서 그는 너/나, 선/악, 유/무, 신/인간까지 모든 대칭적인 개념 사이의 벽을 허무는 일원론적 사유 속에서 뛰노는 장자가 되었다. 흑/백 이분법을 넘어 개체들을 '전체'의 바다로 수렴시켰다. 함석헌이 규정한 대로 다른 전통종교들처럼 역사발전 단계에서 불교도 개인주의 시대의 산물이다. 물론 대승불교에서는 중생구원이 보살 수행의 두 가지 목표 중 하나로 등장했지만 수행의 측면에서는 아직도 소승적인 개인구원에 머물러 있다. 함석헌의 인식과 믿음은 초개인적인 사회(전체) 사회구원을 지향한다. 전통종교들은 새 역사단계에 맞게 개혁되고 경전은 새로 해석되어야 한다는 것이 함석헌이 세계 종교에게 던진 메시지다.

함석헌의 인식론에서 주목할 점은 이성의 역할이다. 초이성적 직관으로 완성되는 깨달음에 이르는 과정은 이성의 역할이 크다. 직관이나 돈오(頓悟)는 순간적, 무의식적인 차원이지만 이성은 우리가 노력할 수 있는 부분이다. 불신과 미신으로 가득 찬 한국 사회가 이를 극복하기 위해서 필요로 하는 것은 이성이다. 개인이나 사회나 이성적, 합리적이라고 말할 수 있는 부분이 얼마나 될까 의문이다. 그 전형적인 사례가 현 사태에서 세 권력 집단이 보여준 행태다. 도저히 이성적이라고 할 수 없는 광기에 가깝다. 서양 사람이 한국 사회가 비이성적인 사회라 단정한다 해도 반증하기 힘들 것이다. 한국교회를 관찰한 신학자 하비 콕스는 세계 순복음 운동을 다룬 저술에서 한국 성직자는 샤머니즘 무당의 모습을 보여준다고 기술한다. 한 영국 기자도 한국인의 피부밑에는 샤먼이 들어있다고 썼다. 지성인, 지식인이 이성적, 합리적으로 보일 수 있지만, 명리를 추구하는 무리한 언행 속에 이성은 작동하지 않고 이기적인 동기가 깔려있기가 십상이다. 철학자가 이성과 합리주의를 말하거나 가르친다 해도 그것은 자신과는 무관한 지식일 뿐이다. 종교와 신앙도 우리 땅에 오면 이성보다 감성이 앞서는 광기로 바뀐다. 보수 야당과 합작해서 연출하는 광화문 집회에 참가한 교인들의 외침은 광기의 표출, 광란이다. 감성은 신앙의 중요한 요소이지만 이기적인 기복주의와 광기로 나타난다면 참 종교가 아니다.

감정이 우선하는 신앙과 광기는 이성의 힘으로만 치유될 수 있다. 함석헌이 말하는 종교적 이성은, 서양철학의 이성과 달리, 영(spirit)의 빛을 받아 작동한다. 근래에는 (켄 윌버 같이) 종교를 영성(spirituality)으로 정의하는 경향이 있지만 영성이나 신도 일단 이성의 통로를 통해서 갈 데까지 가야 한다. 함석헌도 동조하듯이 인간이 신이 될 수 있다는 사유도 이성의 기능이다. 인본주의(humanism)와 신본주의의 거리가 좁혀진다. 함석헌은 과학을 종교만큼 존중한다. 과학자가 구세주가 될 수도 있다고 볼 정도다. (영성을 강조하는) 종교와 (이성을 도구로 삼은) 과학이 다른 쪽에서 터널을 뚫고 가다가 끝내는 마주치게 될 것이라고 전망했다. 신앙(미신)과 종교가 충돌할 때 과학의 편을 들어줄 것이라고 했다. 창조론과 진화론은 모순되지 않는다. (베르그송과 같이) 창조적 진화론, 진화론적 창조론으로 둘을 회통시킨다.

신비주의적인 경향이 강한 인도의 종교전통에서도 어떤 수행이나 신앙도 이성의 검색(스크린)을 통과해야 된다는 원칙이 있다. 요가학파, 베단타 등 정통적인 6파 철학은 논리학과 인식론을 채용했다. 특히 정리(正理)학파(nyaya)는 (서양철학을 넘어선) 정밀한 논리학과 인식론을 수립했다. 후기 인도불교에서도 논리학과 인식론이 전개되었다. 한국불교를 인도불교와 중국불교를 넘어 한층 더 격상시킨 원효도 논리학과 인식론에 관한 논서를 썼다. 그 열매가 독특한 화쟁(和諍)·회통(會通) 사상이다. 그것은 (용수의 '空'과 '中道'가 상징하는) 초월주의적인 인도불교와 (선종의 화두 '無'가 상징하는) 부정주의적인 중국불교를 지양한 개념이다.

그것은 다의적인 '한'(큰, 하나, 여럿, 가운데…) 개념에 농축된다. 그 '한'을 찾아낸 함석헌은 '한 사상(철학)'의 선구자이며 원효가 대표하는 한국 정신의 흐름에 서 있다. 그 흐름은 삼교(유불도) 정립을 주장한 연개소문에서 원효, 최치원, 서산(휴정)을 거쳐 근대종교(최수운, 강증산, 소태산)로 이어져 왔다. 함석헌은 그 흐름의 끝자락이다. 그 과정에서 '홍익인간'을 내세운 단군 사상이 등장했다. 홍익인간(弘益人間)은 불교의 '홍익중생'(弘益衆生)을 본을 딴 개념으로 불교 특히 원효의 영향을 받았을 수 있다. 그와 같은 사상과 정신은 이성의 기능이 최대로 발휘된 사유 소산이다.

　　그런데 왜 오늘의 한국인에게는 이성적 사고가 불가능한 모습인가. 이성적 인간상이나 인격을 찾기가 힘들다. 이성적 사고와 판단을 앞세워야 할 입법부, 사법부, 언론이 그 거울이다. 그 까닭을 두 가지로 살펴볼 수 있다. 하나는 감성이 극대화된 문화의 탓이다. 감성에 눌려 이성이 제대로 작동하기 어려워졌을 수 있다. 민중문화의 측면에서 한국인은 고래로 감성이 풍부한 문화를 구축해왔다. 고대역사서는 한민족이 가무(歌舞)를 즐기는 족속이라 기술했다. 특히 남성보다 감성이 더 풍부한 여성들이 스포츠(양궁, 골프 등)와 예술(음악, 케이팝, 무용 등)에서 발군의 실력을 세계에 보여주고 있다. 다른 하나는 중국에서 도입된 유교 문화와 주자학이 형식주의, 의례, 도덕주의를 강요하는 풍조 속에서 자유로운 사고는 불가능했다는 사실이다. 논리적 사유와 인식을 다루는 불교가 탄압을 받아 다른 대안도 없었다. 서양과 같이 미신과 율법주의를 깨는 계몽운동이 일어날 수도 없었다. 유교의 성리(性理)학이 이성을 부각시킬만도 했지만 형이상학적 논쟁과 의례 논쟁에만 골몰하여 정치적으로는 사색 당쟁으로 나라가 반천 년 동안 문화적으로 피폐해졌다. 그 틈을 타서 또 다른 외래 종교인 기독교가 들어와 좋은 정신은 못 배우고 맹신하는 경향이 강했다. 기독교의 하나님은 정의의 신인데도 사회정의를 외치는 신자나 사제는 드물다(민주화운동 시대에는 함석헌, 김재준, 안병무의 영향도 있었지만, 그래도 적지 않았다). 함석헌은 서양 유학생이 (사회정의, 자유주의, 평등사상, 민주주의 같은) 좋은 사상과 가치관은 못 배우고 지식만 습득하고 온 것을 나무랐다. 주위를 살펴보면 아무리 철학이나 종교를 많이 연구했다 해도 이성적인 인간으로 탈바꿈한 사례가 있는지 모를 지경이다. 지식인에게 이성은 감정적 언행을 정당화하기 위한 도구일 뿐이다. 이번 사태의 주역인 보수파 정치인, 검찰, 언론인들에게서 이성적, 합리적이라고 할 만한 구석을 찾을 수 있는가. 모두가 극단적인 감정의 표출과 이기주의적인 작태를 보여줄 뿐이다.

IV. 계몽운동이 필요한 한국 사회

서양 역사에서 이성이 부각된 것은 계몽운동(Enlightenment)이 일어난 시기(18세기)였다. 그것은 기독교가 지배해온 신 중심의 역사에서 벗어나 인간의 주체성을 찾자는 운동이었다. 신을 대치한 것은 인간의 이성이다. 여기서 합리주의가 탄생했다. 로크, 칸트, 헤겔 등 이성을 중시한 합리주의 철학자들이 등장했다. 인간 이성이 강조되면서 진화론이 등장하고 과학이 발달했다. 민주주의도 그 산물이다. 이 점에서 한민족은 뒤처졌다. 함석헌은 한민족이 서양에서처럼 민족주의를 거치지 않아서 다른 민족의 침략에 쉽게 노출되었으므로 이제라도 민족주의를 거쳐 가야 한다고 주장했다. 그와 마찬가지로 계몽주의도 뒤늦게라도 거쳐야 되지 않을까. 사려분별(思慮分別)이 전혀 보이지 않은 사태 속에서 더욱 절감된다. 그래야 '어리석은 백성' 의 지위에서 벗어날 수 있을 것이다. 이것은 '생각과 실천'의 과정에서 실천의 전략으로 삼을 수 있다. 그 통로는 새로운 형태의 언론매체다. 현 사태의 진행 과정에서 지금까지 우리의 의식을 지배해온 기존의 언론체제는 물러나고 날로 발전하는 정보기술을 이용한 언론매체가 동트기 시작했다. 이미 등장했지만 이번에 그 효력을 증명했다. 정보기술 강국으로서 누릴만한 혜택이다.

1. 개인 언론매체가 앞장선 언론개혁의 시작

새 언론매체는 자유롭고 정의로운 개인들이 개발한 팟-캐스트 형태의 사회관계망(SNS)이다. 전례 없는 언론자유를 누리면서도 사회적 책임을 방기한 거대한 족벌-재벌-종파 언론보다 오히려 모든 책임을 한 몸에 걸머진 개인들은 일당백, 일당천의 기개로 국민 편에서서 고군분투한 '대바른' 기자들이다. 구세주가 따로 없다. 사회구원의 중보자들이다. 세계가 하나의 지구촌이듯이 새 역사시대에는 한 개인이 구세주가 아니고, 함석헌도 뉴욕의 유대인에게서 암시를 받은 바 있지만, 이제는 개인이 아니 집단적 구세주가 등장하는 시기다. 팟 캐스트는 아직 개인이 운동의 단초를 열지만 개인주의의 개인이 아니고 집단을 등에 업은 개인이며 주체는 수십만, 수백만이 동지가 된 집단이다. 횃불데모는 그 구체적인 행동이다. 단초를 제공한 한 개인들은 함석헌과 왕양명이 말한 '한' 사람(대인)이라 할만하다.

차제에 신뢰를 완전히 상실한 기존 언론은 완전한 탈바꿈 없이는 다시 신뢰를 회복하기는 어렵게 보인다. 탈바꿈한다고 해도 일인 체제에 비하면 효율성이 떨어지고, 살아남는다고 해도 광고지나 사보,

당보일 뿐이다. 공영방송, 지상파, 국민신문 같은 특권은 더이상 누릴 수 없다. 노무현 대통령 사건에서도 모든 매체가 검찰이 흘리는 정보만 일방적으로 보도한 탓이 크다. 한 진보 신문 칼럼에서는 노무현이 모든 책임을 지고 자살이라도 해야 될 것처럼 말하는 것을 읽고 내심 놀랐다. 그 말이 예언처럼 적중한 것에 더욱 놀랐다(지금은 승진한 그 필자는 이번 사태는 정확하게 분석하고 방책을 제시한 칼럼을 쓴 것은 다행이다). 그 같은 대형 언론의 위험성은 상존한다.

바로 이 새로운 매체를 통해서 이미 언론개혁이 일어나고 있었다는 사실이 확인된 것은 고무적이다. 개혁의 주체가 언론 자체나 정부가 아니고 민중, 청취자(독자)들이라는 데 큰 의의가 있다. 현 사태가 위기만이 아니고 언론역사에서 획기적인 전환점으로 기록될 것이 분명하다. 이 흐름 속에서 씨올들이 이제 무엇을 해야 하는가 확연해진다. 개개인 씨올이 정확한 사실과 진실을 전달하는 매체(미디어)가 되는 것, '씨올의 소리'가 되는 것이다. 함석헌이 주장한 대로, 교회가 따로 있는 것이 아니고 각자가 곧 교회가 되듯이 이제 언론도 더이상 영리 조직이 아니고 개인이 주도하는 형태로 탈바꿈되고 있다(이 점에서 '모두가 기자' 시대를 연 '오마이 뉴스'는 선구자다). 특히 몇몇 뉴스(팟캐스트)가 두드러졌다. 서로 정보를 주고받으면서 공조를 이루어 효과를 극대화하였다. 진실을 유일한 무기로 거대한 조직언론에 맞서서 끝내 이겨냈다. 세계언론사에 특기할 만한 사건이 아닐까. 함석헌도 일인 주도의 매체로 출발하여 민주화에 크게 기여했다. 오늘의 현실을 보았다면 흐뭇해할 만하다. 국가조직도 유럽연합(EU)처럼 연합체나 연방으로 탈바꿈해야 하듯이 개인 언론도 뜻이 맞는 사람끼리 공조, 연합하는 것이 더 효율적일 수 있다. 누구나 독립적인 매체로 기능할 수 있지만 현실적으로 쉽지 않은 일이므로 중구난방 식으로 다투어 할 수는 없다. 그럴 수 없는 사람은 자신에게 맞는 방식으로 참여하고 협조하면 된다.

2. 개인주의 단계도 거쳐가야

그처럼 개인이 깨어나면서 동시에 전체가 깨어나는 계몽주의 시대가 우리에게 다가왔다. 우리가 못 거친 개인주의도 그렇다. 임금이 주인인 군주(왕조) 시대에서 식민통치를 거쳐 민주주의로 넘어오는 바람에 개인주의 단계가 생략되어 개인의 인권과 평등성이 바탕이 되는 민주주의도 제대로 실천하지 못하는 어정쩡한 사회가 오늘 우리의 현주소다. 한국 사회는 모두가 하나같이 자기 명리와 가족만 챙기는 사람들의 집단일 뿐이다. 자기 명리만 추구하는 이익사회(Gesellschaft)일 뿐 진정한 공동체(Gemeinschaft)라 할 수 없다. 개인주의는 나의 권리를 주장하면서 동시에 남의 권리와 인권도 존중하는 사상이다. 우리는 개인주의(individualism) 이전의 이기주의(egoism, selfism), 새 말을 만들자면 사사(私事, 私私)주의(privatism)일 뿐이다. 회사(會社)는 사실상 회사(會私), 사단법인(社團法人)은 사단(私團)법인, 사법(司法)부는 사법(私法)부일 뿐이다. 온 나라와 국토가 급속히 사유화로 치닫고 있는 이상한 나라다. (사회 환원, 기증을 일삼는 미국 부자와 대조적인) 상속에만 바쁜 재벌들, 조폭과 조금도 다르지 않은 보수 정치인들, 세계에 유례가 없는 다수 사학재단 등은 빙산의 일각일 뿐이다.

한국 사회는 (가난한 민중을 빼고는) 거의 모두가 부처가 진단한 탐욕, 미움(시기, 질투), 어리석음 등 삼독(三毒)으로 오염되어 있는 아수라장이다. 이성은 간데없고 탐욕, 경쟁심, 무지의 늪으로 침식되어

침몰하고 있다. 금년도 노벨 경제학상을 받은 부부의 저술은 '가난한 계층이 더 합리적이다'라는 서명이라고 한다. 촛불 데모에 참여한 평범하고 소박한 참가자들의 인터뷰를 들으면 오도된 언론으로부터 씨올들이 깨어나고 있음을 감지할 수 있다. 진실의 빙산이 더 드러날수록 개혁의 대세는 거스를 수 없다. 정보기술과 그것을 이용한 용기 있는 소수의 양심적인 지식인들 덕으로 함석헌이 기대한 새로운 시대가 열리고 있다. 그중에도 특히 몇 사람은 드문 지식인들로 정파적 이익에 치우치지 않은 객관적 입장에 서서 담론을 전개한다. 문제 많은 대통령 제도의 시행과정에서 사리사욕에 사로잡히지 않고 민주주의 전통을 이어온 김대중-노무현-문재인 라인에 서서 현실을 관찰하는 공평한 자세를 보여준다.

함석헌은 필요하면 정치과정에 직간접으로 참여하기도 했다. 박정희의 영원한 적 장준하를 옥중 당선시키기 위하여 야당(신민당)에 가입하여 유세에 참여했다. 윤보선, 김대중 등과 민주화 전략을 협의하고 조직구성에 참여했다. 후보 단일화, 지방자치의 필요성도 주장했다. 노동자에 대한 유다른 관심은 분신한 전태일을 누구보다 앞장서서 기리는 일에서도 나타난다. 대외적인 일에도 그는 나라의 어른 노릇을 톡톡히 수행했다. 한일회담과 월남전 참전 반대에 적극 참여했다.

3. 함석헌의 통찰과 예지 — 중국관

함석헌은 특히 역사적으로 한민족을 괴롭혀온 중국의 부상을 크게 염려했다. 중국의 민족주의를 제어하기 위해서는 일본과의 동맹도 불사해야 한다는 입장에 설 정도였다. 강대국에 맞서기 위해서는 지역별로 국가연합이 필요하다고 보았다. 구체적으로 1970년대 중반에 '동남아 연합'을 제의했다. 예언처럼 그 이후에 놀랍게도 '동남아국가연합'(ASEAN)이 결성되었다. '신남방정책'의 일환으로 문 대통령이 이 기구와 관계를 강화한 것은 현명한 정책이다. 금년 11월에는 부산에서 이 기구의 지도자들과 합동회의를 열 계획은 반가운 소식이다. 여기에 김정은 위원장이 초청받아 참여할 가능성도 있다고 한다. 국제적으로 외톨이인 북한이 미국과 중국에만 의존하지 말고 아시아 국가들과도 교류를 확대한다면 북한에게 도움이 될 것이 분명하다.

중국과의 역사적 관계문제는 함석헌의 만주(동북 3성) 지역에 대한 유다른 관심과도 연관된다. 만주는 고구려의 고토로서 그곳을 포기한 신라의 반쪽짜리 삼국통일을 함석헌은 두고두고 한탄했다. 그로 인하여 한민족은 이후에 많은 수난을 당하게 되었다. 강 건너 만주 땅이 훤히 바라보이는 압록강 접변 고향에서 고토의 회복을 꿈꾸며 자랐다. 민족의 열망을 눈치라도 챈 듯 중국 정부는 '동북공정'을 벌이고 역사학자들을 동원하여 고구려를 중국(당)의 지방정부로 해석하는 역사 다시 쓰기를 획책했다. 함석헌이 생존했다면 한탄하고 격분했을 일이다.

그러나 아무리 열망이 강했다 하더라도 함석헌이라고 오늘날 국제 환경을 무시할 수는 없었을 터이다. 어느 시점에서는 현실적으로 영토회복을 하자는 것은 아니라고 해명했다. 경제적, 문화적 차원에서 근접한 관계가 되는 방식으로 기대치를 낮추는 취지를 표명했다. 놀랍게도 수년 전에 바로 그러한 전망이 미국 경제학자에게서 나왔다. 기업인들에게 잘 알려진 그 학자는 정기 회람에서 동북아시아 3국의 미래를 예측했다. 일본은 어느 시점에서 더이상 경제 발전이 멈출 것이고 중국은 정치적으로 지역 분쟁으로 타격을 받아 동북지역에 신경을 쓸 여유가 없어진다고 내다봤다. 그렇게 되면 동북지역은 북경 정부보다 지리적으로나 경제적으로 (통일된) 한국과 더 가까워져서 한국의 영향을 크게 받는다는 것이다. 그렇다면 함석헌과 민족의 꿈은 실질적으로 이루어지는 셈이 된다. 허황된 꿈이 아니다(풍수의 대가 손석우는 그의 저술 『터』에서 미래에 통일된 세계에서 연변의 용정이 세계 수도가 된다고 점친다. 함석헌의 꿈과 비슷하다).

V. 개인 중심에서 집단지성, 집단이성, 집단깨침으로

이번 기회도 놓치고 한국 사회가 역사를 거슬러 반동적으로 퇴행한다면 민족이 생존하는 것은 어려울뿐더러 설사 생존하더라도 존재 이유가 상실된 민족이 될 것은 틀림없다. 함석헌은 새 시대를 이끌 새 '틀 걸이'(패러다임)의 개발을 열망했는데 그것은 바로 이번에 결정적인 역할을 수행한 새로운 언론매체가 아닐까. 우리가 이제라도 거쳐야 할 민족주의, 개인주의, 계몽주의는 급속하게 발달한 정보기술 덕으로 속성으로 빨리 통과할 수 있다. 더구나 정보화는 우리가 세계의 앞장을 서고 있다. 그 기술을 활용한 매체가 등장하여 언론혁명, 사회혁명을 주도하고 있는 것은 고무적인 일이다. 함석헌이 마지막 영웅인줄 알았더니 이들이 '진리의 바통'을 이어받아 이 시대의 영웅들로 등장했다.

개인과 전체를 아우른 새로운 형태의 언론매체 혁명은 심대한 의의를 지닌다. 그 매체로 인해 촉발된 횃불집회는 '집단지성'(collective intelligence)의 발현이다. 거기에 이르게 한 인식 도구인 이성도 나만의 이성이 아니고 '집단 이성'이라 해야 한다. 검찰과 언론의 개혁도

'집단 이성'과 '집단지성'의 발현으로만 가능하다. 개인주의를 넘어 진입한 '전체'주의 시대에 개인이 갖춘 지성만으로 공동체 전체를 대표할 수 없다. 이제는 '전체'가 함께 사고하는 시대, '전체'가 사고의 원천이 되는 시대다.

서양철학에서처럼 '나 홀로' 사고는 더이상 효용이 없다. 종교도 마찬가지다. '나 홀로' 종교나 믿음도 구원도 무용하다. 함석헌의 표현으로, 믿음은 하나다. 내 믿음, 네 믿음이 따로 없다. 종교 간 경계도 허물어진다. 그 맥락에서 '나 홀로' 깨달음도 구(개인주의) 시대에 속한다. 미국 명상가들은 '집단적 깨달음'(collective enlightenment)을 말하고 있다. 서구에서 계몽운동이 성공한 것도 이성과 합리주의가 철학자들만 아니고 문화 전반, 전체 사회로 파급되었기 때문이다. 씨올의 할 일도 거기에 있다. '진리의 바통'을 나 홀로 갖지 말고 모두가 함께 갖고 함께 뛰어야 한다. 그래야 홀가분해진다. 그것이 해탈이다. 나에서 전체로 옮기면 '나'를 벗어버리는 해탈이 온다. 해탈(moksha)은 열반(nirvana)이다.

여야 어느 쪽이나 다 '국민'을 빙자하지만 국민이라고 다 국민이 아니라 어리석은 백성들(우민, 우중)이 아닌, 자유(권리)와 책임(의무)을 한 묶음으로 자각한, '깨어난 시민들'만이 진정한 국민이다(함석헌은 우리가 극복해야 할 국가주의에서 파생한 개념인 '국민'보다 민民의 우리말인 '백성'을 선호했다. '국민학교'를 '초등학교'로 바꾼 것도 그의 주장 덕이다). 우리 사회가 종말론적 기로에 서 있는 이 시점에서, 비록 아직 '깨친 국민'은 아니라도, '생각하는 백성'을 넘어 이제는 (노무현도 바란 대로) '깨어난 시민이라야 산다!' 그 수준에도 아직 미치지 않았다면, '깨어있는 백성이라야 산다!'

한국 사회를 몇 달간 휩쓴 중대한 사회적 화두에 눌려 통상적인 서문을 기초하지 못한 것이 유감이다. 혜량을 바란다. 이 책이 더 일찍 나오지 못한 것도 필자의 책임이며 한계다. 물론 출판계의 급격한 변화 탓도 있었다. 귀중한 글들을 읽고 깨우침이 있으리라 믿는다. 특히 수년 전 영남대에서 개최한 '왕양명 학회'와의 합동 세미나는 여러모로 의의 깊은 발표였다. 비정통적인 사상가 함석헌을 보수적인 유학의 텃밭에서 플래카드를 걸어놓고 논의한 것은 큰 의미가 있었고 기대 이상의 평가와 따뜻한 접대를 받은 기억을 남겼다. 모임을 주선하고 완벽한 준비를 해준 최재목 교수(당시 학회장)에게 뒤늦은 감사를 전하고 싶다. 개회사를 해준 대구의 중견 기업인은 유서 깊은 골프장 클럽하우스에서 성대한 만찬을 베풀어주고 발표가 인상 깊었던지 다음에 다시 발표회를 갖자는 친절한 제의를 하였다. 기억에 남는 환대였다.

학제 간, 학문 분야 간 비교 연구는 여러 가지로 생산적이다. 왕양명(1472-1529)과 함석헌(1901-1989)은 시대와 지역(나라) 그리고 종교 전통에서 크게 다르지만 사상적으로 상통하는 점도 있고 대조되는 점도 있어서, 그래서 더욱 흥미로운 연구 주제를 다룰 수 있다. 비교 연구의 큰 장점은 다른 분야를 통해서 자기 분야를 더 선명하게 이해하고 동시에 다른 사상까지 더 알게 만드는 것이다. 그래서 종교학은 한때 비교종교(comparative religion)로 불리기도 했다. 다양한 종교전통을 다루는 방법은 비교를 할 수밖에 없기 때문이다.

함석헌도 비교종교적 방법론을 주목했다. 왜 그런가. '한 종교에 이르는 것은 다른 모든 종교로서만 될 일이다'는 입장을 가진다. 자기 종교를 온전히 파악하려면 다른 종교들의 이해를 통해서 할 수 있다는 뜻이다. 이 명제는 종교학의 창시자 막스 뮐러가 채택한 원리 '하나만 아는 사람은 아무것도 안다고 할 수 없다'와 맞먹는 명구다.

다른 나라의 학술 정보에 접하지 못한 환경에서 이러한 시각에 도달한 것은 놀랄만하다.

20대 초반 일본 유학 시절에 접한 무교회주의와 중반 무교회주의 유년 시기부터 평생 기독교 신앙에 충실했던 함석헌은 50대 후반 비정통 기독교 신앙 퀘이커교에 몸담았지만, 40대 초반 서대문 감옥에서 불교 경전을 통독하고 불교와 기독교가 근본적으로 다르지 않음을 표명하기도 하면서 배타주의적 신앙을 벗어나기 시작했다. 6.25가 나고 부산 피난 시절에 헌책방에서 간디를 통해서 알고 있던 힌두교 고전 『바가바드기타』(영문판)을 발견하고 구입, 계속 탐구했다. 그 책을 60년대 중반 중앙신학교(학장 안병무)에서 강의하고 있었다.

이로 보면 늦어도 40대 초반 이후에는 종교다원주의자가 되어있었던 셈이다. 50대 후반에 그의 명저로 평가된 『성서적 입장에서 본 조선역사』를 『뜻으로 본 한국역사』로 바꿔 출판할 즈음에는 기독교 유일주의를 넘어선 완전한 다원주의자였다. '뜻'은 어떤 한 종교에만 아니고 모든 종교에 적용될 수 있는 보편적 개념이다.

왕양명과의 비교에서 중요한 것은 '지행합일' 사상이다. 함석헌 이상으로 지식과 행동의 일치를 체화한 사람이나 선비는 드물다. 그 증거는 그처럼 그가 통과한 모든 시대에 감옥과 유치장을 들락거린 사람이 있을까 하는 점에서다. 그에게 감옥은 '인생대학'이었다. 많이 읽고 많이 사유, 명상하는 기간이었다. 그의 사상이 여물어갔다. 빈번한 투옥과 연금, 감시를 받은 만큼 그는 친일 같은 변절을 하지 않고 소신대로 살았다. 61년 군사혁명 이후 말년까지 그는 혁명과 독재 비판, 민주화운동에 맨 앞장에 서서 헌신했다. 한일회담 반대, 월남 파병 반대 등 중요한 사회적 사건에 모두 개입, 참여했다. 그 공로로 그는 미국 퀘이커 본부 추천으로 노벨 평화상 후보로 두 차례

추천되었다. 그는 또한 중등학교 교사로 10년을 일했고 해방공간에 북한에서 신의주학생사건 주동자로 몰려 러시아 점령군에게 체포되어 사살될 뻔했다. 그는 북한, 강원도, 천안 등지에서 농사, 신앙, 교육을 아우르는 공동체를 실험하기도 했다. 실로 행동의 사람이었다. '지행합일'의 충실한 실천자였다. 당면한 혼란 속에서 어떻게 실천할 것인가의 문제는 구체적으로 윗글에서 다루어진다. 특히 언론개혁의 문제와 관련하여 소수의 개인이 개척한 매체(팟캐스트)에 대한 관심이 요청된다.

함석헌은 왕양명과 '대인'(大人, 한 사람) 사상에서 만난다. 왕양명의 '대인'을 '한 사람'으로 푼다. 절묘한 일치다. '한'은 함석헌이 찾아낸 고유한 우리말로 철학적으로 가장 중요한 개념이다. 국호(대한민국, 한국)에도 들어있다. '대한'은 의미가 겹친다고 지적한다. '한'에는 다양한 뜻이 다 망라되어 있다. 큰(大), 하나(一), 여럿(多), 가운데(中), 임금(王) 등 20여 가지 뜻을 가진 다의(多義)어이다. 두 나라 문화가 여기서 만나 상호 보완하여 의미 스펙트럼이 넓어질 수 있다. 안호상, 최민홍 등 일군의 학자들이 70년대 후반에 한 사상, 한 철학을 논의하기 시작했는데 함석헌은 그 이전에 발굴하여 '한 철학'을 말했다. 한민족이 제3의 사상을 세계에 내놓아야 할 입장인데 그 틀은 이 '한' 속에서 찾을 수 있다. 다양한 주제를 다루는 다른 논문들은 두 사상 또는 함석헌 사상의 이해를 크게 넓혀줄 것이다.

제 I 부

함석헌과
왕양명의 만남

왕양명의 '양지'(良知)와 함석헌의 '씨울', 생물권 정치학 시대를 위한 존재 사건

이은선

(세종대학교 명예교수)

I. 시작하는 말 : 왕양명과 함석헌 사상 비교 연구의 근거와 시발점

본 논문은 15~16세기 중국 명나라의 왕양명과 20세기 한국의 함석헌 사상을 비교 연구하면서 이들의 사상이 오늘의 우리에게 어떤 맥락에서 의미를 줄 수 있는지를 탐색하려는 것이다. 잘 알다시피 왕양명(王陽明, 1472~1529)은 중국 명나라의 신유가로서 행정가와 군인, 교육가와 시인 등으로 매우 역동적인 삶을 산 사상가였다. 그는 당시 철저히 관학화되었고, 주희 방식의 차가운 사변이론으로 전락한 유교 전통을 다시 한 번 크게 개혁한 사상가이다. 이에 대해서 함석헌(咸錫憲, 1901~1989)은 20세기 한국이 낳은 뛰어난 기독교 사상가로서 '한국의 간디'라는 칭호가 잘 말해주듯이 구한말에 태어나서 3.1운동과 혹독했던 일제의 억압, 해방 후의 혼란과 6.25, 그 후로 이어지는 5.16과 박정희 군사독재를 겪으면서 민족과 나라를 위해서 저술가와 저항운동가, 시인으로 활동했던 "동서종교사상을 한 몸 안에 융섭한 위대한 혼"의 사상가이다.[1] 지금까지 이 둘 각자에 대한 연구는 많이 이루어져 왔지만 이렇게 이 두 사상가를 함께 연결하여 살펴보는 일은 이제 막 시작되었다.[2]

나는 이 둘의 비교 연구는 여러 근거를 가지고 있다고 여긴다. 16세기 양명학이 조선 땅에서 '불행한 만남'으로 시작되긴 했지만 이후 강화의 정하곡(1649~1736)과 같은 뛰어난 학자를 배출할 정도로 한국 땅에서 전개되었고, 특히 조선조 말 실학의 발생과 천주교 서학과의 만남에서 양명학이 결정적인 역할을 한 것이 지적되고 있는 것을 보면,[3] 함석헌이 20세기의 시작에서 기독교의 개혁 정신을 받아들였고, 또한 일본 유학에서 큰 영향을 받은 무교회주의자 우치무라 간조가 일본 양명학의 비조인 중강등수(中江藤樹)의 정신과 맞닿아 있다는 지적 등은 두 사람을 연결시킬 수 있는 좋은 근거라고 할 수 있다.[4] 본인도 함석헌 사상이 지금까지 주로 노자나 장자 등의 도교와의 관련 속에서만 동양사상적으로 의미 지어져 왔지만, 그러나 그보다 더

---

1 김경재, "함석헌의 종교사상", 「씨올의 소리」 100호 (1988. 4). 강돈구, "유영모 종교 사상의 계보와 종교 사상적 의의", 김흥호 · 이정배 편, 『多夕 유영모의 동양 사상과 신학』(솔, 2002), 369 재인용.

2 본인은 지난 2012년 2월 25일 〈씨올사상연구원(함석헌기념사업회)〉의 월례회에서 "仁의 사도 함석헌 선생님—함석헌 사상의 유교적 뿌리에 대하여"라는 글을 발표하였고, 그 글을 보완하여 "仁의 사도 함석헌 사상의 유교적 뿌리에 대하여"로 「陽明學」 제33호(2012. 12)에 실었다. 한편 최재목 교수가 2012년 4월에 함석헌학회 춘계학술대회에서 발표한 글("咸錫憲과 陽明學", 「陽明學」 제32호 [2012. 8])이 이 둘에 대한 첫 번째의 본격적인 비교 연구라고 생각한다.

3 류승국, "한국 근대사상사에서 양명학의 역할", 『한국 사상의 연원과 역사적 전망』 유교문화연구총서 10 (유교문화연구소, 2009), 417-442.

4 최재목, "咸錫憲과 陽明學", 164.

근본적으로 그 사상을 형성하는 뿌리는 유교였다고 지적했다.[5] 그가
비록 구체적인 언어로써 그 영향을 의식하고 밝히는 부분은 적지만,
구한말 평안북도 용천에서 대가족의 어진 부모님 밑에서 태어나고
자라면서 받은 유교적 영향은 크고도 깊었으며, 그 삶에 대한 여러
가지 내러티브들이 좋은 증거라고 생각한다. 여기에 더해서 1921년
오산학교로 편입해서 만난 이승훈 선생과 특히 유영모 선생이 양명
학을 매우 친애했다는 것은 잘 알려진 사실이므로 이 둘의 비교 연구
는 무리가 아니라고 본다.

　　지난 2011년 사회학자 송호근은 조선조 유교의 역사와 특히 조
선조 말 동학의 등장과 서학의 유입이라는 시간을 "인민의 탄생"이라
는 화두로 정리했다.[6] 이 정리에 일면 동의하는 바이지만 나는 그가
파악하는 것보다 훨씬 더 적극적으로 조선 유교가 한국인들의 인간
화와 '인민의 탄생'(민주화)에 기여했다고 보는 입장이다. 즉 유교가
가지고 있는 초월의 강력한 내재화의 능력(天命, 理一分數, 性卽理/心
卽理, 人物性同異論 등)은 삶의 모든 영역을 성화(聖化)하고 체화(禮
化)하고자 하는 기도로 나타났으며, 이 조선조 유교화의 기도가 비록
신분제에 묶이고, 특히 여성들에게는 매우 차별적으로 적용되었다
하더라도 이를 통한 인민층의 확대와 근대 자아의식의 성장에 크게
기여했다고 보는 입장을 말한다. 나는 이러한 전개를 특히 유교적 포
스트모던적 종교성("a secular religiosity")에 근거한 "성(聖)의 평범성
의 확대"라고 파악하였는데,[7] 이러한 유교적 기반이 있었음으로 인

5 이은선, "仁의 사도 함석헌 사상의 유교적 뿌리에 대하여", 295 이하.

6 송호근, 『인민의 탄생』(민음사, 2012).

7 이은선, "유교와 기독교―그 만남의 필요성과 의미", 『유교, 기독교 그리고 페미니
　즘』(지식산업사, 2003), 26 이하; 이은선, "종교문화적 다원성과 한국 여성신학",
　『한국 생물生物 여성영성의 신학』(도서출판 모시는 사람들, 2011), 29 이하.

해서 서구 기독교가 유입되었을 때에 크게 번성할 수 있었고, 그와 더불어 근대적 자아의식의 확립이 용이했음을 말하는 것이다. 또한 나는 '중세' 유교와 '근대' 기독교의 관계가 송호근 교수도 포함해서 많은 서구식 의식의 학자들이 파악하는 것처럼 그렇게 양자택일적 이고 반목적이지 않았다는 것을 말하고자 한다.[8]

본인이 양명과 함석헌의 사상을 이해하는 것도 이러한 맥락에서 이고, 나는 이 둘의 의미를 한 마디로 그들 삶과 사고에서 내보이는 "존재 사건의 정치적 함의"로 정리해낼 수 있다고 생각한다.[9] 즉 나는 이들을 모두 나름의 '종교' 사상가로 본다는 의미인데, 기독교 사상가 인 함석헌뿐 아니라 신유가인 양명도 나름의 방식으로 일종의 신비 적 존재 체험가로 이해하는 것을 말한다. 즉 이 둘 모두는 자신들의 심도 깊은 '세계의미물음'(Sinn-Sein Frage)의 추구 가운데서 존재의 핵심과 만남을 체험했고, 이러한 존재체험이 이후 이어지는 그들 활 동의 중요한 근간이 되었다는 것을 말하려는 것이다. 그런 뜻에서 이 들에게서 종교와 정치, 존재와 윤리, 사고와 실천 등은 결코 둘로 나 누어질 수 없고, 그렇게 그들은 매우 통합적이고 전일적인 삶과 사고 의 사상가들이었음을 말하며, 이들 사고와 실천의 급진성과 저항성, 이들 사고의 "근본적인 민중주의적 성향"은 바로 그러한 깊이 있는 존재와의 조우가 밑받침되었고, 근본이 정립된 경우라는 것을 말하 는 의미이다.[10]

나는 오늘 우리 시대도 이러한 근본을 밝혀주는 사상가들이 긴급

---

8 이은선, "21세기 한국 여성리더십에서의 유교와 기독교 I", 「東洋哲學研究」 제62 집 (2010. 5), 205-242.

9 프레드 달마이어/신충식 옮김, 『다른 하이데거』 (문학과 지성사, 2011).

10 리처드 J. 번스타인/김선욱 옮김, 『한나 아렌트와 유대인 문제』 (아모르 문디, 2009), 107.

히 요청된다고 생각한다. 오늘 우리 시대도 그들의 시대만큼이나 각종 실리주의와 도구주의로 세상의 모든 것이 도구화되고 수단화되어서 존재의 무의미성의 고리가 한없이 이어지고 있는데, 양명과 함석헌이 나름의 경험에서 존재의 내재적 가치를 발견하고, 그 가치에 근거해서 인간 삶과 생명과 우주의 가치를 웅변적으로 대변했다면 나는 그러한 존재 사건이 오늘 우리에게도 긴요하다고 본다. 이에 본 논문은 크게 세 단계로 나누어서 이들 경험과 사상의 전개가 어떻게 이루어졌는지를 살펴보고, 그 과정 속에서 드러나는 통찰과 실천이 오늘 우리에게 어떤 의미를 줄 수 있는지를 말해보고자 하는 것이다. 그 세 단계란 ① 양명이 용장대오에서 득한 '심즉리'(心卽理)의 체험과 함석헌이 1923년 관동대지진을 겪으면서 동경 "시즈노비 못가"에서 맞이한 생명 체험 등을 중심으로 한 이들 사고의 출발점으로서 존재체험에 관한 물음, ② 이 존재체험에 근거해서 그들이 기성의 가치체계에 도전하고 저항하면서 제시하는 새로운 정치·사회적 대안에 관한 물음, ③ 마지막 세 번째 단계로서 이들 삶과 사상의 정점으로서의 종교, 정치, 교육. 문화 등의 대통합적 사고와 '세계의미물음'에 대한 나름의 최종적 대안 제시에 관한 것이다. 본인은 여기서 오늘 우리 시대를 '생물권 정치학'(Biosphere Politics)의 시대라고 이름 지었는데, 이것은 오늘 우리 시대의 문제가 단지 인간의 문제만이 아니라 전 생물권의 우주 생태적 문제라는 의식을 표현한 것이다.[11] 오늘 우리 시대의 위기는 "단지 인식론의 위기가 아니라 존재론의 위기"(a crisis of ontology, not just of epistemology)라는 지적대로[12] 아무

---

11 이은선,『생물권 정치학 시대에서의 정치와 교육—한나 아렌트와 유교와의 대화 속에서』(도서출판 모시는 사람들, 2013).

12 Neil L. Whitehead and Michael Wesch(eds.), *Human no more-Digital Subjec- tivities, Unhuman Subjects and the End of Anthropology* (University Press of Colorado, 2012), 218.

리 하찮은 존재라도 그 존재가 가지는 내재적 차원의 의미를 지지해 줄 존재론적 근거가 요청되는바, 두 사상가가 만난 존재 사건들이 가지는 우리 시대를 위한 함의를 탐색해보고자 하는 것이다.

II. 사고의 출발점으로서의 존재 사건: 왕양명의 "심즉리"(心卽理)와 함석헌의 "인애(仁愛)의 불길"

1. 왕양명의 심즉리(心卽理)

잘 알다시피 15세기 후반부터 명나라(1368~1644) 후기의 유학자 양명이 고통받고 있던 문제는 전(前) 시대의 거대한 사상 체계가 불러온 삶과 사고의 고사였다. 어린 시절부터 참된 인격자(聖人)가 되는 것을 삶의 최고 목표로 삼아온 양명이 그 추구 가운데서 만난 주희에 따르면, 우리의 공부는 한 포기의 풀에도 내재해 있는 세계의 원리에 대한 공부에서부터 시작하여 세계 만물과 만사에 대한 공부가 무르익어서 마침내는 깨달음에 이른다고 한다. 하지만 양명이 그의 친구와 대나무밭 앞에서 대나무의 '리'(理)를 탐구하기 위해 행했던 일화가 잘 말해주듯이 그는 우리가 그렇게 세상의 만물을 탐구할 수 있을 만큼 힘을 가지고 있지 않음을 알아차렸다. 그 가르침대로라면 인간(心)과 초월(理) 사이의 심연이 너무 깊어서 이것은 유가 정통의 도(道), 곧 '사람은 누구나 다 배움을 통해서 성인이 될 수 있다'는 가르침에도 상치된다고 생각했다.[13]

---

[13] 여기서부터 이어지는 양명의 사상에 대한 서술은 이미 기존에 나와 있는 본인의 여러 논문에서 많이 인용했음을 밝힌다. 이은선, "양명공부법의 교육철학적 의

양명이 이렇게 엄청난 지적인 공부의 무게로 절망하고 있을 때 그는 당시 조정의 막후 세력가였던 환관 유근에 대항한 죄로 유배를 가게 되었고, 그 유배지의 철저한 고독 속에서 공부의 새로운 출발점을 발견한다. 보통 양명의 '용장대오'(龍場大悟, 1508)라고 일컬어지는 경험 속에서 그는 인간의 삶은 이 세상의 만물에 대한 지식을 모두 습득할 만큼 그렇게 한계가 없는 것이 아니고, 수많은 이론적 지식의 습득만으로는 결코 위대해질 수 없으며, 참된 행위로 나갈 수 없음을 발견했다. 일반적으로 주희의 '성즉리'(性卽理)에 대해서 양명의 '심즉리'(心卽理)로 말하여지는 이 명제는 양명이 그토록 찾고자 했던 참된 인격에 도달하는 길이 바로 자신의 내면 안에 있다는 것을 발견한 것이고, 성인이 되는 일이 어떤 외부적인 조건에 달려 있거나 특히 외물에 대한 이론적 지식을 쌓은 주지주의적 실행과 관계되는 것이 아니라, 우리 마음의 일과 긴밀하게 연결되어 있음을 깨달은 것이다. 그가 더이상 책도 볼 수 없고, 생사의 문제도 어찌해볼 수 없는 절망적인 상황에서 석관을 앞에 두고서 불현듯 깨달은 사실은 인간은 그 어떤 상황에서도 스스로가 새로 시작할 수 있는 존재라는 것이고, 그런 의미에서 자신이 지금까지 밖에서 그토록 찾고자 했던 성인의 의미가 이미 자기 안에 내재되어 있다는 것이다. 그가 그토록 찾아 헤매던 '리'(理)가 바로 자신의 '심'(心)에 내재해 있음을 깨달은 것이고(悟性自足 心卽理), 그리하여 그 심을 닦아가는 구체적 행동에 의해서 목표에 도달할 수 있다는 발견이다(知行合一).

사람들이 공부를 시작하려 한 때에는, 토대(출발점)는 가져야 한다. 그렇게 했을 때만이 그것이 해결점으로 인도되고, 비록 그의 노력이 지속되지 않는다 하더라도 그는 마치 키를 가지고 있는 배처럼 확실한 방향을 가질

의", 「동양철학연구」 제24집 (동양철학연구회, 2001).

것이다.[14]

이러한 각성에 근거해서 양명은 이제 '성인'(聖人)을 아주 간단하게 그의 마음이 인간적인 욕심으로부터 벗어나서 '하늘의 뜻'(天理)과 하나 된 사람으로 그린다. 그에 따르면 '성인됨'이라고 하는 것은 결코 지적이나 도덕적인 능력의 "양"에 좌우되는 것이 아니라 그의 마음의 깨끗함과 관계된다. 그의 유명한 '금'(金)을 통한 비유로 그는 자신의 인간 이해를 다음과 같이 밝히고 있다.

순수한 금이 되는 것은 그것의 양에 좌우되는 것이 아니라 질의 순전도에 달려있다. 그것과 마찬가지로 성인이 되는 것은 그의 능력이나 재주의 양에 달려 는 것이 아니라 천리와 온전히 하나가 되는 것에 달려있다. 그러므로 비록 평범한 사람이라 하더라도 배워서 그의 마음이 온전히 천리 와 하나가 되게 한다면 그도 성인이 될 수 있는 것이다. 이것은 마치 한 근짜리 금을 1만 근의 금과 비교해 봐도 양에서 차이가 있는 것이지 질에서는 똑같기 때문이다. 그래서 '모든 사람이 요순이 될 수 있다'라고 말하여진 것이다.[15]

이것은 매우 강력한 인간 가능성과 평등성에 대한 선언이다. 일

---

14 「傳習錄」 上, 103조. 先生謂學者曰,爲學須得箇頭腦,工夫方有看落。縱未能無間,如舟之有舵,一提便醒. 본 논문에서 따른 양명의 「傳習錄」은 김홍호의 『양명학공부』1, 2, 3이 사용한 臺灣商務印刷館의 『傳習錄』이다. 그 해석에 있어서는 *Instructions for Practical Living and Other Neo-Confucian Writings by Wang Yang-Ming*, Trans. by Wing-tsit Chan (Columbia University Press, New York)을 많이 참조하였다.

15 「傳習錄」 上 100조. 蓋所以爲精金者,在足色,而不在分兩。所以爲聖者,在純乎天理,而不在才力也。故雖凡人,而肯爲學,使此心純乎天理,則亦可爲聖人。猶一兩之金,此之萬鎰°分兩雖懸絶,而其到足色處,可以無愧。故曰人皆可以爲堯舜者以此。

찍이 맹자가 "만물이 모두 내게 갖추어져 있으니 나 자신을 돌아보아 진실(성실)하면 이보다 더 큰 기쁨이 없다"(萬物皆備於我矣. 反身而 誠, 樂莫大焉. <盡心> 上4)라고 한 선언과 유사하게 양명은 인간의 마 음이 온전히 하늘과 직접적으로 맞닿아 있다는 것을 깨달은 것이다. 즉 '(천)리의 직접성'(die Li-Unmitellbarkeit)의 경험이다. 물론 주희도 인 간 인식력의 가능성을 들어서 성인됨의 길을 모든 사람에게 열어두기 는 했다. 하지만 그는 인간 존재를 다시 '性'(理)과 '氣'의 차원으로 나누 었고, 그래서 그 모두를 포괄하는 심의 선험적인 창발성과 능동성보다 는 오히려 후에 채워져야 하는 지식의 양과 아는 것의 범위에 더 주목 했다. 그래서 그는 "성인되기의 어려움"에 대해서 말했는데,16 양명에 게는 이러한 답은 충분해 보이지 않았다. 그것은 자칫 인간 존재를 다 시 형이상학적 실체론으로 차별화하는 근거가 되기 싶고, 인간 인식을 대상적 사고의 절대 독점에 가두어두는 계기가 될 수 있다고 보았다.

　양명에 따르면 효도하는 심과 충성하는 심이 있어서 효의 원리 (理)가 있고 충의 원리가 있는 것이지 그 반대가 아니다. 효나 충의 원리가 내 마음 밖의 다른 곳에 실재하는 것이 아니라 내 마음이 부모 님을 봉양하는 일에 접하게 되면 거기서 효의 원리가 나오고, 임금을 섬기는 일과 관계되면 거기서부터 충의 원리가 나온다는 것이다.17 그러므로 우리 마음이야말로 만물과 만사의 근원이 되고, 뭇 이치가 갖추어져 있어서 온갖 일이 거기서 나온다는 강조인데, "마음 밖에 이치가 없고, 마음 밖에 일이 없다"(心外無理, 心外無事)라는 양명의 새로운 깨달음은 이제부터 그의 모든 삶과 사고의 토대로 작용한

---

16 전목/이완재 · 백도근 역, 『주자학의 세계』(이문출판사, 1989), 81 이하.
17 「傳習錄」中 133조. 故有孝親之心, 即有孝之理, 無孝親之心, 即無孝之理矣。有忠 君之心, 即有忠之理, 無忠君之心, 即無忠之理矣。理豈外於吾心邪?

다.[18] 양명은 한 번은 곁에 샘이 있는 연못가에 앉아 있다가 자신이 생각하는 인간 심이 어떠한 존재이며, 어떻게 그 마음이 천 리와 도로서 무궁무진하게 다양한 일과 사물을 낳는 창조자인지를 생생하게 밝혔다. 즉 그는 인간의 마음이란 아무리 넓다 하더라도 근원이 없는 호수와 같은 존재가 아니라 비록 작지만 끝없이 마르지 않는 근원을 가지고 있는 샘물과 같은 존재라고 가르쳤다.[19] 여기서 그는 우리 마음의 "생의"(生意, 생명 의지)에 대해서 말하는데, 그것은 마르지 않는 샘물과 같이 우리 마음에서 무궁무진하게 끝없이 흘러나오는 생명의지, 낳고 살리는 생명의 힘(生物之理)과 창조력, 이데올로기처럼 죽어있는 또는 죽이는 리가 아니라 살아있어서 낳고, 살리고, 창조하는 "생리"(生理)를 말하는 것이다. 양명의 이러한 역동적인 심 이해는 그가 나중에 그 심의 본체로서의 '양지'(良知)에 대한 의식을 뚜렷이 한 후 그것을 우주적 '易'과 일치시키는 사고에서 더욱 웅장하게 전개되는데, 즉『易經』의 "하늘과 땅의 큰 덕은 생(生)이라고 한다"(天地之大德曰生)라든가, "낳고 살리는 것을 일러 역이라고 한다(生生之謂易) 등의 비전을 말한다.[20]

---

18 「傳習錄」上 32조. 虛靈不昧, 衆理而萬事出。心外無理。心外無事。

19 「傳習錄」上 68조.「與其爲數頃無源之塘水, 不若爲數尺有源之井水, 生意不窮」。時先生在塘邊坐。傍有井, 故以之喩學云。

20 한국의 하곡학자들은 하곡 정제두의 사상 속에서 이 '生理'의 사상이 잘 전개된 것에 주목한다. 정제두의 생리사상이 양명의 의식과 어느 정도로 연결되어 있는가 하는 점에서는 논의가 있지만 본 연구자는『易經』을 매우 가까이했던 양명의 의식에 이미 이 生意와 生理에 대한 의식이 뚜렷했던 것을 본다. 김연재, "생태역학에서 본 정제두의 생명미학", 「양명학과 지구, 생명 그리고 공생」, 제7회 강화 양명학 국제학술대회 2010. 10. 08 (한국양명학회), 41 이하.

2. 함석헌의 "인애(仁愛)의 불길"

함석헌의 경우에 있어서는 이렇게 뚜렷하게 양명이 용장에서 겪은 것과 같은 극적인 존재 사건의 순간을 지적하기가 쉬워 보이지 않는다. 하지만 그가 1923년 일본 대지진 사건을 계기로 겪었던 일련의 경험들이 이와 유사한 존재의 뿌리에 대한 경험이 되지 않는가 생각한다. 즉 그가 나중에 "씨올" 사상으로 깊게 전개하게 되는 '민중'과 '인민'의 발견과 관계되는 '생명의 뿌리'(仁)에 대한 경험을 말한다. 그는 1973년에 쓴 "내가 겪은 관동대진재"라는 글에서 그가 어떻게 "신기하게 생각을 아니하려도 아니 할 수가 없다"로 할 정도로 동경 우에노 공원의 '시노비즈 못 가'(不忍池畔)에서 밤새도록 떨면서 신기하게도 방향을 바꾼 바람과 물 펌프의 도움으로 아슬아슬하게 목숨을 건지게 되었는지를 적고 있다.[21] 그는 그렇게 자신이 목숨을 건진 사건을 "그 사람들이 산 것은 나 하나 살리기 위해서요, 나를 살려준 것은 증거할 것이 있어서 하신 일 같이만 뵌다"고 고백한다.[22] 하지만 그 사건은 그렇게 자신의 목숨을 건진 것만이 다가 아니었다. 그는 자신이 50년 만에 처음으로 밝히는 이야기라고 하면서 당시 그 화마 속에서, 언제 덮칠지 모르는 화마의 습격에 떨면서도, 자신 속에도 바로 그 실제의 화마처럼 커다란 "리바이던"의 본능과 충동의 불길이 잠자고 있는 것을 보았다고 한다. 그는 말하기를, "정말 무서운 것은 하늘에도 있지 않고 땅에도 있지 않다. 지진도 불도 아니다. 내 마음이었다"라고 하면서 "스스로도 부끄럽고 두렵지만 할 수 없었

---

21 함석헌, "내가 겪은 관동재진재", 노명식, 『함석헌 다시 읽기』(책과 함께, 2011), 180-181.
22 같은 글, 180.

다. 저 사람의 손에 반지가 있고 팔목에 시계가 있는 것도 뵈고 저여자 얼굴이 예쁘고 그 보드라운 살갗이 뵈는 것이 사실이다. … 왜이럴까, 나 스스로 반문하지만… 붙는 불을 몽둥이로 때리면 점점 더뛰어 번져 나가듯 그것을 쓸어버리려 하면 할수록 더 펄펄 일어나고섞이고 끓고 고여 돌아갔다. 그것이 지진보다 더 무서운 지진이요 불길보다 사나운 불길이었다"라고 했다.[23] 하지만 거기서 바로 그 고통의 시간을 뒤로 하고서 새벽이 동터오면서 그는 깊은 새 생명의 탄생을 경험했다고 밝힌다. 즉 그러한 죽음과 죽임의 껍데기에 내재되어있는 생명의 "새싹"을 경험한 것이다. 그는 자신의 그 경험을 다음과같이 언술한다.

> 예수께서 음행하다 잡힌 여인과 고소하는 바리새인을 놓고 말없이 땅에글씨를 쓰고는 지우고 지우고는 또 쓰셨다 하지만(요 8:3-11), 그때 무슨글자를 쓰셨는지 모르지만, 나는 시노비즈 이케가의 그 밤에 밤새도록 내마음 밑바닥 모래 위에 백팔번뇌의 가지가지 글자를 쓰고는 또 지웠다. 이튿날 아침 먼동이 환난의 하늘 위에 훤히 터올 때 친구들의 손을 잡고 내하숙으로 가자 일으키며 나는 지옥에서 놓여나오는 느낌이 있었다. 내 양심은 남은 듣지도 못할 가는 소리로 노래를 불렀다. 나는 터진 땅 밑에서무슨 새싹이 삐죽이 올라오는 것 같음을 느끼며 피난민 사이를 빠져나갔다. 아무도 이런 이야기를 아는 사람은 없다. 50년간 어디서도 누구에게도해본 일이 없다. 오늘이 처음이다.[24]

이것은 그가 자신 안에서 직시한 선악의 깊은 갈등 가운데서도

---

23 같은 글, 182.
24 같은 글, 182.

마침내 우리 존재의 더 깊은 근원인 선의 뿌리, 존재의 근거, 인간성과 생명의 근원을 체험한 것이라고 할 수 있다. 함석헌은 평북 용천군에서 "물 아랫놈들"이라는 멸시를 받는 바닷가에서 살았지만 선한 부모님 밑에서 특히 "인간다운 의식"을 가지고 "끊임없이 올라가자는" "보통이 아닌" 사람이었던 어머니와 "어려서부터 양심이 아주 날카로운 분"이었던 아버지의 양육을 받고 자랐다. 이와 더불어 고향에 일찍 들어온 장로파 개신교의 덕일학교를 다녔고, 그 후 오산학교 시절의 교육을 통해서 기독교의 "죄에서의 해방"을 받아들였지만, 그는 이 긴박한 상황에서 자신 속에 더 큰 욕망의 불길이 타고 있는 것을 직시했다. 하지만 그 무서운 고뇌 속에서 그 고뇌를 뚫고 올라오는 인간성의 새싹을 보았다. 그래서 그 순간에 마치 지옥에서 빠져나온 것 같은 안심함을 느끼며, 아무도 알아듣지 못하는 소리로 "노래를" 부르며 그곳을 벗어났다고 고백한다. 나는 이러한 함석헌의 체험이 앞에서 우리가 서술한 양명의 용장대오와 유비될 수 있다고 생각한다. 물론 양명의 경우처럼 그렇게 극적인 것은 아니라 할지라도 나라를 잃은 백성으로서 몇 년 전에 3.1 만세운동을 뼈아프게 겪었고, 이후 오산학교에서 '생각하는 인생'을 시작했지만 마치 "전쟁 포로에 잡혀가는" 심정으로 일본 유학을 와있던 그가 양명이 용장대오의 심즉리의 체험을 통해서 모든 부정적인 상황에도 불구하고 인간 존재의 본래적인 선함과 인간 누구나의 마음 안에 놓여있는 거룩(理)의 씨앗을 보았듯이 나는 함석헌도 이와 유사한 경험을 했다고 보는 것이다. 그것은 '인간성'의 씨앗에 대한 신비한 경험이었고, 모든 생명의 핵이 되는 '인'(仁)의 씨앗에 대한 경험이었다. 함석헌은 이 시노즈비 못가에서의 경험에 더해서 관동대지진 사건과 관련한 또 다른 경험도 서술하는데, 즉 그때까지 아주 고루하고 "감상적인 데는 하나도 없는" 건조한 "유교식의 군자"로만 알았던 아버지가 자식의 생사를 확인하고서 답하는 모습을 보며 평소에 내심 부정적으로 생각했던 아버지의 사랑이 얼마나 큰지를 보고서 한 경험을 말한다.

사랑이 지극하신 줄 모른 것 아니지만 평소에 말에는 아니 나타내시는데 그렇게까지 애절하게 하셨을까, 겉과 속의 차이가 너무 심한 데 놀랐기 때문이다. 그때 우리나라에서는 동경지방의 땅이 쭉 갈라지고 속에서 불길이 치솟아 나온 걸로 알았다고 했지만, 나야말로 정말 도덕주의의 지각(地殼)이 터지고 혼이 지심(地心)에서 폭발해 나오는 인애(仁愛)의 불길에 내 몸이 타버렸다.25

함석헌은 자신의 아버지에게서 발견한 이러한 '인애의 불길'과는 대조적으로 당시 지진이 나자 평소의 일본인들이 어처구니없이 미쳐서 "조선놈 사냥"을 자행하면서 조선인들을 집단으로 죽이고, 임신한 여자까지 찔러 죽이는 것을 보고서 "땅이 흔들린 것이 놀라운 것이 아니라, 흔들린 인간성이 정말 놀랍다"고 하였다. 하지만 그 가운데서도 "이것도 지진으로 인해 터져 올라온 불길임에는 틀림이 없는데, 내가 아버지에게서 본 것과는 너무도 대조되는 불길이다"라고 고백한다. 이렇게 함석헌은 20대의 초반에, 그래도 오산중학교라는 사립학교를 다녀서 "원수의 나라를 내지, 원수의 말을 국어라고, 시키는 대로 하며 입을 헤벌리고 걸어다니"는 "멍청이"는 가까스로 면한 상태이지만, 마치 "전쟁 포로에 잡혀가는 일"로 여겨진 일본 유학을 가서 아직 들어갈 학교도 정해지지 않은 상태에서 한 근본적인 경

---

25 같은 글, 192.

험을 한 것이다.26 그것은 양명에게서와 마찬가지로 앞으로 펼쳐질 그의 삶과 사상에서 근본적인 토대가 되는 존재 사건을 겪은 것이라고 할 수 있겠다.

III. 존재 사건의 정치적 함의: 현실에 저항하는 양명의 '격물'(格物)과 함석헌의 '의'(義)

1. 왕양명의 저항, '다른 격물(格物)'

이 세계 내에서 존재의 성스러운 뿌리를 경험한 이들에게 세계는 더이상 속된 곳이 아니다. 이 세계 자체가 도가 실현되는 곳이고, 인간은 이미 자신 안에 선의 뿌리를 지니고 있으므로 이제 남은 것은 그러한 통찰에 근거해서 행하고, 의(義)를 실천해내는 일뿐이다. 양명이 심즉리를 경험하고서 주창한 또 하나의 정리가 '지행합일'(知行合一)인 것은 그런 의미라 할 수 있다. 그에 따르면 참된 지(知)란 이미 그 안에 행위력까지 가지고 있는 것이다. 그렇지 못할 경우 그 지(知)는 지(知)가 아니고 단지 허위의식일 뿐이다. "행(위)은 지식의 완성이고"(行是知之成), "지는 행을 지향한다"(知是行的主意)고 강조한다. 그러므로 "행위를 포함하지 않는 지식은 知라고 부를 수 없다"(不行不足謂之知)고 하는데, 그에 따르면 당시의 극심한 지적, 도덕적 타락이란 바로 이렇게 '知'와 '行'을 나누어서 추구한 결과이고, 그래서 사람들은 행동할 수 있을 때까지 더 배워야 한다고 하면서 온갖

---

26 같은 글, 165-167.

지적 공부에 몰두하지만 결국은 삶의 종당에 가서도 행하는 인간이 되지 못한다는 것이다. 그래서 결국 알게 되지도 못하는 것이라고 비판한다. 오늘 우리 시대에도 그대로 적용되는 이러한 비판의 근거인 지행합일의 존재론적 근거를 양명은 다음과 같이 밝힌다.

> 사물의 원리들이란 마음 바깥에 있는 것이 아니다. … 마음이 하나이고, 그것이 모든 것이다. 그것이 전체 동정의 측면에서 이야기하면 '인'(仁)으로 불리고, 무엇이 옳은 것인가라는 것을 얻는 측면에서 말하면 '의'(義)라고 하고, 조리(條理)라는 측면에서 말하자면 '理'라고 할 수 있다. 이렇게 인(仁)이나 의(義)는 마음 밖에서 찾지 말아야 하는 것인데, 이(理)만은 마음 밖에서 찾아야 하는 것인가? 사람들이 이(理)가 마음 밖에 있다고 하기 때문에 지(知)와 행(行)이 갈라지게 되었다. 성인(聖人)의 지행합일(知行合一)의 가르침은 진리를 마음 안에서 찾는 것이다. 왜 그것을 의심하느냐?[27]

양명이 이렇게 '지'(知)와 '행'(行)의 본질적인 하나 됨을 주장하는 이유는 바로 그 둘(知, 行)의 '하나 되어야 함'을 주장하기 위해서이다. 즉 그것은 '행'(行)을 위한 것이고, 양명에게서 '지'(知)가 가치 있는 이유는 바로 '행'(行) 때문이다. 그는 말하기를, "너는 내 가르침의 근본 목적을 잘 이해해야 한다. 사람들은 오늘날 배움에 있어서 지(知)와 행(行)을 서로 다른 두 가지 일로 나눈다. 그래서 생각이 일어났을 때, 그것이 옳지 않은 것인데도 그 생각이 아직 행동으로 옮겨지지 않았다고 해서 멈추지 않는다. 내가 지행(知行)의 하나 됨을 주장하

---

27 「傳習錄」中 4조. 心一而已,以其全體惻怛而言謂之仁,以其得宜而言謂之義,以其條理而言謂之理。不可外心以求仁,不可外心以求義,獨可外心以求理乎?外心以求理,此知行之所以二也。求理於吾心,此聖門知行合一之教,吾子又何疑乎!

는 이유는 사람들이 생각이 일어났을 때 그것은 이미 행동이라는 것을 알게 하기 위함이다"[28]라고 하였다. 여기서 분명히 드러나듯이 양명에게 있어서 '지'(知)의 궁극적인 목적은 '행'(行)에 있다. 그는 '행'(行)이란 '지'(知)의 완성이라고 보았으며, 그리하여 그에게 있어서 궁극적으로 배움과 공부란 '지'(知)와 '행'(行)이 하나가 되는 경지에 도달하는 일이다. 만약에 우리의 공부가 이런 뜻을 가진 공부라면 그 공부는 방법과 과정에 있어서도 마찬가지라는 것이 그의 강조이다. 즉 여기서 '지행합일'(知行合一)은 공부의 목표를 나타내기도 하고, 방법을 나타내기도 하는 '입언종지'(立言宗旨)가 되는 것이다. '지행합일'(知行合一)의 참다운 삶에 도달하기 위해서는 '지행합일'(知行合一)의 방법밖에는 없다는 것이다.

양명에 따르면 당시의 정통 공부법이라고 여겨지던 주자의 방법은 바로 이러한 지행합일의 공부법에 반하는 것이었다. 그것은 인간 선함의 가능성이 인간 지적 능력의 크고 작음에 따라 좌우된다고 보았으므로 그 주안점을 우선적으로 지적인 경(經) 공부에 두었다. 주자의 유명한 격물(格物) 해석을 말한다. 하지만 양명은 그 안에 들어 있는 커다란 맹점을 보고서 자신이 경험한 존재 사건에 근거해서 그러한 주자의 격물 해석에 도전하고 저항한다. 그에 따르면 주자의 격물 이해는 원래 하나였던 지와 행을 둘로 나누는 것이고, 그래서 그 공부의 목표에서 점점 더 멀어지게 한다. 양명에 따르면『大學』이 가르쳐주는 성학(聖學)의 길인 '팔조목'(格物, 致知, 誠意, 正心, 修身, 齊家, 治國, 平天下)의 격물은 주자가 가르쳐준 대로 수많은 외물에 대

---

28 「傳習錄」下 26조. 此須識我立言言宗旨. 今人學問, 只因知行分作兩件, 故有一念發動, 雖是不善, 然却未曾行, 便不去禁止. 我今說箇知行合一, 正要人曉得一念發動虛, 便卽是行了.

한 탐구를 통한 지식의 확충이 아니라 그 외물들이 바로 나의 '뜻'(意)이 다가가서 존재로 불리는 일들이므로, 먼저 그 사물을 촉발하는 나의 '뜻'(意)을 고치는 공부, 나의 마음을 바르게 하고(正心), 내 뜻을 사적 욕망으로부터 벗어나게 하여 성실히 하는 공부가 되어야 한다. 그래서 그는 주희가 송 대 이전의 「大學」 고본을 새롭게 편하면서 '성의'(誠意) 장 앞에 '격물'(格物) 장을 두는 것에 반대하고, 원래의 고본으로 돌아갈 것을 주장하면서 팔조목의 모든 가르침이란 한 가지로 '뜻을 성실히 추구하는 데'(誠意) 있으며, 이것이 바로 격물의 진정한 의미라고 결론짓는다.29 부모님을 잘 섬기는 일은 그 부모님 섬기는 일에 관해 기록해 놓은 수많은 책을 읽음으로써 가능해지는 것이 아니라, 부모님 섬기는 일에 마음이 닿자마자(知 또는 意) 거기에 어떤 사심도 끼어들지 않게 해서 즉각적으로 행동으로 옮기는 일(行)을 통해서 이루어지는 것이라는 의미이다. 그리하여 그는 '격물'(格物)의 '물'(物) 자(字)를 물건의 '물'(物)이 아닌 인간관계의 '사'(事)로 먼저 해석할 것을 주장하면서30 당시의 학자들이 그렇게 중시여기는 '四書'와 '五經'도 매우 비신화화하여 이해하였다. 그는 "사서와 오경도 다만 이 마음의 본체에 대해서 해석한 것에 불과하다"(蓋四書五經不過說這心體)라고 하면서 공부란 바로 마음의 심체에서 하는 것이 그 요령이라고 강조한다.31

---

29 줄리아 칭/이은선 옮김, 『지혜를 찾아서―왕양명의 길』(분도출판사, 1998), 110 이하.

30 「傳習錄」上 6조. 先生曰, 然。身之主宰便是心。心之所發便是意。意之本體便是知。意之所在便是物。如意在於事親,卽事親便是一物。意在於事君,卽事君便是一物。意在於仁民愛物,卽仁民愛物便是一物。意在於視聽言動,卽視聽言動便是一物。所以某說無心外之理,無心外之物。

31 「傳習錄」上 31조.

양명의 이러한 급진적인 전통 해체와 개혁의 요구는 단지 經 이해에서만 나타나지 않는다. 그는 당시 매우 경직되어 있었고, 이론적 논쟁에 휘둘려서 그 본래적 의미를 상실한 禮 수행과 관련해서도 매우 급진적인 이해를 내놓는다. 그에 따르면 '禮'와 '理'의 서로 다른 두 단어는 원래 같은 뜻이다. 여러 상이한 예칙은 理가 서로 다르게 표현된 것에 불과하고, 그 理란 다시 우리 마음의 본성과 다르지 않기 때문에 만약 우리가 그 禮들을 마음에서 이해하지 않고 단지 옛 규례들을 맹목적으로 따르는 것에 불과하다면 그것은 진정한 理를 따르지 않는 것이라고 일갈한다.[32] 이렇게 급진적으로 전개되는 양명의 전통과 권위에 대한 해체요구는 공자 자신에게로도 향해져서 그는 주자와의 격물 해석과 관련된 논쟁에서 다음과 같은 인상 깊은 말을 한다.

> 무릇 학문은 마음에서 얻는 것을 귀하게 여깁니다. 마음에서 구하여 그르다면 비록 그 말이 공자에게서 나왔다 하더라도 감히 옳다고 여기지 않습니다. 그런데 하물며 공자에 미치지 못하는 사람은 어떻겠습니까? 마음에서 구하여 옳다면 비록 그 말이 평범한 사람에게서 나왔다고 하더라도 감히 그르다고 할 수 없습니다. 하물며 공자에게서 나온 것은 어떻겠습니까?[33]

우리 모두의 마음속에 공자가 거하고 있다고 강조하는 양명에게

---

32 *The Philosophical Letters of Wang Yang-ming*, tr. and ann. by Julia Ching, South Carolina 1972, 98.

33 「傳習錄」中 173조. 夫學貴得之心. 求之於心而非也,雖其言之出於孔子,不敢以爲是也,而況其未及孔子者乎?求之於心而是也,雖其言之出於庸常,不敢以爲非也,而況其出於孔子者乎?

서 정통과 이단을 가르는 시금석은 더이상 어떤 외형적인 권위나 객관적인 이론이 아니다. 오직 우리로 하여 참된 행위로 이끄는 능력이 시금석이 된다. 그래서 그는 제자들에게 만약 자신들이 옳고 다른 사람들이 틀렸다고 생각하면 오히려 더욱 힘써서 자신들의 말을 실천에 옮기고 더욱 겸손해져야 한다고 강조한다.[34] 그는 말하기를,

> 무릇 도는 공적이고 천하에 속하는 것이고, 학문도 역시 공적이고 천하에 속하는 것입니다. 그것들은 주자나 공자라 할지라도 사사로이 차지할 수 없습니다. 그것들은 모두에게 열려있고 그러므로 그들에 대해서 논의하는 올바른 길은 공개적으로 논의하는 것입니다.[35]

라고 하였다. 그가 체험한 심즉리의 존재 사건이 어떠한 정치적 함의를 갖는지를 잘 보여주는 말이라고 하겠다.

2. 함석헌의 義, '다른 구원'(代贖과 自贖)

양명이 자신의 심즉리 체험에 입각해서 당시 넘볼 수 없는 권위였던 주자의 격물 해석에 이의를 제기하고, 심지어는 공자조차도 그에게 절대적인 권위가 될 수 없음을 밝히면서 당시의 지적, 도덕적 타락과 정치적 부패의 근본을 치유하려고 한 것처럼 함석헌은 1923년 관동대지진과 거기서의 일련의 체험 이후 자신의 진로를 위해서 중요한 결정을 하고, 특히 그의 기독교 신앙에 있어서 큰 전환이 마련

---

34 *The Philosophical Letters of Wang Yang-ming*, 67.

35 「傳習錄」中 176조. 夫道,天下之公道也,學,天下之公學也,非朱子可得而私也,非孔子可得而私也,天下之公也,公言之而已矣。

되는 것을 알 수 있다.

그가 관동대지진을 겪은 후 학교와 전공을 선택하는 과정에서 동경고등사범학교를 선택한 것도 이즈음의 경험들과 관련이 깊다고 생각한다. 그의 또 다른 삶의 내러티브인 "하나님의 발길에 채여서 I"에 보면 그는 이 사건 속에서 "인간이란 어떤 것인지를 보았고, 종교도 도덕도 어떤 것인지 눈앞에 똑바로 나타났습니다"고 한다.36 고향에서 기독교를 접한 어린 시절부터 "하나님을 섬기는 것, 민족과 국가를 사랑하는 것밖에 다른 것을 생각할 수 없었"다고37 생각하던 그가 전쟁에 끌려가는 것과 같은 심정으로 일본 유학을 와서 그러한 참상을 겪고, 또한 거기서의 특별한 섭리를 체험한 후 신학이나 철학 등의 이론적 탐색을 선택하지 않았고, 또한 소질도 있었고 무척 하고도 싶어 했다던 미술도 마다하고 '사범학교'를 선택한 것은 그저 된 일이 아니라고 생각한다. 그것은 양명이 심즉리를 경험하고서 '지행합일'의 행과 실천에 몰두한 것과 같이 그렇게 그가 "우리나라 형편을 살펴볼 때 교육이 가장 시급하다는 생각에 교육으로 결정했습니다"라고 한 대로 이제 참으로 중요한 것은 '현장'이고 '현실'이며, 평범한 사람들(씨ᄋᆞᆯ)의 '교육'이라는 깨달음을 반영한 것이라고 본다. 그는 나중에 1928년 졸업한 후 한국으로 돌아가서 오산학교의 교원으로 10년을 재직할 때 쓴 글에서 "교육이야말로 하나님의 발길질입니다. 절대입니다"라고 쓰고 있다.38

나는 그가 오산학교에 들어가서도 다른 과목의 교사가 아니라 바로 '역사' 교사가 된 것도 같은 맥락에서 이해해 볼 수 있다고 생각한

---

36 함석헌, "성서적 입장에서 본 조선역사", 『함석헌 다시 읽기』, 148.
37 같은 글, 140.
38 함석헌, "하나님의 발길에 채여서 II", 같은 책, 214.

다. 그도 스스로 밝히기도 했지만 당시 역사교사가 된다는 것은 가장 힘없고 나라를 빼앗기기까지 한 조선의 역사에서 무엇인가 의미 있고 긍정적인 것을 찾아내어서 학생들에게 전달해주어야 하는 것이므로 참으로 어렵고 난감한 일이었을 것이다. 그것은 가장 약하고 그래서 '속된 영역'(俗)에서 '거룩'(聖)을 찾아내야 하는 일이었으므로 나름의 존재 사건을 겪지 않고서는 인위적으로 할 수 있는 일이 아닐 것인데, 그런 의미에서 함석헌이 비참한 민족의 역사가 "수난의 여왕"으로 "세계적 사명"을 가지고 있다고 밝혀준 것은 예사의 일이 아니라고 생각한다.39 그는 말하기를, "나는 내 머리와 가슴과 씨름을 하지 않으면 안되었다. 파리한 염소 모양으로 나는 씹는 것이 일이었다"라고 자신이 어떻게 스스로 '조선역사'의 의미를 찾아내고자 애썼는지를 밝히고 있다.40

이에 더해서 나는 함석헌이 체험한 일련의 존재 사건의 정치적 함의가 가장 잘 드러나는 일이 그가 행한 기독교 전통 해체적인 신앙 이해와 구원 이해라고 생각한다. 그는 자신이 1924년 동경고등사범의 학생으로 입학한 해에 한 반 위인 김교신(金敎臣)을 통해서 우치무라 간초의 무교회주의 예배와 만났다. 무교회주의는 이미 당시 기성의 기독교와는 다른 또 하나의 급진적 개혁체였지만 함석헌은 거기에 가서도 우치무라의 그리스도 이해와는 함께 갈 수 없었다는 것을 다음과 같이 밝히고 있다.

전에는 문제없는 것 같던 것들이 문제가 됐습니다. … 그 하나는 나도 자주(自主)하는 인격을 가지는 이상 어떻게 역사적 인간이 예수를 신앙의 대

---

39 함석헌, "성서적 입장에서 본 조선역사", 같은 책, 419.
40 함석헌, 『뜻으로 본 한국역사』, 전집 1 (한길사, 1986 제11판), 16.

상으로 삼고 "주여!" 할 수 있느냐 하는 것입니다. 그담은 자유의지를 가지는 도덕 인간에게 대속(代贖)은 어떻게 이루어지는 것이냐 하는 점입니다. ··· 깊은 체험보다는 감정의 도취인 것같이 뵈는 것이 있었습니다. 사실과 상징과는 혼동하는 것이 있다고 보였습니다. ··· 체험은 이성 이상이지만, 모든 체험은 반드시 이성으로 해석돼야 합니다. ··· 사람은 이 세계에서는 행동하는 도덕 인간인데, 이성에 의한 해석으로 파악되지 않고는 실천될 수 없기 때문입니다. 해석을 거부하는 신비주의는 모두 미신에 떨어져 버리고 맙니다.[41]

"차라리 선생을 배반할 수는 있어도 나는 나 자신을 배반할 수는 없었습니다" 할 정도로 스승에게서 배웠지만 그를 넘어서 갔던 함석헌의 기독교 전통신앙에 대한 물음은 그 후 점점 더 급진적으로 전개되어서 그가 귀국해서 '조선역사'의 의미를 탐색해 갈 때는 더욱 심화되었고("나는 언제까지나 남의 종교를 믿고 있을 수는 없었다"),[42] 또한 1940년대로 들어서면서 감옥을 오가면서 여러 불교 경전과 『노자』, 『바가바드기타』, 『장자』 등을 읽고 하면서 그는 더욱더 모든 종교에 내재해 있는 보편성에 대해서 생각하게 된다. 1959년에 썼던 "이단자가 되기까지"라는 글에서 보수적 장로교 정통신앙의 훈련을 받고 자란 그가 어떻게 무교회주의를 배웠고, 그 무교회주의도 포기하지 못했던 정통 기독론의 배타주의적 대속론을 넘어서는지를 밝히고 있다. 양명에게서 이단이란 더이상 이론의 문제가 아니고 실천의 문제였던 것처럼 함석헌에게서도 유사한 의식이 보인다.

---

41 함석헌, "하나님의 발길에 채어서 I", 『함석헌 다시 읽기』, 154.
42 함석헌, "네째판에 부치는 말", 『뜻으로 본 한국역사』, 전집 1, 17.

나는 지금 종교는 하나다 하는 생각이다. 그래서 그 기분을 발표한 것이 「대선언」이요, 「흰 손」이요, 그 이후의 글들이다. … 이단이니 정통이니 하는 생각은 케케묵은 생각이다. 허공에 길이 따로 있을까? 끝없이 나아감, 한없이 올라감이 곧 길이지. 상대적인 존재인 이상 어차피 어느 한 길을 갈 터이요, 그것은 무한한 길의 한 길밖에 아니 될 것이다. … 이단은 없다. 누구를 이단이라고 하는 맘이 바로 이단이람 유일의 이단일 것이다.[43]

나는 일전의 "仁의 사도 함석헌 사상의 유교적 뿌리에 대하여"라는 글에서 이렇게 함석헌의 기독교와 믿음과 대속에 대한 이해가 배타적인 역사적 예수 중심의 속죄론을 벗어나서 더욱더 인간의 보편성에 주목하고, 또한 인간 내재의 자발성에 연결시키는 일에서 뿌리 깊은 유교적 영향력을 밝혀 보았다. 함석헌이 자신의 아버지에 대해서 진실한 유교적 선비로서 "양심의 자연법칙"에 따라, "칠령팔락"(七零八落)하지 않고, "자기가 생각해서", "아무 죄 없는 사람"으로 살았다고[44] 서술하는 것과 같은 맥락의 영향이고, 또한 어느 누구보다도 인간 義의 문제를 자기 성찰의 핵심 관건으로 삼았던 맹자의 "사생취의"(捨生取義)와 같은 정신이 함석헌이 비판한 "감정적인" 기독교의 값싼 대속 신앙과는 같이하기 어려웠을 것으로 보는 의미에서였다.[45]

43 함석헌, "이단자가 되기까지", 『함석헌 다시 읽기』, 301.

44 같은 글, 274-277.

45 이은선, "仁의 사도 함석헌 사상의 유교적 뿌리에 대하여", 308 이하.

Ⅳ. 정점의 큰 통합: 양명의 '良知'와 함석헌의 '씨올'

1. 양명의 良知

앞에서 살펴본 대로 양명은 시대의 행위 없음의 병을 고치기 위해서 각자가 본래적으로 가지고 있는 선한 행위력(심즉리)에 주목하고서 우리가 추구하는 공부란 오직 그 행위 능력을 갈고 닦는 일(지행합일)을 통해서 이루어진다고 제시하였다. 하지만 그럼에도 불구하고 행위 하지 않는 사람들, 알면서도 행하지 않는 사람들을 어떻게 이해할 수 있을까의 물음이 제기되는데, 즉 그의 심즉리와 지행합일의 언어가 세계의 악의 현실 앞에서 너무 나이브하거나, 아니면 자신의 이야기도 주자의 경우처럼 다시 선과 악, 理와 氣의 이원론에 빠질 위험에 직면해 있는 것을 보게 된다. 이런 상황에서 군인이자 정치가인 그에게 점점 더 압박해오는 정치적 딜레마와 더불어 특히 여러 변방 지방에서 근무하면서 경험하는 민중들의 비참과 고통 앞에서 양명은 깊은 무력감을 느꼈다고 한다. 아무리 자신이 세상의 모든 사람이 이미 차별 없이 성인이 될 가능성을 지니고 있고, 그래서 그에 대한 믿음과 확신이 공부의 두뇌처가 된다고 주창해도 여전히 공부는 소수 엘리트의 독점과 이론과 화려한 문장과 글쓰기와 과거시험이라는 외부의 견고한 벽에 좌초되는 것을 보면서 그는 한없이 절망하고 있었다고 한다.[46]

이러한 고통스러운 처지에서 그러나 양명은 다시 한 번 존재의 근원에 대한 통찰을 얻는다. 그가 1521년경 50살이 되는 무렵부터

---

46 줄리아 칭, 『지혜를 찾아서—왕양명의 길』.

가르치기 시작한 "백 번의 죽음과 천 번의 고난"(百死千難)을 통해서 얻게 되었다는 우리 마음의 선한 지각력인 '良知'(the innate knowl-edge of the good)에 대한 통찰을 말한다. 양지란 그가 심측리로서 경험한 우리 마음의 선한 직관력이다. 그것은 우리 마음속에 놓여있는 天理로서 무엇이 옳고 그른지를 선험적으로 판단하는 선한 인식력과 판단력이다. 양명은 이미 오래전에 맹자가 인간의 본성에서 선천적인 선한 능력으로서 '양지'와 '양능'을 말한 것을 알고 있었지만, 그러나 이즈음에 마치 신의 계시처럼 그 말이 자신의 입술에 새롭게 놓이는 것을 경험하면서 그때까지의 모든 의심과 절망, 낙담을 극복하였다고 한다. 그래서 그는 이제 이 양지를 인간 존재와 정신의 핵으로 파악하면서 더이상 인간 가능성에 대해서 의심하거나 절망하지 않고, 이 정신의 직관력을 키우는 일에 몰두하게 된다.

그는 말하기를,

마음(心)은 몸의 주재이다. 그리고 그 마음의 텅 비어 있으면서도 밝게 깨닫는 것이 본연의 양지이다. 그 텅 비어 있으면서도 밝게 깨달은 양지가 감응하여 움직이는 것이 뜻(意)이다. 앎(知)이 있은 연후에야 뜻이 있는 것이다. 앎이 없으면 뜻도 없는 것이다. (그러니) 앎이란 뜻의 본체가 아니겠는가?[47]

네가 가지고 있는 양지야말로 너 자신의 준칙이 되는 것이다. 만일 네 뜻에 품고 있는 일이 옳으면, 그것이 옳다고 알고, 그르면 그르다고 앎으로써 조

---

47 「傳習錄」中 137조. "心者,身之主也,而心之虛靈明覺,卽所謂本然之良知也。其虛靈明覺之良知, 應感而動者,謂之意。有知而後有意,無知則無意矣。知非意之體乎?"

금도 속여 넘길 수가 없는 것이다. 그것을 속이려 들지 말고, 다만 하나하나 그것에 따라서 행동하면 선은 곧 보존되고 악은 곧 제거될 것이다. 이러한 경지가 되면 얼마나 안전 되고 또한 기쁘겠느냐? 이것이 바로 '격물'의 참된 묘결이, '앎에 이르는'(致知) 참된 효과인 것이다.[48]

양명이 이렇게 인간 존재의 핵으로서 인간의 선한 직관력과 판단력에 주목한다는 것은 많은 의미를 함축한다. 그것은 자아(心)가 다시 온전히 세계와의 '관계성' 속에 들어가는 것을 말하고, 그래서 그 이전의 심즉리나 지행합일의 언어가 자칫 빠져들기 쉬웠던 자기 폐쇄적 주관주의를 극복하는 것을 말한다. 또한 양지를 세계와 관계하는 인간 인식 능력 중에서도 특히 기초가 되고 출발점이 되는 '감각/직관' 능력으로서 이해했다는 것은 인간의 마음을 그 이전의 심즉리의 언어보다 훨씬 더 보편적이고 범우주적인 방식으로 이해한 것이라고 생각한다. 여기서 인간 정신의 핵으로서 생명의 힘으로서의 양지는 인간적인 선악의 구분도 넘어서서 마치 항해사에게서의 컴퍼스와 나침반과 같이, 또한 '易'과 같이 모든 상황과 처지에 따라서 무엇이 옳고 그른지를 판단할 수 있는 "시금석"과 "지남침" 그리고 불가에서의 "심인"(心印)이 되게 하는 일이다. 양명은 이 양지의 참뜻을 깨닫게 되면 다소 나쁜 생각에 빠져든다 하더라도 곧 이를 깨닫고 스스로 깨우치게 되므로, 이것은 마치 "영단 한 알"(靈丹一粒)과 같아서 쇠를 금으로 바꿀 수 있는 것과 같다고 말한다.[49] 그것은 공자가 우리

---

48 「傳習錄」下 205조. "爾那一點良知, 是爾自家底準則。爾意念著處, 他是便知是, 非便知非, 更瞞地一些不得。爾只不要欺他, 實實落落, 依著他做去, 善便存, 惡便去, 他這裡何等穩當快樂? 此便是『格物』的眞訣, 『致知』的實功。"

49 「傳習錄」下 9조. 先生曰, 人若知這良心訣竅, 隨他多少邪思枉念, 這裏一覺, 都自消融, 眞箇是靈丹一粒, 點鐵成金。

모두의 마음속에 살고 있는 모습이다(箇箇人心有中尼).

　우리가 잘 아는 대로 양명은 1518년에 江西, 福建, 湖南, 廣東에 접하는 지역에서 군사적으로 많은 일을 하였으며, 동시에 그곳에 초등학교를 설치한다거나 향약을 만들어서 민생의 안정을 도모하고자 노력하였다. 그가 유백송 등의 선생들에게 아이들을 잘 가르치기 위한 지침으로 준 글을 보면 배움에 있어서 양명이 무엇을 중시 여겼는가가 잘 드러난다. 그것은 아이들의 자발성이며, 자유로운 분위기이고, 도덕적 실천을 중시여기며, 그것을 몸으로 실행하는 것을 말한다. 양명은 당시 아이들의 교육에서도 주로 행해졌던 암기와 암송(記誦), 조작적인 글쓰기(詞章), 또한 지극히 경직되었고 형식화되어 있던 교실 분위기를 세차게 비난하면서 아이들이 도덕적으로 타락하고, 공부를 싫어하며, 몸도 튼튼하게 되지 못하는 이유란 바로 그러한 아이들의 자유스러운 본성에 맞지 않는 공부법이라고 보았다.[50] 즉 아이들의 가장 자연스러운 기초인 몸과 감각과 도덕적인 판단력 신장 교육에 주목하지 않은 때문이라는 것인데, 이렇게 양명은 양지의 발견을 통해서 인간 가능성의 더욱더 보편적인 근거에 주목했고, 아동교육에 대한 깊은 관심으로 보편적인 인간 신뢰를 표현하였으며, 평범한 보통사람들이 행할 수 있는 교육방식, 누구에게나 적용될 수 있는 배움의 길을 제시하고자 했다. 그런 의미에서 그의 아동교육에 관심이 있다.[51]

---

50 「傳習錄」中 44조. 古之敎者,敎以人倫, 後世記誦詞章之習起,而先王之敎亡。今敎童子,惟當以孝弟忠信禮義廉恥爲專務,其栽培涵養之方,則宜誘之歌詩以發其志意,導之習禮以肅其威儀,諷之讀書以開其知覺。今人往往以歌詩習禮爲不切時務,此皆末俗庸鄙之見,烏足以知古人立敎之意哉!

51 이은선, "종교성과 생태적 감수성: 생명교육의 한 예시", 한명희 외,『종교성, 미래 교육의 새로운 패러다임』(학지사, 2007), 126 이하.

양명이 돌아가기 몇 년 전에 지은 유명한「발본색원론」(拔本塞源論)에 보면 그는 어떻게 인류 역사상에 타락이 들어오고, 맨 처음 세상의 모든 사람이 서로를 형제자매로 보며 자신의 천성에 맡겨진 일을 하면서 가장 가까운 사람들로부터 시작하여 덕을 행하고 살던 모습에서, 도둑으로 변하고, 이기주의에 빠지게 되며, 기만과 출세, 권력에 급급하게 되고 싸움을 벌이는 타락으로 빠지게 되는가를 감동적으로 그리고 있다. 그에 의하면 그 모든 이유는 바로 단순하고 간결한 聖人之道의 가르침을 복잡하고 비싸고 한없이 주지주의적인 가르침으로 만들어버렸기 때문이다.[52] 이렇게 성인의 공부가 변해버리자 사람들은 자신이 하는 일에 만족을 못 하고, 혼자서 모든 일을 하고 온갖 세력을 가지겠다고 다투고, 많이 아는 것은 자신의 거짓을 감추는 데 써먹게 되고, 조금 배운 것을 가지고도 무엇이든지 할 수 있다고 생각하게 되었고, 급기야는 성공과 이익만을 추구하는 나쁜 버릇이 사람들의 골수에까지 차게 되어 본성처럼 되었다고 한다.[53] 양명에게 있어서 치량지란 우리가 본래부터 가지고 있는 가장 보편적인 인간성의 근거에 집중하는 것이고, 그 자연스러운 바탕에 집중하는 것만이 진정으로 행동하고 실천할 수 있는 인간으로 키울

---

52 「傳習錄」中 12조. 聖學旣遠,霸術之傳積已深,雖在賢知,皆不免於習染,其所以講明修飾,以求宣暢光復於世者,僅是以增霸者之藩籬,而聖學之門牆,遂不復可覩,於是乎有訓詁之學,而傳之以爲名,有記誦之學,而言之以爲博,有詞章之學,而侈之以爲麗, 若是者,紛紛籍籍,聖超角立於天下,又不知其幾家,萬徑千蹊,莫知所適。… 蓋至於今,功利之毒淪浹於人之心髓,而習以成性也,幾千年矣。相矜以知,相軋以勢,相爭以利,相高以技能,相取以聲譽, 其出而仕也,理錢穀者則欲兼夫兵刑,典禮樂者又欲與於銓軸,處郡縣則思藩臬之高,居臺諫則望宰執之要。故不能其事則不得以兼其官,不通其說則不可以要其譽, 記誦之廣,適以長其放他, 知識之多,適以行其惡也, 聞見之博,適以肆其辨也, 辭章之富,適以飾其爲也。

53 같은 글, 蓋至於今,功利之毒淪浹於人之心髓,而習以成性也,幾千年矣。。

수 있다는 믿음이다. 그렇게 감각과 직관과 도덕력과 판단력이라는
참으로 보편적인 인간성을, 진정으로 보편적인 삶의 반경에서부터
키우는 인간교육법인 치량지의 방법은 그래서 당시 도탄에 빠진 사
회와 나라를 구하기 위한 '拔本塞源'의 방법이 된다는 것이 그의 확
신이고 비전이었다. 양명은 이「拔本塞源」명문의 마지막 글을 다음
과 같이 맺음으로써 자신의 깊은 믿음, 인간에 대한 신뢰, "가장 쉽고,
간단하고, 알기 쉽고, 따르기 쉽다"는 자신의 공부법에 대한 신뢰를
다음처럼 인상 깊게 드러낸다.

> 다행스럽게도 사람의 마음속에는 天理가 있어서 결코 멸해질 수가 없으
> 며, 양지의 밝음이 있어서 영원히 비추지 않을 때가 없다. 그러므로 그들이
> 발본색원의 이야기를 듣고 그중에서는 반드시 안타까워하고 비통해하는
> 사람들이 있어서 마치 멈출 수 없는 강이나 하천처럼 분연히 일어날 것이
> 다. 더 이상 지체하지 않고 일어나는 이 영웅지사들 외에 내가 누구를 더
> 바랄 것인가?[54]

이상의 양명의 지행합일적 치량지(致良知)의 공부법은 궁극적으
로 만물일체(萬物一體)의 대동사회를 이상으로 삼는 교육법이다. 양
명은 죽기 2년 전인 1527년 앞에서 우리가 소개한「拔本塞源」의 글
과 함께 그의 사상의 정수가 들어있다고 이야기되는「大學問」을 지었
고, 거기서 그는 이러한 정신의 소유자를 '大人'(the great man)으로 표
현했다. 大人이란 그에 의하면 "하늘과 땅과 우주의 만물을 한 몸으

---

54 「傳習錄」中 12조. 所幸天理之在人心,終有所不可泯,而良知之明,萬占一日,則其
聞吾拔本塞源之論,必有惻然而悲,戚然而痛,憤然而起,沛然若決江河,而有斷不
可禦者矣。非夫豪傑之士,無所待而興起者,吾誰與望乎?

로, 이 세상 모두를 한 가족으로, 이 땅 전체를 한 나라로 파악하는 사람"(大人者以天地萬物爲一體者也)이다. 그는 만물일체의 실현을 통해서 자신의 자아를 참되게 실현하도록 노력하는 사람으로서 "만약 자신의 아버지와의 관계에서 충분히 '仁'을 실천하였다고 하여도 남과의 관계에서 아직 그것이 충분치 않다고 보면 자신의 인이 아직 충분히 확충되지 않는 것으로 여기고, … 또한 자신의 가족은 배부르고 따뜻하지만 옆에서 삶의 필수품과 즐거움을 박탈당한 채 궁핍한 사람들을 본다면 결코 그들에게는 인과 의를 요구하고, 예의를 지키며 인간관계에서 성실할 것을 요구할 수 없다는 것을 안다. … 그래서 그는 다시 법과 정부를 세우고, 예와 음악과 교육을 정비하면서 그들에게 필요한 것을 공급해 주고, 자신과 남을 온전하게 하려고 노력하며 그 일들을 통해서 자신을 완성해 나가는 사람"이라는 것이다.[55]

이것은 대단히 웅장한 이상이고 비전이다. 양명 자신이 천고의 고통과 비난을 감수하면서도 굴하지 않고 위해서 싸워온 이상이었고, 모든 사람들이 그가 어떤 일을 하면서 살던지, 어떤 지적 능력과 신분적 위치를 점하고 있다 하더라도 거기에 상관없이 이룰 수 있고, 그래서 그것을 향해 자신의 삶을 방향 지어야 하는 이상으로 제시한 것이다. 모두가 각자 자신의 할 일을 가지고 있고, 그래서 남과 서로 다투거나 시기하지 않으면서 자신의 일을 최상의 일로 알며 한 몸이 되어서 살아가는 사회, 이러한 이상사회에 대한 꿈은 바로 그가 발견한 인간 누구나의 마음 안에 놓여있는 신적인 뿌리(良知)의 확충을 통해서 실현 가능하다고 본 것이다. 그래서 그는 마지막 그가 임지로 떠나기 전에 제자들과 했던 '四句教'의 가르침에서 왕기의 초월도 인정하지만 전덕홍의 만인을 위한 교육의 방법을 더 선호했는지도 모른다. 그는 소수의 엘리트나 도달할 수 있는 한 번의 각의 체험보다

---

55 「大學問」, 『양명학 공부(2)』 (김흥호전집) (솔, 1999), 313 이하.

도 만인을 위한 보편적이고 점진적인 '교육'의 길이 자신의 치량지의 본뜻에 더 가깝다고 생각한 것 같다.[56] 이런 인간 보편성에 대한 양명의 고백은 그래서 아래와 같은 자유로움과 확신의 극치가 되고, 사람들의 비난이나 절망 어린 비판에도 불구하고 자신의 길을 가는 의연함으로 나타난다. 그가 1529년 임종에서 마지막 남긴 말은 "내 속에 빛이 있는데 내가 무슨 말을 더하랴!"(此心光明亦復何言)였고, 다음의 인용들은 양명의 본마음과 그의 공부의 참된 의도를 잘 드러내주는 감동 깊은 말들이다.

나는 이제 양지를 믿게 되었다. 나에게서 옳은 것은 옳은 것이고, 그른 것은 그른 것이어서 다시는 약간이라도 덮어 감추려 들지 않게 되었다. 나는 이제 솔직하고 과감한 '광자'(狂者)와 같은 심경을 지니게 되었으니, 천하의 모든 사람들이 나의 행동과 말이 일치하지 않는다고 하더라도 상관하지 않는다.[57]

옳고 그름을 가리는 마음은 생각하지 않아도 알고, 배우지 않아도 능한 것으로 이른바 양지이다. 양지가 사람 마음에 있는 것은 성인과 어리석은 자의 차이가 없으며, 천하고금이 모두 같다. 세상의 군자들이 오직 이 양지를 확충하는 데에만 힘쓴다면, 스스로 옳고 그른 판단을 공평하게 할 수 있고, 좋아하고 싫어하는 것을 함께 할 수 있으며, 남을 자기처럼 여기고 나라를 자기 집안처럼 여기어, 천지 만물이 한 몸이 될 수 있다. 천하가 다스려지지 않기를 구할지라도 할 수 없을 것이다.[58]

---

56 이은선, "유교와 그리스도교―그 만남의 필요성과 의미", 44.

57 「傳習錄」下 312조. 我今信得這良知, 眞是眞非, 信手行去, 更不著些覆藏。我今纔做得箇狂者的胸次。使天下之人, 都說我行不掩言也罷.

58 「傳習錄」中 179조. 是非之心,不慮而知,不學而能,所謂「良知」也. 良知之在人心,

2. 함석헌의 '씨올'

나는 양명의 이와 같은 비전과 이상이 400여 년을 지나서 한국의 함석헌에게 아주 친밀하게 전달되었다고 생각한다. 사실적으로 그가 자신의 스승 유영모가 「大學」의 처음 구절을 "한 배움 길은 밝은 속올 밝힘에 있으며, 씨올 어뵘에 있으며, 된 데 머무름에 있나리라" (大學之道在明明德 在親民在止於至善)라고 옮겼다고 소개하면서 자신의 방식으로 '大學'을 "한 배움", "큰 것을 배움", "하나를 배움"으로 풀이한 것을 꼭 들지 않더라도[59] 양명의 양지와 치량지의 사상은 함석헌의 사상과 참으로 긴밀하게 연결될 수 있음을 본다. 특히 그가 삶의 후반기로 갈수록 더욱 의식하고 다듬고 집중한 씨올 사상과 그 씨올을 온전히 기르기 위해 시도한 모든 활동, 종교, 농업, 교육, 정치, 사회문화의 활동과 비전속에서 잘 녹아있다고 보는 것이다.

물론 함석헌은 자기 자신에게서 그가 일본 유학을 떠나기 전에, 다시 말하면 우리가 앞에서 살펴본 관동대지진의 경험 전에 "그때 이미 씨올로서의 올갱이는 넣어 주심을 받은 것 있었노라고 믿고 있다"고 했다.[60] 하지만 양명이 맹자의 양지 개념을 이미 알고 있었지만 그 뚜렷한 의식을 통해서 새로 '양지'를 발견한 것처럼 그렇게 인간 속의 생명의 씨앗(仁/性)을 특히 "씨올"로서 뚜렷이 의식한 것은 나중의 일이었다고 보고자 한다. 함석헌은 오산학교에서 10년 동안 교사로 있다가 1938년 일제가 모든 학교에서 일본어만을 사용할 것을 강

無間於聖愚,天下古今之所同也,世之君子,惟務其良知,則自能公是非,同好惡,視人猶己,視國猶家,而以天地萬物爲一體,求天下無治,不可得矣。

59 함석헌, "한 배움", 『함석헌 다시 읽기』, 504.
60 함석헌, "내가 겪은 관동대진재", 같은 책, 171.

요하자 더이상 학교에 남아있을 수 없다고 판단하고 사임한다. 또한 창씨를 거부하고 더 근본적으로 씨올의 삶을 사는 농사꾼을 기르는 농사학원을 맡기도 하고, 1942년 「성서조선」 필화사건으로 서대문 형무소에 수감되었다가 나온 후는 자신 스스로가 더욱 철저히 농사 꾼이 되어야겠다고 결심한다.[61] 그의 『뜻으로 본 한국역사』에 보면 그는 한국인들의 인격적 특성으로 仁의 "착함", '차마 못하는 마음' (不忍之心)을 들었는데,[62] 한국인들이 그 이름을 짓는 데 많이 쓰는 낱말인 '仁, 義, 禮, 智, 信, 順, 淳, 和, 德, 明, 良, 淑' 등이 모두 착함 을 좋아하는 한국인들의 국민적 이상을 드러내주는 일이고,[63] 비록 그 이상이 당시에 볼 때 오랜 고난 속에서(단지 당시의 일제의 고난뿐 아니라) 많이 상한 점도 없지 않지만 결코 쉬이 사라지지 않는 것이라 고 안심시켰다. 그래서 그는 그 인간성의 씨앗을 민족을 살리고 세계 를 살리는 일에서 "일루의 희망"이라고 지적했다.[64]

이러한 사람의 '알맹이'와 '씨앗'(桃仁), '알짬'이고, 동물에서 하면 '활동하는 생명력'이고, 사람에게 하면 사람 된 본 바탈이 된다고 하 는 인(仁)을 함석헌은 점점 더 '씨올'로 보았고, 1970년에는 비록 70 대의 노년에 접어들었지만 「씨올의 소리」라는 잡지를 내게까지 된 다. 1973년에 쓰인 "내가 맞은 8.15"라는 글에서 그는 그 씨올에 대 한 믿음을 다음과 같이 표현한다.

8.15는 실패람 실패다. 일제 밑에 종살이하던 민중은 해방의 이름은 얻었

---

61 함석헌, "내가 맞은 8.15", 같은 책, 304-306.

62 함석헌, 『뜻으로 본 한국역사』, 324.

63 같은 책, 68.

64 같은 책, 323.

으나 실제로는 없다. 주인이 바뀌었을 뿐이지 자유는 여전히 없다. 그러나 실패면서도 얻은 것이 있다. 첫째, 씨올의 불사성(不死性)이 드러난 것이다. 일제 말년에 그 정치가 강요하는 대로 모든 것을 내놓는 것을 보고 우리는 모두 거의 죽은 줄로 알았다. 그들은 그 말을 내놓고 글을 내놓고 모든 고유한 풍속을 내놓고 심지어 제성까지도 내놨다. 그러나 해방이 한번 올 때 그들은 마치 흐린 물결 속에서 올라오는 바위처럼 그 본래의 모습을 가지고 일어섰다. 마치 일제 36년은 없었던 것 같았다. 그래 그들 스스로 제 속에 죽지 않는 생명이 있는 것을 알게 됐다. 이것이 큰 소득이다. 그렇기 때문에 아직 남북으로 갈라져 있어 완전한 자유를 얻지 못한 상태에 있으면서도 비관하지 않고 낙망하지 않을 수 있게 된다.[65]

… 나는 결코 그것(수십 년 서로 다른 체제 밑에 있어 온 것)을 두려워할 것 없다고 한다. 민중은 마치 물 같은 것이다. 지극히 유약해서 칼로 자르면 아무 저항못하고 잘라는 듯하다. 그러나 칼을 뽑는 순간 곧 다시 하나가 된다. 몇천 백 년을 있어도 그 본성은 변함이 없다. 그것이 이번 해방으로 증명이 됐다. 오늘의 민중은 옛날의 민중이 아니다. 민중은 제도나 이데올로기보다 강하다. 제도나 이데올로기는 민중을 선하게 못하는 대신 근본적으로 타락도 시키지 못한다. … 정치는 힘에 살지만 민중은 믿음에 산다. 믿음은 모든 상처를 씻어 낫게 한다. **정치는 재생하는 법이 없지만 씨올은 부활한다.** … 나는 지금도 그들을 믿고 의심하지 않는다. … **비판으로 민중 속에 들어가지는 못한다. 민중을 믿지 않고는 전체를 알 수 없는 것이 마치 신을 믿지 않고는 신을 알 수 없는 것과 마찬가지다.**[66]

---

65 함석헌, "내가 맞은 8.15", 319.
66 같은 글, 321.

이러한 함석헌의 씨올과 민중과 전체에 대한 믿음은 그의 칭의론이 점점 더 그리스도성의 보편성에 대한 믿음으로 전환되는 것과 밀접히 관련되어 있다. 앞에서도 지적했듯이 그가 1953년 「대선언」과 「흰손」의 두 시로 자신의 신앙이 무교회주의의 복음주의도 넘어서서 "이단자"라는 칭호도 불사하면서 보다 더 보편적이고 우주적인 그리스도론으로 향하는 것을 널리 공표했다. 그는 예수가 "나를 믿으라" 한 말을 "떡을 받아들이듯이 좋아서" 그대로 받을 수 없다고 했다. 자신은 바울이 싸우다가 믿은 것처럼 "싸움으로 믿"는데, 즉 자신을 믿으라고 하는 예수에게 대어 들어서 예수가 "나는 하나님의 아들이다"라고 했다면 그 말은 "예수가 하나님의 아들이 된 것은 우리가 다 하나님의 아들이기 때문이라고 이해하고, 우리 육의 흙 속에 잠자고 있는 아들의 씨를 불러내어 광명 속에 피게 하기 위하여서"라는 의미로 이해한다고 밝힌다.[67] 그는 "속죄의 근본 뜻은 대신에 있지 않고 '하나됨'에 있습니다"라고 하였다.[68] 또한 "진리는 제 스스로 맘속에 찾는 것입니다"라고 쓰고 있다.[69] 그에 따르면 "나와 하나님을 맞대주지 못하는 종교, 참 종교가 아니다."[70] 그러므로 "나로 하여금 하나님을 직접 만나게 하라"라고 외치면서 우리나라에서 불교도 유교도 기독교도 민중으로 하여금 하나님을 직접 만나게 하지 못했다고 일갈한다. 거기에 "씨올의 설움"이 있다고 하는데, 이렇게 함석헌이 급진적으로 하나님과 인간, 민중과 씨올의 직설과 하나됨을 외치는 근거는 그의 다음과 같은 씨올 이해였다.

---

67 함석헌, "기독교 교리에서 본 세계관", 『함석헌 다시 읽기』, 467.
68 같은 글, 475.
69 같은 글, 479.
70 함석헌, "씨올의 설움", 『함석헌 다시 읽기』, 527.

민중이 뭐냐? 씨올이 뭐냐? 곧 나다. 나대로 있는 사람이다. 모든 옷을 벗은 사람, 곧 올사람이다. 올은 실(實), 참, real이다. 임금도, 대통령도, 장관도, 학자도, 목사도… 죄수도 다 올은 아니다. 실재(實在)는 아니다. … 정말 있는 것은, 올은 한 올뿐이다. 그것이 올 혹은 얼이다. 그 한 올이 이 끝에 서는 나로 알려져 있고, 저 끝에선 하나님, 하늘, 브라만으로 알려져 있다. … 올사람, 곧 난 대로 있 는 나는 한 사람만 있어도 전체다. 그것이 民이다.[71]

함석헌이 씨올에 집중했다는 것은 많은 의미를 함축한다. 그것은 "물은 바다로 가는 것이라면 역사는 씨올로 간다"라고[72] 할 정도로 세계 삶의 기본과 토대를 민(民)으로 발견한 것의 의미이고, 1958년 "6.25싸움이 주는 역사적 교훈"을 상고하는 일로 "생각하는 백성이라야 산다"라고 외쳤고, 그것을 다시 1972년 "생각하는 씨올이라야 산다"라고 한 데서도 잘 드러나듯이 함석헌은 씨올의 핵심과 일을 "생각하는 일"(理)로 본 것을 말해준다. 이것은 양명이 존재와 생명의 핵을 '양지'(선한 사고력)로 본 것과 매우 상통한다. 아무리 천한 상황(예를 들면 감옥)에 있어도, 또는 어떤 외형적인 지위(임금이나 대통령)에도 좌우되지 않고 인간과 존재의 핵을 '생각'(知/理)할 수 있는 능력으로 파악한 함석헌은 그것은 "물질 속에 와 있는 정신"이고 "유한 속에 있는 무한"이며, "시간 속에 와 있는 영원"이라고 강조한다. 그 정신의 핵을 깨달을 때 스스로 몸도 잘 지킬 수 있다고 역설한다.

이렇게 인간 정신 속의 신의 씨앗, 낮고 낮은 씨올 속의 생각하는 힘을 그가 그토록 소망했던 민족의 독립과 자주, 민주화와 문화 창달

---

71 같은 글, 529.
72 같은 글, 530.

의 길로 발견한 함석헌은 그 씨올을 기르는 일에 매진한다. 일찍부터 자신과 나라의 장래를 위해서 "교육·종교·농촌"의 셋을 하나로 붙여서 생각해왔다고 하는 그는 "군자유삼락"(君子有三樂)이라는 맹자의 언어와 관련해서 이 세상이 타락하기 전까지 "신성(神聖)이라는 것이 셋이 있었습니다"라고 한다. 그 세 가지란 바로 "가정의 신성, 노동의 신성 그리고 교육의 신성"이라는 것인데,[73] 참으로 깊은 혜안이라고 생각된다. 여기서 거론된 '가정'과 '노동', '교육'은 보통 신성한 영역이라고 여겨지는 종교나 정신, 철학이나 정치에 비해서 한없이 속되고 이차적이고, 중요하지 않다고 생각되어온 영역이었다. 그러나 그가 바로 그러한 일과 영역을 가장 신성한 영역으로 보고서 거기에 몰두했다는 것은 그가 얼마나 급진적으로 초월을 내면화하는지는 잘 알 수 있게 한다. 그는 결코 성직자가 되지 않았다. 또한 그는 체제로서의 학교 교사로도 오래 머물러 있지 않았다. 그러면서도 일생을 자신과 민족의 나아감과 됨, 올라감을 위해서 학생이면서 동시에 교사로서 살았다. 그런 의미에서 함석헌의 사상은 "최소한적 종교"(minimal religion) 또는 "세속적 종교"(a secular religion)로 이름 지어지는 유교적 '下學而上達'과 '極高明而道中庸'의 실천과 너무도 잘 연결된다.[74] 그런 맥락에서 나는 함석헌이야말로 한국이 낳은 '진유'(眞儒)이고, 또한 그의 정신이 이러한 끊임없는 발걸음, "죽을 때까지 이 걸음으로" 가면서 점점 더 좁다란 인간중심주의와 민족중심

---

73 『씨올에게 보내는 편지 2』(저작집 9), 275.

74 Mikhail Epstein, Alexander Genis, and Slobodanka Vladiv-Glover, *Russian Postmodernism: New Perspectives in Post-Soviet Culture* (New York/Oxford: Beghahn Books, 1999), in : Charles Taylor, *A Secular Age*, 533-535; 이은선, 『잃어버린 초월을 찾아서―한국 유교의 종교성과 여성주의』(도서출판 모시는 사람들, 2009), 200.

주의도 넘어서서 온 세계의 인류, 온 우주의 생명을 포괄하는 진정한 '통유'(通儒)가 되었다고 이해한다.[75]

그가 1961년부터 퀘이커 모임에 참석하기 시작해서 사람들은 다시 그를 퀘이커교도로 묶으려고 하지만 그가 스스로 "나는 퀘이커가 되자고 이 세상에 온 것은 아닙니다. 퀘이커만 아니라 무엇이 되자고 온 것도 아닙니다. 종교가 나 위해 있지 내가 종교 위해 있는 것 아닙니다. '내가 길이요, 진리요, 생명입니다'"[76]라고 밝혔다. 따라서 나는 함석헌을 그렇게 한정된 규정으로 묶을 수 없다고 생각한다. 오히려 이즈음 그가 5.16의 의미를 평가하는 글("5.16을 어떻게 볼 것인가", 1961.6)에서 그 참 의미를 엿볼 수 있다고 여긴다. 즉 함석헌은 당시 한국 사회가 5.16 등으로 겪는 혼란은 더 큰 "세계 역사의 흐름"의 차원에서 이해해야지 단순히 국내적으로 군인의 총칼로 진정시킬 수 없다고 일갈하였다. 그에 따르면 당시의 혼란은 이제 인류의 삶은 "민족"이 더이상 도덕의 마지막 표준이 될 수 없고, 지금까지 당연시되던 "소유권"의 신성에 대한 물음이 강하게 제기되며, 또한 이날까지 인류 삶의 토대였던 "가정"이 크게 흔들리게 되면서 야기된 문제라고 한다.[77] 그러므로 이러한 "인류사회의 캠프를 버텨오던 세 기둥"의 문제를 푸는 일에 진정한 혁명의 성공 여부가 달려있다고 보았다. 그렇다면 여기서도 잘 나타나듯이 함석헌은 이즈음에 이미 좁은 민족주의도 벗어나고 있었으므로 퀘이커와의 연결을 그러한 민족주의를 넘어서서 더 넓게 세계와 연결하는 의미로 해석할 수 있다고 생각한다.

---

75 이은선, "仁의 사도 함석헌 사상의 유교적 뿌리에 대하여", 325.
76 함석헌, "하나님의 발길에 채어서 I", 133.
77 함석헌, "5.16을 어떻게 볼 것인가", 『함석헌 다시 읽기』, 622.

'민족주의', '소유권', '가족'의 문제는 50여 년이 지난 21세기 오늘 우리 시대에는 이제 모두가 보편적으로 느끼는 인류 삶과 미래를 위한 가장 중요한 문제가 되었다. 함석헌은 이렇게 선각자적으로 동아시아의 작고 가난한 변방에서 일어난 사건 속에서 이미 그러한 세계 사적인 의미를 간파했는데, 그럴수록 그는 씨울 한 사람 한 사람의 교육을 중시한다. 그는 "국민을 될수록 넓은 눈을 가지도록, 높은 이상을 가지도록, 깊은 신앙을 가지도록 길러야 할 것이다. 분명히 잊지 말 것, 민중을 기르는 일이다. 호랑이 넋을 길러야 한다"고 강조한다.[78] 그가 중시하는 교육이란 단순히 겉옷의 치장으로서의 교육이 아니라 그 내면의 혼 속에 생명의 힘을 기르는 것을 말하고, "몸에서 나와서 나의 근본 바탕을 찾으란" 의미의 교육이며, 그러한 교육은 "'하나님이 나와 같이 계신다' 하는 것은 제 바탈을 찾은 자의 말"이라는 것을 깨닫는 교육이라고 밝힌다.[79] 그는 "생명 그 자체가 힘"이라고 강조하는데, 이러한 통찰은 양명과 한국의 정하곡이 양지를 천지만물의 낳고 살리는 우주적 '생리'(生理)와 '생의'(生意)의 놀라운 힘으로 파악한 것과 매우 잘 상통한다.

이렇게 궁극의 하나님을 우리 안의 살리는 힘, 얼과 "속울"로 보는 함석헌은 왕양명의 유명한 「大學問」의 앞부분을 "한 사람"이라는 제목으로 한글로 풀어내면서 나름의 해석을 붙였다. 원래 「禮記」의 "禮運篇"에 나오는 이야기임을 다시 지적하면서 양명이 거기서의 '聖人'을 '大人'으로 바꾼 것을 다시 "한 사람"이라고 옮기고자 하는데, 그 이유는 "우리말에 큰보다는 한이 더 좋아서 … 크다면 나이 들고 몸이 큰 것을 말하지만, 한은 그 속으로 마음으로 큰 것을 의미"

---

78 같은 글, 623.
79 함석헌, "옷을 팔아 칼을 사라", 『함석헌 다시 읽기』, 548-549.

하기 때문이라고 밝힌다.[80] 이 양명의 "옛글"에 대한 해석에서 우선 눈에 띄는 것은 그도 양명과 같이 대인이 이렇게 우주를 한 몸으로 만들 수 있는 것이 무슨 "제 사사 생각으로 해서 되는 일이 아니"고, "본시가 그렇다. 우주가 하나의 산 한 몸이다. 그것을 그렇게 만드는 본질적인 것이 仁이다"라는 것을 강조한 것이다.[81] 그러면서 함석헌은 오늘 문명의 제일 큰 걱정이 "세계의 원자화"라고 지적하고, 대신에 "우리나라 옛날의 선비, 온달, 처용, 검도령, 원효, 모든 화랑 하는 사람들이 우주는 하나로 살아있다는 것을 믿었다"라고 밝힌다.[82] 함석헌이 이렇게 양명의 대인 정신을 크게 환영하며 다시 "옛글 고쳐 씹기"를 하는 이유는 우리가 이제 개인으로서가 아니라 "전체로서 생각하는 단계"로 들어가면서 특히 "동양에서 희망"을 보기 때문이며, 그 동양의 옛글 속에서 "시간을 뚫고 살아 있는 생명"을 특별히 "젊은 이에게 읽히자"는 뜻이었다고 한다.[83] 그는 여기서도 "생명이란 본래 불효자다. 집 나가는 아들이다. 젊은 세대가 제 말을 버리고 낡은 세대로 돌아오지는 않을 것이다. 역시 아버지가 아들의 말을 배우는 수밖에 없다"라고 하면서 해석의 권위주의, 절대주의, 귀족주의, 고정주의 등을 타파할 것을 강조했다.[84] 그는 2천 년 전 "씨ᄋᆞᆯ 중의 으뜸 씨ᄋᆞᆯ"이었던 예수가 그랬던 것처럼 그렇게 오늘날 씨ᄋᆞᆯ인 우리도 "전체를 살리기 위해" 옛글들은 새롭게 고쳐 읽고서 "그 때문에 십자가에 달려야 할 것이다"라고 강조한다.[85] 이는 참으로 앞서나간 예수

---

80 『씨ᄋᆞᆯ의 옛글풀이』 (저작집 24), 457.

81 같은 책, 458.

82 같은 책, 463.

83 같은 책, 25.

84 같은 책, 28.

85 같은 책, 30.

이해이고, 오늘날 포스트모던적으로 전개된 어떤 예수 이해보다도 앞선 것으로 볼 수 있다. 그의 십자가와 경전과 새 시대에 대한 탁월한 해석이 더불어 간다.

그는 『뜻으로 본 한국역사』의 맨 마지막에서 '덕'(德)이란 무엇이냐는 질문에 덕이란 "자기 속에 전체를 체험하는 일"이라고 하였다. 또한 그는 앞으로 인류가 새로운 미래를 개척해나가는 데 요청되는 "새 시대의 종교"와 "미래의 종교"는 "노력의 종교일 것이다"라고 갈파했다.[86] '노력의 종교'는 더이상 생각 없이, 대속을 구원의 보증수표처럼 되뇌면서 그러나 실질의 삶에서는 '무신론자로서' 물질만을 위해 사는 삶이 아닌 것이다. 오히려 그것은 "이지(理知)의 종교시대"로 접어든 인류가 특히 동양 종교에게서 깊게 배워서 "노력의 과정 그것을 존중하고", "믿음은 곧 그대로 생활인" 종교를 말한다. 생각하는 힘과 실천하는 힘이 하나로 된 종교, 일상에서 보편을 보고, 오늘에서 영원을 보는 통찰이다. 나는 여기에서 다시 함석헌 사상에서의 깊은 신유교적 흔적을 본다. 이성(理)과 신앙이 연결되고, 한없이 정치적이고 교육적이지만 영적이고 정신적이고, 온 세계를 영(靈)과 정신을 향한 "한 개 산 생명운동"으로 보는 생명사관(生命史觀)의 종교이해는 바로 앞에서 신유교 사상가 양명이 그의 「발본색원론」이나 「대학문」에서 웅장하게 펼친 우주적 큰 하나 됨을 향한 대인의 학문과 다르지 않음을 보는 것이다.[87] 함석헌은 "유교야말로 현실에 잘 이용된 종교다"라고 했다.[88] 또한 "세계의 통일성을 믿는 사상이 나와야 한다"고 갈파했다.[89] 그 일에서 가장 중요한 일인 '뜻'(志)을 갖

---

86 『새 시대의 종교』 (저작집 14), 74.
87 김세정, 『왕양명의 생명철학』 (청계, 2006), 189 이하 참조.
88 함석헌, 『인간혁명의 철학』 (전집2), 83.

는 일에서 그 '뜻'(志)이란 '선비'(士)의 '마음'(心)이고, 다시 그 '선비'(士)란 바로 '열'(十)에서 '하나'(一)를 보고, '하나'에서 '열'을 보는 사람이라고 지시했다면,[90] 그것은 참된 대학과 학자의 일은 바로 우주의 큰 하나 됨을 지시해 주고, 그 일을 위해서 혼신의 힘을 쏟는 사람이라는 것을 밝혀주는 것이다. 또한 바로 이렇게 크게 통합하는 정신, 만물을 하나로 보는 비전에 민감한 그가 자신의 마지막 희망과 그 희망이 이루어지는 길을 "생각하는 씨올이라야 산다"라고 했다면 그는 오늘날은 바로 모든 씨올이 그렇게 '선비'의 마음으로 거듭나는 일을 바랐을 것이다. 그런 의미에서 그는 진정으로 한국이 낳은 '참 선비'였으며 우리 시대를 위해서 긴요히 요청되는 '보편종교'의 화신이었다고 이해하고자 한다.[91] 그의 새로운 보편종교에서의 주인공인 씨올에 대한 지칠 줄 모르는 믿음, 그의 사상이 가지는 "근본적인 민중주의적 성향"을 다음과 같이 인용하면서 나는 본 글을 마치고자 한다.

> 나는 씨올에 미쳤습니다. 죽어도 씨올은 못 놓겠습니다. 나 자신이 씨올인데, … 참 농사꾼은 굶어 죽어도 "종자 갓은 베고 죽는다"고, 우리 마을에서 표본적인 농부였던 우리 할아버지한테 들었습니다. … 나는 이 씨올을 믿습니다. 끝까지 믿으렵니다. 믿어주지 않아 그렇지 믿어만 주면 틀림없이 제 할 것을 하는 것이 씨올입니다. … 씨올을 믿는다는 말은 그대로 내버려 두란 말 아닙니다. 믿기 때문에 가르쳐야 합니다. … 민중이 스스로 제 속에 가지고 있으면서도 자각하지 못한 것을 깨닫도록 하는 것입니다.

---

89 같은 책, 99.

90 『뜻으로 본 한국역사』, 354.

91 김조년, "함석헌의 그리스도교 이해(1)", 「함석헌 연구」 제1권 제1호 (2010 상반기, 씨알사상연구원), 105.

… 씨올은 착하지만, 착하기 때문에 잘 속습니다. 그렇기 때문에 속지 않도록 해야 합니다. … 집에는 늙은이가 있어야 합니다. 늙은이는 그 집 양심의 상징입니다. 나라에도 늙은이가 있어야 하는데 우리나라에는 없습니다. …「씨올의 소리」를 해보자는 것은 기르기 위해서입니다. 나라에 늙은이 없으면, 못생긴 우리끼리라도 서로 마음 열고 의논해야 할 것입니다. 그러노라면 우리 다음 세 대는 늙은이를 가질 것입니다. 그밖에 어느 성인이 오신 대도 다른 길을 제시하지 않을 것입니다."[92]

V. 마무리하는 말: 존재 사건, 혁명, 유교

함석헌 선생은 8.15와 4.19, 5.16 등의 정치적 대변혁을 겪고 나서 "혁명"에 대한 자신의 통찰을 여러 차례에 걸쳐서 밝혔다. 나는 이 중에서 1979년『생각하는 백성이라야 산다』로 재출간된 책의 "인간혁명"이라는 글에서 지금까지 양명과 함석헌 존재 사건의 정치적 함의에 대한 지금까지의 숙고를 참으로 잘 요약해주는 글을 만났다.

민족 개조를 하려면 정치와 종교가 합작을 하지 않으면 안 된다. 자아개조를 하려면 사람과 하나님이 합작을 하지 않으면 안 된다. 민족의 씨가 나요, 나의 뿌리가 하늘이다. 그러기 때문에 참 종교는 반드시 민족의 혁신을 가져오고, 참 혁명은 반드시 종교의 혁신에까지 이르러야 할 것이다. 혁명의 명은 곧 하늘의 말씀이다. 하늘 말씀이 곧 숨·목숨·생명이다. 말씀을 새롭게 한다 함은 숨을 고쳐 쉼, 새로 마심이다. 혁명이라면 사람 죽이고

---

92 함석헌, "나는 왜 「씨올의 소리」를 내나",『함석헌 다시 읽기』, 657-664.

불 놓고 정권을 빼앗아 쥐는 것으로만 알지만 그것은 아주 껍데기 끄트머리만 보는 소리고, 그 참뜻을 말하면 혁명이란 숨을 새로 쉬는 일, 즉 종교적 체험을 다시 하는 일이다. 공자의 말대로 하면 하늘이 명(命)한 것은 성(性), 곧 바탈이다.[93]

이 말 속에 잘 드러난 대로 종교와 정치, 교육은 서로 긴밀히 연결되어 있고, 서로 짜여 있어서 어느 하나가 부재하고서는 나머지도 잘 기능하지 못한다. 그 큰 통합의 실재와 방식을 500여 년 전의 양명이 체험했고 거기서 나오는 정신의 힘이 가지는 파급력과 영향력을 함석헌도 일면 마셨다. 다시 그 함석헌은 또 다른 고유한 방식으로 새로운 숨을 쉬면서 한국 사회를 새롭게 하였고, 오늘날까지도 그 영향력이 계속되면서 이제 세계로 뻗어 나가서 참으로 오늘 인류의 보편 종교가 필요로 하는 때에 인류의 큰 사표가 되고 있다. 그는 "지금 인류가 가장 원하는 것은 새 종교가 아닐까?"라고 물었다.[94] 또한 "정신이 아무것도 아닌 것 같지만 그것을 찾으면 모든 것이 그 안에 있다. 모든 것이 정신에서 나왔기 때문이다"[95]라고 했다.

이렇게 그는 큰 사상가였다. 하지만 그런 그도 자신의 부인, 황득순 여사가 1978. 5. 8에 숨지고 나자 "나의 가장 큰 잘못은 그를 내 믿음의 친구로 생각하지 못한 점입니다"라고 고백하였다.[96] 그들의 자녀들이 어머니 황득순 여사에게 "나야 뭐"라는 별명을 지어주었다고 할 정도로 철저히 '자신을 버리면서 남을 따랐고'(捨己從人), "스물

---

93 함석헌, 『인간혁명의 철학』, 80.
94 함석헌, 『뜻으로 본 한국역사』, 362.
95 함석헌, "한 배움", 『함석헌 다시 읽기』, 508.
96 『씨올에게 보내는 편지 2』 (저작집 9), 213.

에 가까운 큰 가족에 밤낮 손님이 끊이지 않는 집의 맏며느리로서 불평 한번 없이 섬김으로만 살아온 사람"이라는 말을 들을 정도로 '克己復禮'의 사람이었던 그녀야말로 그가 그토록 주장하고 강조해온 씨올 중의 씨올이었을 것인데, 어떻게 그러한 그녀를 함석헌은 잘 알아보지 못했을까를 나는 물어본다. 그래서 우리는 다시 우리의 옷깃을 여미면서 "우리가 우리에게 죄지은 사람을 용서하여준 것같이 우리의 죄를 용서하여 주옵시고"의 주기도문을 올릴 수밖에 없다. 그러면서 오늘 우리 주변과 삶에서도 아직도 우리에 의해서 하늘의 거룩한 씨올로 발견되지 않고 있는 존재가 누가, 무엇으로 있는지를 잘 살피고 돌아볼 일이다.

우치무라 간조(內村鑑三)의 양명학 이해

김정곤

(영남대학교 철학과 연구원)

I. 들어가는 말: 20세기 두 거인(巨人)

함석헌(咸錫憲, 1901~1989)의 탄생 백 주년이 되던 지난 2001년 문화체육관광부는 한국의 역사와 문화를 재발굴하는 기회로 만들기 위해 선정한 '이달의 문화인물'(4월)로서 "함석헌"을 선정하였다. 이어서 2005년 「교수신문」(8월호)에서는 분야별 학자 백 명을 대상으로 해방 이후 60년간 학문적으로 가장 큰 영향력을 미친 책, 사건, 인물을 조사한 적이 있다. 책은 「사상계」, 사건은 광주민주화운동 그리고 가장 영향을 끼친 인물 중에는 '함석헌'이 뽑혔다. 그리고 또한 동지(同紙)는 일제 강제병합 100년이 되는 2010년에는 '근대백년, 논쟁의 사람들'(4월호)이라는 기획으로 '일제하 특수한 상황에서 근대 국민국가를 지향하는 동시에 근대극복이란 이중 과제를 자신의 사상 안에 포용했던 인물' 205명의 선정 대상 가운데, 철학과 종교학, 전체분야에서 각각 추천을 받아 가장 많은 추천을 받은 인물로 함석헌이 선정되었다.

함석헌이 이처럼 근대 한국 사회에 가장 영향을 끼친 사상가로 추천을 받은 이유는 '그가 민족운동, 종교운동, 민주화운동 등 다양한 분야에서 활동하면서 비폭력주의, 무교회주의, 민주주의, 공동체주의 등을 제창했고… 노자사상, 불교, 기독교사상 등의 폭넓은 기반 위에서 민중(씨알), 평화, 생명을 강조한 사상가'로서, 근대의 상징이라 할 국가폭력, 내셔널리즘, 물신숭배 등을 비판했기 때문이라고 한다.

그뿐만 아니라, 2008년 서울에서 열린 세계철학자 대회에서 다석 유영모(柳永模)와 함께 대표적 한국 사상가로 함석헌이 소개되었고, 2010년에는 조폐공사에서 한국의 경제·사회·역사·정치·문화 등을 대표하는 인물 100인을 대상으로 한 '한국의 인물 시리즈 메달'로 함석헌(제34차분)을 선정하여 기념하고 있는데, 기념 메달의 앞면에는 초상화와 함께 '비폭력 인권운동으로 민주화 실현에 앞장선 사상가', 뒷면은 함석헌 친필 '씨올은 외롭지 않다'를 표기하고 있다. 여기에 함석헌 하면 바로 이 '비폭력 인권운동'이고 '씨올사상'을 들 수가 있겠고, 일반적으로 알려진 함석헌의 명함이라 볼 수 있다.

이처럼 오늘날 함석헌에 대한 관심의 대상은 관련 지식인뿐만 아니라 좀 더 쉽게 일반 대중에게 다가가고 있음을 알 수 있다. 한 예로 활자보다 이미지와 영상에 익숙한 초등학생과 청소년들을 위하여 동화와 만화의 주인공으로 함석헌을 등장시켜 그의 사상이 전파되고 있다는 것이다. 지금까지 출판된 함석헌 관련 동화·만화는 다음과 같다.

제 목	비 고
• 웅진닷컴/1996 『(만화로 만나는 20세기의 큰 인물6) 겨레의 할아버지 함석헌』	전체 30권으로 구성. 　민주와 자유의 10인(1~10권), 　산업과 정보의 10인(11~20권), 　창조와 의지의 10인(21~30권). 전 30권 중에 한국인은 7인(장준하/함석헌/석주명/유일한/김용기/나운규/고상돈)뿐이고, 외국인이 다수를 차지. 함석헌은 '민주와 자유'의 10인에 속함.
• 교원/2002 『한국을 이끄는 사람들37 함석헌』	여기에는 한국의 애국 인물(7권), 봉사 인물(5권), 계몽 인물(7권), 과학자(8권), 미술가(5권), 사상가(5권), 음악가(5권), 도전하는 한국인(6권), 한국의 문화 인물(8권). 그 외(별책부록 5권)으로 구성. 함석헌은 '한국의 사상가' 편에서 원효, 이황, 정조, 정약용과 함께 선정됨.
• 한길사/2009 『만화 함석헌1: 죽을 때까지 이 걸음으로』 『만화 함석헌2: 겨울이 만일 온다면』 『만화 함석헌3: 바보새의 노래』	이 책은 『함석헌저작집』을 펴낸 한길사에서 출판한 책. 여타 시리즈 책과 달리 함석헌이라는 한 인물에 대하여 단독으로 전 3권 세트로 출판된 책이다. 저자인 남기보는 고등학교 때 함석헌의 글을 통해 감동을 받고, 수년간 함석헌의 자료를 수집하고 연구한 끝에 함석헌의 일대기를 만화로 그려내었다고 한다. 일제강점기 함석헌의 어린 시절부터 군사독재 시절 "싸우는 평화주의자" 함석헌의 모습까지 그의 평화 · 생명 · 씨알 사상을 이해하도록 돕고 있다.
• 주니어김영사/2012 『(다큐동화로 만나는 한국 근 · 현대사10) 생각하는 백성과 함석헌』	이 책은 한국 근 · 현대사의 역사적 장면과 인물들을 생생하게 되살려낸 다큐멘터리 역사 동화 시리즈로 전 15권으로 구성. 이 책의 특징은 특별부록으로 '독서지도안'을 구성하여 역사를 바르게 이해하고 창의적으로 재해석하는 능력을 배양하도록 하였고, 수능 사회탐구(근 · 현대사) 영역의 선행학습에 기초자료가 되도록 한 점이다.

　사상가로서 일반인이 아닌 어린이와 청소년을 위한 이러한 책이 나오는 것은 그리 흔한 것은 아닐 것이다. 그것은 3.1운동과 관동대지진의 체험, 해방과 분단의 이념 갈등, 4.19와 민주화운동 등 한국

근대사의 역사적 현장에서 몸소 체험하고 '자유'와 '평화'를 향한 그의 발걸음이 그만큼 이 시대에 있어서 교훈을 줄 수 있는 인물임을 나타낸다고 볼 수 있다.

위의 네 권의 동화·만화에도 언급되지만, 함석헌의 일생에서 잊지 못할 만남을 논할 때 필히 언급되는 중요한 인물을 들자면, 역시 유영모, 김교신(金敎臣), 우치무라 간조 이 세 사람을 꼽을 수 있다(함석헌 하면 유영모, 김교신 하면 우치무라로 이해하는 것이 통상적이다). 함석헌과 유영모·김교신 이 세 사람의 공통점은 세 명 모두 일본 유학을 했다는 점, 「성서조선」이라는 소위 무교회(無敎會) 기독교 잡지에 글을 실으면서 함께 활동을 한 점 그리고 무엇보다 세 명 모두 일본인 우치무라 간조의 성서강연을 들었고, 우치무라 간조라는 인물을 통해서 긍정적이든 그렇지 않든 그것을 발판으로 자신들의 이해를 지양(止揚)해나갔다는 점을 들 수 있다.

그렇다면 이들에게 영향을 끼친 우치무라 간조(內村鑑三)는 누구인가? 일본에서 1949년부터 1952년에 걸쳐서 '문화인 우표'(文化人切手) 시리즈가 발행되어 18인의 초상화 인물이 일반에게 보급된 적이 있다. 후쿠자와 유키치(福沢諭吉), 니지마 죠(新島襄), 니토베 이나조(新渡戸稲造), 오카쿠라 텐심(岡倉天心), 나쓰메 소세키(夏目漱石) 및 오늘날 오천엔 지폐와 천 엔 지폐의 인물인 히구치 이치요(樋口一葉), 노구치 히데요(野口英世) 등등이다. 이렇게 볼 때 거의 다 메이지 시대 '일본의 근대 문명화에 공헌'한 메이지 문화인을 현창하고 있는 것으로 보여진다.[1] 여기에 우치무라 간조의 초상화도 포함되어 있다.

---

1 참고로 1984년에 일본은행에서 발행된 만 엔의 후쿠자와(福沢諭吉), 오천 엔의 니토베(新渡戸稲造), 천 엔의 나쓰메(夏目漱石)의 초상화 인물과 2004년에 발행된 오천 엔의 히구치(樋口一葉), 천 엔의 노구치(野口英世)의 초상화 인물의 선

이는 우치무라 간조가 근대의 정신을 대표할 만하며 패전 이후의 '신일본'(新日本)의 시대정신을 담은 인물임을 나타낸다는 의미가 있을 것이다. 일본이 이른바 왕정복고를 이루고 메이지유신을 일으킨 1868년에서 백 년이 되는 1968년에 '근대 100년 사이에 일본인에게 가장 많이 팔린 책'이 무엇인가라는 설문 조사에서 '나쓰메 소세키의 문학작품'과 '우치무라 간조의 무교회 신앙 관련 책'이었다는 이야기가 있다.[2] 메이지 헌법(1889)에 보장된 '신교의 자유'를 누리다가 반역자라는 공격을 받고 비국민(非國民)으로 낙인찍혀 국가와 국민으로부터 전면적인 지탄을 받은 그이다. 그뿐만 아니라 기독교 교회로부터는 서양 선교사의 지원을 받지 않고 교회 제도를 부정한다고 하여 외면당하던 그이기도 하다. '이단자'·'위험인물' 취급받던 그이지만, 그의 신앙과 정신은 많은 일본인에게 다대한 영향을 주었고, 지금도 여전히 그의 정신은 이어지고 있는 것이다.

그렇다면 근대일본을 대표하는 기독교 사상가 우치무라 간조와 한국의 지성을 대표하는 함석헌이 지니는 정신적 혹은 신앙적 공통점은 무엇일까? 둘 모두 기독교 신앙인이며, 또한 유교적 토양 속에서 기독교를 받아들인 공통분모를 지니고 있다. 그들은 기독교 가운데서도 '무교회주의'적 태도를, 유교 가운데서도 '양명학'적 요소와 친밀성을 갖고 있는 것이 그 특징이라 볼 수 있다. 최근 함석헌 사상에 있어서 그 뿌리를 유교에서 찾는 것과 양명학과의 관련성을 검토한 연구들이 나오고 있는데[3], 여기서는 함석헌·김교신 등 한국의 무

정은 여기에 속한 인물들이다.

2 노명식,『함석헌 다시 읽기』(인간과 자연사, 2002), 2.

3 이은선, "仁의 사도 함석헌 사상의 유교적 뿌리에 대하여", 「陽明學」 제33호 (한국 양명학회, 2012년); 최재목, "함석헌과 양명학 '한 사람: 王陽明, 大學問'을 중심으로", 『생각과 실천2』 (한길사, 2012년).

교회주의 그룹에 영향을 끼친 우치무라 간조의 기독교 사상과 이해(무교회주의)를 그의 언설을 중심으로 해서 양명학과의 관련성을 살펴봄에 있다. 이로써 한·일 두 큰 인물이 지니는 사상적 뼈대의 대강을 이해하는 데 도움이 되고자 한다. 이 글의 출발점 혹은 목적하는 바는 이 두 거인이 지니는 정신 즉, 무교회 혼과 양명학적 얼이 오늘날 우리 시대에 필요한 정신이 아닐까 하는 데 있다.

II. 우치무라 간조의 무교회주의

우치무라 간조(內村鑑三, 1861~1930)는 '구마모토(熊本) 밴드'·'요코하마(橫浜) 밴드'와 나란히 근대 일본 프로테스탄트의 발상지로 알려진 삿포로농학교(현, '홋카이도 대학교')에서 윌리엄 클라크의 영향 아래 기독교에 입신하여 '삿포로(札幌) 밴드'를 형성한 중심인물이다. 일본인 최초의 국제연맹 사무처장을 맡고, 『무사도』를 쓴 니토베 이나조(新渡戸稲造)와는 입학 동기로서 삿포로 밴드를 대표한다. 우치무라는 미국 유학을 통해 앰허스트(Amherst) 대학 총장인 실리(J.H. Seeley)의 영향으로 기독교의 핵심 교의인 '십자가 대속(代贖) 신앙'을 경험하게 되고, 일본으로 돌아온 후로는 교육자로서의 활동, 기독교 신앙에 입각한 사회운동과 언론 활동 및 「聖書之硏究」라는 잡지를 내고 제자들과 함께 '무교회주의' 크리스천으로서 일생 성서연구에 매진하게 된다. 그 사이 1901년에는 사회주의자 고토쿠 슈스이(幸徳秋水) 등과 함께 〈理想団〉을 결성하여 사회개량 활동을 하고, 1918년에는 기독교계를 흔든 사건인 재림운동에 참가하였다.

그의 영혼상(靈魂上)[4]의 역사를 간단히 말하자면, 삿포로에서의

기독교 입신을 통해 다신교(八百万の神々)에서 유일신 신앙으로, 미국유학 기간에 십자가 앙첨(仰瞻)의 회심을 체험하고, 귀국 후에는 시련과 연단을 통해 신(新)프로테스탄트5 즉 무교회 신앙으로 나아갔다고 요약할 수 있다.

그의 생애에서 가장 큰 시련기인 동시에 우치무라 간조의 이름을 일반에 알리게 된 계기로서 주목할 사건은, 역시 1891년에 제일 고등중학교 교육칙어 봉독식에서 일어난 '불경사건'으로 보인다. 이것은 1889년 메이지 헌법에서 규정한 '신성불가침'의 존재자인 천황(제1장3조)이 내린 교육에 관한 칙어(일명 '教育勅語')가 이듬해에 발포되었고, 각 학교에서는 천황이 직접 서명한 '교육칙어'를 등사하여 이에 대한 의식을 행하였는데 우치무라는 '교육칙어'에 최경례를 갖추지 않았다고 하여 일명 '우치무라 간조 불경사건'(內村鑑三不敬事件)이 일어난 것이다. 이 일로 인하여 결국 우치무라는 교사직을 잃고, '국적'(國賊)으로 몰리면서 여론의 전면적인 공격을 받았다. 이 와중에 사랑하는 아내를 잃게 되었을 뿐만 아니라 그의 독립적 신앙은 선교사와 그들의 도움을 받는 일본교회로부터도 곱지 않은 시선을 받게 되었다. 말하자면, 그가 그토록 사랑한 '두 개의 J' 즉, 국가와 교회(예수)로부터 버림을 받게 되었다. 그러나 함석헌이 그러했듯이 이러한 고난과 역경 속에서 시(詩)가 나오고 사상이 트이기 시작한

---

4 '영혼상'이라는 말은 우치무라가 쓴 말. "我が信仰の表白", 『內村鑑三全集1』(岩波書店, 1981), 209.

5 '신 프로테스탄트'는 로마가톨릭에 반대한 종교개혁이 다시 제도화되고, 로마 가톨릭주의로 돌아갔다고 보고, 프로테스탄트주의를 논리적 결론까지 가지고 가는 제2의 종교개혁이 필요함을 두고 우치무라 간조가 한 말. "NEED OF RE-REFORMATION", 『內村鑑三全集31』(岩波書店, 1983), 132-133; "NEW PROTESTANTISM", ibid., 144-145.

것처럼, 우치무라도 오히려 문필가로서 주목을 받고 뛰어난 업적을 남겨『기독신도의 위로』(基督信徒の慰, 警醒社書店, 1893), 『구안록』(求安錄, 警醒社書店, 1893), 『지리학고』(地理學考, 警醒社書店, 1894), *Japan and the Japanese* (民友社, 1894; 1908년『代表的日本人』으로 개제), *How I became a Christian* (警醒社書店, 1895) 등의 저술로 일본뿐만 아니라 해외까지 알려지게 되었다.

그의 무교회 입장의 출발점도 바로 이 시기에 나타난 것으로 보인다. 그의 처녀작『기독신도의 위로』에서는 신(神)을 앎에는 로마 법왕의 중계가 필요하지 않은 것처럼 감독도 목사도 필요 없고, 진정한 신도가 있고 나서 교회가 있지 교회 있고 신도가 있는 것은 아니라고 보았다. 그러면서 처음으로 '무교회'(無敎會)라는 말을 언급하였다.

> 나는 무교회가 되었다. 사람의 손으로 지은 교회는 나는 가짐이 없다. 나를 위로할 찬송도 없고, 나를 위한 축복을 기도해줄 목사도 없다. 그렇다면 나는 하나님을 예배하고 하나님을 가까이 할 예배당을 못 가진 것인가.[6]

우치무라는 교회를 흰 벽과 붉은 기와 속에 있는 유형적인 것으로만 이해하는 차원을 넘어 신(神)의 교회는 우주의 넓음같이 넓으며 유형의 교회를 떠나 '우주적 교회'에 입회하였다.[7] 그에게 있어서는 '효자가 가난한 살림을 위해 추운 밤에 물건을 파는 곳', '정숙한 부인이 남편의 병을 고치기 위해 새벽녘에 기도하는 곳', '세상의 오해로 인하여 사방으로 공격받을 때 친구가 홀로 일어서 나를 변호해줄 때'[8], 이것이 바로 '신(神)의 교회'로 보고, 이를 사람의 손으로 지은

---

6 『기독신도의 위로』, 55.
7 『基督信徒のなぐさめ』 (岩波文庫, 1976), 51

'인(人)의 교회'와 대비하였다. 이처럼 눈에 보이는 교회와 전통적 권위로서의 교회 직분과 의식을 부정하는 우치무라는 나중에 「無敎會」(1901)라는 잡지를 내는데, 이는 기존의 교회 형태와는 달리 '교회 없는 자의 교회'로써 새로운 형태의 신앙공동체를 시도한 것으로 이해할 수 있다. 그렇다면 이러한 우치무라 간조에게 있어서 기독교의 본질과 이해는 어떻게 되는가를 검토해보자.

우치무라 자신의 일기를 바탕으로 쓰인 『나는 어떻게 하여 기독교인이 되었는가』라는 책에는 이교도인 우치무라가 삿포로농학교에서 기독교에 입신하고, 미국 유학을 통해서 경험한 기독교 문명과 자신의 회심을 다루고 있다. 그는 유학을 통하여 맘몬 숭배와 인종차별의 모습에 낙심하여 기독교 국가의 문명의 우월성을 확신하던 지난날의 생각을 버리고, 도덕적인 측면에서는 기독교보다도 오히려 무사도와 일본의 전통적인 도덕이 더 우수하다고 하는 여러 언설로 이어지게 된다. 그러나 그럼에도 불구하고 미국 유학을 통하여 얻은 체험과 확신 즉, '십자가구속' 신앙은 그의 기독교의 본질이자 자신의 신앙의 알맹이로 이해하고 있음을 볼 수 있다.

3월 8일 나의 생애에 있어서 심히 중대한 날이다. 『그리스도』의 속죄의 힘은 오늘처럼 명료하게 나에게 계시된 적은 없었다. 하나님의 아들이 십자

---

8 『基督信徒のなぐさめ』, 51. 여기서 우치무라 '신의 교회'라고 예를 든 것은 함석헌의 시 '그 사람을 가졌는가'의 시구에 나오는 '그 사람'을 연상케 한다. "불의의 사형장에서 '다 죽여도 너희 세상 빛을 위해 저만은 살려두거라' 일러줄 그 사람을 그대는 가졌는가/ 온 세상의 찬성보다도 '아니' 하고 가만히 머리 흔들 그 한 얼굴 생각에 알뜰한 유혹을 물리치게 되는 그 사람을 그대는 가졌는가." 우치무라가 말하는 '교회'란 단순히 종교건물을 나타내는 것이라기보다, 하나님이 거하는 그 자리, 또는 그 사람들의 모임을 뜻함.

가에 달리신 사건 속에 오늘날까지 나의 마음을 괴롭게 하던 모든 어려운 문제가 해결되었다 … 그는 자신의 영광을 위하여 나를 쓰시고 그러한 후에 나를 천국으로 인도한다(163쪽).

9월 13일 저녁은 맑고 아름답다. 때마침 저녁 식사를 위해 밖으로 외출하려던 참에 사상(思想)은 나에게 임했다. 내가 육에 죽을 때는 악마는 나를 이길 수 없다고. 그러나 이 『죄에 죽는다』라고 하는 것은, 내 속의 죄 많은 마음을 들여다봄으로써가 아니라, 오직 십자가에 달린 『예수』를 올려다봄으로 가능하다(168~169쪽).

사실 우치무라는 기독교에 입신한 이후에도 자신의 내면의 '공허'와 '진공'의 상태를 느껴왔는데 이 십자가를 올려다봄 즉, '앙첨(仰瞻)신앙'을 통하여 해결되었다고 보인다. 우치무라 간조는 바로 이 십자가 앙첨의 신앙을 기독교의 본질로 파악하고 있으며, '기독교는 원래 십자가의 종교'이며, '십자가 없이 기독교 없다'라고 하여, 기독교의 새 명칭으로 '십자가교'(十字架教)로 호칭할 것을 제안하기까지 하였다.9 여기에는 자력 구원은 본질적으로 불가능하다는 것이면서 동시에 십자가 앙첨의 신앙으로써만 인간의 구원이 가능하다는 '이신득의'(以信得義)를 논리적 귀결로 가져가면 결국 제도적 교회의 전통과 직분과 의식이라는 것은 비본질적인 것으로 이해되어 무교회주의로 이어지게 되는 것이다. 결국 종교개혁 정신의 철저화로 이해할 수 있겠다.

우치무라는 '불경사건' 이후, 같은 해 구마모토 밴드의 요코이 토

---

9 『內村鑑三全集26』3쪽. 영어로는 'Crucifixianity'를 사용함.

키오(橫井時雄)[10]의 권유에 의해 「육합잡지」에 "내 신앙의 표백"(我が信仰の表白)[11]이라는 글을 내고, 바울의 말(갈 1:11~12절)을 인용해 자신의 기독교는 사람에 의해 배운 것이 아니라 '예수 그리스도의 묵시'로 인한 것이라 하면서 '홋카이도의 자연물'과 '수산동물(水産動物)에 나타난 신의 영광'을 통하여 종교심을 길렀다고 한다. 덧붙여 자신의 신학적 입장을 밝혔다. 요약하면 ① 그리스도의 본성에 대하여 그리스도는 사람이 아니라 신과 동일하다는 입장, ② 성령 또한 신과 동일하다는 입장, ③ 삼위일체(三位一體)설에 대해서는 인간의 이성(理性)만으로는 만족할 설명이 어렵지만 인간의 전성(全性)으로 신을 인식할 때는 가능하다는 입장, ④ 원죄에 대해서는 인류는 하나의 조직체로써 그 일부분의 죄는 전체가 이를 짊어지지 않을 수 없다고 긍정, ⑤ 속죄설에 대해서는 하나님과 인간의 본래 관계를 회복함에는 예수의 십자가밖에 없음을 긍정, ⑥ 내세론에 대해서는 인간의 영과 함께 육체의 부활도 긍정하는 입장, ⑦ 성서무오류설(聖書無誤謬說)에 대해서는 부인하지만, 신의 묵시로 된 것을 긍정하였다.

이러한 기본적인 신학적 입장 위에서 일본인의 사상에 적합한 이상적 일본교회의 출현과 '일본적 기독교'를 주장하였다. 여기서 말하는 '일본적'이라 함은 기독교를 일본인의 종교로 변화시킨 것을 의미하는 것이 아니라, '일본인이 외국의 중계를 거치지 않고 직접 하나님으로부터 받은'[12] 기독교를 말하며, 일본만의 특별한 것이 아니고,

---

10 요코이 토키오는 막부 말기와 메이지 유신 초기의 유학자이자 정치가인 요코이 쇼난(橫井小楠, 1809~1869)의 아들이며, 에비나 단죠(海老名彈正), 도쿠토미 소호(德富蘇峰)와 함께 일본 프로테스탄트의 3대 원류의 하나인 구마모토 밴드의 대표자.

11 『內村鑑三全集1』, 209-218.

12 "日本的基督教", 『內村鑑三著作集第7卷』 (岩波書店, 1953), 67.

영국적 · 미국적 · 독일적 기독교가 있듯이 '일개의 일본인이 진정한 독립적으로 그리스도를 믿을 때' 자연적으로 그 사람은 '일본적 기독자'이며, 그의 기독교는 '일본적 기독교'가 되는 것이다. 따라서 일본적 색채와 특성을 띠는 것은 자연스러운 것으로 보았다.[13] 그렇다면 우치무라가 생각하는 일본인에게 있어서 이상적 기독교, 즉 일본적 기독교라 함은 구체적으로 어떤 원리인가? 우치무라는 "무사도와 기독교"에서 다음과 같이 말한다.

> 무사도는 일본국 최선의 산물이다. 그러나 무사도 그 자체에 일본국을 구원할 능력은 없다. 무사도의 대목(台木)에 기독교를 접붙임 한 것, 이는 세계최선의 산물로써 이로써 일본국뿐만 아니라 세계를 구원할 능력이 있다.[14]

우치무라는 '무사도의 대목 위에 기독교를 접붙임 한 것'을 최상의 것으로 보았다. 무사도 그 자체로서, 기독교 복음 그 자체로서는 안 된다고 보았다. 무사도는 '현세적 도덕의 하나에 불과' 하고 그것으로는 사람을 회심시킬 능력이 없으며, 복음 자체만으로 무엇이든 가능하다고 하는 것도 미신이며, 아무리 순수하다 해도 좋은 땅에 떨어지지 않고는 좋은 열매를 맺을 수 없는 것으로 보았다.[15] 『대표적 일본인』에 등장하는 사이고 다카모리(신일본의 창설자), 우에스기 요잔(봉건영주), 니노미야 손토쿠(농민성자), 나카에 토쥬(마을선생), 니찌렌 상인(불승), 이 다섯 인물은 우치무라의 대목(台木)을 형성한

---

13 "日本的基督教", 153-155.

14"무사도와 기독교", 『전집22』, 161-162.

15 鈴木範久訳, 『代表的日本人』(岩波文庫, 1995), 182-183.

인물에 해당한다.16 또한 '엄격한 정의의 준비 없는 곳에 복음이 번성한 예는 없다'고 하면서 일본에 있어서는 '순결한 유교(儒敎)와 공정한 신도(神道)가 그리스도의 복음의 좋은 준비'였으며, 대표적으로 '이토 진사이(伊藤仁斎), 나카에 토쥬(中江藤樹), 모토오리 노리나가(本居宣長), 히라타 아츠타네(平田篤胤)'를 들고 있음을 볼 수 있다.17

이처럼 우치무라 간조의 일본적 기독교는 바로 이러한 무사도를 포함한 일본도덕 위에 기독교를 접목한 것을 말하며, 형태로는 '교회 없는 기독교'18를 미래의 기독교로 보았으며, 이는 성직도 의식도 없는 단순한 종교를 지향하는 것이 일본인의 종교성에 가까우므로 형태 없는 기독교의 모습으로 나타난 것이 결국 '무교회주의의 기독교'였던 것이다.19 이는 프로테스탄트주의를 그 논리적 귀결까지 밀고 나간 결과이기도 했다.

III. 우치무라 간조의 양명학 이해와 사상적 연관성

이러한 우치무라의 '순수한 영적인 신앙'을 추구하는 무교회적 기독교에는 물질주의적인 서구 근대 문화에 대한 강한 비판이 자리 잡고 있다. 그러한 문화의 옷을 입은 기독교 말하자면 '성공주의철학=경제지상주의=현세기복적 신앙'에 매몰되지 않는 주체적이고 개성적이며 인격적인 신앙을 지향하는 사상이 우치무라에게는 강하게 보

---

16 『대표적 일본인』 독일어 번역판 후기.
17 『内村鑑三著作集』 第27卷, 261 이하.
18 『저작집7권』 299.
19 "靈と形", 『内村鑑三著作集』 第7卷 (岩波書店, 1953), 215-223.

인다. 이기주의 · 물질주의에 대하여 무욕 · 정직 · 성실 · 겸손 · 정의 · 검약의 정신을 높게 평가하고 그러한 정신의 나타남을 무사도(武士道)로 보고 거기에 기독교가 결합한 것을 이상적인 것으로 생각한 듯하다. 그렇다고 무사도를 꼭 일본 무사만이 가진 정신으로 이해하지는 않고 보다 넓은 의미로 사용하고 있다. 여기서는 우치무라의 정신적인 토대(台木)를 형성하고 있는 여러 사상 중에 양명학과 관련해서 검토해 보고자 한다.

이미 앞에서 언급했듯이 우치무라는 『대표적 일본인』[20]에서 그의 사상의 토대(台木)를 형성하고 있다고 볼 수 있는 다섯 명의 대표적인 일본인을 열거하여 '무비판적인 충성심'과 '피비린내 나는 애국심'과는 다른 일본 국민이 가지고 있는 장점(長所)과 뛰어난 점(美點)을 '세계에 알리는 데 일조하고자' 썼다고 하였으며, 이 책은 자신이 예수를 믿기 전에 형성된 '본래의 받침목을 나타내는 것'이라고 하였다.[21] 이 책에 등장하는 인물들을 통해 실은 우치무라 자신이 갖고 있는 '받침목'(台木) 즉, 에토스를 나타내고 있음을 알 수 있다. 『대표적 일본인』에서 특히 사이고 다카모리를 '신일본의 창설자'로, 나카

---

20 『代表的日本人』의 원본은 영문인 *Representative Men of Japan* (警醒社書店, 1908)이다. 이것 또한 우치무라가 청일전쟁이 한참일 때 '義戰論'의 입장에서 쓴 *Japan and the Japanese* (民友社, 1894)의 改版이다. *Representative Men of Japan*은 이후, 러일전쟁을 앞두고 그의 사상이 '非戰論'으로 바뀌었기 때문에 *Japan and the Japanese*의 서문과 "The land and the people", "A temperance island of the Pacific", "Japan: its mission", "Justification of the Corean war" 네 편을 제외하고 수정하여 개제(改題)한 것이다. 참고로 *Japan and the Japanese*은 1907년 덴마크어역과 1908년에 독일어역으로 번역되었는데, 독일어역은 독일의 문호 헤르만 헤세의 아버지 요하네스 헤세(Johhannes Hesse)가 번역함.

21 『代表的日本人』(岩波文庫, 1995)의 '서문'과 '독일어 번역판 후기' 참고.

에 토쥬를 '마을의 선생'으로 들고 있으며, 이들이 갖고 있는 공통의 사상으로 '양명학'을 지적하고 있다. 이들 둘은 군인과 교육자로서 왕양명의 직업과 동일한 점도 흥미롭다. 사이고 다카모리(西郷隆盛)를 언급한 문장에서 우치무라의 양명학 이해를 살펴보자.

> 사이고는 젊은 시절 왕양명의 책에 마음이 끌렸다. 양명학은 중국사상 가운데 같은 아시아에 기원하는 성스러운 종교와 매우 흡사한 점이 있다. 그것은 숭고한 양심을 가르치면서 따뜻함이 있으면서도 엄격한 『天』의 법칙을 말하는 점이다. 사이고가 쓴 문장에는 그 영향이 뚜렷이 반영되어 있고, 그의 글의 기독교적 감정은 모두 왕양명의 간결한 사상이 나타나 있으며, 왕양명의 사상을 모두 섭취하여 자신의 실천적 성격을 형성한 사이고의 위해함을 볼 수 있다. … 도쿠가와 막부가 체제유지를 위해 특별히 보호받은 주자학과는 달리 양명학은 진보적이고 긍정적이며 장래성이 풍부한 가르침이다. 양명학과 기독교의 유사성에 대해서는 이미 여러 차례 지적되어 왔으며, 그런 이유로 양명학이 일본에서 금지시되었고 『이것은 양명학과 똑같다. 일본의 붕괴를 일으키는 것이다』라고 유신혁명에서 이름을 떨친 조슈의 전략가 다카스기 신사쿠(高杉晋作)는 성서를 접했을 때 그렇게 말하였다. 그 기독교와 유사한 사상이 일본의 재건에 있어서 중요한 요소로 작용하였고, 이는 당시의 일본역사를 특징짓는 하나의 사실이다 (18~19쪽).

우치무라는 먼저 양명학이 양지(良知=양심)와 하늘의 법칙(=天理)을 중시하고 있다는 점을 들어서 기독교와 가장 유사한 것으로 이해하였다. 기독교와 양명학의 일반적 유사성에 관해서는 성경에 '마음이 가난한 자는 복이 있나니…'(마태 5:1), '여자를 보고 음욕을 품는 자마다 마음에 이미 간음하였느니라'(마태 5:28), '할례는 마음에 할찌니…'(롬 2:29), '마음을 감찰하시는 하나님'(살전 2:4) 등에서 나타나 있는 것처럼, 외적인 율법의 규정을 지키는 것 이전에 내적인 '마음(心)의 어떠함'을 문제 삼고 있다. 이는 '내 마음이 이치다(心卽理)'라고 하여 외적인 이치(理)보다 주체의 마음(心)을 중시하는 양명학의 기본전제와 그 형식에서 유사하다고 볼 수 있다. 외적인 법칙으로 내적인 행위를 규제하는 것이 아니므로 권위적이지 않고 개인의 '양심'의 문제가 중요하게 된다. 따라서 전통적인 권위에 구속되지 않고 자신의 마음을 펼쳐 나갈 수 있다는 점에서 진보적이고 희망적인 사상으로 본 것이 아닌가 생각된다. 또한 사물의 이치를 하나하나 탐구하여 지식을 쌓아가는(格物致知) 주자학의 주지(主知)적 경향보다, 인간의 주체적인 감정과 태도, 즉 '마음의 상태'를 중시하고 지행합일(知行合一)적인 양명학의 가르침이 더 '간결한 사상'이며 '실천적'인 것으로 우치무라는 이해하고 있는 것 같다.

무엇보다 이러한 양명학이 메이지 유신을 일으킨 사상적 원동력의 하나로서 이해했다는 것은 당시 메이지 일본의 기독교 입신자의 대부분은 하급 사무라이 출신으로 이들은 주로 막부를 지지하는 '좌막파'(佐幕派)였으며 '개국'을 주장한 번(藩)의 출신자로서, 그들은 유신에 의해 부정된 '봉건일본'도, 번벌정부가 의도한 '절대주의 일본'도 아닌 좀 더 근대적이고 평등한 것으로 신일본 건설을 모색하고자 하였는데 그들이 갖고 있던 정신적인 토대가 바로 '양명학적 교양'이었으며 이것이 기독교를 받아들이게 되는 중요한 요소로 작용하였다. 말하자면 '양지(양심)'를 강조한 양명학은 그것에 의해 윤리를 내면화하고 천리를 인격화하여 "주의 길을 예비"하게 된' 것이다.22

우치무라는 사이고를 '겸손'의 사람, '무욕'의 사람, '간소'의 사람으로 이해하였고, '우리 집의 법도를 남이야 알건 말건 / 자손을 위해 문전옥답을 사지 말라'는 그의 시를 인용하여 그의 생활과 인생관에 공명하고 있다. 이 시는 우치무라의 영향을 받은 함석헌이 계우회(鷄友會) 사건23으로 대동경찰서에 들어가 부친의 임종도 지키지 못하고 옥중에 갇혀 있을 때 즐겨 음미하던 것이다.24

나카에 토쥬(中江藤樹)는 일본에서 성인의 칭호(近江聖人)를 받는 많지 않은 인물 중 한 사람이다. 우치무라도 그를 가리켜 '천사와 동등한 인물로서 칭함을 받는 "90%의 靈과 겨우 1%의 육체"로 된' 인물로 묘사하고 있다.

> 만약이라도 토쥬가 진보적인 중국인 왕양명의 저작을 만나 새로운 희망을 품지 않았더라면 어떻게 되었을까. 비관적인 주자학의 압박 아래 본디 소극적인 토쥬와 같은 인물에 흔히 보이는 불건전한 은둔생활에 빠지고 말았을 것이다. … 양명학을 취한 중국문화의 도움으로 우리는 내성적 소극

---

22 隅谷三喜男, 『近代日本の形成とキリスト教』(新教出版者, 1961), 16~28 참고.

23 평양의 송산리에 덴마크의 국민고등학교를 본받아 사람을 길러보자고 김두혁이 세운 농사학원을 함석헌이 1940년 3월에 인수하였는데, 설립자인 김두혁이 일본에서 동경 농과대학 조선인 졸업생들의 모임인 계우회를 조직하여 활동하던 중 구속되고, 함석헌도 연루자로 같은 해 9월에 검거되어 평양 대동경찰서에 투옥된 사건을 말한다.

24 "그때에 지낸 가지가지를 다 기억할 수는 없지만 지금도 당장 기억에 새롭게 잊히지 않는 것은 한 방에 잠깐 들어왔다 나간 어떤 늙은이에게서 들은 일본 사이고 다까모리(西鄉隆盛)의 시다. 그는 내게 그것을 일러주기 위해 하나님이 보내기나 했던 것처럼 생각된다."
옥 속에 쓰고 신맛 겪으니 뜻은 비로소 굳어진다/ 사내가 옥같이 부서질지언정 기왓장처럼 옹글기 바라겠나/ 우리 집 지켜오는 법 너희는 아느냐 모르느냐/ 자손 위해 좋은 논밭 사줄 줄 모른다고 하여라(獄中辛酸志始堅, 丈夫玉碎愧甎全, 我家遺法人知否, 不用子孫買美田). 『咸錫憲全集4』(한길사, 1983), 23-24.

적 보수적 퇴보적인 국민이 되는 일은 없었다고 생각한다. 이것은 지금까지 일본의 역사 속에 충분히 인정받은 사실이다. 성인인 공자는 뛰어난 진보적인 인간이라고 오늘날 공자론자는 모두 인정하는 바이다. 그 공자를 퇴보적인 그 나라 사람들이 자기식으로 해석하여 본모습을 바꾸었던 것이다. 그러나 왕양명은 공자의 내면에 있던 진보성을 발전시켜, 그릇된 공자상을 품었던 사람들에게 희망을 불어 넣었던 것이다. 이 왕양명은 우라토쥬가 공자를 새롭게 볼 수 있도록 도와주었다. 오우미 성인(近江聖人)은 이제는 실천적인 사람이 되었다(132쪽).

여기서도 주자학을 퇴보적 보수적인 것으로 양명학을 진보적 희망적인 것으로 이해하고 있다. 이어서 우치무라는 토쥬를 '창조적인 인간'으로 보았으며, 고전 주석에 있어서 '자유로운 태도'를 취한 토쥬를 가리켜 '만약 토쥬가 오늘날 살아있었다면 이단 재판의 전형적인 대상이 되었을 것이다'(133쪽)라고 말한다. 여기서도 전통적인 기존 권위를 인정하지 않고 독립적인 신앙으로 인하여 사람들로부터 이단시 여김을 받는 우치무라 자신의 모습을 비추는 듯하다. 그리고 주자학의 소극적 내성적인 성격이 양명학을 통하여 실천적으로 변하였다고 하며, 다음의 토쥬의 시를 소개하고 있다.

어둡더라도 오로지 한 길로 나아가라 /
마음이 달에 구름이 낀 듯 맑지 않아도
뜻을 굳게 세워 나아가야 하리 /
화살이 돌멩이를 꿰뚫었다는 이야기도 있거늘
위도 없고 바깥도 없는 길을 나아가기 위해 /
나를 버려야 비로소 나를 깨닫게 되리라

우치무라는 토쥬의 사상에서 가장 주목받는 것을 '겸양'의 덕으로 보았다. 일체의 도덕이 생기는 기본적인 도덕이며, '겸양은 하늘의 법이며, 겸양은 虛이다. 마음이 虛하면 선악의 판단은 저절로 생겨난다'고 여긴 양명학자 토쥬를 통하여 우치무라가 우리에게 주는 메시지는 다음의 토쥬의 시를 통해서 읽혀 주고 있다.

옥(獄) 바깥에 옥이 있어/ 세계를 집어넣을 만큼 넓다

그 사방 벽은 명예, 이익, 고만(高慢), 욕망에의 집착이다

서글프게도 실로 많은 이들이 / 그 속에 묶여 끊임없이 신음하고 있다

우치무라는 계속해서 이기주의와 물질주의에 사로잡혀 있는 인간에 대한 경고를 하고 있다고 보여진다. 나카에 토쥬는 양지를 인격적인 '상제'(上帝)로 이해하고 그것을 절대적으로 믿고 거기에 이른다(致)는 절대적인 양지 신뢰·신앙의 사상을 만들었는데 이러한 토쥬의 양명학 이해와 우치무라의 무교회주의와의 관련성의 주장도 제기되는 것이다.25 즉, 내 속의 '양지'라는 절대자를 모시고 있기 때문에 이 양지를 '성실'히 수행하는 것으로 가능하기 때문에 별도의 교회라는 것이 필요치 않다는 논리이다. 이는 우치무라가 이 '성'(誠)을 강조한 점에서 확인할 수 있다.26 그러나 우치무라는 '양지'(良知)라

---

25 여기에 관해서는 최재목, "心學の東アジア的展開", 『日本思想史講座3―近世』 (ぺりかん社, 2012), 284~285. 『왕양명의 삶과 사상: 내 마음이 등불이다』(이학사, 2003), 270~271. "함석헌과 양명학", 『생각과 실천2 함석헌의 비교사상적 조명』(한길사, 2012)을 참조하길 바람.

26 『代表的日本人』, 40~41. '西郷は人間の知恵を嫌い, すべての知恵は, 人の心と志の誠によって得られるとみました … 不誠実とその肥大児である利己心は, 人生の失敗の大きな理由であります' 『余は如何にして基督信徒となりし乎』에서는 첫 장의 奨励辞에 '誠実, 心の真の有りのまま, これ常に如何に貴いかな!' 등.

는 표현을 쓰지 않고 '양심'(良心)이라는 표현을 사용하고 있다는 점, 즉 '양심=절대자'는 이해하기 어려운 측면이 있고, 그리고 자신의 내면을 보는 것이 아니라, 밖을 보는 '앙첨'(仰瞻)적 신앙을 강조한 것과 어떻게 조화시킬 수 있는가 하는 문제가 있다.[27] 그럼에도 불구하고 우치무라의 유교적 교양은 주자학이라기보다 양명학이었으며,[28] 그의 기질은 양명학적 사고와 친밀함을 갖고 있다고 말할 수 있다.

IV. 우치무라 간조의 세계주의와 만물 일체

『대표적 일본인』은 말하자면, 우치무라가 이해한 기독교적 인물상이 투영되어 있으며, 서양 기독교신자에 비견될 만한 일본인을 외국에 소개한 것이다. 비록 우치무라가 묘사한 인물상들이 종교로서의 형태를 지닌 기독교 신자가 아니라 하더라도 그들의 기독교에 유사한 정신(靈)과 윤리를 가진 것을 우치무라는 높이 평가하고 있다고

---

27 우치무라가 죽음을 맞이한 1930년에 쓴 제목 없는 "나는 무교회주의를 …"라고 시작하는 글에는 '나는 무교회주의를 주창했다. … 나의 무교회주의는 주의를 위한 주의가 아니었다. 신앙을 위한 주의였다. … 먼저 제일에 십자가주의의 신앙, 그런 후에 그 결론으로써의 무교회주의. 십자가가 제일주의이고, 무교회주의는 제이 혹은 제삼주의였다'(『전집32』, 347).

28 "수양과 기도"(『전집12』, 43)라는 단문에 보면 요지는 '수양은 인간의 법'이고 '기도는 신의 길'이라는 기독교적 가르침을 주는 것인데, 여기서 주목할 것은 '우리들은 공자와 왕양명을 배워 성인군자가 되고자 하지 말고 …' 하는 부분에서도 주자학은 『대표적 일본인』의 글에서 이미 언급한 것처럼 우치무라의 주목을 끌지 못하기 때문에 주자를 빼고 있는 점이다. 이외에 왕양명을 언급한 "무사도와 기독교"(『전집27』, 524)에서는 영국의 군인 크롬웰과 일본의 군인 사이고 다카모리를 비교해서 신앙인 크롬웰이 더 위대하다는 문맥 속에서 '그리스도는 확실히 왕양명보다도 위대한 인류의 교사이다'라고 하였다.

보인다. 이에 조금 앞서 우치무라는 『지리학고』(1897년에 『地人論』으로 개제)를 내고, 일본중심주의 혹은 국가중심주의를 넘어설 것을 주장하였다.

> 지리학에 의해 우리는 건전한 세계관념을 함양할 수 있다. 국가만이 일개의 독립인이 아니라 지구 그 자체가 "一個有機的獨立人"이다. 지방이 한 국가의 일부분에 지나지 않는 것처럼 한 국가도 지구라는 하나의 "독립인"의 일부분에 불과하다. 양명 선생이 "大人者以天地萬物爲一體者也, 其視天下猶一家中國猶一人"라고 말한 것처럼 우리들은 일본인일 뿐만 아니라 또한 세계인(Weltmann)이 되어야 한다. 한 손으로도 눈앞에 두면 우주를 가리기에 족하다. 시력을 하나의 소국에 두어 세계의 시민권을 방기해서는 안 된다 … 눈을 자국의 밖으로 주시하지 않는 자에게는 능히 우주를 포괄할 관념이 일어날 리 없다(『전집2』, 363).

여기서 보이는 바대로 왕양명의 「대학문」의 '만물일체론' 사상이 보이는 원문의 일부를 인용하여 세계시민적 의식 즉, '대인자'(大人者)의식을 요구하고 있다. 산하용이(山下龍二)는 '한적(漢籍)을 인용하는 일이 그다지 많지 않은 우치무라가, 거의 양명학에만 관심을 갖고 있다는 사실은 메이지사상사의 하나의 열쇠를 나타내고 있는 듯 하다'[29]고 하여 메이지의 지식인들의 양명학에 대한 관심이 컸음을 말하였다. 여기서 우치무라는 서구 근대 문화의 이기주의적 요소와 물질주의적 요소를 강하게 비판함과 동시에 이에 대한 반발로 생기는 일본중심주의적 혹은 국가주의적 발흥에 대하여도 경계를 드러

---

29 山下龍二, 『陽明學の硏究』成立編, (現代情報社, 1971), 88-89.

내고 있음을 볼 수 있다. 그의 세계주의 의식은 기독교와의 만남을 통하여 확장된 의식이라 볼 수 있지만[30] 여기에는 양명학의 '천지 만물일체적' 사고가 밑받침되었다고 이해할 수 있다. 우치무라는 '대개인'(大個人)[31] 혹은 '우주적 인간'(宇宙の人)[32]이라는 말도 사용하는데 그에게 '우주적 사고'가 가능하게 하는 데 어느 정도의 영향을 주었다고 볼 수도 있다. 함석헌도 이와 관련하여 국가주의를 넘어서는 '우주적인 질서의 체험'을 강조한다.[33]

왕양명은 천지 만물을 일체로 여기는 어진 마음(仁)을 인간 본래의 모습이라 여겼고, 이것이 사욕(私慾)에 의해 가려져서 구별하는 마음 즉, 이기적 마음이 생겼다고 보고 있다. 이와 관련해서 우치무라는 「로마서」를 강의[34]하면서(8장) '세 개의 신음'이라는 제목으로 '피조물이 다 이제까지 함께 탄식하며 함께 고통하는 것을 우리가 아나니…'(22절) '우리까지도 속으로 탄식하여…'(23절) '오직 성령이 말할

---

30 『內村鑑三著作集』 제7권, 337. '그러나 나의 기독교는 나로 하여금 "세계의 시민" 인류의 형제이게끔 했다.'

31 『內村鑑三全集7』, 467-468.

32 『內村鑑三全集12』, 43.

33 함석헌, "百姓의 氣槪를 길러줘야해", 「신동아」 1983년 10월호. '하나님이 주신 참자유의 뜻을 모르고, 그것을 다시 우주적인 데 뿌리 박을 줄 모르는 人本주의는 자칫하면 경찰국가 스파이국가 物神에의 타락을 가져와 아주 세상을 더럽게 만듭니다. 이것이 근대국가의 고민이자 딜레마입니다. 인간에게 이성이 있다고 하나 이성만이 최고는 아니고, 우주적인 질서를 체험해야만 참이성 노릇을 하는 겁니다. (생략) 인간은 하나님을 뿌리로 해서 거기서부터 나온 것이라고 할 때 우주적인 질서가 생깁니다. 보다 높은 정신적 차원에 올라서지 않으면, 그리고 우주적인 체험을 재발견하지 않고서는 모든 일이 제대로 안돼요.'

34 참고로 로마서 강의(1921.1.16~1922.10.22)를 바탕으로 한 『로마서연구』(向山堂書房, 1924)는 우치무라의 최고의 걸작이라 평가받고 있으며, '로마서 강의'는 한국 무교회주의의 출발이라고도 볼 수 있다. 왜냐하면 한국 무교회의 초석인 김교신이 바로 이 로마서 강의를 통해 회심을 체험하게 되었기 때문이다.

수 없는 탄식으로… '(27절)을 구절을 논하기를, '만물의 신음', '기독자의 신음', '성령의 신음' 각각이 서로 연결되어 신음(呻吟/歎息)과 고통에 응하여 일어난다고 보고 있다.35 우치무라는 기쁨과 슬픔 등 '말로 표현할 수 없는 감정의 발로'를 나타낼 때 '아~!'라고 하는 간투사(間投詞) 또는 감탄사 외에 달리 언어로 옮길 수 없는 경우 '신음'(呻吟)이 나온다고 말한다.36 새와 짐승(鳥獸)·풀과 나무(草木)·기와와 돌(瓦石)에 까지도 자연히 '진실로 참되게 측은히 여겨 아파하는'(眞誠惻怛) 혹은 더불어 기뻐하는 양지의 만물일체 사상과 연결되지 않을까 생각한다.

이러한 만물일체의 사상은 모든 사람은 누구나 그 마음에 양지를 갖추고 있다고 하는 것에 바탕을 두고 있으며, 그것은 「대학」의 삼강령의 하나인 '신민'(新民)을 '신민'(新民)으로 이해하게 되고, 따라서 '거리에 가득 찬 모든 사람이 성인이다'라는 '만가성인론'(滿街聖人論)의 주장으로도 이어지게 된다. 이는 '성서중심'과 '신앙만의 신앙'을 중시하여 '교회 밖에도 구원이 있다'라는 프로테스탄트주의를 철저히 하는 무교회주의자들이 '신의 은총 아래' 누구나 평등하며, 따라서 한 사람이 한 교회를 이룬다는 '일인일교회주의'(一人一敎會主義)37를 취하며 모든 사람이 구원받는다는 구원관으로 이어지는 것과 유사하다. 무교회주의자들은 '모든 사람은 최후에 전부 구원받는다', '구원받지 못할 사람은 없다'라는 '만인구원론'의 입장을 취하고 있다. 우치무라 역시 "共同的救援"이란 글에서 어느 신학자의 말을

---

35 『全集26』, 313-318; 『全集27』, 43.

36 『全集26』, 316.

37 우치무라 간조의 기독교 이해를 나타내는 말로 '무교회주의' 외에 '순그리스도주의'(純キリスト主義, 『전집16』, 490), '십자가교'(『전집26』, 3) 혹은 '십자가주의', '1인1교회주의'(『전집32』, 331) 등이 있다.

인용해서 다음과 같이 말한다.38

사람이 타락할 때는 홀로 타락하지만, 구원받을 때는 홀로가 아니다. 그가
구원받을 때는 교회 안에 있는 다른 회원과 함께 구원받는다. … 그는 교회
와 함께 믿고 함께 사랑하고 함께 기도한다. 교회란 물론 제한된 특수의 교
회를 말하는 것이 아니라 모든 믿는 자의 총체를 가리켜 말하는 것이다.39

'만인 구원은 신의 사랑의 설명으로써 힘이 있다. 가령 신의 사랑
에 익숙해져서 이를 남용하는 사람이 있다하더라도 우리는 이 고원
한 설을 버릴 수는 없다'라고 우치무라는 '소수구원설'이 아닌 '만인
구원론'의 입장에 서 있다. 김교신도 그의 "다수구원론"40에서 소수,
다수구원론 모두 성서적 근거가 있다고 전제하면서 자신은 믿는 자
는 물론이요, '미신자에게까지'도 구원받는다는 입장이고, '나는 나
의 구원을 확신합니다(그리스도의 십자가로). 그러나 만일 인류 중에

---

38 "다시 만인구원설에 대하여再び救拯説について", 『全集30』, 170~177. 여기서
　　는 만인구원론의 이유를 밝히고 있다. 요약하면 구원이란 인간의 노력이 아니라,
　　신의 은총에 의한 것이므로, 죄인인 내가 은총으로 구원받았다고 하면 구원받지
　　못할 사람은 없다. ① 모든 인간을 구원할 신의 사랑은 넓다, ② 내가 구원받은
　　것은 나를 위함이 아니라, 남과 세상을 구원하기 위함이다. ③ 그러나 만일 모든
　　사람이 결국 구원받는다고 한다면 애써 구원받기 위해 노력할 필요가 없다는 것
　　에 대하여 우치무라는 '신의 복음을 배척하는 자는 스스로 신의 마음을 아프게
　　하는 데 그치지 않고 자신 구원의 때를 연기시키고, 더욱 곤란케 하는 자이다. 마
　　치 의사에게 병의 쾌유를 보증받았다고 해서 섭생을 게을리하고, 쇠약의 시기를
　　연장하는 일과 같다.' 말하자면, 신의 은총을 진정으로 받은 자는 자신의 구원을
　　감사히 여기고, 누가 뭐라고 하지 않아도 알아서 전도에 힘쓰지 않을 수 없다는
　　것이다.
39 『전집30』, 81.
40 『김교신전집2』(부키, 2001), 149-150. 김교신은 다수구원론의 성경적 근거를
　　베드로 전서 3장 19절, 4장 6절을 근거로 들고 있다.

한 사람이라도 멸망할 사람이 있다면 나의 구원을 믿을 수 없게 됩니다'라고 김교신은 이것이 '어쩔 수 없는 나의 신념'이라고 말한다.

함석헌도 동일하게 '우주가 하나의 산 한 몸'임을 말하고 인간뿐만 아니라 생명 전체가 운명 공동의 하나의 유기체로 이해하고 있다.[41] 그러므로 우치무라나 김교신과 마찬가지로 함석헌도 '개인구원'에 머물지 않고 '세계구원'을 강조하며, 예언자적 신앙 즉, 사회 실천적 삶을 사는 이른바 '싸우는 평화주의자'가 될 수밖에 없는 것이다.

무교회주의자들의 구원관은 양명학자들의 사상, '천지 만물일체'와 '친민' 그리고 '만가성인'에 나타난 인류애적이고 자연친화적이며, 평등적이고 따뜻함이 있는 사상과 닮아 있는 듯하다. 양명의 '만가성인'을 우치무라식으로 바꾸면 '만가죄인' 그러므로 '만가구원'이 가능하다는 것이다.

V. 나오는 말: 하필 왈 '利'잇고, 하필 왈 '成功'일꼬

이상으로 우치무라 간조의 기독교 신앙과 이해에 나타난 양명학적 요소를 살펴보았다. 이 글은 우치무라 간조 사상의 전체상을 살펴본 것이 아니라, 그의 사상 중에서 양명학에 관한 언설과 관련하여 그 두 사상의 유사성에만 초점을 두어 논하였다. 따라서 양명학적이라는 틀에 끼워 맞춰진 감도 없지 않아 있다고 보인다. 양명학이 우치무라의 기독교 사상 형성과 이해에 필요충분조건이라고 생각해서도 안 된다. 어디까지나 그의 사상의 밑받침(臺木) 중에 하나로서 이

---

41 "한 사람: 王陽 明,『大學問』",『씨올의 옛글풀이』, 함석헌전집20 (한길사,1987) 및 "세계구원과 양심의 자유",『죽어도 죽지 않는다』(평범서당, 1982) 참고.

해하는 편이 나을 것 같다.

이기주의와 물질주의로 화한 서구 근대 기독교 문명을 비판하고 기독교 본래의 모습으로 돌아가자고 한 우치무라 간조와 사사로운 욕심(私欲)에 가려 잃어버린 본연의 인간의 마음을 회복하자고 역설한 왕양명, 오늘날 이들의 주장은 성공주의 철학과 현세 기복적인 신앙으로 본래의 모습을 잃어버리고 소인(小人)의 모습으로 화한 우리에게 필요한 사상이라 생각된다.

'물질주의'와 '교파주의'에 빠진 조선교회의 모습을 안타깝게 여기고, 오직 성서의 진리를 배우며 그리스도의 발자취를 따르려 한 김교신의 "제자 된 자의 만족"(1930년 3월)이라는 글의 일부를 들어 마치고자 한다.

> 동양에 『주의 도를 예비하며 그 첩경을 곧게 하려』고 왔던 현자의 교훈에서 배움이 있고자 한다. 양혜왕이 『叟不遠千里而來하시니 亦將有以利吾國乎잇가』하고 물은 때에 맹자의 대답은 웬만한 조선 사람은 거의 다 알 것이며 또 알아두어야 할 것이다. 『對曰王何必曰利잇고, 亦有仁義而己矣니이다』라고, 오국(吾國)을 오교파(吾敎派)로 보라. 하필 왈 利잇고, 하필 왈 『成功』일꼬. '朝聞道而夕死可矣'를 입술에 붙여 암송한 지가 수십 년간뿐이었던가, 기백 년간뿐이었던가. 독사의 종류들아, 하필 왈 利잇고 하필 왈 成功일꼬(『김교신전집1』, 182. 방점은 『聖書朝鮮』 원문).

왕양명과 함석헌에게 있어 둘러-있음의-세계에 대한 현재화와 존재인식

김대식

(대구가톨릭대학교 대학원 종교학과 강사)

그러므로 한국의 가야 할 앞길을 묻는 말인 "어디냐?"는 인구밀도·생산량·외교방침·정치체계에 있는 것이 아니라 사상에 있다. 이념에 있다. 정신에 있다. 믿음에 있다.[1]

I. 둘러-있음의-세계를 생각하며: 왕양명과 함석헌의 철학적 만남[交會]

왕양명(王陽明, 1472~1528)은 한때 "후세에 심학(心學)이 밝혀지지 않아 사람들은 그 뜻을 잃어버렸다"[2]라고 한탄했던 적이 있다. 또 함석헌(咸錫憲, 1901~1989)은 "속의 것이 나오면 새 것이다. 새 것을

---

1 함석헌, 『두려워 말고 외치라』 (함석헌저작집 11) (한길사, 1984), 351.
2 박은식/이종란 옮김, 『왕양명실기』 (한길사, 2010), 289.

믿으면 스스로 새로운 삶이 된다. 내가 새롬이 되면 새 숨이 저절로 쉬어진다. 새 숨은 새 샘이요, 뜻 곧 명령이다. 새롭는 뜻이 참 자유하는 새요, 참 뜻은 곧 행동이다"라고 했다. 후대는 이러한 두 철학자의 뜻과 실천을 새롭게 간파할 수 있어야 할 텐데, 그렇다면 어금지금한 그들이 함께 만나서 서로 이야기를 나눈다는 것은 어떤 의미가 있는 것일까? 아마도 그것은 공간과 시간을 초월한 사상, 즉 생각과 생각을 맞대고 결국 오늘의 문제를 함께 논의한다는 것 이상의 의의가 있다 할 것이다.3 두 사람 모두 철학적 · 사상적인 융합— 황보윤식 선생은 함석헌을 융합철학자로 보고 있는데 이에 필자도 동의한다. 융합철학에 대한 글은 〈함석헌평화포럼〉 블로그 참조 —이라는 자신들만의 독특한 세계를 구축하였다는 점을 감안한다면, 불교를 논하든 유교를 논하든 일정한 사상적 공통감(sensus communis)을 찾을 수 있을 것이다. 그들의 학문적 경험과 인식이 다양한 스펙트럼을 가지고 있기 때문에, 이로써 서로 대화한다면 어떠한 합의점에 도달할 수 있을 것이라는 짐작이다. 또한 두 사상가는 주류에 편승해서 학문적 세계를 한곳으로 모은 사람들이 아니라 변방의 사상적 전사(戰士)를 자처하여 역사정치의 아픔을 겪으면서 시대를 계몽하고자 했던 사람들이다.

시대적 고통과 현실에 대한 연민, 역사에 대한 비판적 의식은 이성과 학문을 더욱 예리하게 만든다. 그러한 상황 속에서 나온 언어와 현실 인식은 매우 강력한 깨달음을 뿜어내기도 한다. 왕양명이나 함석헌의 경우 자신이 처한 역사와 그를 통한 세계 인식이 낳은 사상은 단단한 뿌리를 가진 학문으로 탄생하였다는 것을 보면 잘 알 수가 있

---

3 함석헌의 양명학에 대한 이해는 함석헌, "한사람: 王陽明, 大學問", 『씨올의 옛글 풀이』 (전집 20) (한길사, 1990) 참조.

다. 특히 그들이 가진 마음과 생각, 그리고 세계 인식에 대한 남다른 관점들이 주는 사유의 꼭지들은 오늘날 우리가 처한 현실과 문제를 진단하는 데 좋은 상상력을 제공해준다. 그들의 철학과 사상을 한껏 움켜잡을 수(begreifen/Begriff/conceptum) 있다면 좋겠지만 하나의 사유 그물에 다 담을 수 없다는 것은 분명하다. 따라서 여기서는 어쩌면 서양철학자 피히테(Johann Gottlieb Fichte, 1762~1814)나 쉘링(Friedrich Wilhelm Schelling, 1775~1854)과도 같은 자연철학적 관점[4]을 공유하고 있는 그들의 철학과 사상을 통하여 오늘의 인간과 환경 문제를 조명하는 단초를 찾아내는 것으로 족할 것이라 본다. 그러기 위해서 왕양명의 심즉리(心卽理)와 함석헌의 바탈 혹은 생각(정신)이라는 두 개념이 갖는 환경철학적 함의를 풀어 밝혀서 두 철학자의 알고리즘이 연관성이 있는지, 혹은 연관 가능성이 있는지, 그리고 그 함의와 한계는 무엇인지를 살펴볼 것이다.

II. 둘러-있음의-세계에 대한 첫 번째 관심: 왕양명의 인간학과 생태적 사유의 해석학적 단초

왕양명의 심즉리(心卽理)의 문법은 마음이 곧 이법이자 원리라는 것인데, 일반적으로 양명학에서는 "심(心)없이 리가 없고 리(理)없이 심이 없다"고 단언한다. 마음이 도덕법칙이라면 그 도덕법칙이 발현되고 활동하는 것이 곧 리이다.[5] 그런데 우주 만물은 모두 마음의 감

---

4 Han Joachim Störig/임석진 옮김, 『세계철학사(하)』 (분도출판사, 1989), 208-222.
5 황갑연, "심학 체계에서 보는 '심생물'의 의미", 김길락 외, 『왕양명 철학 연구』 (청

응 대상이기 때문에 "내 마음이 바로 우주이고, 우주가 바로 내 마음이다"라고 말한다.6 같은 맥락에서 왕양명은 "사람이란 천지 만물의 마음이요, 마음이란 천지 만물의 주재이다. 마음이 곧 하늘이기에 마음을 말하면 천지 만물이 모두 제기된다"고 주장한다.7 다시 "자기 마음속에 흐르고 있는 우주의 생명 본질[生意]이 일체의 자연 현상 가운데 관통하여 흐르고 있음을 느끼"8는 것으로 외연을 확장하여 말할 수 있다면 이는 마음을 자연(의 이치)에 두어야 한다는 것으로 풀이할 수도 있다. 마음이 어디 있는 게 아니라 자연, 즉 스스로 그러함의 세계에 있다는 것이다. "이처럼 양명은 마음을 천지의 생물지심(生物之心)으로 규정하여 '심즉천'(心卽天)이라는 명제를 제출함으로써 자아와 세계의 통일 근거를 자체 내에 확보할 수 있게 되었다. 말하자면 인간 주체(心)를 우주 본체(天)로 격상시킨 것이다."9 이에

계, 2001), 118-121; 김세정은 리(理)란 "자신과 이분화된 대상 사물에 내재된 법칙을 의미하는 것이 아니라 유기적 관계성을 바탕으로 마음으로부터 창출되는 구체적인 실천 행위의 조리(條理)를 의미(하며)… 리는 인간 마음으로부터 창출되는 마음의 한 형태"라고 주장한다. 김세정, "심리일원론 체계와 생명의 창출·전개", 김길락 외, 『왕양명 철학 연구』, 219; "리는 주자처럼 대상적·객관적 사물의 이치가 아니라, 양명은 '마음의 조리'라고 주제화했다." 유명종, 『왕양명과 양명학』(청계, 2002), 82; 문성환, 『전습록, 앎은 삶이다』 (북드라망, 2012), 57. "양명에게 이치(理)는 사물에 속해 있는 '무엇'이 아니다. 매 순간 나의 온 마음이 물(物)을 격(格)해 얻게 되는 바름, 그것이 리(理)다. 즉 이치는 내 마음을 떠나지 않는다. 이치란 결국 내 마음의 문제라는 것! 이 말은, 이치란 저기 어딘가(바깥)에 있는 것이 아니며, 반드시 지금-여기에 있는 나의 마음의 문제임을 뜻한다."

6 황갑연, 위의 책, 140.

7 『王陽明全集·答季明德』권6 (上海古籍出版社, 1992), 214. "仁者, 天地萬物之心也. 心者, 天地萬物之主也. 心卽天, 言心則天地萬物皆舉之矣." 한정길, "왕양명 심학의 이론적 기초", 『왕양명 철학 연구』, 158-159 재인용.

8 한정길, 위의 책, 164.

9 한정길, 위의 책, 166.

대해서 김세정도 "왕양명은 '천지 만물'과 '인간'은 본래 '일체'(一體) 또는 '동체'(同體)라고"[10] 보았다는 데에 동의한다. 그런 의미에서 "'마음'은 주객으로 이원화된 개개인의 마음이 아니라 일원화된, 즉 자연 생명 전체를 포괄하는 '천지 만물의 마음'이라 말할 수 있다."[11]

궁극적으로 심즉리를 마음이 머무는 것, 혹은 마음이 지향하는 것을 가리킨다면 자연을 떠나서는 인간의 마음을 논할 수가 없다. "양명은 이(理)나 사(事)가 내 마음에 의존해 있다고 하는 것이다. 효, 충과 같은 이에 대한 나의 앎이란 외적 사물에 의해 의존하거나 그로부터 획득된 것이 아니다. 다시 말해서 내 마음을 떠나 사물이나 그 이치가 그 스스로 성립할 수 없다는 것이다. 양명은 이나 사가 내 마음을 떠나 독립적으로 성립할 수 없다고 하는 것이며, 마음 또한 이나 사 없는 공허한 존재가 아니라고 하는 것이다. … 심(心)을 떠나서 물(物)이 없다고 하는 것은 의미구성작용의 주체인 심이 없이는 의미구성체가 없다는 말이다."[12] 또한 "우리의 마음은 천지 만물의 주체이다. 그러므로 마음 이외에 사물은 없다(心外無物), 마음 바깥에는 … 사건도 없고, 이치도 없다(心外無事, 心外無理). 마음 밖에는 아무것도 없다."[13] 여기에서 마음과 물은 구분되지 않는다. 그렇기 때문에 왕양명의 철학은 심학, 즉 마음철학이자 유심론(唯心論)이다.[14]

이와 관련하여 문성환은 "마음을 통해서 세계와 만난다. 마음이 곧 세계다"라고 말하면서 "지금 내가 보는 세계만큼이 내 마음이다"

---

10 김세정, 앞의 책, 209쪽

11 김세정, 위의 책, 228쪽

12 박연수, 『양명학의 이해 ― 양명학과 한국양명학』(집문당, 1999), 53-54.

13 유명종, 앞의 책, 121; 문성환, 앞의 책, 58.

14 문성환, 위의 책, 67-70.

라고 확언한다.15 과연 그런가? 마음 또한 자연 속에 존재하고 있지 않은가? 마음 또한 자연의 마음이거늘 어찌 지금 마음으로 헤아리는 세계가 전체라고 인식할 수 있는가? 오히려 자연 세계의 관점에서 보면 모든 천지 만물은 평등하다(『도덕경』제32장, 天地相合[천지상합], 以降甘露[이강감로], 民莫之令而自均[민막지영이자균]).16

그러나 여기서 마음이 먼저인가 아니면 자연이 먼저인가를 논한다는 것은 자칫 순환논증의 오류를 범할 수 있는바, 이 논리에 빠지지 않기 위해서는 모름지기 자연이 있어야만 인간의 존재 기반의 가능성이 열리는 것으로 봐야 할 것이다. 만일 마음을 떠나게 될 때 자연도 덩달아 사라지는 것이라면 자연의 형이상학이나 자연의 실체를 확정 짓는다는 것은 의미가 없다. 설령 개별적 인간의 마음이 사라진다 하더라도 자연이라는 실체는 여전히 또 다른 개별적 인간의 삶과 연관 짓는 존재로서 스스로-그러함의-세계로 남아 있을 것이기 때문이다. 그러한 까닭에 자연은 지속 가능한 존재, 인간과 공존재적인 존재로서 인식해야 마땅하다. 그것이 담보되지 않는 한마음이 머무는 곳, 머무는 자리와의 일치 및 동일성을 확보할 수 없을 것이다. 이러한 맥락에서 "인간 마음의 생명성은 전체로서의 자연 생명의 생명 본질에 근원한다"17는 김세정의 주장은 매우 타당해 보인다.

"해·달·별과 같은 항성, 동·식물과 같은 생물, 흙돌과 같은 무생물, 바람과 비와 같은 자연 현상은 인간과 더불어 하나의 생명체를 구성하고 있다."18 이렇게 '일기유통론'(一氣流通論)은 인간이라는

---

15 문성환, 위의 책, 97-98.

16 김경수 역주, 『노자역주』(도서출판 문사철, 2010), 419-420.

17 김세정, 앞의 책, 215.

18 『傳習錄·黃省曾錄』권下, 274 조목. "蓋天地萬物與人原是一體, 其發竅之最精

존재가 우주에 홀로 있는 개체적 단독자가 아니라 유기적 존재 혹은 우주 생명체의 한 구성원이라는 사실을 알게 해준다. 다시 말해서 이는 인간이 우주 혹은 천지 만물과 하나의 몸, 하나의 마음이라는 것이다.[19] 따라서 마음은 독자적으로 존재하는 것이 아니라 다른 존재와 더불어, 다른 존재에 의해서 존재하는 유기체적 마음이라 할 수 있다.[20] 다만 그의 다른 문헌에서 왕양명의 철학이 인간과 자연의 대립 관계를 나타내지 않는다고 올바로 지적하고 있으면서도 인간은 천지 만물의 마음인 유기체적인 우주 자연의 "중추적 존재"로 인식한다는 모순된 평가를 내린다. 이것은 인간의 마음이 곧 우주의 마음으로서 서로 상존하면서 인간 생명체의 본래 근원인 우주보다 인간이 앞선다는, 여전히 인간중심주의에서 벗어나지 못하는 주장을 내놓는 것이다. 이러한 주장은 인간이 자연 만물의 정복자나 지배자를 뜻하는 것이 아니며 인간에게 있어서 자연이란 자신 생명의 본질로 여기고 있다는 논리와는 다소 모순처럼 보인다.[21] 왕양명의 철학에서 "마음과 만물은 한 몸"(心物同體)이라는 명제가 중요한 것은 사실이나, 이때의 심은 물보다 앞선 개념 내지는 "심(의식)의 일차성을 강조한 것"[22]이라고 할 때 여전히 인간중심주의적인 환경담론에서 벗어

　處, 是人心一點靈明, 風雨露雷日月星辰禽獸草木山川土石, 與人原只一體." 김세정, "왕양명의 유기체적 우주관", 『왕양명 철학 연구』, 313 재인용.

19　김세정, 위의 책, 322;『傳習錄·答聶文蔚』권中, 179조목. "夫人者, 天地之心. 天地萬物, 本吾一體者也.";최재목, "함석헌과 양명학: 한사람: 王陽明, 大學問을 중심으로", 이만열 외,『생각과 실천2: 함석헌의 비교사상적 조명』(한길사, 2012), 73 참조.

20　김세정, "왕양명의 유기체적 우주관",『왕양명 철학 연구』, 334.

21　김세정,『왕양명의 생명철학』(청계, 2008), 148-149.

22　진래/전병욱 옮김,『양명철학』(예문서원, 2003), 111-112;김대식,『함석헌과 종교문화』(도서출판 모시는사람들, 2013), 226-227.

나지 못하고 있는 것을 볼 수 있다.

여기서 필자는 자연환경에 대한 인간중심주의에 대한 논의를 탈피하고 생태중심주의로 나아가기 위한 어원적인 고찰이 필연적이라고 생각한다. 일반적으로 사용하는 '환경'이라는 말의 독일어 'Umwelt'를 달리 풀어 밝혀보면 '둘러-있음의-세계'가 된다. um을 어떻게 해석하느냐에 따라서 단순히 인간을 중심으로 한 주변적 세계를 (자연)환경이라고 말할 수 있겠지만, um을 '위하여'라는 뜻으로 받아들인다면 동양적인 의미의 '저절로-위하여-있음의-세계'로 보다 탈인간중심적인 자연관으로 열어 밝힐 수 있다. 다시 말해서 환경 (Umwelt)은 자연의 어떠한 존재도 자기 자신을 존속시키기 위해서 존재하는 유기적 생명체의 연결망인 것이다. 자연 세계 곧 저절로-있음의-세계는 모든 존재가 존재해야 하는 마땅한 생명적 가치를 가지고 있는 공동체적 장이요, 공존적 장이다. 둘러-있음(um)은 단순히 인간을 중심으로 다른 생명적 존재들이 주변으로 둘러싸고 있다는 의미가 아니라 생명적 가치를 지닌 존재라면 어떠한 존재라도 자신을 포용하고 서로 도울 수 있는 가능 존재적 관계를 내포한다. 다시 말해서 "자연환경은 우리 인간의 삶의 수단으로만 존재하는 대상이 아니라, 개별적인 생명 스스로도 자연환경 전체 속에서 여느 존재와 똑같이 '중심'으로서 살아가야 할 마땅한 권리가 있다."[23] 따라서 둘러-있음의-세계는 폐쇄적 개념이 아니라 개방적 개념이다.

---

23 김대식, 『함석헌의 철학과 종교 세계』(모시는사람들, 2012), 65; 황종렬은 종교적 관점에 따라 environment에서 나타난 '둘레'를 뜻하는 개념에서 벗어나 "성령이 세상을 감싸듯이, 자연 만물이 인류를 품어 안고 있는 것을 표상할 수 있다. 어머니가 아이를 안고 있듯이, 온 창조계가 인류를 품어 기르는 것을 나타낼 수 있기도 한 것"이라고 말한다. 황종렬, 『가톨릭교회의 생태복음화』(두물머리미디어, 2008), 20.

왕양명의 철학에 대하여 진래(陳來)가 정확하게 지적하고 변론하고 있는 것처럼, "결국은 '산중관화'(山中觀花, 산속에 핀 꽃은 내가 보지 않았을 때도 존재하는가)의 문제를 낳게 되었다. 이는 왕수인에게 피할 수 없는 일이었다. … 그가 인간의 의식으로부터 독립된 외계 사물의 객관 실재성에 관한 문제에 원만하게 대답할 수 없었다고 한다면, 이것 역시 그의 본래 입장이 그 문제를 겨냥했던 것이 아니라는 데 원인이 있다."[24] 하지만 인간의 생명의 근원처를 자연으로 인식한다면 인간의 마음과 생명은 자연을 기반으로 하고 모태로 한다는 귀결이 자연스럽게 따라와야 한다. 또한 인간중심주의나 자연의 수단성을 사뭇 벗어나지 못한 인간을 위하여(爲人間), 심지어 자연과 더불어(與自然)에서 인간이 자연의 일부분이자, 자연 자체내의 목적을 인정하는 자연에 의해서, 혹은 자연을 위하여(爲自然)라는 존재 인식의 전환이 이루어져야 할 것이다.

III. 둘러-있음의-세계에 대한 두 번째 관심: 함석헌의 세계관 철학에서 인간과 자연

바탈[性, 보편성, 바탕을 간직한 인간은 먼저 '생각하는 인간'이다. 바탈은 이성적으로 숙고하고 판단하는 인간의 본래성을 일컫는 것으로서 생각하고 행동하도록 만드는 본성이다. 함석헌이 강조하는 인간이라는 존재는 무엇보다도 끊임없이 생각하는 인간이다. 생각이 자라야 올바른 행동이 가능하기 때문이다. 그렇기에 함석헌에게

---

24 진래/전병욱 옮김, 앞의 책, 106.

있어 인간 바탈의 작용과 지향은 매우 중요하다. 이에 대해 박재순은 "생각이 실천에 앞선다"고 주장하였다. 나아가 "생각과 의식의 덩어리는 어머니 뱃속에서 몸이 만들어지기 전부터 있었다"고 하면서 "몸 이전에 정신이 있었"기 때문에 "하늘에 비추어 하는 생각은 몸보다 앞"설 뿐만 아니라 인간으로 하여 우주 만물의 주인이 되게 한다고 본다.[25] 그에게 있어 마음이란 실재적으로 모든 것보다 앞선다는 것을 논증하고 있는 것이다. 이것은 세계의 실재를 인정하고 전제하는 데서부터 출발하고 있다는 것을 알게 해주는 것으로서 마음만이 아니라 생각이 뻗어 나가야 하는 공간적 실재, 세계의 실재를 결코 부인한 것은 아니다. 다만 논리적으로 생각은 실천에 앞선다고 강변하고 있을 뿐이다. 그런 뜻에서 바탈은 생각과 행동(실천)이 흘러나오는 더 근원적인 내적 본성이다.

함석헌 자신의 글에서 이를 반영하는 바탈과 관련된 흔적들을 나열해 보면 다음과 같다. "정신은 물질 이상이지만 물질의 구속을 터쳐서만 정신이다."[26] "참은 정신이다. 우주에 가득 찬 정신이다."[27] "매듭짓는다는 것은 곧 생각 찍음이다. 생각은 곧 찍음(點)이다. 생각이 스스로를 찍을 때 말씀이 나온다."[28] "양심은 내 것이면서 내 것이 아니라 전체의 것이요, 인간 속에 있으면서 인간 이상의 것이 깃들이는 지성소다. … 그 의미에서 이것이 정신의 알갱이다."[29] "생각하는 사람이라야 삽니다. 생각하는 백성이라야 역사를 지을 수 있습니다.

25 박재순, 『함석헌 씨올사상』 (제정구기념사업회, 2013), 195.
26 함석헌, 『생각하는 백성이라야 산다』 (선집 3) (한길사, 1996), 85.
27 함석헌, 위의 책, 264.
28 함석헌, 위의 책, 333.
29 함석헌, 위의 책, 406.

생각하는 마음이라야 죽은 가운데서 살아날 수 있습니다."30 "… 네 속에도 내 속에도 들어 있는 바탕되는 이치를 생각함으로만 풀린다는 말입니다. 그 이치란 곧 정신입니다. 혹은 뜻입니다."31 "생각 곧 우주를 꿰뚫는 정신이야말로 문화입니다."32 "정말 강한 것은 정신입니다. 정신의 높은 봉에 설 때 마음은 저절로 커져서 옛날의 원수를 무조건 용서할 수 있게 됩니다. … 내 정신은 날아갑니다. 아니, 날아갈 것까지 없습니다. 여기서 우리는 우주 방송국입니다. 정신은 틀림없이 반응하는 것입니다."33 "사람은 감응(感應)하는 물건이다. 감응이란 곧 다른 것 아니요, 하나로 된 바탈[보편성, 통일성]이다. 사람이 전체와 내가 하나인 것을 느낄 때처럼, 전체가 이 나를 향해 부르는 것을 느낄 때처럼, 흥분하는 것은 없다. 흥분하면 영감이라 하지 않나? 보통 아닌 일이 나오고야 만다. 그러나 감응하는 것이기 때문에 실지 일이 있지 않고는 되지 않는다. 실감(實感)이라니, 실지가 있어야 정말 산 느낌이 있다. 상상으로는 혁명 기분은 아니 나온다."34

함석헌에게 있어 바탈은 정신 혹은 생각과 매우 밀접한 상관성을 지닌다. 더욱이 바탈은 우주의 정신이기도 하다. 마음의 바탕, 인간의 본성을 이루고 있는 바탈은 단순히 정신의 차원으로만 머무는 것이 아니라 우주와 소통하는, 정신의 외형으로서의 우주라고도 볼 수

---

30 함석헌, 위의 책, 415쪽; 김영호는 "그가 '생각하는 백성'이라야 산다고 했을 때 이 生覺은 깨달음[覺]을 지향하고 있음을 암시한다"고 주장한다. 김영호, "함석헌과 인도 종교—다원주의적 종교관", 한민족철학자대회, 「인간다운 삶과 철학의 역할」(자유발표1), 제8회 한국철학자연합대회(대회보 2) (1995), 237.
31 함석헌, 앞의 책, 440.
32 함석헌, 위의 책, 462.
33 함석헌, 위의 책, 521–522.
34 함석헌, 『인간혁명의 철학2』(전집 2) (한길사, 1983), 118.

있다. 그런 의미에서 "의식도 물질"35이며, "자연은 이미 정신이다
."36 동시에 '자연은 인간 의식의 표현'37이다. 그것은 또한 인간이 지
닌 "보편성"과 "통일성"이다.38 모든 인간이 지니고 있으며 그것을 통
해서 세계를 인식하는 작용을 한다.

　나아가 함석헌은 "민족의 씨가 나요, 나의 뿌리가 하늘이다. 그러
기 때문에 참 종교는 반드시 민족의 혁신을 가져오고, 참 혁명은 반
드시 종교의 혁신에까지 이르러야 할 것이다. 혁명의 명은 곧 하늘의
말씀이다. 하늘 말씀이 곧 숨목숨·생명이다. 말씀을 새롭게 한다 함
은 숨을 고쳐 쉼, 새로 마심이다. 혁명이라면 사람 죽이고 불 놓고
정권을 빼앗아 쥐는 것으로만 알지만 그것은 아주 껍데기 끄트머리
만 보는 소리고, 그 참뜻을 말하면 혁명이란 숨을 새로 쉬는 일, 즉
종교적 체험을 다시 하는 일이다. 공자의 말대로 하면 명(命)한 것은
성(性), 곧 바탈이다"39라고 말하고 있다. 인간은 하늘-숨을 쉬는 사
람들이다. 나아가서 인간뿐만 아니라 우주 만물의 모든 생명체인 하
늘-숨으로 살아간다. 하늘-숨은 모든 존재자의 바탈, 즉 자신의 본
성으로서 선천적으로 주어져 있는 것이다.40 그런데 "생명의 원리는
자(自)다. 자유·자제·자생·자멸·자진·자연. 그저 자연이다. 제대
로 그런 것이다."41 둘러-있음의-세계는 저절로 그러함이다. 저절
로 그러함, 스스로 그러함은 바탈도 있는 그대로의 본래 바탕, 본성

---

35 함석헌, 『두려워 말고 외치라』 (전집 11) (한길사, 1984), 95.

36 김대식, 『함석헌의 철학과 종교 세계』, 66.

37 함석헌, 『씨올에게 보내는 편지2』 (저작집 9) (한길사), 287.

38 함석헌, 『생각하는 백성이라야 산다』, 227-228.

39 함석헌, 『인간혁명의 철학2』, 80.

40 김대식, 『함석헌과 종교문화』, 70.

41 함석헌, 『인간혁명의 철학2』 (전집 2), 169.

이다. 그러므로 둘러-있음의-세계와 바탈은 한 틀, 한 몸, 한 뿌리로 존재한다. 여기에서 앞에서 말한 보편성과 통일성, 즉 둘러-있음의-세계와 바탈은 하나이면서 한통속이라는 것을 증명해 준다.

이 한통속은 마음을 바탕으로 하여서 의식의 바깥 실재, 즉 둘러-있음의-세계로 나타난다. 함석헌은 이를 혁명과 저항으로 표현한다. "생명은 하나의 놀라운 혁명인 것, 어떤 의지, 혹은 잠재 의식적인 것의 발로인 것을 부인할 수는 없을 것이다. 생명은 반발이다. 저항이다. 자유하자는 뜻의 나타남이다."[42] 하늘이 인간에게 부여한 것이 생명일진대 이 생명은 인간의 본성적인 것이며 동시에 우주의 본바탕이기도 하다. 따라서 생명의 현상은 단순히 의식의 차원으로만 머무는 것이 아니라 우주의 약동, 우주의 생명으로 나아갈 수밖에 없다. 함석헌은 "정신에는 까닭 없다. 하나님은 까닭 없이 있는 이다. 그러므로 나는 그저 있어서 있는 자라 한다. … 정신은 까닭 없이 있어 모든 그의 까닭이 되는 것이다. 뜻이 만물을 있게 한다는 말이다."[43] 또 "한 개 한 개의 생명은 다 우주의 큰 생명의 나타난 것이다. 다 하나님의 말씀이다. 그것은 우리 몸의 한 부분이다. 작게 보니 너와 나지, 크게 보면 너와 나가 없다. 다 하나다."[44] 그뿐만이 아니다. "생각하면 서로 떨어진 것이 하나가 될 수 있고, 생각하면 실패한 것이 이익으로 변할 수 있다. 인도를 인도로 만든 것도 생각이요, 히브리를 히브리로 만든 것도 생각이다. 철학하지 않는 인종은 살 수 없다. … 우리의 가장 근본적인 결점은 생각이 깊지 못한 것이다. 생각

---

42 함석헌, 위의 책, 175; 함석헌, 위의 책, 39.
　　"정신은 본래 혁명적입니다"; 함석헌, 위의 책, 187-188.
43 함석헌, 위의 책, 95.
44 함석헌, 위의 책, 322.

은 생명의 자발(自發)이다. 피어나는 것이다."45 "생명의 가장 높은 운동은 돌아옴이다. 생각이란, 정신이란, 창조주에게서 발사된 생명이 무한의 벽을 치고 제 나온 근본에 돌아오는 것이다."46 "소위 정신이란 것, 생각이란 것은 생명의 반사 혹은 반성이다. 하나님의 마음의 방사선의 끄트머리가 다시 저 나온 근본으로 돌아가기 시작한 것이 마음이란 것, 생각이란 것이다."47 "이 우주가 뭐냐? 자연이다. 스스로 그러함이다. 스스로 있는 이, 스스로 하는 이, 그것이 거룩한 이요 하나님이다."48 '정신 살림이라는 것도 자연 (살림)이 없이 불가능하다. 자연 없이 예술과 철학이 있을 수 없다. "자연은 우리의 어머니이다."49 이렇듯 우주와 나(마음, 의식, 생각), 그리고 하나님은 하나다. 우주와 나는 같은 초월자의 바탈 혹은 뜻으로부터 발생한 동근원적 생명체이다.

(둘러)스스로-있음의-세계의 실재는 이미-있음이라는 기재성(既在性)과 함께 생명적인 것의 근원이라는 것을 말해 준다. 생명적인 것의 근원으로서의 (둘러) 스스로-있음의-세계는 초월자와도 동일시된다. 그러므로 (둘러) 스스로-있음의-세계는 단순히 도구로서 존재하거나 상품으로 존재하는 비본래적인 세계가 아니다. 자연은 신이다. 흡사 범신론과 같은 언표임에도 불구하고 함석헌이 말하고자 하는 진의는 (둘러) 스스로-있음의-세계와 인간의 정신은 신비한 일치가 있다는 역설일 것이다. 달리 말하면 모든 살림의 궁극적인 기

---

45 함석헌, 위의 책, 377-378.

46 함석헌, 위의 책, 68-69.

47 함석헌, 위의 책, 94.

48 함석헌, 『서풍의 노래』(전집 5)(한길사, 1984), 146.

49 함석헌, 위의 책, 166.

원은 (둘러) 스스로-있음의-세계에서 비롯된다는 것이며, 그것은 산 고동[生機]의 얼이라는 것을 통찰했음을 말해 주는 것이다. 만물의 바탈, 혹은 만물의 바탕으로서의 인간의 마음은 "본래부터 있는 것 … 천명이요 성(性)이다"[50]라고 말한 대목도 같은 뜻으로 이해할 수 있을 것이다. 바탈은 타율이나 지배나 간섭이나 인위에 의해 있지 않고 저절로 있는 본성, 본바탕으로서 초월자와 같음을 자각했던 것이다.

"섞인 것이 있으면 제 본바탈을 잃는다. 바탈을 잃으면 죽은 것이다. … 정신은 아무것도 섞인 것이 없이 맑아야 정신이다."[51] "꿈틀거려야 한다. 생명이 하나님이기 때문에, 정신이 하나님이기 때문에, 생각을 해야, 생각을 하거든 꿈틀거려야 한다. 하나님이 내 안에 계시기 때문에 내가 하는 대로 주신다."[52] "우리가 아는 하나님은 맘에 있다, 정신에 있다, 인격에 있다."[53] 이와 같은 함석헌의 말에서 알 수 있듯이 바탈과 정신 그리고 하나님이라는 존재는 서로 상통한다. 정신의 기원을 초월자에게 두는 것, 그리고 정신은 순수해야 한다고 하는 것은 바탈 자체가 초월자, 즉 하늘로부터 부여받았다는 것을 거듭 강조하고 있는 것이다. 따라서 인간 바탈의 외적 형태의 사물성 혹은 둘러-있음의-세계는 곧 초월자의 자기표현이나 다름이 없다.

그뿐만 아니라 우주와 정신을 논하는 다음의 사상은 마치 왕양명의 철학을 쏙 빼닮은 듯하여 놀랍기까지 하다.

사람은 종교적 존재라는 말은 정신이 주인이란 말이다. **정신은 영원하고 무**

---

50 함석헌, 『인간혁명의 철학2』, 141-142, 143.
51 함석헌, 위의 책, 217.
52 함석헌, 위의 책, 278.
53 함석헌, 『한국기독교는 무엇을 하려는가』 (전집 3) (한길사, 1983), 247.

한한 것이다. 우주의 밑바닥을 이루고 만물을 꿰뚫어 깔려 있고 그것을 이끌어 가는 것이 정신이다. 우리가 잘 나가고 어진 사람을 보면 나라와 민족, 예와 이제의 차별 없이 감격해 기뻐 존경하는 마음이 나며 위대한 자연을 보아 도 또 감격하는 생각이 나서 혹 노래를 하고 혹 손뼉을 치게 되는 것은 **모든 존재가 다 한 정신의 바탈로 되어 있는 증거다.** 감격하는 것은 나 자신 속에 잠자고 있던 그 **우주적인 정신이 내 앞에 지금 나타난 그 대상으로 인하여 깨어나기 때문이다. 산을 보고 기뻐할 때는 나 자신 속에 높음을 본 것이요,** 바다를 보고 시원해 할 때는 나 자신이 넓어진 것이며, 성인의 모습을 보고 눈물을 흘릴 때는 나 자신이 거룩해진 것이다. 이것이 종교다. 종교는 한나 [一·元·同一我·大我]를 믿음이다. **만물이 다 한 바탈, 곧 생명으로 됐고, 만물이 곧 한 몸임을 믿는 것이 종교다**(굵은 글씨는 필자의 강조).[54]

드러난 바와 같이, 위 내용은 그 무엇보다도 왕양명의 심즉리와 매우 흡사한 생태사상을 잘 드러내 주고 있다. 정신이 만물을 이끌어 가고 정신이 모두 하나의 바탈에서 흘러나왔다는 것 그리고 만물을 통해서 바탈을 읽을 수 있다는 것, 더 나아가서 바탈은 결국 생명이 라는 사상은 왕양명의 유심론과 뜻이 잘 통하는 부분이라고 볼 수 있다.

IV. 둘러-있음의-세계를 다시 그리기 위해: 왕양명과 함석헌을 통한 반데카르트주의 자연인식의 가능성

어리마리, 혹은 어리바리 정신이 또렷하지 못한 세계를 생명의

---

54 함석헌, 위의 책, 178.

세계로 현재화한다는 것은 어쩌면 자연 세계 내에서 왕양명의 심의 현재화이자, 함석헌의 바탈의 현재화일 수도 있다. 그들은 겉과 속의 일치, 마음과 행위의 일치를 통해서 옹근세계를 추구했던 철학자들이다. 그들의 주장처럼 생명을 보유한 인간뿐만 아니라 자연도 탈취당할 수 없다는 강한 신념을 갖게 할 수 있는 것은 마음의 기원이 우주요, 우주의 기원이 마음에서 비롯되었다는 것이 아닐까. 마음과 사물의 하나 됨, 마음 바탕과 행위의 알짬[알짝지근함]은 빈탕[虛空]의 생명 틀거지가 아니다.

분명히 "만물일체설은… 마음의 완전한 실현"[55]이다. "… 이제 생각하는 것은 개인도 민족도 계급도 아니요 인간이다. 그보다도 생명이다. 생명이라기보다도 생각하는 우주다. 내가 생각함으로써 우주를 발견한 것이 아니라 생각하는 우주가 나를 낳은 것이다. 생각은 내 것이 아니요 전체의 것이다."[56] 인간의 마음은 마음 밖의 대상과 따로 떨어져 있어서 이분화되어 있는 것이 아니라 우주와 일체가 되어 있는 우주적 마음이다. 따라서 인간의 마음은 자연의 생명을 온전하게 하는 데에 목적이 있다.[57] 이러한 유기체적 생명관이야말로 오늘날 환경위기의 시대에 요구되는 도덕성이라고 생각한다.

"생명의 주체는 정신이다"[58]라는 주목할 만한 명제처럼, 그러한 정신은 우주나 물질보다 앞서며 감통하는 주체인 것만은 거부할 수 없는 사실이다. 그러나 왕양명과 함석헌은 마음 혹은 정신이 우주와 나누어진 것이 아니라 마음의 작용이 우주로 나타난다는 것을 강조

---

55 문성환, 앞의 책, 155.
56 함석헌, 『한국기독교는 무엇을 하려는가』, 255.
57 김세정, "심리일원론 체계와 생명의 창출·전개", 『왕양명 철학 연구』, 232.
58 박재순, 『함석헌의 철학과 사상』, 75.

하고 있음을 알 수 있다. 그런 의미에서 오히려 그들이 주된 담론으로 삼은 마음이란 자연 안으로 투입, 감정 이입되어 "동감(同感)의 윤리" 혹은 "동심(同心)의 윤리"[59]로 나아갈 수 있는 가능성을 밝히고 있는 것이라 본다. 이것은 함석헌이 말한 "우주의 윤리, 우주의 심정"[60]과도 뜻이 통하는 것이다. 자연에 대한 도덕성, 혹은 도덕적 의식, 도덕에의 의지를 갖도록 만드는 것은 생명의 본성(바탈)이다. 왜냐하면 생명은 우리에게 명령을 하기 때문이다. 자연, 즉 스스로-그러함의-세계를 보전하라는 명령은 반생명적 행위를 금지하고 자연에 대해서 적대적인 모든 요소들을 제거하라는 것이다.[61] 더불어 생명이 우리에게 요청하는 명령은 영원한 인간의 텍스트인 그 자연으로 돌아가라는 것으로서 이성적 인간(animal rationale)에서 자연적 인간(homo natura)으로 되어야 한다는 당위성을 강제한다.[62] 왕양명이 '심외무물'(心外無物)과 '심물동체'(心物同體)를 통해서 자타가 서로 분리되지 않고 일체의 관계에 있다[63]고 한 것도 공동존재적 존재의 당위성과 도덕성으로 나아갈 수 있는 길을 열어놓은 것이다.

그러기 위해서 존재자로서 둘러-봄은 둘러-있음의-세계가 존재하도록 그 생명적 세계로 눈길을 주는 것이고 우리의 감각이 그리로 향하여-있음이다. 이렇게 자연 세계, 곧 둘러-있음의-세계를 생명 '으로서' 바라보는 인식의 전환이 필요하다. 생명적 존재들의 공동체는 같은 지위, 같은 자격을 가진 구성원으로 둘러-보는 존재적 발상

59 김대식, 『함석헌과 종교문화』, 225.

60 함석헌, 『인간혁명의 철학2』, 360-361.

61 Wayne Klein, *Nietzsche and the Promise of Philosophy* (State University of New York Press, 1997), 147-148.

62 Klein, *ibid.*, 175.

63 한정길, "왕양명 심학의 이론적 기초", 『왕양명 철학 연구』, 206.

을 가져야 할 뿐만 아니라 인간과 같은 생명[삶숨]성[생명적 평등성]을 가진 자연으로 느끼고 생각하는 태도가 요청되고 있는 것이다. 그것의 근원은 왕양명의 마음이자 양지요, 함석헌에게는 바탈이다. 마음이 곧 행위요, 본성의 발현이라면 바탈 또한 코기토(cogito)로 그치는 것이 아니라 행동으로 이어지는 행동적 사유의 원천이다. "생명은 지어냄[創造]이다. 맞춤[適應] 뒤에 대듦이 있듯이 대드는 바탈[性] 뒤에는 끊임없이 새 것을 지어내려는 줄기찬 힘이 움직이고 있다. 생명은 자람이요, 피어남이요, 낳음이요, 만듦이요, 지어냄이요, 이루잠이다."64라고 말하고 있듯이 바탈과 생명, 그리고 우주적 활동은 능동적이냐 수동적이냐 혹은 주체냐 대상이냐 혹은 원인이냐 결과냐 하는 도식을 벗어나서 의식이나 마음의 역동적인 발현이 둘러-있음의-세계로 나타나고 있다는 것을 알 수 있다. 다시 말해서 위에서 말한 것처럼 바탈과 행위, 바탈과 실천, 바탈과 혁명은 전혀 구분되지 않는다.

V. 다시 근원적인 물음과 해답으로 둘러-있음의-세계를 둘러-봄: 존재의 거리와 생명 평화적 공존을 위한 길

이제 자연 세계에 대한 인식은 도구적 존재성을 넘어서 배려적 존재성, 혹은 공동존재성(공존재성)으로 나아가야 한다. "사람은 자연의 아들이란 말이 있다. 우리는 햇빛 아래 공기를 마시고 바람을 쏘이며, 동식물을 먹고, 물을 마시고, 그것들로 옷을 만들고, 집을 짓

---

64 함석헌, 『인간혁명의 철학2』, 210.

고 산다. 그러나 우리가 자연물을 이용만 하고 그것을 기를 줄을 몰랐다면 자연을 참 알지는 못했을 것이다. 그리고 자연을 모른다면 하나님도 모를 것이다. 자연이 우리 생활의 자료도 되지만 우리 정신교육의 교과서도 된다."[65] 따라서 자연과 인간의 공동존재성을 위해서 다시 근원적인 관점으로 회귀해야 할 것이다. 함석헌이 말한 이른바 "평화적 공존"이다. 그는 크로포트킨(Pyotr Alekseevich Kropotkin, 1842~1921)의 『상호부조론』을 거론하면서 "가능하거나 말거나 평화만이 유일의 길이다. 같이 삶만이 삶이다. 공존만이 생존이다. 모든 생물의 역사가 증명한다. … 평화는 자연적 현상이 아니고 인류의 자유의지를 통해 오는 윤리적 행동이다. … 생물은 결코 생존경쟁을 함으로써 진화하는 것은 아니다. … 생물은 사실은 서로 도움으로써 살아가게 되는 점이 많다"[66]라고 말했다. 자연과 인간의 공존 혹은 공존재성을 위해서 둘러-있음의-세계를 둘러-봄의 배려는 삶의 바탈에서 묻어난다. 함석헌이 말하고 있는 삶의 바탈의 으뜸은 "사랑"이다. 인간이 둘러-있음의-세계에 대해서 사랑을 자신의 바탈로 삼고 그의 본성과 뜻, 그리고 정신의 발현으로서의 둘러-있음의-세계를 둘러-보고, 돌아-본다면 그것이 결국 다 같이 사는 길이요, 인간이 사는 길일 것이다.[67]

인간과 자연은 공간적 실재성을 공유한다. 현존재가 정신적 존재이기 때문에 공간 점유가 다른 생명체와는 다르다 할지라도 공간적 실재를 공유하는 함께-속하는-세계(세계의 공속성, 共屬性; Zusammeng

---

65 함석헌, 『인간혁명의 철학2』, 312.

66 함석헌, 『두려워 말고 외치라』, 371, 376.

67 함석헌, 위의 책, 382-386쪽. "삶은 내기다. 으뜸이 되잔 것이 삶의 바탈이요 겨냥이다… 삶은 사랑이다. 사랑내기다. 사랑이 으뜸이다. 으뜸은 사랑이다."

ehörig-keiten)에 있음을 부인하기는 어려울 것이다.[68] 여기서 말하는 공간이라는 개념이 단순히 칸트적인 의미에서 현상계(Erscheinungswelt: pheno-menal world)를 말하는 것이 아니라 의미의 세계, 즉 동물들, 식물들, 흙, 온도, 빛 등을 아우르는 포괄적이면서 구체적인 공간 세계를 일컫는다. 따라서 현상학적 환원을 통해서 환경에 대한 일반적인 편견을 배거해야 한다.[69] 그럴 때 진정으로 인간과 타자로서의 둘러-있음의-세계를 원본적으로 경험할 수 있을 것이다. 다시 말하면 자연이라는 공간적 실재는 인간과 자연이 함께-속해 있는-세계이기 때문에 종래의 자연을 대상화했던 관점을 지양하고 자연, 즉 의미 세계적 요소들도 모두가 하나의 "주체적 자연"(포괄적 주체)[70]으로서의 자리를 확보할 수 있도록 존재론적·인식론적 전회가 있어야 한다는 것이다.

왕양명과 함석헌으로부터 우리가 알 수 있는 것은 인간의 의식 밖의 세계가 인간 자신과 전혀 동떨어진 대상이 아니라 마음, 혹은 생각(정신)과 일체가 되고 있다는 점이다. 따라서 그들에게 있어 둘러-있음의-세계는 인간 자신이 있는 자리가 곧 인간의 자리일 뿐만

---

68 Martin Heidegger/전양범 옮김, 『존재와 시간』(동서문화사, 2012), 470-471.

69 Morten T ø nnessen, "Uexküllian Phenomenology", *Phenomenology/Ontopoiesis Retrieving Geo-cosmic Horizons of Antiquity: Logos and Life*, ed., Anna-Teresa Tymieniecka, Analecta Husserliana, v. 110, part. 1, 328-335; 마르틴 하이데거는 환경적 자연도 존재자와 마찬가지로 세계 소속성을 갖는다고 말하면서 그들은 세계-역사적(das Welt-geschichtliche)이라고 불러야 한다고 주장한다. Heidegger, 위의 책, 489; 신학에서는 이 공간을 단순히 물리적 장소로 인식할 것이 아니라 "하느님의 생명, 하나님의 가족, 하느님의 정의와 평화가 깃들어 있는 자리로서, 하느님의 품"으로 인식해야 한다고 말한다. 나아가 자연과 인간의 공간은 "삶의 근원적 토태"요, "존재의 궁극적 원천 자리"로 인식해야 한다고 주장한다. 황종렬, 앞의 책, 22-23.

70 이종관, 『소피아를 사랑한 스파이』(새물결, 1995), 198.

아니라 둘러-있음의-세계라는 주체적 자연의 자리라는 사실이다. 여기에서 우리는 두 철학자의 반데카르트적 사유를 발견할 수 있다.

그럼에도 불구하고 두 철학자의 사유 알맹이에서 의문을 갖게 되는 것은 둘러-있음의-세계와 마음 혹은 바탈 사이의 '거리'[隔]가 전혀 존재하지 않는가 하는 점이다. 왕양명에게 있어 마음의 완전한 실현이 만물일체로 나타났다는 점에서 보면 틈새가 없어 보인다. 마찬가지로 함석헌에게 있어 바탈은 곧 행위로 나타난다. 바탈이 외화되어서 나타난 것이 우주이고 혁명이며 사상적 실천이라는 점에서 볼 때 이분법적 사유가 해소되는 것 같다. 그러나 자연 세계와 인간 존재 사이의 '사이'[間]라는 존재적 공간이 확보되지 않으면 또 다른 자연에 대한 폭력으로 이어질 수 있음을 직시해야 한다. '사이'는 존재와 존재의 배려적 공간이다. 생각하더라도, 사유를 하더라도, 마음을 확장하여 자연 속에 투사를 하더라도 상호주관성 혹은 서로의 주체성을 인정해야만 각각 독립되면서 해치지 않고 공존이 가능할 수 있다. 서로의 속알까지도 낱낱이 알아버리고 '그것이 곧 나 자신이다', '내가 곧 자연이다'라는 인식이 확장되면 그것을 인식하는 순간 또 다른 폭력과 지배가 가능해질 수가 있다. 따라서 만일 사이의 존재론적 공간이 가능하다면 서로 공감하고 어느 한 편을 위한 공간이 아닌 공적 공간(公的 空間)이자 측정 불가한 공간으로서의 새로운 공간이 되어야 할 것이다.71

'살아-있음'이라는 생명적 인식을 담보할 수 없다면 존재자의 존재 인식은 무의미하다. 살아-있음은 자연과 인간, 특히 인간의 탈자적 실존을 정확히 인식하면서 동시에 타자로서의 독립된 주체인 자

---

71 Michel Onfray/강현주 옮김, 『철학자의 여행법』(세상의모든길들, 2013), 48-55.

연을 '너'(Du)로서 인식할 수 있는 것이다. '너'로서의 윤리적 숙고는 마르틴 부버(Martin Buber, 1878~1965)의 윤리·신학적 성찰[72]에서 한 발 더 나아간 레비나스(E. Levinas, 1906~1995)의 '나-너'(Ich-Du)의 상호 거리-둠/상호 인정 윤리에 의해서 더욱 발전된다. 그의 철학적 윤리를 통하여 타자인 자연에 대해서 무한히 책임을 지는 환경철학적 태도는 결국 둘러-있음의-세계와의 윤리적·심리적 거리를 가능하게 만든다는 데 큰 의의가 있다고 할 것이다. 이때 이러한 환경존재론 혹은 자연존재론의 확립 가능성과 실마리는 왕양명과 함석헌의 마음철학, 바탈철학에서 잘 드러났다고 본다. 그렇다고 해서 마음이 곧 자연이다. 생각(정신)이 곧 우주의식으로서, 바탈은 만물로 외현한다는 식의 일원론이 되어야 한다는 것을 뜻하지 않는다. 마음과 자연, 생각과 만물이 서로 '별개'는 아니지만, 다만 바탈로서 둘러-있음의-세계 그 자체로서 존재하도록 하는 '존재의 거리'(초월하면서 초월하지 않는, 내재하면서 내재하지 않는 감정의 거리, 관심의 거리, 뜻의 거리)[73]에 대한 통찰이 우선되어야 한다는 것이다. 따라서 현시점에서

---

72 마르틴 부버의 철학에 대한 함석헌의 해석은 다음의 책을 참조. 함석헌, 『두려워 말고 외치라』, 93-94.

73 한림덕/이찬훈 옮김, 『한 권으로 읽는 동양미학』 (이학사, 2012), 158-162. "중국 고전미학은 원기론의 기초 위에서 사람과 자연의 통일을 강조하는데, 그 실질은 심미와 예술이 자연에 근본적인 연원을 두고 있을 뿐 아니라 자연을 초월하기도 하며 자연을 초월하면서도 또한 자연으로부터 떨어지지 않는다는 것을 강조하는 데 있다." 이처럼 동양철학에서는 마음과 사물의 상호융합과 합일 그리고 주체와 객체의 통일을 강조하는데, 여기에는 이른바 '정감'(情感)이라는 인간의 뜻과 감정이 개입된다. 따라서 마음과 자연의 매개가 되며 어떤 존재론적 공간을 가능하게 해줄 수 있는 것이 정감을 통한 거리 미학이 아닐까 생각한다. 한편 마르셀 뒤샹(M. Duchamp)은 주체와 객체 사이에 아무리 다가서도 얇은 빈틈이 생긴다는 뜻의 앵프라맹스(inframince: infra, 기반/하부+mince, 얇은 것/마른 것)를 말했는데, 인간과 자연과의 관계도 그렇게 표현할 수도 있을 것이다.

우리가 굳이 하나를 선택해야 한다면 마음, 생각, 바탕은 결국 자연-세계-내-실체(존재)라는 사유에 무게 중심을 두어야 자연존재의 무지반성(無地盤性)을 해소하지 않겠는가.

> 정신을 가져라. 뱃심을 가져라. 정신은 일어서는 것이요, 버티는 것이요, 번져나가는 것이요, 폭발하는 것이다. 겁내지 말고 정신을 가지기 위해 믿으라. 믿음의 성운의 소용돌이 중심에서 영의 불꽃이 일고, 그 불꽃을 정신이라 한다."[74]

---

74 함석헌, 『두려워 말고 외치라』, 354.

왕양명 양지론에서 '영명'(靈明)의 의미*

최재목

(영남대학교 교수)

I. 서언

이 글은 왕인호(王守仁, 호는 陽明. 1472-1528, 이하 왕양명)의 양지론(良知論)을, 영명(靈明) 개념의 재검토를 통해 논의하는 것이다.

왕양명의 양지론은 그가 살았던 일생 동안의 수신(修身)과 처세(處世)라는 실천적 경지와도 깊은 관련이 있다. 그의 수신의 과제는 중국 유학이 지향한 수기치인(修己治人)이라는 맥락을 벗어나지 않는다. 다시 말해서 독선(獨善)을 넘어서서 '개체의 심신'을 '공동체'(治人; 治國·平天下)로 확대=전개하기 위한 일종의 가상현실 게임 (simulation)이었다. 그리고 처세는 수신의 사회적 정치적 실천이었다. 그것은 심신의 접힘(屈)과 펼침(伸)으로 이해할 수 있다. 사회적·정치

---

* 이 글은 졸고 "王陽明 良知論에서 '靈明'의 意味", 「양명학」 31호 (한국양명학회, 2012. 4)를 다시 싣는 것임을 밝혀둔다.

적 장으로 드러나지 않은 심신의 '미발(未發)의 고요함(靜)'에서 한 치의 흔들림도 없이 지선(至善)한 행동-실천을 이행하려는 손짓-몸짓을 인식하고, 그것을 신체화·내면화하려고 실제(實際)에 앞서 평소 부단히 가상현실 게임을 하는 것이 수신이었다. 수신의 '수'는 우리말로 '닦다'고 읽는다. 즉, 닦다는 ① 때, 먼지 녹 따위의 더러운 것을 없애거나 윤기를 내려고 거죽을 문지르다, ② 길 따위를 내다, ③ 건물 따위를 지을 터전을 평평하게 다지다, ④ 학문이나 기술을 배우고 익히다, ⑤ 품행이나 도덕을 바르게 다스려 기르다, ⑥ 기초를 마련하다, ⑦ 치밀하게 따져 자세히 밝히다 등등의 뜻이다. 여기서 은유적으로는 ①, ②와도 통하지만, 유교적 윤리의 맥락에서 보면 ⑤에 해당한다. 다시 말해서 수신은 스스로를 위해서 '닦달'(Gestell)하는 것(爲己)이며, 밖을 향한 '관찰'(=theoria)과 달리 끊임없이 내면적 수직적 '깊이'를 가지려는 것이다. 이처럼 왕양명의 양지론(良知論), 치량지론(致良知論) 또한 궁극적으로 유학의 이상인 수기치인의 틀 속에서 '인간이란 무엇인가?', '우리는 무엇을 할 것인가?'에 대한 하나의 해결책을 제시하고자 했던 것이다.

주지하다시피 왕양명 철학의 본질은, 심즉이론(心卽理論)의 완성으로서 전개되는 양지론에서 볼 수 있다. 양지는 성선(性善)의 근거이자, 능동적-자율적 인간의 존재론·인식론적 기초이다. 양지의 실천인 치량지(致良知)의 치(致)는 양지의 능동성-자율성을 실현하는 인간의 선천적 능력이다.

왕양명은 양지의 성격을 다양한 측면에서 규정하고자 시도하지만, 간단히 말하면 양지는 '영명'이란 개념에 함축되어 있다. 즉, 왕양명의 「전습록」(傳習錄)에는 양지의 성격과 관련한 설명에서, 예컨대 "양지지명"(良知之明), "천리지소명영각"(天理之昭明靈覺), "허령명각지양지"(虛靈明覺之良知), "일점영명"(一點靈明), "본래자명"(本來自明), "자연명각"(自然明覺) 등의 여러 용어들을 사용하고 있다. 여기서 보듯이, 양지의 성격은 명(明), "소명영각"(昭明靈覺), "허령명각"(虛靈明覺), "명각"(明覺), "허령불매"(虛靈不昧), "영소불매"(靈昭不昧)[1] 등으로 표현되고 있지만, 그 핵심을 간추리면 영(靈)과 명(明) 두 글자(靈明)로 축약할 수 있다. 영(靈)·명(明)은 왕양명 양지의 독자적 성격을 잘 표현하고 있다.

종래의 왕양명 연구에서도 양지를 언급할 때는 반드시 이 '영명'을 언급하곤 한다. 하지만 대부분의 연구에서는 '양지=영명'처럼 그 명확한 의미를 규정하지 않고 논의를 전개하고 있다.[2] 따라서 양지의 성격 또한 분명히 드러내지 못하고 있을뿐더러 어떻게 영명이란 논리가 생생되어 나오는가를 밝히지 못한다. 그러나 실제로 왕양명은 그의 양지의 영명을 논의할 경우 <天 → 靈(虛靈) → 明(明覺·不昧)>이라는 일련의 논리적 연관을 갖고 있음을 알 수 있다.

이 글에서는 〈천 → 영(허령) → 명(명각·불매)〉라는 왕양명의 논의 내용을 밝히면서, 영명 개념을 재검토하게 될 것이다. 여기서 왕

---

1 『王陽明全集』(이하 『陽明集』) 卷26, 「大學問」.

2 예컨대, 陳來는 그의 「有無之境」 속에서 "(왕양명은) 양지를 明覺으로 해석하게 되면서 이를 또한 「대학」 삼강령 첫머리 '明德'과 연결하기에 이르렀다. (중략) 왕양명의 철학은 「대학」의 범주를 아주 중시했다. 따라서 치양지 학설이 나온 뒤 양지와 명덕을 연계시킨 것은 필연적인 추세였다"(陳來/전병욱 옮김, 『양명철학[원제: 有無之境]』[서울: 예문서원, 2003], 304)처럼 '양지를 明覺으로 해석'한 사실이나 '양지와 명덕을 연계'시킨 사실은 지적하고 있지만 '明覺', '靈明'에 특별히 주목하거나 그 의미에 대해서 구체적으로 분석하지 않고 있다. 그리고 張學知는 『明代哲學史』에서 왕양명 양지의 의미를 '天理之昭明靈覺', '是非之心' 등으로 나누어서 설명하고 있지만 '天理之昭明靈覺' 부분에서도 '昭明靈覺'의 의미를 구체적으로 설명하고 있지 않다(張學知, 『明代哲學史』[北京大學出版社, 2000], 104).

양명 사상의 실천적인 주요 과제인 수신·처세의 능동적 근거가 밝혀질 것이다.

II. 천 → 영(허령) → 명(명각·불매)의 논리

1. 중국에서 '허령'의 문제: '허(理)-영(氣)'

중국 사상사에서 사람을 만물의 영장으로 보는 것[3]은 기본적으로 천지인 삼재/삼극(三才/三極) 사상에 근거를 둔다. 그 존재론적 근거는 「중용」 제1장의 천명지위성(天命之謂性)처럼 '천명'→'성'이라는 도식이다. 다만, 노자는 사대(四大)라고 하여 인-지-천-도를 제시하여 삼재 사상을 넘어서고자 하고, 도를 '자연을 법 받은 것'(道法自然)이라 하여 도의 본질을 자연으로 규정하기도 하였다.[4]

송대에 이르러 주돈이(周敦頤, 1017-1073)는 「태극도설」에서 천(天)에서 얻은 '영특함(靈)'에서 정신(神)과 인식능력(知)이 생겨남을 밝혔다.[5] 이것은 인간의 존재론적+인식론적 두 전통을 결합한 것이라 볼 수 있다. 즉, 만물의 영장이라는 인간의 인간다움을 보증하는 '존재론적' 근거 그리고 「대학」 첫머리의 삼강령 팔조목 중 명명덕(明明德)과 「맹자」의 '양지'라는 인간의 인간다움을 보증하는 '인식론적' 근거를 통합한 것이다. 물론 '허령'이란 말은 주희(朱熹)가 「대학장구」에서 "明德者, 人之所得乎天, 而虛靈不昧, 而具衆理而應萬事者

---

3 「尙書」, 泰誓上. "惟天地萬物之母,惟人萬物之靈."
4 「老子」(王弼本), 25장. "人法地 地法天 天法道 道法自然."
5 周敦頤, 「太極圖說」. "惟人也得其秀而最靈, 形旣生矣,神發知矣."

也"(명덕이란 것은 사람이 하늘에서 얻어서 [마음이] 텅 비고 신령하고 어둡지 아니하여 여러 이치를 갖추어 만사에 응하는 것이다)라고 하여, 명덕의 해석을 '허령불매'라 하였다. 허령불매는 '허령'과 '불매'의 결합이다. 허령은 마음의 존재론적 형용 내지 규정이고, 불매는 인식론적인 규정이다. 주희의 제자로 황간(黃榦)과 쌍벽을 이루는 남송의 진순(陳淳)은 「性理字義」6를 편집하였는데, 심(心)의 항목에서 이렇게 말한다.7 "心之靈至妙, 可以爲堯舜, 參天地, 格鬼神, 雖萬里之遠, 一念便到"(마음은 지극히 영묘하고 지극히 오묘하다. 그래서 요순과 같은 성인이 될 수도 있고, 천지의 일에 참여할 수도 있고, 귀신을 불러올 수도 있다). 즉, 심은 활동성의 규모가 우주적임을 지적한다. 그리고 그는 또 말한다. "心含理與氣. (⋯) 心是箇活物, (⋯) 心之活處, 是因氣成, 便會活, 其靈處, 是因理與氣合, 便會靈. 所謂妙者, 非是言其至好, 是言其不可測"(마음은 이와 기를 품고 있다. 마음은 살아있는 것이다. 마음이 살아있는 것은 기 때문인데, 이로 인해 마음이 활성화되는 것이다. [마음이 영명한 것은] 리와 기가 함께 있기 때문이며, 이로 인해 마음이 영묘한 것이다. 이른바 '묘'하다는 것은 지극히 좋다는 것을 말하는 것이 아니라 예측할 수 없다는 것을 의미한다). 다시 말해서, 심(心)이 이·기의 합이니, 그 활발한 활동의 영(靈: 신묘한 활동)한 부분 역시 이·기의 합 때문이라고 본다. 그렇다면 주희가 말한 허령불매의 허령이 진순의 「성리자의」에서 허(虛)는 이(理), 영(靈)은 기(氣)의 맥락에서 재정의되고 있다. 허는 마음의 본체-본래성(=理)을, 영은 현상-작용성(=氣)을 문자적으로 표현한 것이다. 심의 허령을 불교의 허무, 적멸이라는 틀

---

6 이 책은 周(주돈이)→程(二程. 정호·정이)→張(장재)→朱(주희)로 이어지는 성리학의 주요 개념을 편집하여 해설한 책이다.

7 아래의 해석은 陳淳/김영민 옮김, 『北溪字義』(서울: 예문서원, 1993), 94-96.

에 귀속시키지 않기 위해 이기론적 도식에서 명확히 재해석해내고 있는 것이다.

왕양명은 이를 기지조리(氣之條理)로, 기를 이지운용(理之運用)으로 보고 있기에[8], 영 속에 허가 내재하여 영의 운용으로 드러나는 것으로 파악했다고 볼 수 있다. 왕양명이 양지를 일점영명으로 규정하는 경우 이미 영명이라는 두 자 속에 허령불매의 뜻을 압축적으로 표현한 것이 된다. 다시 말하면 영에 허령이, 명에 불매를 집약한 것이다. 영명의 중시는 현성(現成=現在完成, 現在 發現)의 일념(一念)을 중시하는 것으로, 현상의 너머에 있는 고정불변의 원리인 이른바 주자학적인 정리(定理: 物之理=所以然之故와 事之理=所當然之則)를 부정하고, 양지의 즉각적인 지시에 따른 실천을 중시하는 왕양명의 학문적 경향과 맞물려 있다. 일념의 념은 금(今=지금, 여기)의 심(心=마음)이다. 왕양명의 심즉리(心卽理)는 이러한 '지금 여기에 살아 움직이는 생생한 마음', 지남침의 바늘같이 떨리는 예민한 마음이 원리-규범을 창출해낸다는 것을 선언한 것이다. 내 마음속의 양지는 자기자신의 '준칙'이며, 행위의 모든 방향을 제시하는 이른바 '나침판'(定盤針)과 같으므로[9] 그 양지가 내리는 판단대로 행하면 된다. 그렇게

---

8 「傳習錄」卷中, 〈答陸原靜書〉. "理者氣之條理, 氣者理之運用; 無條理則不能運用, 無運用則亦無以見其所謂條理者矣."

9 왕양명은 "양지를 노래하는(詠良知) 시"(『陽明集』권22, 〈居越詩〉)에서는 다음과 같이 양지가 만물의 근원이라는 자신의 사상을 표현하고 있다.
모든 사람 스스로가 나침판(定盤針)을 갖추고 있어,
만물 변화의 일어남은 모두 나의 마음에서 근원하네.
따라서 웃노라, 종전에 거꾸로 사물을 보려고 했고,
바깥의 지엽적인 것에서 구했던 것을.
人人自有定盤針, 萬化根緣總在心.
却笑笑前顚倒見, 枝枝葉葉外頭尋.

되면 "뭇 성현이라는 권위도 양지의 그림자"(千聖皆過影, 良知乃吾師)10에 지나지 않게 된다.

　주자는 「대학장구」에서 '명명덕'의 명덕(明德)에 "사람이 하늘에서 얻은 것인데, 텅 비었으나 영묘하고 어둡지 않아서 중리를 갖추어서 만사에 응하는 것이다"(人之所得乎天而虛靈不昧, 以具衆理而應萬事者也)라고 주석을 붙였다. 그런데, 왕양명은 "마음은 텅 비고 영묘하여 어둡지 않으니, 모든 이치가 갖추어져 있고 만사가 나온다. 마음 밖에 이치가 없고, 마음 밖에 일이 없다"(虛靈不昧, 衆理具而萬事出. 心外無理, 心外無事)11고 보았다. 주희가 "虛靈不昧, 以具衆理而應萬事"라 했고, 양명이 "虛靈不昧, 衆理具而萬事出"할 경우 얼핏 보기에 양자 사이에는 사상 내용상 별 차이가 없는 듯이 보인다. 그러나 실제로는 큰 차이가 있다. 주희가 "중리(衆理)를 갖추어서 만사에 응한다"고 하는 것은 마음이 외부 대상에 갖춰진 이치를 일일이 탐구하는(=格物窮理하는) 작업을 통해 거기에 마음을 비추어서 '맞춰 나가는' '수동적'인 대응을 뜻한다. 이에 반해 왕양명의 '중리를 갖추어서 만사가 나온다(=만사를 발출해낸다)'는 것은, 주희가 외부대상에 이미 있다는 이치(=定理)를 부정하고, '나의 마음'이 새롭게 이치를 창출하여 외부대상에 그것을 '부여한다'는 '능동적'인 의미가 된다. 그래서 "마음 밖에 이치가 없고, 마음 밖에 일이 없다"(心外無理, 心外無事)고 하였다. 이렇게 만사만물에 이(理)를 창출하여 부여하는 활동의 중심은 바로 양지의 새로운 규정으로서의 '영명'이다. '영명'은 기의 작용이다. 그런데 양명에게서 기란 '이의 운용'(理之運用)이다. 그리고 이는 '기의 조리'(氣之條理)이다.12 따라서 영명에는 이와 기

---

10 『陽明集』 卷20, 〈兩廣詩〉〈長生〉.

11 「傳習錄」 卷上. 밑줄은 인용자가 그은 것이다(이하 같음).

가 일원화된 채로 움직이고 있다고 보아야 하지 기가 표면에서 이는 근저에서 움직이고 있다고 보는 것은 타당하지 않을 것이다.

한국 유학사에서도 허령의 문제는 주자학적인 맥락에서 이뤄지고 있었다. 예컨대, 이황이 「天命圖說」 제5절 '論人物之殊'에서 "우리의 심은 허(理)하고 령(氣)하여 이기의 집(舍)이 된다"(吾人之心, 虛(理)而且靈(氣), 爲理氣之舍)고 하여, 심이 '허(理)-령(氣)의 합'으로 되어 있음을 밝히고 있다. 이후 '허(理)-령(氣)의 합일'이라는 주자학의 이기론적 틀은 기본적으로 유지된다.[13] 그리고 1910년대 초반에 등장한[14] 「參佺戒經」 제17조에서는 "허는 무물이다. 령은 심령이다"(虛, 無物也, 靈, 心靈也)라 하여, 전통적인 이기론의 문맥을 유지하면서도 '신비주의적 측면'이 강화되고 있다.[15]

2. 왕양명에서 '靈根', '一點靈明'의 의미

어쨌든 중국의 사상사적 맥락에서 본다면 왕양명의 양지-영명 논의는 중국 고대 이후 송명대로 이어지는 천명론-인간의 만물영장론-맥락 위에서 논의하는 것이다. 그렇다면 왕양명에게서 천→령(虛靈)→명(明覺·不昧)으로 진행되는 논리적 연관은 어떤 것일까?

우선 여기서 양명이 37세 되던 해 그가 좌천되어 거주하였던 귀주

---

12 각주 (9) 참조.

13 沙溪 金長生은 「經書疑問」(『愚伏先生文集』 권14)에서 심이 '虛(理)-靈(氣)의 합'이라는 진순의 기본입장을 따르면서 사계, 율곡, 퇴계를 평가하고 있다.

14 그러나, 고조선 또는 환웅 시대 이전에 존재했다는 환국 시대 때부터 전해진다고 본다.

15 무속에서 '허령하신 별성님' 등 신령의 칭호 앞에 '허령'을 붙인다. 이것은 천이 몸에 강림한 것을 虛靈(=神明)으로 본 것이다.

성 용장(龍場)에서 체험하는, 그의 대오(大悟)와 관련된 꿈(夢) 이야기를 살펴보자.

> 홀연히 한밤중에 격물치지의 본지를 대오하였다. 꿈에서 누군가가 말을 하는 것 같았다. 자신도 모르게 소리를 치며 펄쩍 뛸 지경이었다. 성인의 도는 자신의 본성(性) 속에 자족한 것이다, 이전에 마음 밖의 사물에서 이치를 구한 것은 잘못이라는 것을 비로소 알게 되었다. 이에 묵묵히 오경의 말을 기록하여 증명해보니 맞지 않는 것이 없었다. 그래서 「오경억설」을 지었다.[16]

이 부분은 사실 왕양명의 독창적인 철학이 탄생하는 광경을 리얼하게 묘사한 부분이기도 하다.

이에 관련한 이야기는 박은식(1859-1925. 호는 謙谷·白巖)의 『王陽明先生實記』 속에는 "或傳此夢中, 孟子告以良知之旨, 或曰聞天聲云"[17]라고 하여, "문천성운"(聞天聲云: 하늘에서 소리가 들려서, [무언가 말하는 것을 들었다) 부분을 언급하고 있다. 아울러, 천성(天聲: 하늘에서 들리는 소리)은, 동학의 창시자 최제우(호는 水雲. 1824-1864)가 선어(仙語=天語, 한울님=上帝=天主의 말씀)가 귀에 들려서(有何仙語, 忽入耳中)[18] 이것을 듣고 득도했다고 한 바 있다. 이처럼 양명도 꿈에

---

16 『陽明集』卷32, 年譜 37歲條. "忽中夜大悟格物致知之旨, 夢寐中若有人語之者, 不覺呼躍, 從者皆驚, 始知聖人之道, 吾性自足, 向之求理於事物者誤也, 乃默記五經之言證之, 莫不脗合, 因著五經臆說."

17 一夕夢寐間에忽悟格物致知之奧旨ᄒ야不覺呼躍而起ᄒ니從僕이皆驚이라是其豁然大悟處也라或傳此夢中에孟子ㅣ告以良知之旨라ᄒ고或曰聞天聲云이라ᄒ은是에先生이始知聖人之道ㅣ吾性自足이어○向之求理於心外之事物者는誤也라ᄒ고乃默記五經之言ᄒ야證之ᄒ니無不脗合이라因著五經臆說ᄒ다.

18 『東經大全』〈布德文〉.

서 누군가가 말을 하는 것(夢寐中若有人語之者)를 듣고 격물치지의 본지(格物致知之旨)를 대오하여, "성인의 도는 자신의 본성(性) 속에 자족한 것이다"라고 하였다. 그래서 양명은, "이전에 마음 밖의 사물에서 이치를 구한 것은 잘못이라는 것을 비로소 알게 되었다"고 고백한다. 이후 양명은 "이에 묵묵히 오경의 말을 기록하여 증명해보니 맞지 않는 것이 없었다. 그래서 「오경억설」을 지었다"라고 하였다. 앞서 언급한 최제우의 경우도 마찬가지로 "선어([=天語]의 말씀)를 듣는 신비체험을 겪고 나서 한울님의 지시로 종이를 펼쳤고, 그러자 그 종이 위에 영부(靈符)가 보여 그것을 그렸다"[19]고 하였다. 어쨌든 신비체험이 서로 통한다. 이 점에서 왕양명의 사상을 신비주의(mysticism) 계통으로 해석하는 시도는 타당하다고 본다.[20]

어쨌든, 양명의 꿈 이야기는 '꿈속에서 신비한 소리를 들음'(夢寐中聞天語)=신비체험 → '깨달음'(覺悟) → '(깨달음과 관련한 내용을) 저

---

19 즉, 『東經大全』〈布德文〉: 不意四月에 心寒身戰하여 疾不得執症하고 言不得難狀之際에 有何仙語 忽入耳中하여 驚起探問則 曰勿懼勿恐하라 世人이 謂我上帝어늘 汝不知上帝耶아 問其所然하니 曰余亦無功 故로 生汝世間하여 敎人此法하노니 勿疑勿疑하라 曰 然則西道以敎人乎이까 曰不然하다 吾有靈符하니 其名은 仙藥이오 其形은 太極이오 又形은 弓弓이니 受我此符하여 濟人疾病하고 受我呪文하여 敎人爲我則 汝亦長生하여 布德天下矣리라.

吾亦感其言 受其符하여 書以呑服則 潤身差病이라 方乃知仙藥矣러니 到此用病則 或有差不差故로 莫知其端하여 察其所然則 誠之又誠하여 至爲天主者는 每每有中하고 不順道德者는 一一無驗하니 此非受人之誠敬耶아.

20 예컨대 함석헌은, "우리 사상이야말로 우주를 한 몸으로 보는 것이었다. 崔致遠이 國有玄妙之道라고 한 것은 그것이다. 玄妙라니 요샛말로 하면 신비주의인데 왕양명도 신비주의요, 노자도 신비주의. (중략) 우리나라 옛날의 선비, 온달이, 처용이, 검도령, 원효, 모든 화랑 하는 사람들이 다 우주는 하나로 살았다는 것을 믿었다. (중략) 이름을 '한'이라 할진대, 한을 이상으로 삼았기 때문일 것이다. 그 잃어버린 것을 찾아야 하지 않을까"(함석헌, 『씨알의 옛글풀이』[전집 20] [한길사, 1990], 249. 일부 인용자 수정)라고 한 바 있다.

술·표현'이라는 식의 패턴을 갖고 있다. 이후 왕양명은, 37세 때의 이런 꿈 체험에서 양지의 학문을 체득한 것을 염두에 두고, 자신의 양지지학(良知之學)이 천지령(天之靈)에서 유래하였음을 밝힌다. 기본적인 문구가 "하늘의 령에 힘입어" "양지의 학을 얻었다"는 것이다. 이에 관한 기록은 모두 네 곳(아래 ① - ④ 참조)이나 된다.

먼저, 왕양명은 꿈 체험 이후 9년 뒤인 46세(正德六年壬申, 1511) 때의 글인 「別湛甘泉」(『陽明集』卷7)에서 '하늘의 령에 힘입어'(賴天之靈) 양지의 학을 얻게 되었다는 경위를 밝힌다.

① 某幼不問學, 陷溺於邪辟者二十年, 而始究心於老釋, 賴天之
   靈, 因有所覺, 始乃沿周程之說求之, 而若有得焉.

그리고 54세 때(嘉靖四年乙酉, 1525)의 글인 「書魏師孟卷」[21]에서도 '하늘의 靈에 힘입어' 양지의 학을 얻게 되었음을 언급한다.

② 自孔孟旣沒, 此學失伝, 幾千百年, 賴天之靈, 偶復有見, 誠千
   古之一快, 百世以侯聖人而不惑者也.

아울러, 55세 때(嘉靖五年丙戌, 1526)의 두 글, 즉 「寄鄒謙之」4)[22](→③)와 「答聶文蔚」[23](→④)에서도 "하늘의 靈에 힘입어, 우연히 良知의 學을 얻었다"는 것을 분명히 밝히고 있다.

③ 若某之不肖, 蓋亦嘗陷溺於其間者幾年, 恨恨然旣自以爲是

---

21 『陽明集』卷8.
22 『陽明集』卷6.
23 「傳習錄」卷中.

矣, 賴天之靈, 偶有悟於良知之學, 然後悔其向之所爲者固包
藏禍機, 作僞於外, 而心勞日拙者也.

④ 僕誠賴天之靈, 偶有見於良知之學, 以爲必由此而後天下可
得而治, 是以每念斯民之陷溺, 則爲之戚然痛心, 忘其身之不
肖, 而思以此救之, 亦不自知其量者.

위의 인용에서 말하는 '천지령'의 '영'을 일반 번역서에서 '은덕'이
나 '은총'으로 번역하곤 한다. 그러나 여기서는 '영'은 신령·신명(神
明)의 줄인 표현으로 보아야 할 것이다. 왜냐하면 왕양명 자신이 '양
지'를 "하늘이 심어놓은 신령스런 뿌리"(天植靈根)로 규정하고 있기 때
문이다.

> 양지는 '하늘이 심은 신령한 뿌리'이기에 스스로 그 이어받은 생명활동을
> 계속해간다(良知卽是天植靈根, 自生生不息).[24]

'천식영근'의 '영근'이란 도교 계통의 서적(예컨대「黃庭內經」과 같
은)에 보이는 용어로, 하늘이 사람에게 '내려 준' 사람이 사람답게 되
는 '정신적 근원=령(天之靈)'을 '심어놓은' 것을 말한다. '영근'은 '하
늘로부터 받은' 능력으로서 구체적으로는 양지를 가리킨다. 양지는
'천지령'이 내 마음속에 살아 있는 것(活潑潑) 즉 인지령(人之靈)인 셈
이다. 이처럼 양지는 '하늘이 내린'='하늘로부터 얻은' 신령한 뿌리이

24「傳習錄」卷下. (이하 傳習錄의 한글 번역은 정인재·한정길 옮김,『傳習錄』1,
   2 [수원: 청계, 2001]을 참조.)

기에, 그 뿌리가 간직한 생명 활동을 이어받아 자기 전개를 계속해가
면 된다.

이와 같이 왕양명의 '천지령 → [人之]영근=양지'의 도식은 「중용」
수장(首章)의 "天命之謂性, 率性之謂道, 修道之謂教"에서 보여주는
"天命之謂性"의 '명(=天의 命令) → 성'의 구조와 닮아있다. 그리고 곽
점(郭店)에서 출토된 초간(楚簡) 자료 「성자명출」에서는 "性自命出,
命自天降"(성은 명으로부터 나오고, 명은 천으로부터 내려온다)이라고
한 바 있다.25 이들 자료에 따른다면, 자연스레 '천(天) → 명(命) →
성(性)'의 계보가 구성되는데, '명'은 하늘[天] 쪽에서 인(人)·물(物)을
본 것이고 '성'은 인·물 쪽에서 하늘[天]을 본 것이 된다.26 어쨌든
「성자명출」의 성자명출(①)과 명자천강(②)을 합하면(①+②) 「중용」
의 천명지위성(天命之謂性)이 되는데27 이것은 왕양명이 꿈(夢) 체험
을 통해서 자각한 내용 즉, '양지(=영근)가 자신의 내부에—마치 자석
의 자성처럼—이미 존재해 있다는 것'과 같은 이론 도식을 보여준다.
다시 말하면 왕양명이, '천=절대타력'의 힘에 의해, 천지령이 나(인
간)에게 양지라는 형태로, 수동적·타력적으로 '부여된(植) 것'(→ 영
근)이라 간주한 것은, 「중용」이나 「성자명출」의 '천명(=天의 命令) →

---

25 「性自命出」: 性自命出, 命自天降, 道始於情, 情生於情 (荊門市博物館 편, 『郭
店楚墓竹簡』[北京: 文物出版社, 1998], 179).
26 이것을 도표화하면 다음과 같다. (이것은 최재목, "동양철학에서 '생명(生命)' 개
념", 「인간·환경·미래」 6호, (인제대학교 인간환경미래연구원, 2011.4), 38쪽
에서 재인용 함.)

〈표1〉 天, 命, 性		
天 → 人·物	⇒ 命·性 ⇐	天 ← 人·物

27 「性自命出」은 「漢書」〈藝文志〉에 유가 문헌으로 목록이 등재된 〈子思〉 23편
중의 한 편일 가능성이 높다는 견해가 현재 학계의 통론이다(김용옥, 『중용 인간
의 맛』[서울: 통나무, 2012], 68).

성'과 흡사한 구도라 하겠다.

〈圖1: 天之靈과 良知=靈明의 관계〉

中庸 性自命出	天	→ (命)	性
陽明	天	→ (植)	靈(＝天之靈) 根
	天 (天之靈)	→	良知

양지는 천지의 활동을 그대로 드러내는 것이므로, 우리는 바로 양지에 기대고, 그 활동에 따르면 된다. 그것이 바로 점복(占卜)에 해당한다. 그래서 왕양명은 양지가 천지 우주의 변화와 동일한 리듬에서 활동하는 것으로 역(易)과 같다고 본다(良知卽是易).[28] 따라서 양지가 내리는 명령에 따라 그 활동을 잘 실현하면 되는데 이것이 '치량지'이다.

양명이 그의 체험을 통해 파악해낸 영근=양지의 활동은, 중국 고대 이래 응축되어 흘러온 "오랜 옛날부터 성인에서 성인으로 전해 내려오는"(千古聖聖相傳: 年譜 30世條) "고금(古今)·성우(聖愚)에 동일한"[29] 인간 본래 생명력의 활동이었다. 이것이 꿈으로 나타났을 때, 영근=양지의 활동은 그 메시지—앞서 말한 '하늘의 소리'[天聲]·'하늘의 말씀'[天語]—를 직각(直覺)하고 하게 된다. 여기서 왕양명의 용장오도(龍場悟道: 大悟)와 같은 이른바 '신비체험'이 가능하게 된다. 이

---

28 「傳習錄」 卷下.

29 왕양명은 「傳習錄」 卷中, 〈答聶文蔚〉에서는 이렇게 말한다 : "시비지심은 사려하지 않아도 아는 것이고, 배우지 않아도 가능한 것으로 이른바 양지입니다. 양지가 사람 마음에 있는 것은 성인과 어리석은 자의 구분이 없으며, 천하 고금이 다 같습니다"(是非之心, 不慮而知, 不學而能, 所謂良知也. 良知之在人心, 無間於聖愚, 天下古今之所同也).

것을 도표화하면 다음과 같다.[30]

[圖2] 王陽明에게서 꿈[夢]과 良知의 관련성

　결국 왕양명에게서 보이는 천 → 령(虛靈)의 구도는 인간이란 '존재 근거(존재론적 토대) 획득'이라고 할 수 있다. 인간이 왜 존재하게 되었고, 우주적 지위는 무엇이며, 무엇을 할 수 있는가를 규정해내는 일이었다.

　이어서 '영근 즉 '령(虛靈) → 명(明覺 · 不昧)'의 이행 구조는 '인식 근거(인식론적 토대) 획득'으로 이해할 수 있다. 왕양명은 양지를 '일점영명'으로 규정하고, 이것을 '천지의 마음(天地的心)'으로 본다. '일점영명'이나 '천지적심'은, 비유하자면, 대궁에서 갓 피어난 꽃한송이나 촛대에 타오르는 불꽃, 아니면 바깥을 응시하고 있는 인간이 밝은 눈알처럼, 세상을 밝고 또렷하게 응시하며 주재하는 '주재적(초월적)' 성격[31]을 의미한다. 이것은 인간의 인식 범위와 가치창조의 무한

---

30 이 부분의 내용 및 도표는 최재목, "동아시아 陽明學者들에게 있어 꿈[夢]과 철학적 깨달음[覺悟]의 문제", 「陽明學」29號 (한국양명학회, 2011.8.)를 참조.

31 마치 다산 정약용이 하늘(天)을 〈蒼蒼有形之天〉과 〈靈明主宰之天〉으로 구분한 것처럼(이에 대해서는 김선희, "천학의 지평과 지향", 「시대와 철학」제20권 4호 [통권 49호, 한국철학사상연구회, 2009 겨울] 참조) 靈明은 물리적 자연과 구분되는 정신-영혼-가치와 관련되는 용어이다.

한 근거를 확정하는 개념이다. 물론 '일점영명'이란 중국의 도교나 불교에서도 일반적으로 사용하는 용어이며, 왕양명은 그 당시 도교계, 불교계 등에서 사용해오고 있던 개념을 자신의 철학정립을 위해 유교적 관점에서 새롭게 영유(領有, appropriation)하였던 것이다. 우리나라 불교계[32] 혹은 선도 계통의 종교, 한의학에서는 최근에도 '일점영명'이나 '영명'이란 말을 사용하고 있다.

III. '영명'으로서 양지의 재정의

앞서 살펴본 '일점영명'이나 '천지적심'의 용어를 양지에 은유적으로 사용한 것은 왕양명이 자신의 궁극개념인 양지가 도덕적 인식

---

32 예컨대, 靈明이란 말은 도교 서적인 「玉樞寶經」 등에서도 사용된다. 그리고 불교에서도 예컨대, 普照國師 知訥(1158~1210)의 「眞心直說」 15, 〈眞心無知〉에서도 "或曰, 何名平常心也, 曰, 人人具有一點靈明, 湛若虛空, 偏一切處, 對俗事, 假名理性, 對行識, 權號眞心, 無分毫分別, 遇緣不昧"라고 하고, 최근의 우리 불교계에서도 "세주당 묘엄 명사 영결식 열리던 날"(「불교신문」 2775호, 2011년 12월 10일자)이란 기사 속에 실린 조계종 종정(도림 법전)의 법어에서도 '일점영명'이란 말이 등장한다. "명사(明師)의 입적(入寂)은 본처(本處)로 환귀(還歸)함이요, 본분(本分)의 참모습을 나툰 것입니다. 그러나 명사(明師)가 이룩한 적멸(寂滅)속에는 생사(生死)를 따르지 않고 오고 감이 없는 일점영명(一點靈明)이 있습니다. 이 일점영명(一點靈明)은 중생(衆生)과 부처의 근본(根本)이요, 명사(明師)의 본분(本分)입니다. 일점영명(一點靈明)이 인연(因緣) 따라 형상(形象)을 의지하면 묘엄명사(妙嚴明師)요 견문각지(見聞覺知)를 거두면 공적(空寂)하고 응연(凝然)할 뿐입니다. 이렇게 소소(昭昭)하고 영명(靈明)한 이 자리에 누가 생사(生死)를 말할 수 있겠습니까. 오늘 명사(明師)는 적멸(寂滅)을 통(通)해 해탈(解脫)의 자유(自由)를 얻어 임운자재(任運自在)하게 되었습니다."
http://www.ibulgyo.com/news/articleView.html? idxno=115143.

및 실천의 탁월한 근거이자 무한한 가능성, 잠재력을 가졌음을 강조하기 위한 것이었다. 그야말로 양지는 마음속의 천 리이며, '영원히 빛나는 하나의 태양'처럼 '밝음[明]'을 가진 것이다.

> 천리가 인심에 있는 것을 없앨 수 없으며, 양지의 밝음[明]은 영원히 빛나는 하나의 태양이다. (所幸天理之在人心, 終有所不可泯, 而良知之明, 萬古一日)[33]

하늘에 태양이 있듯이 내 마음에도 태양이 있다는 표현은 '천식영근'의 또 다른 은유적 표현이다. "사람의 마음은 본래 천연(天然)의 이(理)로서 정결하고 밝아 조금도 물든 것이 없으니, 하나의 사적인 자아가 없을(無我) 따름이다. 가슴 속에 절대로 사적인 자아가 있어서는 안 된다"[34]라고 할 때의 광명정대함을 비유한 것이다. '천지령'이 인간 속에 내재화되어 '인지령'이 되고, 천의 태양(日)의 밝음(明)(=天之明)이 인간 속에 내재화되어 내 마음의 밝음(=良知之明)(=人之明)이 된 것이다.

[圖3] 天之靈明에서 人之靈明으로의 구조

天之靈	→	人之靈
天之明	→	人之明
天之靈明	→	人之靈明

---

33 「傳習錄」 卷中, 〈答顧東橋書〉.
34 「傳習錄」 卷下. "人心本是天然之理, 精精明明, 無纖介染着, 只是一無我而已. 胸中切不可有."

여기서 보듯이 '천지영명'을 '인지영명'으로 이전시켜서 내재화하고 이점을 명확히 부각시키는 왕양명의 전략은 양지라는 개념을 자신의 사상체계에서 재규정, 재해석해내는 것이었다. 여기에는 중국 고대 이후 송대 주자학에서 천의 합리적 이해를 통해 거의 소거되어 버렸던 천의 주재성을 살려내고 그것을 인간 내면으로 재영유화(再領有化)가 이루어지고 있었다.

화이트헤드(Alfred North Whitehead, 1861-1947)는 서양의 학문(철학사)를 플라톤에 대한 각주의 축적(a series of footnotes to Plato)에 지나지 않는다고 지적한 바 있지만, 동양의 학문은 어쩌면『논어』에 붙인 주석의 집적이라 할만하다.35 왕양명은 주자가 이뤄놓은 공자에 대한 천의 해석의 주석을 재해석함으로써 자신의 입지를 넓히고 다져간다. 야마시타 류지(山下龍二)가 "양명학의 종교성"이라는 논문에서 언급한 대로, 왕양명은 공자 이래 전승되어오던 종교성을 합리성이란 명분으로 배제시킨 주자학과 달리 '종교성'을 다시 부활한 측면이 있다. 야마시타 류지는 이렇게 지적한다.

> 주자학은 공자의 가르침에다 철학적인 이론을 덧붙인 것으로 기독교 신학과 유사하다. 기독교 신학이 성서의 가르침을 전제로 그 올바름을 증명하기 위해서 머리를 짜내어 철학적으로 논리를 도입한 것과 같이 주자학은 禪宗의 脫洒, 解脫이나 傳燈의 사상으로부터 脫然貫通, 道統의 이론을 도출하고 또 理事의 사상을 흉내내어 理氣의 이론을 형성하였다. 道統, 理氣의 이론은 물론 經書의 가르침을 전제로 하여 그것을 정당화 한 것으로 유교신학이라고 해도 좋다.

---

35 加藤 徹,『本當に危ない「論語」』(東京: NHK出版新書, 2011), 10-11 참조.

양명학은 주자학과 다른 이론을 제공한 것이었는데, 역시 유교의 경서를 전제로 하고 理事無碍, 理事不二와 같은 사상을 도입하여 그것을 致良知라는 개념에다 집약하였다. 왕양명이 도교나 불교쪽에 경사해가는 것을 벗어나 유교로 회귀했다고 하는 경우, 그것을 일반적으로 종교의 부정으로 보는 것은 정당하지 않을 것이다. 양명은 그 생애를 통해서 종교적인 심정을 계속 유지해왔고, 그것은 구체적인 행위로써 드러났다. 종교적인 문제는 생사, 영혼, 신, 하늘 등이었는데 이들 문제를 어떻게 해결할까가 양명의 생애를 건 과제였다. (공자가) 怪力亂神을 피하고 일부러 말하지 않은 것을 종교적 관심의 결여로 해석하고 유교를 倫理敎의 圈內에 가두어두려는 이론은 주자학에서 시작된다. 공자는 천을 믿고 조상신을 받드는 사람이었다. 유교가 가지고 있는 고유의 종교성을 부활한 것이 양명학이다. 良知는 內在하는 神의 관념에 가깝다.[36]

왕양명이 '천지령'이 '인지령'에 부여되어 내재한 것이 양지＝영명이라 보는 것은 사람이 '천지령'을 대신하여 천지·우주 속에서 주된 역할을 해갈 수 있음을 뜻함과 동시에 인간 속에 하늘의 주재성이 위임되어 있다는 것을 의미한다. '사람이 천지의 마음'(人是天地的心)이라는 표현도 그런 것이다.

왕양명은 영명이 천지·귀신·만물을 주재한다고 본다. 인간의 영명이 없으면 천지·귀신·만물도 없다. 왕양명은 하늘과 땅 사이에 영명으로 가득 차 있다고 한다. 인간과 천지·귀신·만물의 영명은 '일기(一氣)의 유통(流通)'이라는 방식으로 유기적 감응을 하면서 존재한다고 본다. 그러므로 만일 천지·귀신·만물이 없다면 인간의 영

---

36 山下龍二, "陽明學の宗敎性", 「陽明學」 第7號 (二松學舍大學陽明學硏究所, 1995), 2-3.

명도 없다. '영명 — 일기유통'에 의해 '일체화된 세계'를 만들어낸다. '일기유통'이므로, 모든 것은 간단없이 하나로 연결되어 있다. 나의 영명이 없으면 사물도 없고, 반대로 사물이 없으면 나의 영명도 없다.37 이 말은 나에게 영명이 있다면 사물에도 영명이 있다는 말이다.

---

37 이에 대해서는 다음을 참고 바란다.

　　"황이방이 여쭈었다. "사람의 마음은 만물과 한 몸이라고 하셨습니다. 내 몸이라면 원래 혈기가 흘러 통하기 때문에 한 몸이라고 말할 수 있으나 다른 사람과는 몸이 다릅니다. 또한 금수(禽獸)와 초목(草木)과는 더욱 멀어지는데 어떻게 한 몸이라고 말할 수 있습니까?"

　　선생께서 말씀하시기를, "그대가 다만 감응(感應)하는 기미에서 본다면, 어찌 금수 초목뿐이겠느냐? 비록 천지라고 하더라도 나와 한 몸이며, 귀신도 나와 한 몸이다." 가르침을 청하니 선생께서 말씀하시기를, "그대는 이 천지 가운데서 무엇이 천지의 마음이라고 생각하느냐?"

　　대답하기를, "일찍이 사람이 천지의 마음이라고 들었습니다."1

　　선생께서 말씀하시기를, "사람은 또 무엇을 마음으로 삼느냐?"

　　대답하기를, "오직 하나의 영묘하고 밝은 것을 마음으로 삼습니다."

　　선생께서 말씀하시기를, "하늘과 땅 사이에 가득찬 것은 오직 하나의 영명이라는 것을 알 수 있다. 사람은 단지 형체 때문에 스스로 사이가 떨어져 있을 뿐이다. 나의 영명이 바로 천지 귀신의 주재이다. 나의 영명이 없다면 누가 하늘의 높음을 우러러 보겠느냐? 나의 영명이 없다면 누가 땅의 깊음을 굽어보겠느냐? 나의 영명이 없다면 누가 귀신의 길흉과 재앙의 상서로움을 변별하겠느냐? 천지·귀신·만물이 나의 영명을 떠난다면 천지·귀신·만물은 존재하지 않을 것이다. 나의 영명이 천지·귀신·만물을 떠난다면 또한 나의 영명도 존재하지 않을 것이다. 이처럼 하나의 기운이 흘러서 통하는 것이니, 어떻게 그들 사이를 격리시킬 수 있겠느냐?" 또 여쭈었다. "천지·귀신·만물은 아주 오랜 옛날부터 존재하고 있습니다. 그런데 어째서 나의 영명이 없다면 모두 없어지게 됩니까?"

　　선생께서 말씀하시기를, "지금 죽은 사람을 보면 그의 정령이 흩어져 버렸는데, 그의 천지 만물이 또 어디에 있겠느냐?"

　　(問, "人心與物同體, 如吾身原是血氣流通的, 所以謂之同體. 若於人便異體了. 禽獸草木益遠矣, 而何謂之同體?"先生曰, "你只在感應之幾上看, 豈但禽獸草木, 雖天地也與我同體的, 鬼神也與我同體的."請問. 先生曰, "你看(這箇天地中間), 甚麼是天地的心?"對曰, "嘗聞人是天地的心."曰, "人又甚麼教做心?"對曰, "只是一箇靈明."(先生曰,) "可知(充天塞地中間, 只有這箇靈明), 人只爲形體自間隔了. 我的靈明, 便是天地鬼神的主宰. 天沒有我的靈明, 誰去仰他高?

이 양자 간의 상호관계성에 의해 우주 만물은 공동적으로 존재(공동존재)하는 것이다. 이처럼 영명은 인간과 사물 존재의 공동적 '근거'가 된다. 내가 사물을 본다는 것은 사물이 내게 들어와 있다는 말이고, 내가 사물을 보지 않을 때는 사물이 내게 들어와 있지 않다는 말이다. 내가 있으므로 사물이 있는 것이고, 사물이 있으므로 내가 있다는 상호의존적인 공동존재성을 피력한 것이다.[38] 이러한 '만물일체'의 성향이 강하다는 것은 동양철학 내에서 전승되어오는 신비주의의 측면이다.[39]

이러한 공동존재성의 근거는 ―"(마음이 향하는 것인) 의 영명을 가리켜서 지(=良知)라고 한다"(指意之靈明處謂之知)[40]는 왕양명의

地沒有我的靈明, 誰去俯他深? 鬼神沒有我的靈明, 誰去辯他吉凶災祥? 天地鬼神萬物離卻我的靈明, 便沒有天地鬼神萬物了. 我的靈明離卻了天地鬼神萬物, 亦沒有我的靈明. 如此, 便是一氣流通的, 如何與他間隔得?" 又問, "天地鬼神萬物, 千古見在, 何(沒了我的靈明, 便俱無了)?" 曰, "今看死的人, 他這些精靈游散了, 他的天地萬物尙在何處?")(『傳習錄』卷下)

38 이에 대해서는 다음의 일화를 볼 필요가 있다.
"선생님께서 남진(南鎭)을 유람할 때 한 친구가 바위 가운데 꽃나무를 가리키며 여쭈었다. "천하에 마음 밖에 사물이 없다고 하셨는데, 깊은 산 속에서 저절로 피었다 지는 이 꽃나무와 같은 것은 내 마음과 무슨 상관이 있습니까?"
선생님께서 말씀하시기를, "그대가 이 꽃을 보지 못했을 때는 이 꽃과 그대의 마음은 함께 적막한 곳(인식 이전의 상태)으로 돌아간다. 그대가 이 꽃을 보았을 때는 이 꽃의 색깔이 일시에 분명하게 드러나기에 이 꽃은 그대의 마음밖에 있지 않음을 알 수 있다."
先生遊南鎭, 一友指岩中花樹問曰, "天下無心外之物, 如此花樹, 在深山中自開自落, 於我心亦何相關?" 先生曰, "你未看此花時, 此花與汝心同歸於寂. 你來看此花時, 則此花顏色一時明白起來. 便知此花不在你的心外."
아울러 공동존재성의 근거는 최재목, "'자연'에 대한 왕양명의 시선", 이승환·이동철 엮음, 『중국철학』(서울: 책세상, 2007), 172-176.

39 이에 대해서는 각주(21) 및 한성구, "중국근대철학에 나타난 신비주의 경향 연구", 「中國學報」 제56권 (한국중국학회, 2007)을 참조 바람.

40 「傳習錄」 卷下.

언급에서 알 수 있듯이— 의의 영명한 활동으로서의 지=양지이다.

양지는 인간의 인식 활동 중에서도 가장 정밀하고도 탁월한 것이라서 양명은 "인간의 인식기관 중에서도 가장 정미한 것이 인심의 일점영명(=良知)이다"(其發竅之最精處, 是人心一點靈明)라고 확정한다.[41] '영명'은 '허령'과 '불매'의 두 측면을 결합하고 있다.

---

41 이에 대해서는 다음 두 예문을 보기로 하자.

"구천이 의심하며 말하기를, "사물은 밖에 있는데, 어떻게 몸·마음·뜻·앎과 한가지일 수 있습니까?"

선생님께서 말씀하시기를, "귀와 눈과 입과 코와 사지는 몸이지만 마음이 아니라면, 어떻게 보고 듣고 말하고 움직일 수 있겠느냐? 마음이 보고 듣고 말하고 움직이고자 하더라도 귀와 눈과 입과 코와 사지가 없다면 역시 불가능하다. 그러므로 마음이 없다면 몸도 없고, 몸이 없다면 마음도 없다. 다만 그 가득 찬 곳을 가리켜 몸이라 하고, 그 주재하는 곳을 가리켜 마음이라 하며, 마음이 발하여 움직인 곳을 가리켜 뜻이라 하고, 뜻이 영명한 곳을 가리켜 知(良知)라 하고, 知가 가 닿아 있는 곳을 物이라 하니, 다만 한 가지일 뿐이다. 뜻은 허공에 매달려 있었던 적이 없으며, 반드시 사물에 부착되어 있다. 그러므로 뜻을 성실하게 하고자 한다면 뜻이 부착되어 있는 어떤 일에 따라서 그것을 바로잡고, 그 인욕을 제거하여 천리로 돌아간다면 그 일에 관련되어 있는 양지가 가려지지 않고 실현될 수 있다. 이것이 바로 뜻을 성실하게 하는 공부이다."

나 구천은 드디어 수년 동안의 의심을 개운하게 떨쳐버리게 되었다.

(九川疑曰, "物在外, 如何與身心意知是一件?" 先生曰, "耳目口鼻四肢, 身也, 非心安能視聽言動? 心欲視聽言動, 無耳目口鼻四肢亦不能, 故無心則無身, 無身則無心. 但指其充塞處言之謂之身, 指其主宰處言之謂之心, 指心之發動處謂之意, 指意之靈明處謂之知, 指意之涉着處謂之物: 只是一件. 意未有縣空的, 必着事物, 故欲誠意則隨意所在某事而格之, 去其人欲而歸於天理, 則良知之在此事者無蔽而得致矣. 此便是誠意的工夫." 九川乃釋然, 破數年之疑.(「傳習錄」卷下)

주본사(朱本思)가 여쭈었다. "사람에게는 텅 비고 영명함이 있기 때문에 비로소 양지가 있습니다. 풀·나무·기와·돌 같은 것도 양지가 있습니까?"

선생님께서 말씀하시기를, "사람의 양지가 바로 풀·나무·기와·돌의 양지이다. 만약 풀·나무·기와·돌에 사람의 양지가 없다면 풀·나무·기와·돌이 될 수 없다. 어찌 풀·나무·기와·돌만 그러하겠느냐? 천지도 사람의 양지가 없다면 역시 천지가 될 수 없다. 천지 만물은 사람과 원래 일체이며, 그것이 발하는 가장 정밀한 통로가 바

우선 아래의 인용에서처럼 양지의 작용-활동은 우주를 주류하는데, 이것은 양지의 존재론적 측면 즉 '허령'의 내용을 명시하는 부분이다.

(선생님께) 여쭈었다. "이 양지는 일정한 장소와 형체가 없는 것이기 때문에 모습을 파악하기가 매우 어려운 것 같습니다."

선생께서 말씀하시기를, "양지가 바로 '역(易)'이다. '그 도는 자주 바뀌고 변동하여 한 군데 머물지 않으며, 육허(六虛)에 두루 유행하여 오르고 내리는 데 일정함이 없으니, 오직 변화에 따른다'. 이 양지를 어떻게 붙잡을 수 있겠느냐? 양지를 투철하게 깨달을 때가 바로 성인이다."

又曰, "此道至簡至易的, 亦至精至微的. 孔子曰, '其如示諸掌乎!' 且人於掌何日不見? 及至問他掌中多少文理, 卻便不知. 即如我良知二字, 一講便明, 誰不知得. 若欲的見良知, 卻誰能見得." 問曰, "此知恐是無方體的, 最難捉摸." 先生曰, "良知卽是易, 其爲道也屢遷, 變動不居, 周流六虛, 上下無常, 剛柔相易, 不可爲典要, 惟變所適. 此知如何捉摸得? 見得透時, 便是聖人."(「傳習錄」下)

로 사람 마음의 한 점 영명(靈明)이다. 바람과 비, 이슬과 우레, 일월성신과 금수 초목, 산천토석은 사람과 원래 일체이다. 그러므로 오곡과 금수의 종류가 모두 사람을 기를 수 있고, 약과 침의 종류가 모두 질병을 치료할 수 있다. 오직 이 하나의 기운을 공유하기 때문에 서로 통할 수 있는 것이다."

(朱本思問, "人有虛靈, 方有良知. 若草木瓦石之類, 亦有良知否?" 先生曰, "人的良知, 就是草木瓦石的良知. 若草木瓦石無人的良知, 不可以爲草木瓦石矣. 豈惟草木瓦石爲然? 天地無人的良知, 亦不可爲天地矣. 蓋天地萬物與人原是一體, 其發竅之最精處, 是人心一點靈明. 風·雨·露·雷·日·月·星·辰·禽·獸·草·木·山·川·土·石, 與人原只一體. 故五穀禽獸之類, 皆可以養人, 藥石之類, 皆可以療疾. 只爲同此一氣, 故能相通耳.")

아울러 왕양명은, 다음과 같이 양지의 인식론적 측면 즉 불매(不昧)의 측면을 명시한다. "양지는 본래 저절로 밝다"(良知本來自明).42

양지는 '본래자명'(본래 저절로 밝음)이기에 「대학」의 명명덕(明明德)의 명덕(明德)에 그 사상적 맥락이 닿아있다. 양지는 (우리 몸속에 들어 있는) 천리 자연의 명각(明覺)이 발현(發見=發現)한 곳(天理自然明覺發見處), 즉 지각처(知覺處)이자 '심(心)'의 허령명각'이다.

왕양명 사후 각지에서는 그를 추모하는 서원이 건립된다. 1550년(嘉靖 29년) 이부주사(吏部主事) 사제(史際)가 율양(溧陽, 江蘇省)에 가의서원(嘉義書院)을 세워서 양명을 추모하고 가의당(嘉義堂)에 「天成篇」을 바쳤다. 여기에 왕양명이 평소 진술했던 '영명'의 의미가

---

42 이에 대해서는 아래의 예문을 인용해둔다.

"보내온 편지에서 말하기를, "정명도는 '자질이 아름다운 사람이 밝음을 완전히 실현할 수 있다면 찌꺼기가 전부 정화될 것이다'고 했는데 어떻게 해야 밝음을 완전히 실현할 수 있으며, 어떻게 해야 찌꺼기가 모두 정화될 수 있습니까?" [양명이 말하기를] 양지는 본래 저절로 밝다. 기질이 아름답지 못한 사람은 찌꺼기가 많고 가린 것도 두터워서 양지를 환하게 드러내기가 쉽지 않다. 기질이 아름다운 사람은 찌꺼기가 원래 적고 가린 것도 많지 않기 때문에 양지를 실현하는 공부를 대략 한다면 양지가 저절로 맑고 투명해져서 약간의 찌꺼기는 마치 끓는 물 가운데 떠 있는 누처럼 금방 사라질 것이니, 어떻게 가릴 수 있겠는가? 이것은 본래 이해하기 어렵지 않다. 그대가 이것에 대해 의심을 품는 까닭은 밝다[明]라는 글자를 분명히 이해하지 못했고, 또 급하게 이루고자 하는 마음이 있기 때문이다. 예전에 나는 일찍이 그대와 대면하여 '선을 밝힌다'의 함의를 논한 적이 있는데 '밝아지면 성실해진다'는 것은 후세의 유학자들이 말하는 선을 밝힌다는 것처럼 그렇게 천박한 것이 아니다.

(來書云, "質美者明得盡, 查滓便渾化. 如何謂明得盡? 如何而能便渾化?" 良知本來自明. 氣質不美者, 查滓多, 障蔽厚, 不易開明. 質美者, 查滓原少, 無多障蔽, 略加致知之功, 此良知便自瑩徹, 些少查滓如湯中浮雪, 如何能作障蔽? 此本不甚難曉. 原靜所以致疑於此, 想是因一'明'字不明白, 亦是稍有欲速之心. 向曾面論「明善」之義, 明則誠矣, 非若後儒所謂明善之淺也.)(「傳習錄」 卷中, 〈答陸原靜(又)〉)

다시 피력되어 있다. 인간의 천지 만물의 '령'이며, 그로 인해 천지 만물을 주재할 수가 있다고 본다. 내 마음의 영이 있으므로 천지 만물의 성-색-미-변화(聲-色-味-變化)를 지각·인식하며(⇒ 聰-明-嗜-神明), 그로 인해 천지 만물을 '주재'한다는 것이다.[43] 양지의 주재성을 영명으로 확정한 것은, 주자에서 소거되었던 천의 종교성을 심(良知) 속에 새롭게 영유(領有)하여 부각하고자 했던 양명의 사상적 전략이 양지를 영명으로 규정하는 데서 잘 드러나는 것으로 볼 수 있다.

양지는 자연적으로 발현하여 사물을 인식하는 활동(=인식 활동)을 한다. 양지는 천 리가 환하고 밝아서 영명하게 깨닫는 곳이다. 그러므로 양지가 바로 천 리이다. '만약 양지가 발하여 작용하는 생각이라면' 생각하는 것이 천 리가 아님이 없다. 아래의 인용은 이러한 사실을 잘 드러내 주고 있다.

> 마음은 한 덩어리의 혈육이 아니라, 무릇 지각하는 곳이 바로 마음이다. 예를 들어 눈과 귀는 보고들을 줄 알고, 손과 발은 아프고 가려운 것을 아는데, 이 지각이 바로 마음이다.
> 心不是一塊血肉, 凡知覺處便是心, 如耳目之知視聽, 手足之知痛癢, 此知覺便是心也.[44]
> 心은 身의 主(主宰)이며, 마음의 虛靈明覺이 이른바 本然의 良知이다. 虛靈明覺의 良知가 感應하여 움직이는 것을 '意'라 한다. 良知가 있은 뒤에 意가 있고 良知가 없으면 意가 없으니 良知가 意의 本體가 아니겠느냐? 意가 작용하는 곳에는 반드시 그 物이 있으니 物이 곧 事이다.
> 心者身之主也, 而心之虛靈明覺, 卽所謂本然之良知也. 其虛靈明覺之

---

43 이에 대해서는 山下龍二, "陽明學の宗敎性", 15-21 참조.
44 「傳習錄」卷下.

良知應感而動者謂之意. 有知而後有意, 無知則無意矣. 知非意之體乎?
意之所用, 必有其物, 物卽事也.[45]

생각해보니 양지는 단지 천리의 저절로 그러한 밝은 깨달음이 발현하는
곳이며, 단지 진실하게 다른 사람을 측은히 여겨 아파하는 마음이 바로 본
체입니다.
蓋良知只是一箇天理自然明覺發見處, 只是一箇眞誠惻怛, 便是他本體.[46]

양지는 천리가 환하고 밝아서 영명하게 깨닫는 곳이다. 그러므로 양지가
바로 천리이다. 생각은 양지가 발하여 작용하는 것이다. 만약 양지가 발하
여 작용하는 생각이라면 생각하는 것이 천리가 아님이 없다. 양지가 발하
여 작용하는 생각은 저절로 간단하고 쉬우며, 양지 역시 그것이 양지가 발
용된 생각임을 저절로 알 수 있다. 만약 사사로운 뜻으로 안배하는 생각이
라면 저절로 분주하고 수고롭고 어지러우며, 양지 역시 그것이 사사로운
뜻으로 안배된 생각임을 분별할 수 있다. 생각이 옳은지 그른지, 비뚤어졌
는지 바른지를 양지는 스스로 알지 못하는 것이 없다. 따라서 도적을 자식
으로 오인하는 것은 바로 치양지의 학문에 밝지 못하여 양지에서 체득할
줄 모르기 때문이다.
良知是天理之昭明靈覺處, 故良知卽是天理. 思是良知之發用. 若是良
知發用之思, 則所思莫非天理矣. 良知發用之思, 自然明白簡易, 良知亦
自能知得. 若是私意安排之思, 自是紛紜勞擾, 良知亦是會分別得. 蓋思
之是非・邪正, 良知無有不自知者. 所以認賊作子, 正爲致知之學不明,
不知在良知上體認之耳.[47]

---

45 「傳習錄」 卷中, 〈答顧東橋書〉.
46 「傳習錄」 卷中, 〈答聶文蔚(二)〉.
47 「傳習錄」 卷中, 〈答歐陽崇一〉.

위의 언명들은 "마음은 텅 비고 영명하여(虛靈) 어둡지 않으니(不昧), 중리를 갖추어서 만사가 나온다"(虛靈不昧, 衆理具而萬事出)[48]는 표현과 같은 종류이다.

이렇게 보면 왕양명은 그의 양지론을 통해서 '천→허령→불매'로 이행되는 과정을 보여주면서 양지의 허령이라는 존재론적 측면과 명(明)=불매의 인식론적 작용을 명시하고 있다. 아래의 인용에서 보듯이 '나의 양지가 유행하여 쉬지 않는 것'(吾良知的流行不息)은 '허령+불매'가 '영명'으로 종합되어 표현된 것이다.

> 선생께서 말씀하시기를, "사람의 본체는 늘 적연하여 움직이지 않는 것이며, 항상 느껴서 마침내 통하는 것이다. '아직 응하지 않았다고 해서 먼저가 아니고, 이미 응했다고 해서 나중이 아니다'"
> (先生曰, "人之本體, 常常是寂然不動的, 常常是感而遂通的. '未應不是先, 已應不是後.)[49]

> 황이방이 여쭈었다. "선대의 유학자는 시경의 '소리개가 날고 물고기가 뛰논다'는 것과 맹자의 '반드시 일삼음이 있다'는 것은 똑같이 활발발한 것이라고 하였습니다."
> 선생께서 대답하시기를, "역시 옳다. 천지 사이에 활발발한 것은 이치가 아닌 것이 없는데, 그것은 바로 나의 양지가 유행하여 쉬지 않는 것이다."
> (問, "先儒謂「鳶飛魚躍」與「必有事焉」, 同一活潑潑地." 先生曰, "亦是. 天地間活潑潑地無非此理, 便是吾良知的流行不息.)[50]

---

48 「傳習錄」卷上.
49 「傳習錄」卷下.
50 「傳習錄」卷下.

결국 왕양명의 양지론은 천 → 령(虛靈) → 명(明覺·不昧)의 논리에 기반하여 존재론적(→ 虛靈), 인식론적(→ 不昧=明覺) 근거를 가지면서 영명이란 개념에 이 두 가지 계통을 집약하는 형태로 양지의 의의를 재정의해내고 있다. 이 점이 중국사상사에서 큰 의의라고 하겠다.

IV. 결어

지금까지의 왕양명이 양지를 어떻게 '영명'으로 재규정하며, 그것(양지) 개념을 새롭게 탄생시키는가를 살펴보았다.

왕양명은 양지를 〈ⓐ허령+ⓑ명각〉, 〈ⓒ허령+ⓓ불매〉, 〈ⓔ영+ⓕ명〉 등으로 표현하였다. 이것을 다시 정리하면 ⓐ=ⓒ → 〈ⓔ〉, ⓑ =ⓓ → 〈ⓕ〉로 요약되었다. 전자(ⓔ)는 양지 활동이 자유자재·무한하다는 것, 즉 양지의 '존재 양상·방식'을 명시한 '존재론적' 규정이었다. 후자(ⓕ)는 양지의 활동이 세미(=精微)하여 만사 만물의 우여곡절을 다 밝혀내므로 그 작용이 정미·탁월하다는 것을 말한 것이다. 이것은 양지의 '인식의 양상·방식'을 명시한 '인식론적' 규정이었다. 다시 말해서, 양지의 존재론적 특성을 '영'으로, 인식론적 특징을 '명'으로 규정하고, 이 둘을 절묘하게 결합시킨 것이 '영명' 개념이었다.

그래서 왕양명의 양지는 〈천 → 령(虛靈)〉과 〈령(虛靈) → 명(明覺·不昧)〉의 두 과정을 중층적으로 거치면서 '영명'으로 재해석된다. 여기서 양지라는 탁월한 정신 활동은 '실재-존재'하는 것임과 동시에 '인식 및 판단'의 특출한 능력이 지금 여기서 '작용-작동'하고 있음을 확정한다. 왕양명의 양지는 이렇게 해서 '영명'의 내용을 영유하게 된다. 이 내용을 도시하면 다음과 같다.

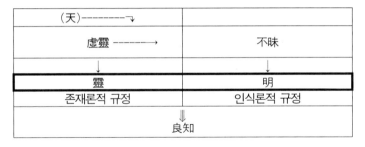

[圖4] 왕양명의 良知의 '靈明'論的 해석 과정

(天) --------→	
虛靈 --------→	不昧
↓	↓
靈	明
존재론적 규정	인식론적 규정
⇓ 良知	

　　왕양명에게서 '진정한 인식'은 곧 '진정한 실천'이었다(=知行合
一). 그것은 '천'의 '령'(天之靈)을 근거로 하여 그 존재론적 근거를 획
득하고(→虛·靈), 여기서 획득한 만물의 영장으로서의 인간의 지위
에 따른 것이다. '인식'(=良知)과 '실천'(=良能)의 합일체인 양지는 '영
명'이란 개념으로 재규정됨으로써 당시에 통용되던 도교나 불교 영
역의 '영명'과도 소통할 수 있는 '사상적 소통의 폭'을 넓힌다. 그것은
주자학에서 논의하던 '허(理)-령(氣)'라는 이기론적인 틀을 허무는
것이었으며, 그럼으로써 삼교합일의 지평을 넓힐 수 있었던 것이다.
이렇게 함으로써 그의 수신(修身)·처세(處世), 수기(修己)·치인(治
人)의 자율성·능동성·즉시성을 확보하여 역동적인 철학을 만들어
갈 수 있었다.

제 II 부

함석헌 사상과
오늘의 한국 사회

함석헌 평화사상의 재조명 필요성

임헌영
(민족문제연구소 소장)

I. 씨알을 통한 평화 실현

"전쟁을 포함한 직접적 또는 물리적 폭력이 없는 상태를 '소극적 평화'(negative peace)라 부르고, 간접적 또는 구조적 폭력 및 문화적 폭력까지 없는 상태를 '적극적 평화'(positive peace)로 일컫는다"는 요한 갈퉁(Johan Galtung)의 평화론은 이미 일반화되어 있다. 적극적인 평화를 그는 사회정의와 인권, 복지 실현, 심지어는 환경생태계 문제까지 확대시켜 평화의 개념이 마치 천국의 건설쯤으로 흐뭇하게 만들어주고 있다.[1]

이런 갈퉁의 평화 개념에 대하여 박성준은 〈평화, 평화학, 평화운동〉에서 "전쟁의 방지가 긴급한 과제인 현대 세계에서, '전쟁 부재로서의 평화'를 negative(부정적, 소극적)하게 정의하는 데 대해 이의를

---

1 요한 갈퉁/강종일 외 옮김, 『평화적 수단에 의한 평화』(들녘, 2000) 참고. 인용문은 9쪽 "옮긴이의 말."

제기"한 서독의 신학자 볼프강 후버(Wolfgang Huber)의 반론을 소개해준다.[2] 이 주장에는 갈통의 이론이 잘못되었다는 게 아니라 평화학의 개념에서 보다 더 중요한 것은 전쟁 종식을 위한 제반 문제란 전통적인 평화의 개념이 지닌 중요성을 강조한 것으로 보인다. 북유럽적인 평화지대의 노르웨이 출신의 갈통에게 전쟁은 먼 것일 수도 있지만, 통일 이전 독일의 분단 상황에 처했던 후버는 반전이 더 화급한 평화의 과제로 부각되었을 것이다.

박성준은 독일보다 더 열악한 한국에서의 평화운동을 "통일운동의 일부분으로 인식되어 운동으로서의 독자성"을 갖지 못했다고 평가하는데, 이 지적에는 한국에서의 평화운동이란 분단극복과 반전평화통일 운동을 최우선시했음을 반증한다. 그럼에도 불구하고 민주화운동과 평화운동은 병행하여 한국에서도 "9.11 사건 이후 미국의 '반테러' 전쟁, 부시의 대북한 적대정책('악의 축' 발언)과 한반도 전쟁 위기의식의 고조 등이 계기가 되어 독자적인 평화운동단체와 네트워크들이 여럿 생겨나는 등 평화운동의 새로운 물결이 일어나게 되었다"고 박성준은 개괄해준다.

"한국의 전쟁 지원 반대, 한국군 파병 반대, 매향리 미군 폭격장 폐쇄, 미군 학살 만행 특별조사, 불평등 소파개정, 우리 땅 미군기지 되찾기, 6.15남북공동선언 실현, 투자협정 WTO(한미 FTA)반대 등을 위한 수많은 민중·시민 연대체들이 형성되어 활발한 활동을 전개"해오고 있다는 그의 평화운동 전망대에서 오늘을 바라보노라면 제주도 강정기지 문제나 해고자와 비정규직 노동자 문제까지 이어

---

2 박성준, 2002년 시민의 신문과 성공회대학 NGO학과가 공동으로 진행한 프로그램 중 제9강. 이하 박성준의 모든 인용도 같음. 이 강좌는 현대 한국이 당면한 모든 쟁점을 평화학적 접근으로 시도하고 있다.

질 것이다. 이 일련의 평화운동은 "침묵시위, 1인 릴레이 시위, 평화의 쪽지 보내기, 온라인 반전 서명하기, 아프간 여성 영상제, 반전평화콘서트, 반전 버튼 달기 등 다양한 방법으로 대중의 참여를 유도해 반전 평화의 공감대를 넓혔다"고 한다.[3]

이런 관점에서 조망하면 현대 한국 사회의 모든 당면한 과제들, 민주화·통일·인권·노동·복지 운동은 다 광의의 평화운동일 터인데, 그런 평화운동의 한국에서의 사상적인 텃밭은 바로 함석헌일 것이다. 이미 함석헌의 사상에 대해서는 많은 연구 목록이 쌓여있는데, 그 중심 사상은 바로 '씨알을 통한 인류적인 평화 실현'이라 할 것이다.[4]

함석헌의 평화사상은 요한 갈퉁의 이론에 완벽하게 들어맞는다

---

3 박성준은 이런 한국에서의 평화운동이 "단기간 또는 일회성의 활동에 그칠 뿐, 일반 민중과 시민들이 일상생활 속에서 지속적, 자발적으로 참여할 수 있는 내용과 형식을 아직 창조해내지 못하고 있다"면서, "운동권이라는 울타리 밖에 있는 풀뿌리 민중·시민들이 일상의 삶 속에서 이룩해 놓은 다종다양한 단체와 모임들에 주목할 필요가 있다"고 지적한다. 그 예로 "월드컵 축제에 자발적으로 참여하고 있는 거대한 군중을 눈여겨보아야 한다"고 시사한다.

4 함석헌의 평화사상에 대해서는 아래 글이 참고가 된다.
① 안병무, "비폭력 저항운동과 평화사상": 평화사상의 핵심을 반정치, 반폭력, 반국가로 보면서 무정부주의 사상에 도달한 것으로 평가. 그 사상적 배경은 동양, 기독교, 힌두교, 퀘이커교, 한국 역사라고 주장.
② 박재순, 『함석헌의 철학과 사상』 중 제5장 평화사상: 하늘을 지향하면서 한(恨, 韓)민족적 어진 마음, 간디 등 사상가에서 뿌리를 찾음.
③ 황보윤식, "함석헌의 퀘이커, 집단 신비주의": 넓은 의미에서 기독교 사상을 평화사상의 근본으로 풀이.
④ 김영호, "함석헌의 비폭력 평화사상과 그 실천 전략": 도로우(Henry D. Thoreau, 1817~1862)의 시민불복종운동(civil disobedience), 톨스토이(Leo Tolstoy, 1828~1910)의 성서적 접근, 간디(Mahatma Gandhi, 1869~1948)의 ahimsa(不傷害, non-injury)에 바탕한 '무저항' 평화운동으로 풀이. 무저항이란 복종이나 저항의 포기가 아니라 '전투적 비폭력(militant nonviolence)'으로 풀이. 이 밖에도 많은 연구가 있지만 생략.

고 할 만큼 소극적인 개념부터 적극적인 개념까지 두루 포함시킨 데
다가 그 방법론에서는 무저항(갈퉁의 술어로는 '평화적 수단')일 뿐만
아니라, 씨알의 자아 혁명과 적극적인 평화가 동시에 구현되는 가히
열반의 상태를 지향하고 있다는 점에서 단연 돋보인다.

이 화엄의 경지에 이르는 함석헌의 평화사상 전모에 대해서는 이
미 적잖게 논의되었기 때문에 이 글에서는 보다 더 실체적인 평화의
문제에 초점을 맞춰 논의해보고자 한다.

II. 평화의 적은 제국주의와 정치권력

함석헌에게 평화란 "대기(大氣)를 마시고 가스를 뱉으니 평화요,
먹을 것을 먹고 마실 것을 마시고 속에 담긴 찌꺼기를 내보내니 평화
요, 햇빛을 보고 웃고 바람을 쐬고 죽지를 펴니 평화다." 그에게 평화
란 연구의 대상이 아니라 구현해야 될 삶의 필수 요소이기 때문에 우
주 삼라만상의 자연스러운 상태 그대로인 노장(老莊)의 경지까지를
시사한다. 그래서 "마시고 뱉으니 대기가 있었고 먹고 마시고 내보내
니 밥이요 물이었으며 웃고 나니 햇빛이요 펴고 보니 바람이었다"는
묘사에서처럼 인간 본연의 생명욕으로서의 자태가 곧 평화다.

물질 속에 자기를 나타냈다면 냈다 할 수 있지만 그런 것 아니라 자기를 나
타내니 산이 되고 바다가 된 것 아닌가? 빛이 어둠을 삼켰다면 삼켰다고 할
수 있으나, 그보다는 빛의 리듬이 어둠 아닌가? 말씀이 육(肉) 속에 파고들
었다면 들었다 할 수 있으나 그보다도 새 말씀을 하니 옛 말씀이 육이 아닐
까? 선(善)이 악(惡)을 이긴다면 이긴다 할 수 있지만 도리어 자라는 정신

의 밑둥이 악(惡) 아닐까? 생(生)이 사(死)를 삼켰다고 하지만 속을 말한다면 그저 스스로 좋아서 빚었다 뭉갰다 하는 것 아닐까?

그저 기쁨이요 평화일 것이다.[5]

우주의 섭리에 따르는 이런 평화 상태는 함석헌의 '들사람' '씨알'의 원형에 가깝다. 그에게 평화란 '한길'로 "대(大)인 동시에 또 일(一)"이다. 그래서 "삶이란 하나밖에 없는 유일의 길이요 운동이다. 그러므로 대도(大道)다. 그 대도가 곧 평화의 길이다. 여러 운동 중에 평화운동이 따로 있고 여러 길 중에 평화의 길이 따로 있는 것 아니라 삶의 꿈틀거림이 곧 평화운동이요, 평화의 길이다." 그러기 때문에 그 가능 불가능을 물을 게 아니라 "마땅히 하지 않으면 아니 되는 당위요 의무임을 알아야 하고 그것을 하자는 결심이 있을 뿐이다"고 못박는다. "평화는 그 할 수 없는 데가 바로 할 수 있는 데다"라고 말한다. "평화는 이 긴장, 이 전쟁의 위협 속에서만 가능하다. 평화의 나라에 평화운동은 있을 수 없다. 평화는 전쟁의 불꽃 속에서만 피는 꽃이다. 삶은 죽음 속에서만 나오고, 기쁨은 근심 걱정 속에서만 나오고, 사랑은 미움과 싸움 끝에서만 나온다. 생명의 가는 길은 처음부터 언제나 그러했다. 늘 불가능의 가능이다."[6]

이를 더 풀이하기를 "평안은 몸이 피둥피둥 살이 찌고 잘 먹고 잘 사는 것을 의미하는 것"이 아니라고 한다. "또 정신이, 찌꺼기에 배를 불리고 제 싼 똥을 자리하고 누워 태평으로 자는 돼지처럼, 아무 생각이 없는 것이나, 그렇지 않으면 바위 등에 붙어 어부의 손이 오는 줄은 알지도 못하고 제 껍질 속에 그리는 꿈에 갇혀 있는 소라처럼,

---

5 함석헌, "평화운동을 일으키자", 『들사람 얼』(함석헌선집2), 484-485.

6 위의 글, 471.

제 주관에 취해 좋다 하고 있는 것을 말하는 것" 역시 아니다.

> 그보다도 죽음이 올 때에 당황하거나 비겁하게 피해보려는 어리석음을 하
> 지 말고 언제 오더라도 선뜻 일어서서 그 명령에 따라갈 수 있을 이만큼 평
> 상시에 정신의 준비가 돼 있는 것을 말하는 것입니다. 그것이 정말 평안입
> 니다.[7]

잘 죽는 게 평화란 말인가. 역설적이지만 함석헌에게 이 논증은
충분히 근거가 있다. "우리는 하나님에 순종하기 위하여 모든 인간적
인 것에 대해 항거하지 않으면 아니된다. 그러나 그렇다고 해서 순종
따로 항거 따로 있는 것은 아니다"라고 하는 한편에서는 "자유하지
못하는 사람은 복종할 수 없다. 자유를 알기 전에 한 복종은 짐승의
길듦이지 인격의 순종이 아니다"라고도 한다.[8]

하나님의 명령을 우주 삼라만상의 섭리로 보는 그에게 인간다운
삶을 위한 레지스탕스와 죽음에 대한 순종은 평화로운 삶 그 자체의
상징이라 하겠다.

함석헌의 저항을 흔히들 무저항주의로 단순화시키지만 그 자신
은 "저항하는 것이 곧 인간이다. 저항할 줄 모르는 것은 사람이 아니
다"라고 하면서, "무저항주의라고 아는체 그런 소리를 하지 마라. 그
것은 사실은 저항의 보다 높은 한 방법일 뿐이다. 바로 말한다면 비
폭력저항이다. 악을 대적하지 말라 한 예수가 그렇게 맹렬히 악과 싸
운 것을 보아라. 말은 들을 줄 알아야 한다. 하늘에 올라가도 저항,
땅에 내려와도 저항, 물속에 들어가도 저항, 허무 속에 가도 거기 스

---

7 "우리는 왜 이래야 합니까?", 『씨알에게 보내는 편지』(선집4), 104-105.
8 "레지스탕스", 『들사람 얼』(선집2), 111-112.

스로 일으키는 회오리바람 속에 버티고 있는 하나님이 있는데 너만
이 저항을 모른단 말이냐?"[9]라고 목청을 돋운다.

그런데 이 저항의 궁극적인 목적이 바로 인간의 평화를 확보하기
위한 것임을 느끼게 되면 그게 곧 저항과 복종, 속박과 자유가 하나
임을 감지할 수 있을 것이다.

플라톤의 「국가론」에 등장할 법한 이런 원시 상태의 유토피아적
이며 아나키즘적인 평화론은 함석헌 사상의 다양한 시원을 유추해
볼 수 있는 단서지만 여기서는 그런 분야에 대해서는 유보하고 지극
히 현실적인 쟁점으로 논의를 몰아가기로 한다.

인간의 원초적인 평화로운 삶을 방해하는 가장 큰 요인으로 함석
헌은 국가주의를 거론한다. "평화를 방해하는 것은 세계에 통하는 격
언이 있는 대로 정치가들이다"고 단언하면서 그들은 "갈라가지고 해
먹는다"(Devide and rule)고 정치 권력을 사갈시한다.

　　… 지배자들은 바로 민중을 위하기나 하는 척 조국을 건지자, 계급을 해방
　　하자, 일치단결해라, 정의는 우리에게 있다, 오랑캐를 물리쳐라, 하며 싸
　　움을 붙여놓고 자기네는 죽지 않을 안전한 자리에 앉아 어리석은 것들을
　　시켜 훈장까지 붙이게 해가면서 명군(明君), 영웅(英雄), 영도자 노릇을
　　하며 앉아 있다. 그러므로 그들의 철학으로 하면 전쟁은 없어서 아니 되고
　　상벌도 없어서 아니 되고 차별도 없어서 아니 된다.
　　그러한 세상에 평화는 있을 수 없다.[10]

---

9 "저항의 철학", 위의 책, 117, 123. 이런 인간상을 함석헌은 씨알, 곧 '들사람'으로
　보면서 "문(文)에 대해 야(野)", 아름답게 다듬기 이전의 상태 그대로의 나무, 순
　(醇), 순(淳) 박(朴)에 가까운 것으로 풀이한다("들사람이여, 오라").
10 『들사람 얼』(선집2), 482.

분단시대의 반민족. 반민주적인 독재 권력만 체험했던 함석헌에게 평화의 적은 곧 당대의 지배계층을 겨냥할 수밖에 없었을 터인데, 바로 그 평화재판의 피고석에다 "세계를 망친" 제국주의를 올려놓고 증오와 타매의 난도질을 감행한다. 따라서 함석헌의 시야에 비친 한국 평화운동의 장애는 아래의 네 가지로 설정된다.

> 첫째, 남북의 긴장.
> 둘째, 주위 강대국들의 야심.
> 셋째, 인간의 본성.
> 넷째, 민중의 도덕수준.[11]

이 네 가지 중 셋째와 넷째는 사상사적인 문제로 이미 기존 연구가 풍성하기 때문에 여기서는 다루지 않기로 한다. 첫째와 둘째 쟁점인 '남북의 긴장'과 '주위 강대국들의 야심'은 함석헌이 일생동안 실천운동으로 감행했던 쟁점인지라 빼어놓을 수 없다. 그리고 장애 요인에서는 빠졌으나 이미 강력하게 비판했던 평화의 공적 제1호인 정치권력 문제는 독재에 대한 비판의식으로 대체하여 다뤄보기로 한다.

III. 세계사에 대한 인식

함석헌이 인류의 평화를 깨트리는 첫 번째 요인으로 지목한 건 전쟁인데, 그는 소년기 때 동네 아이들과 어울려 일본과 러시아로 패

---

11 『들사람 얼』(선집2), 472.

거리를 나눠서 전쟁놀이를 했던 추억담을 "나라는 망하고"에서 회억조로 풀어낸다. "그렇게 참혹하게 몇 번 전쟁을 겪고도 아이들보고 자라거든 이다음은 그런 일이 없도록 하라 일러주는 사람은 하나도 없었고, 지나가면 그것을 한 개 운명 팔자로만 돌리고, 그저 멍청하게 사는 듯 싶었다"고 자책한다.

> 정신이 있는 백성인지 없는 백성인지 오늘도 지나가며 길가에 노는 어린이를 보면 한심한 생각 금할 수 없다.
> 그렇게 많은 동포가 죽는 걸 보고도, 그렇게 많은 사람을 죽여 보고도, 아이들이 전쟁놀이 하는 것이 끔찍해 보이지도 않아 총 사주고 칼 사주며 해라 해라 하니, 생각이 있는가 없는가? 그 심장들은 강철 심장인가? 흙 심장이 돼 그런가? 고기 맛을 한번 본 다음에는 더 먹기만 하려는 맹수의 심장인가? 이상한 것은 "나는 일본이다" "너는 아라사야" 하는데 한 놈도 "그래나는 한국이다" 하고 나선 놈은 하나도 없었으니, 용천 바닷가 감탕물을 먹은 놈들이 돼 그런가? 서울 백사지에 자란 양반엔 있었던가? 더구나 전쟁놀이만 했지 한 놈도 그 중간에 우뚝 일어서 두 팔을 쭉 벌리고 "그만들 둬라!" 하는 놈은 없었으니, 싸움 구경만 하러 온 백성인가?[12]

이런 가운데서 함석헌의 국가관은 "악과 싸워 가자는 것, "국민의 생명재산"이나 "안녕질서"에 앞서서 "악과 싸우는 생명이요, 재산이요, 안녕이요, 질서"라고 풀이한다.[13]

그런데 문제는 악을 물리치려면 악과 싸워야 하는데, 그게 바로 전쟁이 아닌가. 지구상의 많은 나라들은 다 자국의 국민 보호라는 명

---

12 "나라는 망하고", 『죽을 때까지 이 걸음으로』(선집 5), 15.
13 "비폭력혁명", 『씨올의 옛글풀이』(저작집 24), 85-86.

목으로 전쟁을 수행하는데, 이 너무나 당연하고 소박한 현상 앞에서 함석헌은 "전쟁을 그만두려면 국경을 없애는 수밖에 없다"면서, '세계정부' 혹은 '세계 연방'이라는 환상적인 평화론의 원칙이 등장한다. 그에 의하면 미국이나 러시아 같은 대국들은 힘이 있으므로 버티긴 할 것이나 "한국, 월남, 아프리카의 새로 된 조그마한 나라에 일어나는 정치 변동 하나하나에 일일이 신경"을 써야 하기 때문에 "그러한 큰 나라는 점차 없어질 것이고 세계가 하나로 돼가면 갈수록 힘은 분산되어 지역적으로 자치를 해가는 사회단체가 늘어가게 될 것이다"는 지극히 낙관적인 전망을 제시한다.[14]

물론 함석헌은 다른 글에서 미·소 두 나라를 냉철하게 분석하기도 한다. 그의 주장에 따르면 이 두 나라가 대립된 배경은 형성과정부터 너무나 다르기 때문이라고 한다. 즉 미국은 "구세계의 종교의 결산인 개혁 운동으로 신세계에 새로 옮겨진 새 정신을 혼으로 삼고 생긴 나라요, 소련은 구세계의 정치의 결산인 세계대전의 결과로 새로 일어난 나라다" 다른 나라들과 달리 "자연성장적으로 된 나라가 아니요, 인간이 의식적으로 세운 이성이 낳은 것이다. 그 점에서 둘은 서로 타협할 수 없이 반대면서도 같은 나라들이다."

그들이 서로 충돌하는 것은 다른 나라들의 하는 것 같은 단순한 이해 충돌만이 아니다. 사상의 싸움, 이상의 싸움, 그보다도 인간성의 싸움이다. 미·소의 대입에서 인간은 자기분열·자기대립·자기번

---

14 "한국은 어디로 가는가", 『생각하는 백성이라야 산다』(선집 3), 71. 곧 쓰겠지만 이 부분은 매우 함석헌답지 않다. 강대국을 제국주의 세력으로 인식한 그로서는 이 글에서 논리적으로 걸맞지 않게 낙관론을 제기하고 있다. 미·소 두 나라가 핵실험을 그만 둘 것이라든가(이 글은 1964년 집필), 종교도 평화 지향적으로 변모할 것이라는 기대는 2012년에서 보노라면 너무나 사회과학적인 투시력이 아쉽다.

민을 하고 있는 것이다.

이것은 분열이지만 통일의 한 걸음이다. 싸움이지만 평화의 한 노력이다. 반대되는 두 다리가 서로 반대로 움직이면서도 되어 나오는 것은 앞으로 나가는 한 운동이듯이 이 세계의 대립은 역사를 평화의 길로 이끌고야 말 것이다. 비관해서는 아니 된다. 믿어야 한다. 믿음이 이김이다. 이제 둘의 싸움으로 위기에 빠진 것은 미국도 아니요, 소련도 아니요, 폭력 문명 그 자체다. 인간은 살기 위해 싸웠지만 이때껏 그것이 역사의 기조였지만, 이 앞으로는 그것이 모순임이 폭로될 것이요, 인간은 살기 위해서 하는 전쟁을 내버릴 것이다.[15]

지금은 해체되어버린 러시아지만 양대 강국 대결시대 때 이렇게 분석 평가한 안목은 과연 함석헌(!) 하고 경탄하지 않을 수 없도록 독자를 압도한다.

그런 한편 만약 그가 걸프전이나 아프가니스탄 침공 같은 미국의 만행을 보았다면 이런 전망을 어떻게 수정했을지 자못 흥밋거리다. 그럼에도 불구하고 그는 세계에 평화가 없는 이유가 전쟁 때문인데, 모든 전쟁은 예외 없이 "정의와 평화"를 위해서 감행되고 있음을 지적하고 있다는 점에서 강대국의 침략주의에는 경각심을 늦추지 않았다고 할 수 있다.[16]

미국의 월남전을 정면으로 비판하면서 한국의 월남 파병도 "잘못된 판단"이라면서 함석헌은 자본주의가 필연적으로 전쟁을 할 수밖에 없다는 논리를 아래와 같이 전개한다.

---

15 "새 나라 꿈틀거림", 『씨울의 옛글풀이』(저작집24), 271. 이 글에 나타난 함석헌의 세계관과 민족국가관은 감동적이다.
16 "평화는 씨알이 만드는 것입니다", 『선집 44』, 89-90.

언제나 공업주의는 전쟁을 예상하고야 되는 것이고, 전쟁은 무슨 형식으로나 착취하지 않고는 불가능합니다. 그것은 소위 대국들의 하는 제국주의입니다. 이제 그 대국들이 당황하는 데 대국 될 조건 없는 나라에서 그것을 모방하다가 어디로 가려는 것입니까? 언필칭 서구적 민주주의라고 비난하지만 누가 정말 서구식입니까? 서구식 민주주의만 나쁘고 서구적 제국주의는 옳습니까?[17]

이런 논리 뒤에는 예상대로 세계 평화의 진로를 제3세계나 중립화 방향으로 잡을 수밖에 없는데, 함석헌의 주장도 여기서 예외가 아니다.

"세계 평화를 생각할 때 제3세력이 나와야 한다는 것은 옳은 말이다. 그 제3세력은 둘을 다 합친 것보다 더 강한 무력을 가진 나라라 생각하면 어리석은 일이다. 그것은 또 되풀이다. 정말 제3세력은 약소민족일 것이다. 세계 역사가 재미있게 되어가지 않나? 아프리카 검둥이의 새로 일어나는 나라들이 국제관계에 결정권을 쥐게 되어가고 있다. 약하고 어릴수록 정신의 높은 것이 있고 그 높은 정신이참 중재·화해를 하는 것이다"는 그의 예언은 현재적 시점으로 보면빗나갔지만 장기적인 세계사적 안목으로는 누구도 예단하기 어려울 것이다.[18]

세계사란 함석헌에게 평화를 향해 진화해 가는 씨알들의 각성 과정으로 풀이된다. 궁극적으로 평화란 국경을 허물어야 하는데, 현재

---

17 "씨알의 심판", 『씨알에게 보내는 편지』(선집 4), 208. 이 글은 유신 치하였던 1975년에 쓴 것인데, 그래선지 함석헌의 글 중에서는 박정희에 대한 비판력이 약간 무디어져 있다.

18 『씨알의 옛글풀이』(저작집 24), 274.

는 그 과도기에 처해 있지만 이 평화주의자도 한국에 초점이 맞춰지면 논조가 격앙됨을 숨길 수 없다.

IV. 한국 혹은 민족문제에 대한 열정

"해방부터 잘못됐었다. 우리 해방은 우리 손으로 싸워서 얻은 것이 아니고 역사의 대세가 가져다준 것이었다"는 논리는 유명한 그의 '도둑 해방론'과 맥락을 함께 한다. 그 원인을 함석헌은 "어제까지 제 말 쓰지 말라면 말 못하고, 제 옷 입지 말라면 맞지도 않는 유가다에게다 끌고 나오고, 성 고치라면 조상의 위패 똥통에다 던지고 일본 이름 쓰고, 젊은 놈 남의 전쟁에 나가 죽으라고 시국강연 하라면 있는 지식과 말재주를 다 떨어 하던 사람들이, 사람이 아니라 놈들이 어떻게 그대로 해방 받아 자유하노라 할 수 있겠나?"라고 목청을 높인다.

그다음 새 날이 오고 새 임 맞는다면 청소부터 하고 거치른 것으로나마 새 옷 입어야 하지 않나? 낡은 악을 청산했어야 하는데 못한 것이 많다. 잘못된 국민성격이나 사회 풍습 같은 것은 하루 이틀에 아니 된다 하더라도, 지난날 일본의 앞잡이 노릇하던 것만은 싹 씻었어야 할 것이었다. 그런데 해방 후, 북한은 또 몰라도, 이 남한에서는 정치·군대·경찰이 주로 친일파로 되지 않았나? 이 무슨 운명인가? 이리해서 일본 제국주의는 여기서 새 모양으로 자라게 됐으니, 오늘 일본 사람이 다시 자기 옛 집 찾아들 듯 꺼림도 부끄럼도 없이 오는 것을 이상하다 할 것이 없다. 이 점은 미국을 나무라고 싶고 죽은 이승만에 채찍을 더 하고 싶지만 아무리 그렇다 하더라도 민중이 정말 똑똑했다면 그들도 어떻게 할 수가 없었을 것이다. 썩었다.[19]

"일제시대에 '친일파'란 말은 세계에서 제일을 자랑하는 일본군 대보다도 더 무서웠다"는 그는 분단의 책임 소재에서 외세 못지 않게 그때와 그 후 나서서 스스로 나랏일 하노라는 정치인들의 야심에 있다. (…) 이념, 구상이 서로 다른 것은 걱정할 것 없다. 여러 가지 사상과 의견이 있을수록 좋다. 그래야 네 생각만도 아닌, 내 생각만도 아닌, 보다 높은 참에 가까운 생각에 도달할 수 있다. 나쁜 것은 자기 중심적인 야심이다"고 정치 지도자들을 질타한다.[20] 한국전쟁도 당연히 이들 때문에 발발했다고 보는 함석헌은 필화를 일으킨 유명한 구절을 이렇게 노정시킨다.

> 남한은 북한을 소련·중공의 꼭두각시라 하고, 북한은 남한을 미국의 꼭두각시라 하니 남이 볼 때 있는 것은 꼭두각시뿐이지 나라가 아니다. 우리는 나라 없는 백성이다. 6.25는 꼭두각시의 놀음이다. 민중의 시대에 민중이 살았어야 할 터인데 민중이 죽었으니 남의 꼭두각시밖에 될 것 없지 않은가?[21]

이런 논리적 연장선에서 그는 민족주의론을 강조한다. "우리는 민족을 잊어서는 아니된다. 사랑해야 한다. 사랑하지만 또 민족에 미쳐도 아니 된다. 잊어버리지도 미치지도 않고 자기를 사랑하면서도 자기를 객관화"할 것을 강조하는 함석헌의 민족론은 탁월한 식견이 돋보인다. 여기서 민족의식은 "주체의식이고 또 하나는 사명감"이다. 그는 시종 남북한의 통일된 민족 주체성으로 세계사에 참여해야 된다는 입장인데, 어떤 면에서는 민족주의의 극복론으로 평가하기

---

19 "십자가에 달리는 한국", 『생각하는 백성이라야 산다』(선집 3), 126.
20 "민족노선의 반성과 새 진로", 위의 책, 150.
21 "생각하는 백성이라야 산다", 위의 책, 170.

도 한다.22

그러나 함석헌에게는 민족주의를 극복하기 위해서는 도리어 민족의식을 더 한 층 강조해야 된다는 변증법적인 절차를 강조하는데 그 절규가 〈통곡! 삼일절〉이다.

삼일절이 죽었다!

삼일절이 죽었다!!

삼일절이 죽었단 말이야!!!

이 강산에 사는 사내들아 계집들아, 삼일절은 이제 죽었다. 삼월 초하루가 돼도 만세 소리 하나 나지 않으니 죽은 것 아니냐? 어느 입 하나고 기념이건 축하건 말 한마디도 없으니 죽지 않고서야 어찌 그럴 수 있느냐? 파고다야, 씨ᄋᆞᆯ의 밀물에 대해 문을 닫고 쇠를 잠그고, 네가 뭐 하자고 서울 복판에 무덤처럼 누웠느냐? 거기 두더지를 기르잔 말이냐, 박쥐를 붙여두잔 말이냐? 북악산아, 네가 뭐하자고 6백만 심장 위에 망부석처럼 우두컨 섰느냐? 그래 옛 귀신의 울음을 듣고 있느냐? 햇귀신의 울음을 들으려고 하는 것이냐?23

격정과 미문과 장엄체가 어우러진 이 글은 함석헌 산문의 선동성이 가장 잘 드러나 있는데, 요컨대 그로서는 삼일정신이야말로 민족주체성의 뿌리이자 4.19의 조상으로 민주화와 통일을 향한 평화운동 사상의 근본이란 것이다.24

---

22 "민족, 하나의 인격적 존재", 위의 책, 79.

23 "통곡! 삼일절", 위의 책, 83.

24 "삼일정신", "3.1운동의 현재적 전개"(위의 책) 등 참고. 그는 한국의 국경일 중 평화사상과 관련하여 가장 중요시하는 정신은 바로 삼일운동이며, 그다음이 사월혁명이다. 그는 이 두 운동정신을 평화사상의 기본으로 삼는다.

그는 "삼일정신이 정말 있다면 38선이 걱정이겠느냐? 칼로 물을 쳐도 물은 또 합한다. 물같이 맑고 부드러우므로 하나 되는 정신을 잃어버린 것이 걱정이지 칼이 걱정이냐? 그리고 이 하늘이 준 정신을 민중에게서 빼앗는 자가 누구냐? 정치업자 아니냐?"[25]고 포효한다. 8.15 직후 좌우익이 삼일절 기념식을 따로 실시하면서 분단의 싹이 커졌던 걸 상기하면 함석헌의 이 지적은 매우 정확하다. 분단의 싹이었던 삼일정신은 곧 통일로 가는 민족정신의 둥치가 될 수도 있다는 시사이기도 하다.

V. 통일운동으로서의 평화사상

함석헌에게 평화사상은 대외적으로는 민족 주권을 위한 주체성 확립이었고, 대내적으로는 민주화와 통일인데, 여기서는 통일문제만 살펴보기로 한다. 통일방법론으로 그가 제기한 첫 단계는 "남북이 불가침조약을 맺는 일이다." 지금 들으면 너무나 낡아 버린 이 술어를 함석헌은 1971년에 주장했다. "모든 정치가 군사 일색인 것은 말할 것도 없고 위수령을 펴고 학원을 짓밟으면서까지 군사훈련을 강화하고 있고, 미국이 군사원조 중지한다고 눈이 휘둥그레 걱정하고 국군의 현대화·자립화를 부르짖고 야단이며 심지어는 대통령이 고등학교에도 총쏘기를 열심으로 가르치라고 명령을 한다"고 비판하면서 함석헌은 불가침조약을 권고했다.[26]

---

25 "삼일정신", 위의 책, 100.

26 "우리의 살길", 위의 책, 379. 평화통일이란 술어를 "남한에서는 어떠했느냐? 기회 있는 대로 그 평화공세에 속아서는 아니 된다 하고 평화 소리 하는 사람만 있으

둘째 단계로 그는 군비축소를, 이어 "마지막 단계는 아주 평화를 국시로 하는 단계다. 첫째·둘째 단계가 성공한다면 이 마지막 단계는 비록 쉽지는 않겠지만 반드시 불가능하지는 않을 것이다"는 게 함석헌의 통일 단계론이다. 그런데 이 단계를 거치면서 평화사상을 위해 "그 세 단계가 다 처음부터 중립노선 이외에 살길이 없다는 것을 깊이 인식하지 않고는 할 수 없을 것이다. 반대로 중립노선밖에 살길이 없다는 것을 깨닫기만 하면 결코 못할 것 아닐 것이다. 내가 중립이라 하는 데는 두 가지 의미가 있다. 하나는 사상적으로 하는 것이요, 하나는 정책적으로 하는 말이다"고 주장한다.[27]

함석헌은 환상주의자일까? 그렇지 않다. "군비 강화를 하면 누구와 전쟁을 하겠다는 말인가"라고 반문하면서 주변 4강국이 개입하는 상태에서 남북의 전쟁은 무의미함을 역설한다. 그런 가망 없는 전쟁 준비보다는 차라리 평화통일 정책이 더 효율적이라는 게 판단의 근거다.

"중립노선은 곧 혁명노선이다. 혁명이란 모든 것을 근본적으로 갈아치우는 일이다. 그렇게 하지 않고는 우리나라는 살 수 없다는 말이다"라고 한 그는 엄청난 주장을 내세운다. 너무나 중요한 대목이기에 좀 길지만 그대로 인용했다.

중립을 국책으로 세우려면 충실히 그것을 실행하고 이북에서 침입하는 경우에도 아무 무력의 대항이 없이 태연히 있을 각오를 해야 한다. 심하면 죽더라도 할 각오가 있어야 한다. 그러면 정말 그런 평화적인 태도로 맞으면

면 용공주의자로 몰아쳤다. 그러면 그것을 미루어 결론을 짓는다면 남한 정부의 정책은, 말로는 분명히 하지 않지만, 통일은 무력에 의해 되는 수밖에 없다는 의견이었다고 해야 할 것이다"고 꼬집는다.

27 위의 책, 380-381.

나는 이북군이 아무리 흉악하더라도 절대로 그 흉악을 부리지 못할 것이라고 믿는다.

첫째는 그들도 사람이요 한국 민족이기 때문이다. 우리가 죽음으로써 그들을 사랑했을 때 총칼이나 이론 가지고는 못 움직였던 그들의 양심을 움직여 우리 속에 있는 것과 같은 한삶의 숨을 마셔 인간 본래의 자세에 들어가게 될 것이기 때문이다.

둘째는 세계가 아무리 타락했다 해도 그래도 정의는 살아 있다. 결코 우리를 죽도록 그냥 두지 않을 것이다. 아마 중공이 가장 먼저 일어날지도 모른다. 그러기 때문에 목숨을 희생하는 사람이 있겠지만 그리 많지 않을 것이다. 이것도 저것도 다 실패되어 죽고 만다 해도 우리의 옳은 것은 남는다. 인류가 아주 멸망한다면 몰라도 적어도 인류가 생존하는 한 우리의 거룩한 희생으로 반드시 인류 운명에 바로 섬이 있을 것이다. [28]

"평화는 결코 비겁은 아니다"고 함석헌은 강조하면서 "씨올을 엮어 일자진을 쳐라! 가르쳐라! 바보도 아니요, 정신없어서도 아니다. 가르치지 않은 것만이 죄다"고 평화의 궁극적인 실천을 위한 무저항주의를 강변한다. [29]

무저항으로서의 평화주의 사상과 운동이 현실적인 역사에서는 어떻게 대응될 것인지를 살핀 게 이 글이었기 때문에 자아혁신을 통한 평화사상 등은 아예 접근하지 않았다. 그 자신이 투철한 반공투사로서의 경력을 지녔기에 그는 이승만·박정희 두 독재의 탄압에도 굴하지 않고 민주주의와 통일을 평화적인 씨알의 혁명으로 이룩하고자 하는 소망을 여과 없이 밝힐 수 있었다.

---

28 위의 책, 383, 385.
29 "나라는 망하고", 『죽을 때까지 이 걸음으로』(선집 5), 17.

함석헌 사상으로 바라본 한국의 현실과 영세중립통일*

강종일

(한반도중립화연구소장)

I. 머리말

"생각하는 백성이 없으면 나라가 없고, 나라 중의 보석 같은 영세중립국은 더욱 없다."[1] 함석헌(咸錫憲, 1901~1989) 선생의 말이다. 이 말은 선생의 씨올(씨알)사상에서도 보석 같은 내용인 것 같다. 함석헌의 사상은 일정한 틀과 규범으로 설명하거나 정의하기가 어렵다. 주장한 사상의 분야가 다양하고 광범하게 한국의 정치, 사회, 종교, 비폭력 무저항의 평화, 영세중립 등에 연계되고 있기 때문이다. 그의 다양한 사상은 포괄적이고 총체적으로 하나의 틀 속에서 평가하기는 더욱 어렵다.

함석헌은 일반적으로 씨올의 사상가, 무교회 평화운동가, 간디와

---

* 이 글은 2014년 12월 8일 원광대학교 중산기념관에서 발표한 논문을 수정하였다.
1 이문영, 「씨알의 소리」 9-10월호 (2006).

같은 비폭력 무저항주의자, 한반도의 영세중립 통일을 주장한 선각자이다. 선생의 생애와 사상을 연구하게 된 이번 기회를 호기로 삼아 그에 대한 새로운 연구가 이뤄지기를 바란다. 특히 함 선생의 사상 속에 흐르고 있는 씨올 사상을 비롯하여 비폭력 평화사상과 영세중립 사상을 중심으로 살펴보고자 한다.

만일 함석헌이 오늘날 살아서 계신다면 한국 사회의 부조리한 현상과 정의와 평등이 침해되고 있는 현실, 남북이 아직도 대립과 갈등을 계속하고 있는 것에 대해 어떠한 꾸지람과 가르침을 줄 것인가를 생각하면서 글을 쓴다. 이 글은 함석헌의 사상적 틀을 통해 한국 사회의 현실을 조명하고 평가한 후, 한반도의 영세중립 통일에 접근하는 데 초점을 둔다.

이 글은 머리말에 이어 제2장에서는 함석헌의 생애와 사상을 고찰하고, 제3장에서는 함 선생의 한반도에 대한 사상과 영세중립 문제를 검토하며, 제4장에서는 선생의 사상으로 비춰본 한반도의 현실을 분석하며, 그의 사상적 프리즘을 통해 한반도의 영세중립에 접근하며, 결론에서는 한국 정부가 지향해야 할 정책 방향을 제시하고자 한다.

II. 함석헌의 생애와 사상

현대사에서 함석헌만큼 국가와 민족의 정의와 평등을 위해 민중의 편에서 불의와 탄압에 항거하고 비폭력 평화운동을 실천한 사상가도 찾아보기 어려울 것이다. 함석헌은 불의에 저항하면서 국민을 계몽하고 민족의 선각자로 활동했으며, 그의 생애와 사상은 일제의 식민지 정책에 항거하였고, 국가의 자주독립과 한민족의 자유와 권리를 위해 국민에게 저항의식을 고취하고 실천했다. 해방 후에는 역사의 고비마다 불의와 타협하지 않고 국민의 자유와 정의를 위해 독재정권에 투쟁하였고, 비폭력 저항운동을 실천한 한국의 간디로 손색이 없는 민족지도자였다. 먼저 그의 생애와 사상 및 활동을 살펴보자.

1. 함석헌의 생애와 주요활동[2]

함석헌(咸錫憲)은 1901년 3월 13일 평안북도 용천군 부라면(府羅面) 원성리에서 부친 함형택(咸亨澤)과 모친 김형도(金亨道) 사이에서 2남 3녀 중 장남으로 태어났다. 그의 부친은 명망 있는 한의사였으며, 기독교 가정에서 성장하였고, 유년기에는 한학(漢學)을 수학했으며 1906년 사립 기독교계인 덕일소학교(德一小學校)에 입학했다. 그는 1916년 4월 평양고등보통학교에 입학했으며, 1917년 황득순과 결혼한다. 그는 집안의 형인 함석은의 권유로 1919년 3.1운동에 적극 가담함으로써 2년간 학업을 중단한다.

그는 1921년 친척인 함석규 목사의 권유로 평양 오산학교에 편입하고, 1923년 4월 졸업 후 동경으로 유학했다. 그해 9월 1일 발생한 동경대지진 사건으로 일본인에 의해 조선인 5천여 명이 학살됨에 따라 일본 정부는 조선인을 보호한다는 명목으로 조선인들을 감방에 구금함에 따라 함석헌도 구금되었다. 선생은 1924년 4월 동경고등사범학교 문과1부에 입학한다. 동경 유학시절 그는 우치무라 간조(內村鑑三)의 무교회 성서연구회에 가입하였고 무교회 사상의 영향을 받게 된다. 그는 1927년 친구 김교신과 함께 「성서조선」을 창간

---

2 김성수,『함석헌 평전』(서울: 삼인, 2001), 220-222.

하고 1928년 3월 고등사범학교를 졸업한 후 4월부터 평양 오산학교 역사 선생으로 부임한다.

함석헌은 1930년 30세로 오산학교의 ML(마르크스 레닌)당 사건에 연루되어 수감되었으며, 1934년 2월부터 35년 12월까지 「성서조선」(聖書朝鮮)에 "조선에 기독교는 필요한가", "성서적 입장에서 본 조선역사", "무교회 신앙과 조선"의 글들을 연재한다. 그는 1940년 김두혁으로부터 평양 송산농사학원의 경영과 관리를 인수받아 경영하던 중 김두혁이 1940년 8월 동경에서 조선 지식인 모임인 계우회(契友會)가 공산주의자로 지목되어 체포됨에 따라 함석헌도 평양 대동경찰서에 연행되었으며, 구치된 상태에서 11월 5일 부친의 별세 소식을 접한다. 당시 함석헌은 창씨개명을 하지 않아 일본 경찰로부터 더 많은 감시와 고초를 받게 되었다.

그는 1942년 2월 「성서조선」 사건으로 서대문 형무소에 수감되어 미결수로 1년간 복역했으며(수형번호 1588), 1945년 11월 23일 신의주 6개 학교 학생들이 '공산주의 타도'를 외치며 시위한 사건에 연루된 혐의로 소련군에 체포되어 50일간 구금되었다. 이 사건으로 13명의 데모 학생들이 소련군의 발포로 사살되었으며, 함석헌은 체포된 학생들의 동정을 살피기 위해 소련군 사령부를 방문했다가 체포된다.

함석헌은 1946년 12월 27일 특별한 이유 없이 소련군에 다시 체포되어 옥고를 치른 후 1947년 1월 월남했다. 그는 1957년 천안시 봉명동에서 정만수 장로가 기증한 1만 평의 농토로 '씨알의 농장'을 경영하던 중 1958년 8월 「사상계」에 기고한 "생각하는 백성이라야 산다"는 글로 서대문 형무소에 20일간 구금되었고, 1961년 7월 「사상계」에 기고한 "5.16을 어떻게 볼 것인가"의 글에서 박정희 군사정부를 비판함으로써 군부의 감시를 받던 중 1962년 미국 국무성의 초청으로 3개월간 미국을 시찰한 후에는 10개월간 퀘이커학교에서 공부하였고, 1963년 6월 귀국했다. 그는 군사정권의 3선 개헌 반대운동, 유신독재 반대 투쟁에 적극 가담함으로써 수차례 투옥되었고, 1970년 진보적 평론지「씨올의 소리」를 창간하였고 반정부 글로 인해 군사정권으로부터 탄압을 받은 와중에 1973년 7월 씨올의 농장을 정리하고 장준하와 친구들의 도움으로 오산에서 구화고등공민학교를 설립한다.

그는 1974년 윤보선, 김대중과 함께 민주회복국민회의 시국선언에 동참하였고, 1976년 3월 3.1구국선언사건으로 구속 기소되었으며 1978년 5월 황득순 부인이 사망한다. 함석헌은 1979년 3월 4일 서울에서 미국 퀘이커 봉사회 바바라 바우만 여사로부터 노벨평화상 후보추천서를 받았으며, 1979년 10월 26일 미국 오하이오주 콜럼버스를 방문 중 박정희의 피격소식을 듣고 귀국한다.

그는 1980년 YWCA 위장결혼사건으로 징역형을 선고받았으며, 동년 7월 30일「씨올의 소리」가 강제 폐간되었고, 1987년 7월 13일 서울대병원에서 췌장, 담낭, 십이지장 종양을 제거하는 수술을 받았다. 1988년 12월 22일「씨올의 소리」가 8년 만에 복간된 후, 그는 1989년 2월 4일 서울대학병원에서 향년 88세를 일기로 사망한다. 그의 유해는 연천군 전곡읍 간파리 마차산에 매장되었다가 그의 항일운동이 인정되어 2006년 10월 19일 국립대전현충원에 안장되었다.

2. 함석헌의 사상

함석헌은 조선 후기부터 한국의 근·현대사 전반에 걸쳐 사상적으로 국민들에게 정신적 영향을 주었으며, 특히 종교인, 시인, 문필가, 사학자로서 다양한 영역을 섭렵한 사상가로서 또는 전문인으로서 활동했으며 국민들을 계몽하는데 노력한 교육사상가로서 씨올의 사상을 몸소 실천했다. 그는 기독교 사상과 동양사상인 노장공맹(老莊孔孟) 사상들을 융합하여 자신의 독특한 사상으로 체계화시키고 발전시켰으며 씨올 사상의 철학적 근간을 형성했다.

본 절에서는 함석헌의 전 사상을 포괄적으로 아우르고 있는 '씨올의 사상'을 비롯하여 비폭력 평화사상, 중립주의 사상을 개관함으로써 함석헌의 사상을 통한 한국의 현실을 조명할 수 있는 기본 틀을 마련해 보고자 한다.

1) 함석헌의 씨올 사상

'씨올'의 어원은 식물의 씨와 동물의 알을 합친 단어로 만물의 창조적 근원을 의미한다는 것이다. 씨올의 씨는 남성이고, 올은 여성을 상징함으로써 만물을 생성하는 근원이며 인간의 창조적 근원을 상징하면서 만물의 생성과정의 필수적인 요소를 나타내기도 한다. 씨올은 자연생명 세계의 성장과정에서 가장 처음이고 밑바닥에 있는 풀뿌리와 풀씨를 나타내면서 생태계의 자연생명과 신령한 영적 생명으로 나타난다. 인간의 본능과 이성과 영성을 포괄적으로 나타내는 씨올은 역사와 자연을 통합하고 형성하는 과정의 기초로써 인간의 근본을 의미한다는 것이다. 따라서 씨올은 민중이고 백성이다.[3]

생명의 씨올은 자연에서 스스로 싹을 트고 흙에서 스스로 뿌리를 내리며 흙을 밀치고 싹을 돋우는 힘을 가지면서 자연의 순환을 시작

---

3 박재순, 『씨올 사상』 (서울: 나녹, 2007), 17.

하는 근본이다. 씨올은 인간의 뿌리가 될 수 있고, 또 정신의 기초가 될 수 있다. 그래서 함석헌의 씨올의 사상은 그의 여러 사상적 근원이며 기초적 틀이라 평가할 수 있다. 사람의 주체는 나이고, 나를 찾고 세우는 일은 생각에 있으며, 몸은 마음의 껍데기요, 마음은 얼의 껍데기다. 몸이 소중한 까닭은 마음을 지키고 살리기 때문이다. 마음이 귀한 까닭은 속에 얼을 품고 있기 때문이다. 몸에서 마음을 키우고 마음에서 얼을 살려야 한다.4

함석헌의 '씨올' 사상은 남강 이승훈 선생과 다석 유영모 선생으로부터 전수된 것 같다. 남강과 다석은 함석헌이 오산학교 학생 시절 교장을 역임한 스승들이었다. 남강은 사재를 털어 민족교육을 위해 오산학교를 설립하고 교장에 취임했으나 학생들과 선생들을 위해 화장실 청소부터 학교의 청소를 도맡아 했다. 이승훈은 민중이 하느님이라는 사상으로 민중을 위해 봉사하는 것을 본분으로 삼고 실천했다. 유영모도 오산학교 교장으로서 함석헌의 씨올 사상에 영향을 주었다. 즉 남강의 인내천(人乃天) 사상과 다석의 씨올 사상이 함석헌에게 전달되어 꽃피게 한 것이다. 그러므로 한석헌의 씨올 사상은 남강으로부터 나왔다는 견해도 있다.5

유영모의 씨올 사상과 함석헌의 씨올 사상의 차이점을 보자. 유영모는 1890년생이고, 함석헌은 1901년생이니 유영모가 11살 위라 할 수 있으나 두 사람은 사제관계로 비슷한 시기에 태어나 씨올 사상을 함께 발전시킨 동지적 관계를 형성하였다. 그로 인해 유영모는 평소 자기에게는 두 개의 벽이 있는데 하나는 이승훈 선생이고, 다른

---

4 박재순,『씨올 사상』, 19.
5 김성수,『함석헌 평전』(서울: 삼인, 2001), 47; 박재순,『나는 나답게 너는 너답게』 (서울: 한울아카데미, 2012), 47.

하나는 함석헌이라고 말했다고 한다.

유영모는 삶의 철학자였다. 그가 주장하는 씨올 사상의 특징은 첫째는 동서문명의 만남과 민중의 깨어남이고 둘째는 씨올의 발견인데 씨올은 오늘의 예수이고, 어버이이며 셋째는 천지인합일(天地人合一) 체험과 철학으로 천지인, 몸, 맘, 얼의 진화론을 통합하여 직립철학과 결합시킨 것이다. 여기서 직립(直立)이란 인간이 두 발로 걷고 활동하는 동물인 인간을 의미한다. 씨알 정신으로 산다는 것은 얼이 몸과 마음을 이끌게 하는 것이고, 돈이 뜻을 따르게 하는 것으로 씨알 정신은 몸보다 소중한 게 있음을 알리는 것이고 돈보다 소중한 것이 있음을 보여주는 것이다. 몸속에 얼이 살아있을 때 몸은 가장 아름답고 소중하고, 뜻과 정신을 위해 돈이 쓰일 때 돈은 가장 값지고 소중하다는 것이다.6

유영모는 대학을 나와 출세해서 힘든 일을 남에게 시키고 자기는 편하게 사는 것은 인간의 진정한 삶이 아니며, 땀 흘려 일해 먹고 가난한 이웃과 사랑으로 사는 것이 진실한 인간의 삶이라고 주장하면서 대학진학을 포기하고 평생 농사를 지으며 살기로 결심한 것이다. 더 나아가 그는 3대까지 농사를 짓겠다고 하면서 자식들에게도 대학진학을 금지시킬 정도로 농사에 애착을 가진 사상가였다. 유영모의 이러한 농촌 사상은 총과 칼을 들고 일본에 항거하는 독립운동은 하지 않았지만 글을 쓰고 가르치고 가난한 삶을 지속하면서 진실하게 살고 정의를 실천하는 사상가였다.7

유영모와 함석헌은 씨올 사상을 실천하는 동지로서 예수, 공자, 노자와 소크라테스를 본받아 살려고 노력한 사상가들이었다. 그들

---

6 박재순, 『나는 나답게 너는 너답게』, 69.
7 박재순, 『씨올 사상』, 71.

의 씨올 사상은 한 마디로 하늘을 품고 살자는 것으로 내 자신의 마음 속에 하늘의 씨앗이 있고, 하늘 생명이 씨올의 알맹이를 품고 살아야 하며, 하늘의 뜻에 따라야 하고 이것을 하지 않으면 사람이 아니라고 생각한 것이다. 함석헌은 고난의 역사 속에서 민중의 씨올을 발견한 사람이다. 그는 민중 씨올의 삶과 고난에서 생의 진리를 발견하고 평생 그 진리를 보물처럼 가슴에 품고 그것을 강조하며 깨달음을 실천에 옮긴 사상가였다.

함석헌은 씨올 사상을 통해서 민중이 하나님의 자녀이고 하늘 생명의 씨앗임을 강조하고, 씨올 속에 하늘의 생명과 영이 깃들어 있으며, 씨올과 하늘이 직결되어 있고, 역사의 씨올인 민중도 하나님과 직통하고 직접 만난다고 주장함으로써 예배당, 성직자, 예배의식, 교리 등은 민중의 씨올들과 하나님 사이를 가로막는 껍데기라고 주장하면서 하나님과 민중이 직통하게 하는 것이 민중을 살린 씨올의 주체라고 강조했다.

2) 함석헌의 비폭력 평화사상

폭력이 없다고 평화가 조성되는 것은 아니다. 전쟁(戰爭)이 없는 평화는 진정한 평화가 아닌 것과 마찬가지로 진정한 평화란 전쟁을 포함해서 구조적 폭력도 없어야 한다. 진정한 평화를 실현하기 위해서는 전쟁과 같은 물리적 폭력이 없어져야 하겠지만 억압과 규제와 같은 폭력도 제거돼야 한다. 씨올의 평화는 히브리말로 '샬롬'이다. 샬롬은 씨올이 큰 나무로 자라서 푸른 잎과 아름다운 꽃을 피우는 것과 같고 열매를 맺는 것과 같은 것이다. 씨알은 주체적인 삶을 손상시키거나 억누름 없이 실현되고 완성되는 과정이다. 씨올은 '나'의 정신이고 얼이다. 함석헌은 국가란 인간의 생존을 위해 필수가 아니라, 생존에 필요한 수단일 뿐이라고 주장하고, 국가는 그 자체가 하나의 제도에 불과하므로 국가가 마치 최고가치인 것처럼 폭력을 휘두르고 전쟁을 하는 것은 악이라고 주장한다.

함석헌은 비폭력저항을 신조로 활동함으로써 "한국의 간디"라는 별명을 듣기도 했으며, 실제로 간디의 영향도 많이 받았다. 그러나 함석헌은 치밀한 준비와 규율이 필요한 간디의 비폭력주의 운동을 상세하게 설명하지는 않았다. 간디는 종교와 정치에 대해 추상적이고 관념적인 설명에 치중하고 있기 때문이다. 두 사람 모두 민중을 근본으로 생각했으나 민중의 입장에서 사회주의를 받아들인 간디와 달리 함석헌은 간디를 받아들여 동양적 전통과의 화해를 모색함으로써 신의 섭리를 믿었다. 간디는 신의 섭리를 믿되 그것을 역사에 적용하지는 않았으며, 인도의 민중이 힘과 능력을 깨닫고 비폭력을 실천하기 원한다고 보면서 비폭력은 민중의 권리라고 믿었다.[8]

함석헌의 비폭력 평화주의 사상적 뿌리가 어디서 왔으며 어떻게 형성되었는가를 알아보자. 함석헌의 비폭력 평화사상은 톨스토이의 무저항주의와 간디의 비폭력 사상에 뿌리를 두고 있다. 톨스토이(1828~1910)의 무저항 정신은 간디(1869~1948)와 유영모(1890~1981)에게 영향을 미쳤고, 간디와 류영모의 무저항 정신은 다시 함석헌(1901~89)에게 영향을 미친 것 같다.

톨스토이의 무저항주의는 종교적 신념에서 나온 것으로 어떠한 폭력에도 저항하지 말아야 한다고 주장한 반면, 간디의 무저항주의는 무저항이 아니라 저항을 하되 폭력적 저항을 배제하고 비폭력 저

---

8 박홍규, "함석헌의 간디 사상 수용", 「석당논총」 제53권 (동아대학교, 2012).

항을 강조하는 비폭력적 저항주의이며, 평화의 목적보다는 평화의 수단에 무게를 두었다. 함석헌의 비폭력 평화사상은 어떠한 폭력도 악을 제거할 수 없으므로 반드시 평화적 방법으로 저항하되 폭력에 대한 우리의 생각과 행동을 근본적으로 고치는 '혁명'을 해야 한다는 비폭력 혁명론을 주장한 것이다.9

함석헌은 "이제 우리의 나갈 길은 간디를 배우는 것밖에 없다고 생각한다"고 주장하면서 그 이유를 다음과 같이 세 가지로 제시한다. 첫째, 우리나라와 인도의 역사적 사정이 비슷하여 오랫동안 독립을 잃고 다른 민족의 지배를 받은 민족'에 새 정신을 불어넣어 국민의 정신적 통일을 달성하고 어떠한 저항도 무기 없이 빈손과 정신의 힘으로 제국주의 지배를 극복한 것을 우리가 배워야 한다고 강조한다.

둘째, 간디는 정치와 종교를 하나로 잘 조화시켜 정치문제를 종교적으로 해결했다는 것이다. 역사는 결국 정치와 종교의 싸움인데 오늘날 인류가 직면한 고민은 종교를 이용하면서 정치문제나 사회문제를 해결하려고 하기 때문에 종교가 모든 문제를 정치에 넘겨주고 현실을 도피하는 종교로 전락함으로써 인생관이 천박해지고 대규모의 전쟁과 학살이 자행되는데 간디는 몇 백 년 동안 식민통치를 통해 실의에 빠진 2억의 인도인들을 종교의 마음으로 대영제국의 억압을 물리치고 자유로운 나라의 기초를 삼았기 때문에 간디의 비폭력 무저항 정신에 주목해야 한다는 것이다.

끝으로, 현재의 인류는 극도로 발전해 가는 무기로 전쟁을 하느냐 그만두느냐 또는 전쟁으로 망하느냐의 기로에서 간디는 전쟁을 평화적으로 방지하고, 강대국들이 자신들의 이익을 버리게 함으로

---

9 함석헌, "간디의 참모습", 「사상계」 (1965년 4월) 참조; 함석헌, "비폭력혁명: 폭력으로 악은 제거되지 않는다", 「사상계」 (1965년 1월) 참조..

써 결국 간디가 열어놓은 평화의 길을 걷게 했다는 것이다.10

함석언의 평화사상 중심에는 집중된 중앙권력의 축소에서부터 시작되어야 하는데 중앙권력의 축소는 중앙집권적 통제시스템에서 지역관리의 자치시스템으로 전환하는 작업부터 시작되어야 한다는 것이다. 따라서 함석헌 평화사상의 핵심은 권력유지와 자국의 국가 이익에 충실하여 전쟁을 일삼는 국가 지상주의를 배척한다. 이러한 평화사상은 세계가 폭력의 전형인 테러와 전쟁으로 다시 몰입하고 있는 현시점에서 함석헌과 간디가 모두 한국과 인도라는 특수 환경에서 실험하고 적용하려는 보편적 진리의 차원에서 주장된 것이다.

함석헌의 삶과 사상은 그의 종교적 신념을 드러냄으로써 종교와 뗄 수 없이 결합되어 있다. 따라서 그의 종교를 모르고 그의 삶과 사상을 말할 수 없으며, 그의 삶을 떠나서 그의 종교를 이야기할 수 없다. 그는 20세기 동양사상과 서양사상을 결합하여 독보적인 한국의 사상을 만들고 억압과 불의에 정면으로 대응했던 기독교 운동가이자 역사, 문학, 종교, 사회 등 다양한 분야에 자양분을 제공한 사상가였다. 더 나아가 그는 기독교 사상을 바탕으로 동양사상과 불교경전, 무교회주의와 퀘이커, 간디의 사상 등을 두루 포함하며 대통합된 사상으로 나아가고자 했다. 그러나 이처럼 폭넓은 사상들 가운데에서 일관되게 흐르는 그의 사상의 주제는 하나님의 섭리에 의해 시작하여 민족통일과 민주화와 세계 평화를 지향한다.11

함석헌의 비폭력 평화사상은 평화 그 자체가 목적이 아니라 하나의 과정이고 수단인 것이다. 예를 들면 한반도는 외세에 의해 분단된 지 70여 년이 되어가는 현재 분단을 극복하고 국민의 자유와 인권을

10 함석헌, 앞의 책, 9-16.
11 시승호, "함석헌의 평화사상과 실천", 협성대학교 대학원 석사학위논문 (2010).

쟁취하기 위한 투쟁의 방법으로 비폭력 평화적 방법을 선택하는 것
이라 할 수 있다. 그러므로 한반도의 평화통일과 남북한 국민들의 복
리를 위해서는 함석헌 선생의 비폭력 평화사상을 남북통일에 접목
시키는 것이 우리가 추구해야 할 당위적 목표이므로 함석헌의 중립
사상을 좀 더 검토해보자.

III. 함석헌의 중립주의 사상과 영세중립국

함석헌은 한반도의 영세중립 통일에 대해 『뜻으로 본 한국역
사』[12]에서는 직접적으로 주장하거나 언급하지는 않았으나 한반도의
영세중립에 대해 "생각하는 백성이 없으면 나라가 없고, 나라 중의
보석 같은 영세중립국은 더욱 없다"고 말함으로써 영세중립국을 보
석 같은 국가라고 강조했다.[13] "영세중립국을 보석 같은 국가"라고
말한 것은 함석헌 선생이 분명히 한반도의 영세중립 통일을 염원하
고 있다고 추론할 수 있는 대목이다. 함석헌의 한반도 중립주의 사상
은 한반도의 영세중립과 관련된 내용들을 많이 찾아볼 수 있다.

1. 함석헌의 한반도 지정학에 대한 견해

함석헌은 한반도의 지정학, 중립의 중요성과 조건 등에 대해 아
래와 같이 설명한다.[14]

---

12 함석헌, 『뜻으로 본 한국역사』(서울: 한길사, 2003).
13 이문영, 「씨알의 소리」, 9-10월호 (2006).
14 함석헌, 『뜻으로 본 한국역사』, 433-439에서 발췌.

한국은 북온대 중에서 아시아의 동쪽 바닷가에 있다. 이 점에서 보면 한국의 위치는 좋다. 문명발달은 온대지방이 가장 좋고, 세계의 문명한 나라는 대개 북온대에 있고, 아시아 전체 중에도 동쪽 바닷가의 교통이 편하여 인문발달이 가장 좋다는데 우리는 그 복판에 자리 잡고 있다. 이 점에서 보면 남이 부러워할 지경이요, 각별히 고난을 당할 이유는 없다.

그러나 위치는 그러한 경도, 위도의 위치만이 아니라 또 관계적 위치라는 것이 있다. 곧 옆에 있는 다른 나라와의 관계에서 말하는 위치다. 먼저 것은 주로 경제생활에 관계를 가지지만, 뒤에 것은 정치생활에 큰 의미를 가지고 있다. 이 관계적 위치에서 볼 때 한국은 이른바 중간적 위치라는 것이다. 곧 아시아 대륙과 일본 사이에 끼어 있어서 지나다니는 길목이 된다. 우리는 지도를 좀 더 넓게 펴놓고 좀 더 큰 눈을 뜨고 보아야 한다. 주의해 보면 반도의 북쪽 옆에는 우리와는 반대의 이상한 꼴이 있는 것을 알 수 있다. 막막한 만주 평원에 도무지 문이 없다. 이 두 사실을 한데 맞추어 생각해보면 만주와 한반도는 서로 돕는 관계에 있다는 결론을 내리지 않을 수 없다. 대륙은 밥 먹는 곳, 힘 기르는 곳이요, 바다는 힘내 쓰는 곳, 재주 부리는 곳이다.

중도는 새로운 것이다. 세계 문제는 둘 중 하나를 고름(二者擇一)으로 해결되지 않는다. 한 놈이 죽고 한 놈이 이김으로 결말을 짓는 것은 어린아이 같은 유치한 장난으로 이긴 놈도 진 놈도 없어야 진정한 이김이다. 하나님은 위에도 안 계시고 아래에도 안 계시고 중에 계신다. 중이 하늘이다. 중은 중간이 아니고 중심이고, 심(心)이고, 속이고, 극이다. 이쪽도 저쪽도 아니요 전에도 후에도, 어제도 아니요 이제다. 중은 유물도 유심도 아니요 삶이다.

이제라도 우리가 나아갈 길은 중도를 지키는데 있다. 한(恨)을 붙잡고 밝히는데 있다. 비폭력주의, 평화주의, 세계국가주의, 우주통일주의에 있다. 태고의 일을 보면 한민족이 자라난 보금자리는 한반도가 아니고 만주이다. 장백산 기슭 송아리 얼의 언저리, 여기는 늘 나라들이 나오는 보금자리였다. 우리 단군조선이 나오고, 부여가 나오고, 고구려가 나오고, 그다음 금도 청도 여기서 나왔다.

상기 내용들은 한반도를 중심으로 한 지리적 조건에 대한 함석헌의 지정학적 견해이고 설명이다. 그는 한반도의 지정학적 중요성, 조건, 대상 및 교량적 위치를 잘 설명하고 있다. 함석헌의 중립주의 사상과 한반도의 영세중립과 관련된 용어, 정의, 조건, 대상국가 등을 먼저 살펴봄으로써 함석헌의 중립주의 사상과 설명이 한반도의 영세중립과 어떻게 일치되고 있는지를 살펴보자.

2. 영세중립의 용어와 조건

영세중립을 위한 용어의 해석, 정의, 조건, 대상 국가는 다음과 같다.[15]

'중립'(neutrality)은 전쟁의 역사와 함께 사용되기 시작했다. 전쟁 발생 시 제3국은 전쟁 당사국의 어느 편에도 가담하지 않고, 무력을 지원하지 않으며, 편의를 제공하지도 않는 것을 의미한다. 전쟁의 종료와 함께 중립의 국제적 지위도 소멸된다.

'영세중립'(Permanent neutrality)은 중립화와 같은 의미로 사용된다. 영세중립은 국가에 한해 사용되나 중립화는 국가를 포함해서 국제수로, 국제하천, 북극이나 남극과 같이 무주물에 적용된다. 영세중

---

15 강종일, 『한반도 생존전략: 중립화』 (서울: 해맞이미디어, 2014), 20-33 재인용.

립의 정의는 그 국가의 자주독립과 영토의 보전을 주변 강대국과 협정을 통해 영구히 보장하는 국제적으로 인정된 제도적 장치이다. 즉 중립화를 원하는 국가와 인접국가들이 조약을 통해 중립의 권리와 의무를 영구화하는 것이다.

영세중립은 한 국가의 외교정책이다. 영세중립을 실현하기 위해서는 주관적 조건, 객관적 조건 및 국제적 조건을 갖추어야 한다.

주관적 조건은 영세중립을 원하는 국민들과 정치지도자가 영세중립 정책에 얼마나 적극성을 보이느냐에 대한 척도라 할 수 있다.

객관적 조건은 주로 지정학적 조건으로 그 국가가 영세중립국의 대상이 되는 조건이다. 시릴 블랙(Black, 1968, 68-69)이 분류한 영세중립의 대상국은 신생독립국가, 분단국가, 주변 강대국의 경쟁적 간섭을 받거나 받을 가능성이 있는 국가, 지리적으로 강대국과 강대국을 연결하고 있는 교량적 역할을 하는 국가 등이 영세중립의 우선적 대상국이다.

국제적 조건은 위에서 설명한 바와 같이 영세중립을 원하는 국가는 주변의 관련 국가들로부터 불가침의 보장을 조약과 협정으로 받아야 한다. 즉 주관적 조건만으로는 자체 영세중립을 실현할 수 있으나 인접국으로부터 침략을 방지하는 보장을 받아야 명실상부한 영세중립국이 되는 것이다. 한반도가 영세중립국이 되기 위해서는 미국을 비롯한 중국, 일본, 러시아로부터 불가침의 보장을 받아야 한다.

3. 함석헌의 지정학과 영세중립 비교

이미 앞에서 설명한 것처럼 함석헌은 영세중립국을 "나라 중의 보석"이라고 주장한다. 그는 생각하는 백성보다 영세중립이 더욱 중요하다고 강조하고 있다. 함석헌의 이 말은 그가 평소에 얼마나 한국의 영세중립국을 원하고 있었는가를 단적으로 표현하는 심오한 말이라고 평가된다.

그는 한반도가 농사짓기는 좋은 곳으로 남이 부러워할 만한 지역이지만 주변의 강대국의 사이에 끼어 있어 정치적으로는 불안정하고, 대륙국과 해양국을 연결하는 지나가는 길목으로 강대국과 강대국을 연결하는 교량적 위치이므로 이를 극복하기 위해서는 영세중립의 제도적 장치를 마련해야 한다는 것을 강조한 것이다. 영세중립은 한 국가의 자주독립과 영토의 보전을 인접국과 조약을 통해 보장받는 것이므로 함석헌이 지적하는 불리한 지정학적 문제점을 보완할 수 있는 제도적 장치가 될 것으로 생각한다.

이제 우리가 나아갈 길은 함석헌 선생의 비폭력주의, 평화주의, 세계국가주의, 우주통일주의 사상을 실천하는 차원에서 남북의 영세중립 통일을 건설함으로써 한반도가 과거 경험한 역사적 한을 풀고, 외국의 침략과 간섭에서 벗어날 수 있는 함석헌의 "영세중립은 보석"이라고 생각하는 영세중립국 통일을 실천해야 할 것이다. 그러면 남북의 영세중립 통일을 어떻게 실천해야 할 것인가를 살펴보자.

4. 한반도 영세중립 접근 5단계

한반도의 영세중립국 접근은 다양한 방법이 있겠으나 여기서는 편의상 5단계로 구분해서 검토하려고 한다. 1단계는 남북이 신뢰를 회복한 후 경제협력을 강화하고 경제공동체를 결성할 정도로 경제협력이 이뤄져야 한다. 2단계는 남북이 불가침 조약이나 평화협정을 체결하고 서울과 평양에 대표부를 설치하며 영세중립 연합제나 또는 연방제에 합의한다. 3단계는 남북한 대표 200여 명이 '민족통일 최고회의'를 구성하여 통일헌법과 통일선거법을 제정하여 남북정부의 비준을 받는다. 4단계는 남북이 별도로 영세중립 연합제나 연방제를 실시하면서 통일헌법과 선거법에 따라 남북이 총선거를 실시한다. 5단계는 남북은 하나의 영세중립 국가를 건설한다. 이러한 전 과정을 추진하는 데는 한국이 이니셔티브를 가져야 할 것이다.

IV. 함석헌의 사상으로 비춰 본 한반도의 문제들

오늘날 남북은 함석헌의 비폭력 평화사상과 영세중립국 사상과는 반대로 상대를 서로 죽이기 위해 전쟁게임을 강화하면서 죽이는 무기를 더 만들거나 구매하는데 국력을 낭비하고 있다. 북한은 고난의 삶을 이어가고 있으며, 한국 사회는 부정과 부패로 국민들의 정의와 평등이 훼손되고 있으며 법과 질서가 유린되고 있다.

한반도의 비폭력 평화통일은 왜 안 되고 있을까. 여러 가지 요인들이 있겠지만 크게 세 가지 요인을 들 수 있다. 첫째는 남북의 평화통일 저해하고 있는 요인 들이고, 둘째는 남북한 지도자와 국민의 통일에 대한 의지가 부족하며, 셋째는 한국 사회의 부정과 부패를 지적할 수 있다.

1. 한반도의 평화통일 저해 요인

현재 한반도에서 평화통일을 저해하고 있는 것은 남북한 통일정책의 대립, 북한의 핵문제, 남한의 북방한계선(NLL) 고수, 북미평화협정체결 지연, 한미합동군사훈련 실시 등이 될 수 있을 것이다.

첫째, 남북한의 통일정책은 1991년부터 공통점을 갖게 되었으며, 남북정상은 2000년 6월 15일 남북의 통일방안에 공통점이 있다고 확인한 바 있다. 남북통일문제는 아직도 논의조차 되지 않고 있다. 한국의 통일정책은 1989년 9월 11일 노태우 대통령이 발표한 '한민족공동체통일방안'을 김영삼 대통령 시절 '민족공동체통일방안'으로 명칭이 변경되었으며 남북이 자주, 평화, 민주의 원칙에 따라 3단계 통일을 완성한다는 것이다.

반면 북한의 통일방안은 김일성이 1991년 1월 1일 신년사에서 '고려민주연방공화국 창립방안'에 대한 수정안을 제시하면서 지역자치정부에 외교권과 국방권 등 더 많은 권한을 부여하며 장차 중앙정부의 기능을 높여 나가는 방향에서 연방제통일을 점차적으로 완성하고, 고려민주연방공화국의 외교정책은 중립과 비동맹을 실현해야 한다고 주장함에 따라 남북한의 통일정책은 사실상 국가연합제나 또는 연방제 방식으로 진전될 전망이다.

둘째, 북한은 미국이 평화협정을 체결하면 핵을 포기하겠다고 주장하고 있는 반면, 미국은 북한이 핵을 먼저 포기하면 북미평화협정을 체결하겠다고 주장하고 있어 '닭이 먼저냐 달걀이 먼저냐' 식으로 대립하고 있다. 따라서 북한의 핵 문제나 북미평화협정체결 문제는 향후 개최될 북미정상회담의 결과에 따라 해결될 것으로 전망된다.

셋째, 남북은 1992년 9월 19일 발효된 남북기본합의서의 부속합의서 제10조에서 "남과 북의 해상불가침 경계선은 앞으로 계속 협의한다"고 합의했으나 한국이 NLL에 대한 북한의 재협상 요구를 계속 불응하고 있어 서해상에서 남북한의 무력대결이 자주 발생하고 있다.

넷째, 북한의 핵문제가 남북통일을 저해하고 있다. 미국은 1994

년 10월 북한과 체결한 북미제네바협정을 통해 북한의 핵문제를 해결하고자 했으나 실패했으며, 6자회담에서도 실패함으로써 북한은 헌법에 핵보유국이라고 주장하면서 핵을 보유하고 있다고 주장하고 있으나 미국과 우방국가 들은 이를 인정하시 않고 있다.

끝으로, 한국과 미국은 1954년부터 유엔사 주관으로 실시된 "포커스렌즈" 군사연습과 정부차원의 "을지연습"이 정부와 군과의 종합지휘소연습으로 발전되었으며, 1994년 이후부터 재통합되어 매년 8월 하순부터 9월초 사이에 연례적으로 실시되고 있다. 최근에는 키리졸브연습(KR)과 독수리훈련(FE)을 실시하는 연합방위태세 유지 목적으로 작전계획에 기초하여 대대적인 지휘소훈련(CPX)을 거의 실시하고 있지 않다.

남북한이 통일을 지향한다면 신뢰와 협력을 바탕으로 한 통일접근 방향으로 나아가야 할 것이며, 남북이 상호반대하거나 원하지 않는 문제들에 대해서는 상호 개선하는 의지를 보여야 할 것임에도 불구하고 상호 대립된 반대 방향으로 나아가고 있어 평화통일의 전망을 어둡게 하고 있다.

2. 남북한 지도자들의 통일 의지 부족

먼저 역대 남한의 정치지도자들의 통일에 대한 의식과 정책을 살펴보자.

1950년대 이승만 정부는 무력 북진통일을 주장하면서 평화통일을 주장한 조봉암을 처형하기도 했다. 1960~1970년대 박정희 정부는 남한의 국력이 북한에 뒤지기 때문에 선 건설 후 통일정책을 추진하면서 승공통일을 주장했다.

전두환 정부는 1982년 통일헌법을 제정하고 남북총선거를 실시하며 통일민주 공화국으로 민족화합 민주통일방안을 발표하고 남북 대표로 '민족통일협의회'를 구성하여 통일헌법을 마련한 후, 통일헌법에 따라 총선거를 실시하여 통일정부를 구성한다는 내용을 발표했으나 북한이 불응했다.

노태우 정부는 1989년 '한민족공동체통일방안'을 발표하면서 자주, 평화, 민주의 3대 원칙에 따라 남북이 공존공영하고 남북연합을 통해 단일민족국가를 건설하는 3단계 통일방안을 제시했다. 노태우 정부는 1991년 12월 남북기본합의서에 합의하였고, 유엔에도 남북이 동시에 가입함으로써 통일정책에 상당한 진전을 보였다.

그러나 김영삼 정부는 1994년 노태우 정부의 한민족공동체통일방안을 거의 수용하고 '민족공동체통일방안'으로 자주, 평화, 민주의 3대 원칙을 바탕으로 화해 협력, 남북연합, 완전통일의 3단계 통일방안을 제시했으나 1994년 김일성의 사망으로 북한의 붕괴를 기다리는 통일정책을 추진했다.

김대중 정부는 별도의 통일정책을 발표하지 않고 대북정책으로 햇볕정책을 통해 대북 화해협력 정책을 추진하였고, 2000년 6월 최초로 개최된 남북정상회담에서 '6.15공동선언'에 합의함으로써 향후 통일이 연합제나 또는 연방제를 통해 이뤄질 수 있는 가능성을 보였다.

2003년 취임한 노무현 대통령은 김대중 정부의 대북정책을 계승하여 '평화번영' 정책으로 남북관계를 개선하기 위해 2007년 10월 두 번째 남북정상회담에서 남북의 협력을 위한 보다 구체적인 10.4선언에 합의했으나, 2008년 출범한 이명박 정부가 대북정책으로 비핵·개방·3000을 제시함으로써 남북관계는 다시 냉전 상태로 회귀했다.

특히 김영삼 대통령은 1994년 8월 "남북의 체제경쟁이 끝났다"

고 선언하면서 북한을 흡수통일 하겠다는 의지를 보였으며, 이명박 정부도 2011년 "통일은 도둑같이 올 것"이라며 다시 공개적으로 북한의 붕괴를 암시하면서 통일세금을 언급하는 등 북한의 붕괴나 흡수통일을 기대했다.

박근혜 대통령은 2014년 1월 기자회견에서 "통일은 대박이다"고 전제하면서 북한과 협력을 강화할 것이라고 말했으나 '통일대박론'에 대한 후속 조치를 제시하지 않고 있어 북한의 붕괴를 염두에 둔 발언으로 오해도 받고 있다. 한국의 보수진영도 북한의 붕괴를 주장하면서 북한이 심하게 반대하고 있는 대북 풍선을 띄우는 것을 규제하지 않으면서 남북한의 대립을 더욱 조장하고 있다.

북한은 1989년 공산권 국가들의 붕괴와 1994년 김일성의 사망에도 불구하고 20년 이상 건재하고 있으며, 김정은 체제가 급변사태로 발전할 것으로 보이지는 않고 있으므로 한국 정부는 북한의 붕괴에 대한 환상을 버리고 착실한 화해와 협력을 통해 통일 환경을 조성해야 할 것이다. 미국도 앞으로 대북 정책에 있어서는 한국의 이니셔티브를 기대하고 있으므로 박근혜 정부는 대결적 대북정책보다는 화해와 협력을 바탕으로 한 통일정책을 착실하게 추진해야 할 것이다.

3. 한국 사회의 부정부패

한국 사회의 부정과 부패는 함석헌 선생의 사상이나 보석과 같은 한국의 영세중립국 통일을 위해 통일의 걸림돌임에 틀림없다. 왜냐하면 그러한 부정과 부패는 남남갈등을 조장하면서 통일의 방해요인으로 작용하고 있기 때문이다.

한국의 사회를 외형적으로 보면 진짜로 부정부패가 도를 넘은 것이 사실이다. 그러한 부정부패의 원인은 사회 각계각층의 기득권 세력들이 통일보다는 그들의 기득권을 보호하고 방어하면서 소외된 국민의 정의와 평등권을 외면하면서 북한과는 화해를 통한 협력보다는 북한의 붕괴를 통한 흡수통일을 지향하고 있기 때문이다.

한국 사회의 보수 기득권자들은 국가적 이익보다는 개인의 욕심과 물욕을 충족시키기 위해 관피아(관리들의 마피아)를 비롯해서 철도부정, 사법부의 전관예우, 국회의원의 대가성 없는 뇌물 인정, 방산비리의 부정결탁 등 끝도 없이 부정과 부패의 먹이사슬이 작동하고 있기 때문에 국고가 낭비되고 있다. 그러나 당사자들은 이를 관행으로 생각하고 있으며 정치권이나 감사기관들도 그러한 부정과 부패를 척결하지 못하고 있는 것이 오늘날 한국 사회의 단면이다.

북한도 3대 정권세습을 통해 체제유지와 미국의 침략을 방지한다는 구실로 핵을 개발하고 있어 통일의 걸림돌로 작용하고 있는 것도 사실이다. 북한은 헌법에 핵 보유 국가를 명기하고 미국과 한국에 핵 위협을 공공연히 선전하고 있으니 남북이 함석헌의 비폭력 평화사상에 위배되는 대립을 하고 있으니 평화통일의 전망이 보이지 않고 있는 것이다.

V. 맺음말

함석헌의 비폭력사상과 영세중립 사상은 한반도의 평화와 통일을 위해 매우 유효한 사상이다. 함석헌의 "생각하는 백성이 없으면 나라가 없고, 나라 중의 보석 같은 영세중립국은 더욱 없다"는 영세중립 사상을 우리는 잊지 말고 받들어 한반도의 영세중립 통일을 하루속히 실천해야 할 것이다.

한반도가 영세중립 통일을 할 경우 얻을 수 있는 국가적 이득을 살펴보자.16

첫째, 한반도의 지정학적 단점을 보완하여 평화와 안정을 누리면서 강대국들로부터 외침을 방지할 수 있으며 한반도의 정치적 독립을 유지할 수 있다.

둘째, 영세중립국에는 외국군대가 주둔할 수 없으므로 주한미군이 자동으로 철수하게 되고, 미군이 철수함으로써 북한의 핵 보유 구실이 제거될 수 있으며, 북·중·러가 반대하는 한미합동군사훈련 문제도 자동으로 해결될 수 있다. 주한 미군의 주둔과 철수 문제로 야기된 남한의 보수와 진보의 대립도 자동으로 해결될 수 있을 것이다.

셋째, 영세중립국으로 통일된 한반도는 4강의 어느 국가에 편중된 외교를 할 수 없고 균형외교를 추구해야 하므로 한반도와 4강은 상생과 공영의 관계로 발전할 수 있다. 통일된 한반도는 4강의 헤게모니 대립에서 벗어날 수 있다.

끝으로, 한국이 영세중립국으로 통일될 경우 4강의 국가이익도 공평하게 작용하게 된다.

함석헌의 평화통일 사상을 계승하기 위해서도 한반도의 평화통일 문제는 우선 두 가지 측면에서 접근해야 할 것이다. 하나는 한국 정부가 북한을 붕괴나 타도의 대상이 아니라 북한 정권을 인정하면서 상생의 협력동반자 정책을 추진해야 할 것이다. 통일방법은 남북과 주변 4강이 수용할 가능성이 높고 상호 이익을 창출할 수 있는 영세중립 방안을 검토해야 할 것이다.

---

16 강종일, 앞의 책, 199-200.

대한민국 헌법 제4조는 "대한민국은 통일을 지향하며, 자유와 민주적 기본질서에 입각한 평화적 통일정책을 수립하고 이를 추진한다"고 규정하고 있다. 만약 한국 정부가 평화통일 정책을 추진하지 않으면 헌법정신에 위배된다는 사실을 인식하고, 국민들도 이를 근거로 정부에 적극적인 평화통일 정책을 촉구해야 할 것이다.

다음은 한국 사회의 부정과 부패를 방지하려면 제도와 방법을 개선해야 한다. 예를 들면 현재의 유치원 교육을 개선하여 법과 질서를 준수하고 국민의 정의와 평등을 강조하는 새로운 교육과정으로 변경해야 한다. 한국의 사법부는 판검사의 전관예우 관행을 원천적으로 차단하고 판사들의 투명한 판결을 위해 판결통계를 국민들에게 공개해야 할 것이다.

한반도의 평화통일을 위해서는 북한이 미국과 일본과 외교관계를 수립해야 하므로 한국 정부는 북한을 경제적으로 지원하면서 북한의 미·일 외교 관계 수립을 외교적으로 지원해야 할 것이다. 한국은 4개국과 외교 관계를 맺고 있으며 북한을 경제적으로 지원해야 하기 때문이다.

따라서 한국 정부는 함석헌의 '영세중립국이 보석보다 중요하다'는 영세중립의 평화사상을 실천함으로써 한반도와 동북아시아의 평화와 안정에 기여할 수 있는 영세중립 정책을 추진해줄 것을 제언한다.

민족주의와 통일의 당위성 문제

황보윤식

(함석헌평화연구소 소장)

I. 들머리 말

『함석헌저작집』13권[1]은 1960년대에 3편,[2] 1970년에 2편[3] 그리고 나머지는 1980년대[4] 글로 구성되어 있다. 이렇듯 저작집 13권에 들어가 있는 글의 내용을 보면 두 가지의 특징을 갖는다. 첫째, 대부분 교회 등지에서 한 연설과 설교로 '성경', '교회', '하나님', '예수', '종교', '믿음' 등이 주제어를 이루고 있다. 이런 까닭에 저작집 13권의 제목 "우리 민족의 이상"과는 거리가 먼 내용들이 대부분이다. 둘째, 글의 내용들이 대부분 시대 상황과 맞물려 있다. 따라서 함석

---

1 『우리 민족의 이상』(한길사, 2009). 이하 저작집.

2 "한국의 발견"(1961), "생활철학"(1961), "우리 민족의 이상"(1963).

3 "역사 속의 민족관"(1978), "늙은이의 옛날 얘기"(1977).

4 "절대승리"(1980), "역사 속에서 씨ᄋᆞᆯ의 위치와 역할"(1983), "참 해방"(1985), "한국의 민중운동과 나의 걸어온 길"(1985), "고난의 의미"(1989), "3.1운동 70주년 강의"(1989).

헌의 글이 나오던 시대 분위기를 먼저 알아야 이해가 될 부분들이 많다.

이와 같이 이 책은 주제가 "우리 민족의 이상"이지만 앞의 소주제에서 보는 바와 같이 우리 민족의 이상에 관한 내용은 한 꼭지만 있다. 함석헌 자신도 말했듯이 소주제 "우리 민족의 이상"의 내용 또한 주제와 관련하여 살펴볼 내용은 몇 구절 안 된다. 그래서 저작집 13권의 제목에 접근하기 위해 이 책에서 나오는 함석헌의 글들을 분석하여 보았다. 그리고 본 발제문의 주제인 "함석헌이 그리는 우리 민족의 이상"에 접근할 수 있도록 "함석헌의 글과 시대적 배경", "함석헌이 그리는 우리 민족의 이상"을 살펴보았다. 함석헌저작집 제13권을 읽어가면서 느낌이 오는 것은 함석헌이 신앙적 차원도 있지만 그 내면에는 아나키즘적 인식이 들어있다는 점이다. 하여 이 점을 부각시키면서 글을 써내려갔다. 한편 본 주제와는 거리가 있지만 이 책에서 나오는 "함석헌의 3.1민중기의 관련 구술자료"는 매우 중요하다는 판단에서 부록으로 참고삼아 붙여두었다.

II. 함석헌의 글과 시대 배경

함석헌 글의 내용을 이해하기 위하여 먼저 함석헌이 쓴 글들이 나오게 되는 시대적 배경을 살펴보아야 할 것 같다. 1960년대에서 박정희가 죽는 70년대 말은 박정희의 반공 및 유신독재가 욱일승천(旭日昇天)할 때이다. 그리고 1980년대는 박정희가 권력 내부의 모순과 미국의 배후 조정에 의하여 암살되고, 전두환을 중심으로 하는 신군부(육사 11기)가 미국의 각본에 의하여 기회주의 독재를 승계하고 있을 때이다. 이러한 배경에서 저작집 13권에 있는 글들이 나오고 있다. 곧 박정희, 전두환이라는 두 기회주의적 독재 기질들이 권력을 장악하고 있을 때 쓰인 글들이다. 2012년 18대 대선에서 독재자 박근혜가 (개표조작으로?) 대통령에 당선된 후, 많은 지성인이 한국인의 민족성, 한국인의 인간성이 창피하다는 말들을 많이 했다. 게다가 지식인 사이에서는 '역사전쟁'(박정희 미화 작업)이 시작되었다는 말들을 서슴없이 하고 다녔다. 그런 의미에서도 1960~1980년대 시대 상황을 검토하면서 함석헌의 말을 빌려 박정희에 대한 역사적 평가를 확실히 해두는 게 좋다는 생각이다.

1960년대는 박정희가 5.16 군사 쿠데타(軍事政變)를 일으키고, 권력욕에 불타 있던 시기다. 박정희 독재자들은 군부쿠데타(軍部叛亂)를 혁명으로 미화하면서 쿠데타 명분(이른바 혁명공약)을 저버리고 공화당(새누리당, 지금의 자유한국당)을 창당한 뒤 대통령에 출마하면서 1인 독재자의 길을 착실히 준비하던 시대이다. 박정희는 분명 기회주의자였다. 일관된 신념이 전혀 없는 자였다. 늘 패권적 권력자에게 빌붙는 근성을 가지고 있었다. 그는 일제점령시대 천황 중심의 국가주의 신봉자였다. 곧 전쟁숭배주의자였다. 그래서 일제의 천황에 대한 숭배와 함께 충성 혈서를 통해 황국군인(岡本實: 오카모토 미노루)이 되었다. 그리고 민족해방세력에 대한 탄압군으로 광분하면서 민족해방군들을 살육하였던 반민족행위자였다.[5] 그러던 그가 일제 패망이 눈앞에 오자, 기회주의 근성을 어김없이 발휘한다. 그는 일본 제국주의 군인 신분을 말해주는 장교 계급장을 떼고 독립군으로 위장하였다. 그리고 중국을 통한 족제비처럼 간접입국을 한다.

---

5 1961년 케네디의 지시로 이루어진 미 CIA 조사 보고서에서는 박정희를 친일민족반역자이면서 공산주의자라고 기록하고 박정희는 뱀과 같은 사람이라고 했다(프레이저 보고서). 누가 한국 경제를 성장시켰는가?

위장 입국 후에도 박정희는 기회주의 근성을 한껏 발휘하고 있었다. 분단 조국에서 미국을 등에 업은 이승만 분단 권력이 유리할 것 같으면 자유 진영에 빌붙었고, 소련을 등에 업은 김일성 분단 권력이 유리할 것 같으면 공산 진영에 빌붙었다. 이렇게 기회주의자였던 박정희는 1940년대 후반 공산주의 진영이 동아반도(東亞半島)6 남한 사회에 대한 주도권을 장악하는 것을 보자, 곧바로 남로당의 조직책이 된다(1947). 이런 박정희에게 민족과 반민족이나 공산과 반공의 이념 따위는 있을 수 없었다. 그러던 그가, 제주 4.3 민중기의7와 여순군인기의(1948, 역사 교과서에서는 이를 麗順事件으로 이름 붙이고 있다)의 여파로 미 군정이 지배하는 남쪽 지역에서 남로당의 기세가 꺾이고 이후 대한민국 정부를 수립(1948. 8. 15.)한 이승만 권력은 이른바 빨갱이8 소탕 작전을 벌이게 된다. 그러자 남로당의 조직책으로 남로당 조직체계와 명단을 가지고 있던 박정희는 이를 육군 특무대

---

6 東亞半島라는 말은 조선 개화기 일부 개화지식인이 썼던 말이다. 우리 민족이 일제의 노예상태에서 해방되고 다시 남북이 분단된 이후 우리 땅을 북은 조선반도로 남은 한반도로 표기하고 있다. 통일의 시대를 맞아 우리 영토에 관한 용어를 통일해 본다는 의미에서 개화기 일부 지식인들이 썼던 '동아반도'라는 용어로 표기했다.

7 民衆起義. 역사 교과서 '제주 4.3항쟁'이라 이름하고 있다.

8 원래 '빨갱이'란 용어는 도덕적으로 파탄 난 비인간적 존재, 짐승만도 못한 존재, 나라 사람들을 배신하는 존재, 곧 쌍것을 이르던 말이다. 이 말은 식민지 조선 시기 일제가 우리 항일민족해방세력들에게 처음 붙였던 말이다. 곧 일제의 식민통치에 저항하는 세력들을 수박에 비유하였다. 수박 겉은 푸른데(푸름은 생명의 상징이다) 속은 빨갛다(빨강을 죽음의 상징으로 비유함). 그래서 겉과 속이 다르다는 뜻에서 빨갱이라는 말이 나왔다. 이 말이 해방 후에는 이승만 반공 독재 시절 친일/친미관료들이 자기네를 비판하거나 반대하는 사람들을 붙들어다 때리고 고문하면서 빨갱이 새끼라는 말을 했다. 곧 이승만 독재 권력 때는 친일파를 욕하면 빨갱이 새끼다. 적반하장이다. 이 용어가 다시 박정희 독재 권력 이후는 민족통일운동을 하거나 박정희/전두환 독재 권력에 반대하는 사람들을 빨갱이 새끼라고 했다.

(오늘의 보안부대)에 넘겨주고 자신의 목숨을 구한다. 이렇게 해서 남한에서 공산주의운동은 좌절된다. 이후 남한은 민족주의 계열의 정치적 분단세력이 득세하게 된다. 박정희는 우익(이승만 권력의 정일권 등)의 충실한 개가 되어 대한민국 장교로서 승승장구한다.

그리고 4.19 시민 혁명(1960)으로 대한민국에 제대로 된 민주주의가 배양될 무렵, 박정희는 이러한 과도기의 분위기를 기회로 이용한다. 박정희의 기회주의 기질이 발동한 셈이다. 5.16 군사 반란이 그것이다(1961). 이에 대하여 함석헌은 "군사쿠데타로 된 정부는 올바른 정부라고 생각할 수 없었고 하물며 박정희가 하고 있는 것은 아주 비굴한 태도(한일국교정상화 협상: 글쓴이 주)로 우리는 가만히 있을 수가 없어서 운동을 시작했던 것입니다."[9] 결국 올바른 정부, 정통성이 있는 정부가 아니었기 때문에 대한민국은 절름발이 반공 국가가 된다. 박정희는 자신의 권력 기반을 만들기 위해 이른바 빨갱이=공산주의=반국가세력이라는 등식을 만들어 자신의 반대세력을 제거하는 방편으로 이용한다. 여기서 함석헌이 말하는 대한민국 인재들의 죽음이 시작된다. "나는 우리나라의 어려움의 근본 원인은 인물 못 나는 데 있다고 합니다. 사람을 자꾸 죽이면서 나라가 잘 되기를 바라는 것은 어리석은 일입니다."[10] 이 말은 실제 인재들을 죽이기도 하였지만(인혁당 사건, 1차 1964, 2차 1974) 감옥에 너무 오랫동안 집어넣었기에 인재성이 죽었다는 말이다(국가보안법, 긴급조치 등).

박정희는 대통령이 된 후, 호시탐탐 제제화(帝制化)를 꿈꿨다. 그리고 그 음모는 헌정질서의 파괴로 나타났다. 그럴 때마다 박정희는 이상한 이념을 끌어온다. 어불성설의 '한국적 근대화'(조국 근대화)라

---

9 앞의 책, 227.
10 앞의 책, 302.

는 구호가 그것이다. 이것을 구실로 박정희는 국헌(國憲)을 유린한다. 곧, 3선개헌[11]이다. 이것이 첫 번째 제제화 음모의 결과이다. 이어 박정희는 두 번째 제제화 음모를 꾸몄다. 국제사회 변화가 오자, 이를 기회로 이용한다. 국제사회 변화는 1960년대 말, 1970년대 초 닉슨 독트린(1969.7.25)에서 시작된다. 미국의 월남 파병 철수와 주한미군의 감축이다. 이어 미국은 한국에게 북한과 우호적 관계를 유지하라는 압력을 가한다. 이것으로 박정희의 반공을 국시로 한 '조국 근대화' 음모는 더이상 효용 가치가 없어졌다. 그러자 박정희는 남북대화와 냉전체제 와해라는 국제정세를 역이용하여 평화통일론을 앞세운 민족주의 탈을 뒤집어쓴다.[12]

이에 대하여 함석헌은, "우리 민족도 세계의 경쟁장에서 지지 않아야지 한다는 것은 케케묵은 국가주의 도덕입니다",[13] "'나는 한동안 부귀를 누려보고, 민족중흥의 인물이란 공적을 남겨보겠다' 하는 묵은 역사의 찌꺼기 주워 먹는 사람들은 그런 소리를 할지 모릅니다"라고 박정희의 민족중흥론이 구시대적 발상이었음을 비판하였다.[14] 이어 함석헌은 "이제 민족주의 시대는 갔다. 부자의 등쌀에 고생을 했으면 돈 없이 사는 세상을 만들어보자는 것이 목표가 돼야지, 나도 이젠 부자가 돼보련다"[15]라는 생각은 잘못되었다고 하면서 민족주의는 이미 한물간 시대사조임을 강조한다.

한편 박정희의 강제된 국가 주도의 사회주의식 '경제개발5개년

---

11 1969.9.14. 국회 날치기 통과, 1969.10.17. 국민투표.
12 민족중흥론, 1970.8.15.
13 앞의 책(1978), 144.
14 앞의 책, 149.
15 "이런 생각은 안 된 생각이다", 앞의 책, 149.

계획'(이를 유가주의 공업문명 또는 유가자본주의라고 한다)이 그들 나름으로 '성공'이라고 평가하였지만, 이 경제정책이 오히려 우리 사회에 악독한 영향을 주기 시작하였다. '경제개발5개년계획'[16]이 차수를 변경하면서 계속되면 될수록 한국의 경제구조는 수출위주형/금융특혜형/정경유착형 유가자본주의사회를 만들어냈다. 이에 따른 사회적 부조리, 부패, 비리 등 악순환이 끝을 알 수 없을 정도로 똬리(蟠藪)를 틀면서 일어났다. 이 탓으로, 자본집중, 빈부심화, 저성장율, 실업률 증가 등 비정상적인 사회구조와 비윤리적, 비도덕적, 비인간적 범죄구조가 목걸이의 구술처럼 적폐(積弊)의 모습을 드러냈다. 곧 한국 사회에 부패하고 타락한 자본주의사회가 형성되었다는 뜻이다. 이에 대하여 함석헌은, "결과가 뭐냐, 문명이라는 것은 순전히 '먹고 놀자'야 의미가 없어요. 먹고 입는 쾌락이지… 남을 내 마음의 종으로 부리고 나는 턱 앉아서 놀아도 좋다는 거지… 공장에 있는 아가씨들 노예지 뭐야",[17] 또 "사람은 철두철미 정신적인 존재다. 물질론, 이것이 사람을 못 쓰게 만들었어. 물질세계가 다가 아니야… 그러니까 여기서 뭐가 되겠어. 그 담엔 강한 놈과 약한 놈이 붙어 싸움이 나고, 죽기 전에 여기서 좀 더 먹다 죽을래, 좀 더 놀다 죽을래 해서 별별 일이 다 일어나지 않겠어요?"[18]라고 박정희의 물질주의 경제정책이 우리 사회를 타락시켰음을 지적하였다.

결국 이러한 타락/부패한 자본주의에 대한 민중저항(민중기의)을 유발하게 만들었다. 곧 전태일의 분신사건, 광주대단지 폭동사건, 체

---

16 1962~1981년까지 4차에 걸쳐 실시됨. 박정희 사후인 1982년부터는 그 명칭이 경제사회발전계획으로 바뀌었음.

17 앞의 책, 213.

18 앞의 책, 211.

불임금 지불을 요구하는 파월(派越)노동자들의 대한항공 빌딩 방화 사건 등이다. 이러한 경제정책에 대한 민중들의 부정적 반응은 박정희 제제화 음모에 방해가 되고 있었다. 이렇게 국내의 사회경제적으로 부정적 반응과 국제사회의 냉전와해 분위기는 박정희의 기회주의 기질을 다시 근질거리게 만들었다. 곧 〈국가보위법〉(국가보위에 관한특별조치법)의 날치기 통과(1971.12.27)를 통한 제제화의 기틀을 마련이다. 그리고는 국가보안법과는 괴리를 보이는 발상을 보인다. 곧 '7.4남북공동성명'(1972, 이하 7.4성명)이다. 박정희는 그의 제제화 음모에 북한의 협조가 필요하다고 생각하였던 거다. '7.4성명'에는 민족에 대한 진정성(眞情性)이 전혀 없다. 박정희 제제화와 김일성 부자의 세습화 길을 열어주는 기만적 민족배반적 협상이었다. 곧, 조국분단의 영구화 조치였다. 너는 그쪽에서 권력을 독재화하고 나는 이쪽에서 권력을 독재화하겠으니 서로 간섭하지 말자는 속셈이었다. 이러한 국가주의 놀음에 대하여 함석헌은 "(국가는) 수천 년 정도로 내려오는 동안에 자기 사명을 다하기보다는 인간의 성장을 방해하는 노릇을 하게 되었기 때문입니다. 특히 선진국에서 국가는 지배주의에 기울어지고, 있는 정치가들을 도와서 (없는) 민중을 내리누르는 하나의 우상이 되고 있습니다.[19] 함석헌의 이 말은 1985년에 한 말로, "한국의 민중운동과 나의 걸어온 길"이라는 주제 속에 나온 글이다. 박정희의 황제권력화를 직감하고 비판하였던 것으로 보인다.

그리고 박정희는 내부적으로 남북대화를 뒷받침할 수 있는 국민총화와 능률의 극대화라는 구실을 내걸었다. 곧 영구집권과 권력 강화를 위한 연막이었다. 7.4성명 후 남북적십자 제1차 본회담(1972.

---

19 앞의 책, 231.

8. 29.)과 남북조절위원회 공동위원장 1차 회의(1972. 10. 12.) 등 남북 대화가 시작되었다. 그러나 이념 등 문제로 난관에 부딪칠 수밖에 없었다. 당연한 분단 현실이기 때문이다. 박정희가 만든 기회주의 음모다. 이를 모르는 나라 사람들은 당시 정국을 불안하게 생각하였다. 바로 이런 기회를 박정희는 노렸다. 느닷없이 국회를 해산하고 전국에 비상계엄령을 선포하였다. 이 모두가 총통 독재화 음모의 시나리오였다. 이에 모든 대학은 휴교가 강제되었다. 정당의 정치 활동도 금지되었다. 그리고 신문·통신에 대한 사전 검열제가 실시되었다. 비상계엄령은 비상국무회의로 하여금 국무회의와 국회의 입법 기능까지 떠맡도록 했다. 이게 바로 10월 유신이다(1972.10.17. 대통령특별선언). 그리고 그는 일본 메이지유신=일본의 근대화=천황일인체제화를 그대로 모방하여 한국의 조국 근대화=유신체제=박정희 황제체제화를 음모하였다. 이것이 10월 유신체제(1972.10.17)로 나타났다.

10월 유신으로 일본의 메이지유신(1868), 중국의 무술 유신(1898)처럼 입헌군주제를 하려는 박정희의 음흉한 음모가 겉으로 드러났다. 박정희는 그가 황제(입헌군주)가 되는 발판인 '유신헌법'을 발의하여 통과시켰다(국민투표 1972.11.21., 1972.12.27. 공포). 같은 시간 북조선에서는 사회주의신헌법이 발효된다(1972.12.27). 이를 통해 7.4 공동성명이 조국의 분단체제를 영구하는 두 독재 권력을 유지하기 위한 수단이었음을 알게 된다. 유신헌법의 명분은 조국근대화를 위한 '한국적 민주주의'의 기본법 제정이다. 그런데 한국적 민주주의의 기본법이라는 유신헌법에는 민주주의제도(국가권력에 대한 의회적-시민사회적 통제)가 없었다. 그리고 자유주의 이념(국민 기본과 노동3권과 정치 활동 등)도 없었다. 여기에는 파시즘 체제를 이끌 기구만 있었다. 곧 '유정회'와 '통일주체국민회의'다. 이들 기구의 실체는 박정희를 황제화하기 위한 제도적 틀이다. 유신헌법에 의해 박정희는 8대 대통령에 당선된다(1972. 12.27 취임). 그러나 그 실은 박정희 황제의 탄생이다. 이어 박정희는 그의 독재적 영도력을 선봉에서 휘날려줄 대중운동을 일으킨다. 곧 '새마을운동'의 본격화다.[20] 마치 중국의 국민당 정부 시절 장개석이 중국의 군국주의화를 위해 이끌었던 신생활운동(1934~1937)처럼. 이어 박정희는 그의 황제화(유신헌법)로 가는 길에 일체 비판이나 어떤 말도 금하는 긴급조치를 발동한다(1호 1974.1.8~ 9호 1975.5.13). 이로써 나라 사람들은 국가적 감시체제와 억압적 통제체제 하에 놓이게 되었다. 결국 긴급조치 발동으로 박정희에 대적하는 인재(人才, 박정희 도당들은 이들을 빨갱이라고 두들겨 팼다)들이 체포되고 영어(囹圄)의 몸이 되었다. 이것은 박정희를 황제로 만드는 두 번째 음모의 성공을 의미한다. 이런 국가주의 음모에 대하여 함석헌은 "지금 국가라는 거는 자기네끼리 몇이 모여 너하고 나하고 내 말 들어 내가 임금 되면 너는 무엇 해라. 이른바 정당이 다 그런 게 아니예요. 그런 걸 이 세상에서 정치라 그러지 않아요… 국가라는 거, 세상에서 조직적인 악이예요. 제도적인 악으로 전락한 겁니다. 정치는 바로 힘의 정치(power politics)하고 합니다."[21] "그러니 이 나라는 어느 몇이 짜고 들어서 모든 사람을 동원시키고 자기 말을 듣게 하려고 법을 이렇게 만들고 나라의 명령이라고 이럴 터이니까. 어느 나라도 그걸 국가지상주의라, 제국주의라 그러는 거야."[22] 이렇게 함석헌은 박정희의 유신체제와 함께 전두환의 군국주의

---

20 새마을운동은 1970년 4월 22일 전국 지방장관(특별시장, 직할시장, 도지사급) 회의에서 박정희가 처음 제안하고 1971년부터 새마을가꾸기사업으로 시작되었다.

21 앞의 책, 266.

22 앞의 책, 267.

적 독재체제를 국가주의가 빚어낸 '조직적 악, 제도적 악'으로 보았다. 그리고 이러한 조직적이고 제도적 악으로서 국가주의를 힘의 정치(권력)라고 하였다.

III. 함석헌이 그리는 평화사상

함석헌은 민족의 개념을 어떻게 생각했으며, 우리 민족의 민족성을 어떻게 보았는가. 함석헌은 '민족'과 '민족주의'를 구분하여 생각해 왔다. 그리고 민족주의를 버리자고 주장했다. "이제 민족주의 시대는 지나갔습니다. … 우리나라에서도 젊은 학생들이 민족주의를 부르짖는 것을 볼 때는 답답한 생각을 금치 못합니다."[23] "근래에는 민족주의가 지나간 시대이므로 민족은 아주 값없는 것으로 알기 쉬우나 그렇지 않습니다. 민족과 민족주의는 딴 문제입니다."[24] 글쓴이 입장에서도 함석헌의 탈민족주의는 맞다고 본다. 그렇지만 이웃 중국과 러시아가 문화주의를 표방하면서 '통일적 다민족국가주의'[25]로 나가고, 일본이 평화헌법 폐지와 함께 일본군을 재무장하려는 움직임을 보이고 있는 것을 볼 때 그리고 지금의 민족분단 상황을 보면, 아직 민족주의를 완성시키지 못한 민족이라는 서글픔을 갖는다. 민족의 개념에 대해서는 지난날 이야기하였던바[26] 여기서는 함석헌이

---

23 앞의 책, 119.
24 『인간혁명』(저작집 2권), 45.
25 "中華人民共和國是全國各族人民共同締造的統一的多民族國家."「中華人民共和國 憲法序言」1982.122.4.
26 『생각과 실천 1』(한길사, 2011), 194-204.

생각하고 있는 민족의 개념과 그는 우리 민족성을 어떻게 파악하고 있는지 그리고 우리 민족의 이상은 무엇인지에 대하여 그의 평화사상과 함께 살펴보고자 한다.

1. 구시대의 유물 ─ 국가주의와 민족주의

앞에서와 같이 함석헌은 국가주의와 민족주의를 평화 시대를 가로막는 구시대 유물로 보았다. "이제는 국가관이 크게 달라지지 않으면 안 되는 때이므로 민족관도 크게 달라져야 합니다." "민족이나 국가가 영원불변하는 것처럼 생각하는 것은 잘못입니다. 이제 보는 눈을 가지고 스스로가 역사의 주체라는 의식을 가지는 씨올에게 그것은 이미 깨어진 신화입니다." "아직도 우리에게 구식적인 민족주의 사상, 국가주의 사상이 있는 것은 우리가 오랫동안 남의 식민지로 매여 있었던 반동으로 일어나는 현상입니다."27 이렇게 함석헌은 민족주의와 국가주의가 발생한 배경으로 18~19세기 열강과 식민지 관계에서 찾는다. 곧, 국가주의나, 민족주의가 생겨나는 것은, 식민지국에서 해방된 후진국과 우리나라에서 독재자들이 민족=국가의 등식을 만들고 이를 우상화하여 군국주의적 민족주의를 합리화한 데서 기인한다고 보았다. 그리고 이런 이데올로기를 국민들에게 종교적 교리처럼 강요하고 사회적 비판세력들(민주화/통일세력)을 탄압한 데서 기인한다고 보았다. 이렇게 식민지 나라들이 식민지에서 해방된 이후에도 국가주의와 민족주의를 버리지 못하는 것은 독재자들의 '힘의 정치' 때문이라고 지적한다. 즉 권력자들이 민중(씨올)에

---

27 앞의 책, 143.

게 압박과 폭력을 행사할 때 그 이데올로기로서 국가주의와 민족주의가 발생한다고 보았다.

이제 우리나라에서 박정희와 전두환 시대 국가주의와 민족주의를 우상으로 삼던 예를 들어보자. 국민교육헌장(1968)과 '국기에 대한 맹세'[28]가 우리나라에서는 대표적인 군국주의적 국가주의와 민족주의 예가 된다. 1970~1980년대, 영화관에서 영화가 시작될 때 애국가가 나오면 관람객이 모두 기립하였던 적이 있는데[29] 글쓴이는 한 번도 일어서본 적이 없지만. 또 박정희 말기인 유신 정부는 1977년에 국기 하강식을 자율적으로 거행하게 하다가 의무적으로 강제하였다 (1978.10.1). 이리하여 국기 하강식이 범국민적으로 실시되었다.[30] 그래서 애국가가 나오면 길 가던 사람들이 멈춰 서서 태극기를 향하여 경례를 하도록 했다. 군국주의적 국가주의의 극치를 보여주는 예다.

그래서 국가주의와 민족주의가 폭력과 압제를 수반하는 '힘의 정치'에서 나온 이상 함석헌은 '지배주의 국가관'을 버려야 한다고 강조한다.[31] "국가주의는 뭐냐 하면 결국 따지고 들어가면 폭력주의에 들어가고 맙니다."[32] "지금 세계는 고민하고 있습니다마는 그 고민은

---

28 국기에 대한 맹세는 1968년 3월 충청남도 교육위원회가 처음 작성하여 보급하였다. 이것을 당시 문교부가 국수주의적 발상으로 전국적으로 확대 시행하였다 (1972). 이것을 노무현 정부 때 專制主義 냄새가 난다 하여 내용을 대폭 수정하였다(2007년 7월 27일 공포).

29 7대 대선이 있기 바로 2달 전인 1971년 3월 1일 전국 도시의 극장(381개)에서 시작하여 점차 읍면 극장까지 확대 실시하다가 1989년 소리 소문 없이 사라짐. 그리고 70년대는 애국가 나올 때 기립하지 않는 사람을 단속하기 위해 극장마다 경찰이 한 명씩 배속되어 극장 내에는 경찰 임검석이 하나씩 있었다. 기립하지 않은 사람은 즉심에 넘겨짐(「경향신문」 1971.3.15. 사회면).

30 「경향신문」 1977.10.19. 7면, 글쓴이는 멈추지 않고 가던 길을 혼자서 걸어갔지만.

31 저작집 1, 253.

32 저작집 2, 136.

다른 게 아니고 시대에 뒤떨어진 국가관/민족관을 버리지 못하는 데서 오는 고민입니다. 국가도 민족도 변하는 것입니다. 역사가 나아가고 인간이 자라기 때문입니다. 국가와 민족을 우상화하려고 애쓰는 것은 지배주의자들이 하는 간악한 수단입니다. 그들은 그렇게 하여서 씨올을 동원, 전쟁을 시키고는 그것으로써 자기네 권력의 자리를 유지해 가는 방법으로 삼습니다."[33] 참으로 명쾌한 분석이다. 곧, 국가라는 존재는 민주주의를 가장한 엘리트 중심으로 꾸려진 권력자들의 울타리일 뿐이다. 엘리트 중심의 권력자들은 늘 나라 사람들이 나라의 주인이라고 떠든다. 입에 침도 안 바른 거짓말이다. 함석헌은 국가주의 배격이 현대의 정치사조라고 말한다. 그래서 국가주의와 함께 민족주의도 사라져야 할 현대의 사회사조라고 말한다. 곧 함석헌의 '탈민족주의/탈국가주의'(脫民族主義/脫國家主義) 사상이다.

함석헌은 특히 1960년대부터 그치지 않고 민족주의[34]를 반대함으로써 민족주의 시대가 지나갔음을 강조해왔다. "나는 우리나라에서 젊은 학생(독재에 저항하는: 글쓴이 주)들이 민족주의를 부르짖는 것을 볼 때 답답한 생각을 금치 못합니다.[35] 또 "제3세계가 태어났지만, 이들도 제국주의 종살이에서 해방된 탓인지 민족주의를 부르짖는 것은 무리가 아닙니다. 그러나 이제 민족주의 시대는 갔습니다.[36]" 그런데 한국 사회에서는 특이하게도 '민족주의적 독재권력'(박정희, 전두환)에 저항투쟁을 하는 이들(글쓴이를 포함한)도 민족주의(좌익)

---

33 저작집 13, 144.
34 함석헌이 말하는 사라져야 할, 민족주의는 저항민족주의와 식민지민족주의를 뜻한다.
35 앞의 책(1978), 149.
36 앞의 책, 149.

를 내걸었다는 점이다. 이것은 민족주의적 독재정치(민족주의)에 저항하는 세력에서는 생각할 수 없는 현상이었다.

함석헌은 민족주의가 지나가고 새로운 시대가 온다는 것을 다음과 같이 설명한다. "역사가 나아가는 과정에는 언제나 세 단계가 있습니다. 변증법으로 말하는 정반합(正反合)입니다. 맨 첨은 미발(未發), 아직 갈리지 않은 통일의 단계, 그 담은 발(發)해서 발전하여 갈라지는 단계, 나중에 다시 화합하여, 혹은 종합하여 보다 높은 통일의 단계에 이르는 단계입니다."37 또 인류 발전 단계를 변증법에 대입하여 설명한다. "역사 처음은 원시공동체의 시대입니다. 그때는 전체가 있을 뿐이지 개인은 없었습니다. 다음에 개인이 차차 깨는 시대가 왔습니다. 사람이 나를 알고 자기 인격을 주장하기 시작했습니다(역사용어로 말하면 역사시대 곧 청동기에서 현대까지). 그동안 인간은 개인적으로 많이 자랐습니다. 그래서 영웅주의가 나오고 이상주의가 나오고 영혼 구원의 신앙이 나왔습니다."38 "그러는 동안에 문명이 발달하고 개인 간의 소통이 원활해지면서 인간관계가 전면적으로 유기적인 것이 돼버렸습니다. 바로 여기서 보다 높은 단계의 전체시대를 맞고 있습니다." "높은 단계의 전체라는 것은 개인이 깨지 못했던 낮은 단계의 원시공동체가 아니고 개인이 깨이면서 인간의 존재가 고립된 존재가 아닌 하나라는 깨달음이 왔습니다."39 여기서 함석헌은 인간사회는 이제 낮은 단계의 사회형태(원시공동체)에서 높은 단계의 사회형태(세계/전체 공동체)를 만들어 가고 있다고 내다보았다. 원시공동체에서 전체 공동체로 나아가는 중간 단계가 변증

---

37 앞의 책, 146.

38 앞의 책, 146.

39 앞의 책, 146.

법으로 보면 우리가 사는 지금 단계(분열과 전쟁, 탄압과 폭력의 민족주의시대)에 속하는 셈이다.

함석헌은 '전체'에 대하여 다음과 같이 설명한다. '전체' 또한 결코 고정된 것이 아니고 자라는, 부단히 자라는 전체라고 보았다. 이것은 함석헌이 말하는 역사의 발전 모습에 대한 설명에서 엿볼 수 있다. "처음에 인류는 동굴에서 살다가 골짜기로, 골짜기에서 버덩으로 버덩에서 더 큰 강 유역으로 반도에서 대륙으로 나아가며 살게 되었습니다."[40] 함석헌은 이렇게 삶의 단위가 커지고 영역이 커져가는 동안에 '나라'라는 이름이 붙게 되었다고 보고 동시에 나라 또한, 변하는 존재로 보았다. 즉 나라끼리 전쟁도 하고 원수가 되기도 하고 하는 동안에 통합이 되고 또 분열되고 다시 전쟁을 하게 되었다고 본다. 이러한 과정을 거치면서 근대가 오고 제2차 세계폭력전쟁도 오게 되었다고 한다. 그런데 제2차 세계폭력전쟁을 거치면서 인류는 큰 변동을 보게 되었다고 생각한다. 곧, '전체주의'(세계주의: 경제적 글로벌 개념과는 다른)의 발생이다. 제2차 세계폭력전쟁의 결과, 각국이 승전 목적으로 발달시킨 과학이 필연적으로 전체주의 발달에 기여하게 되었다고 한다. 전체주의가 나오면서 '국가'의 개념은 희박해지고, 나라의 국경선도 무의미하게 되었다는 설명이다. 그래서 각 나라들은 '냉전'이라는 이름으로 동서의 두 블록(block)을 형성하게 되었다. 곧 두 개의 큰 전체주의로 해석하고 있다. 그런데 두 전체는 해서는 안 되는 경쟁을 하고 있다. 여기서 복잡한 사회(동서이념을 갖는)를 만들어갔다. 그래서 두 블록은 서로를 숨기면서 작은 싸움을 만들어 지역전(美蘇의 대리전)을 벌이게 되었다.[41] 이러한 추잡한 경쟁과 그 결

---

40 앞의 책, 147.
41 앞의 책, 148.

과로 발생하는 전쟁을 보면서 세계 사람들은 '냉전의 우상'을 버리고 '평화의 세계'로 향해 가야 한다는 '새로운 전체주의'를 깨닫게 되었다고 한다. 곧 지역 개념의 국가주의나 민족주의가 아닌 전체 개념의 '세계주의'가 우리 앞에 다가오고 있는 증거라고 함석헌은 말한다.

그래서 함석헌은 통치체제로서 '국가'보다는 살림공동체 개념을 갖는 '나라'라는 단어를 즐겨 사용한다. '나라공동체'는 곧 '세계공동체'를 향해 가는 지역 개념으로 사용하였다. 그래서 세계의 '여러 나라'는 '하나의 세계'(全体)를 구성하기 위하여 존재하는 지역공동체로 보았다. 때문에 함석헌은 세계 사람들이 특정한 민족 감정을 갖는 것에 대하여 몹시 우려하고 있다. "민족 감정은 거의 영원하다", "중국의 경우 공산주의가 물러가는 날이 있어도 만일 민족 감정을 청산하지 못하면 그것이 인류 역사에 큰 걱정거리다", "그 대책은 중국 사람으로 하여금 민족주의를 가지고 역사를 거꾸로 끌지 않도록 하는 일이다."[42]

1960년대 함석헌은 벌써 오늘의 중국을 벌써 읽었는가는 생각이 들 정도로, 오늘날 중국의 팽창주의를 읽고 있었다. 중국이 세계무대의 선두에 서는 것을 보고 걱정이 된다. 그것은 미국이 반인륜적 침략과 강탈을 행하고 있지만 그 사상의 바탈은 그리스도교다. 따라서 최소한 그리스도교가 가지고 있는 인간에 대한 기본적인 윤리/도덕을 가지고 세계를 지배하고 있기 때문에 그나마 이렇게라도 오늘날의 세계질서가 유지되고 있다고 본다. 그러나 중국이 세계패권을 장악할 경우 평화와 인간에 대한 사상의 바탈(中華人民共和國 憲法 序言에서는 세계평화를 주장하고 있지만)이 없기 때문에 상황이 달라지리라

---

42 앞의 책, 119. 중국은 이미 헌법 前文에서 '大民族主義'를 반대한다고 천명하고 있다(1982).

는 생각이다. 중국은 국가와 민족을 모두 중시하는 나라이다. 그러나 공산주의 국가체제를 민족보다 더 우선시한다. 그래서 그들의 목적은 세계의 온 민족을 그들 국가에 편입시키는 일이다. 중국은 살림공동체 개념으로서 '나라' 개념보다는 통치개념으로서 '영토국가'의 개념을 강하게 가지고 있다. 이 때문에 각 민족을 중국 국가에 편입하는 과정에서 일어나는 행위는 인권보다는 유교적 통치원리인 '통치와 지배'를 앞세울 게 불을 보듯 뻔하다. 이렇게 되면 세계평화는 어렵게 된다. 폭력을 수반하는 국가주의가 더욱 팽배해지리라고 본다.

2. 우리 민족성의 부정적 측면

앞에서와 같이 함석헌은 국가주의와 민족주의를 구시대의 유물로 보고, 이것은 권력자나 정치가들이 우상으로 삼은 이데올로기임을 강조하였다. 그러면 이데올로기적 개념으로서 민족주의가 아닌 우리 민족성에 대하여 함석헌은 어떻게 평가하였는가. 이를 살피기 전에 먼저 함석헌은 우리 땅덩어리에 대하여 다음과 같이 보았다.

① 우리나라 땅덩어리는 큰 나라가 될 수 없는 지리적 조건을 가지고 있다. 그러나 앞으로 세계는 하나의 세계가 될 것이므로 작은 것은 문제가 되지 않는다.

② 지리적 조건상 외롭게 혼자 살 수 없이 된 나라이다. 위로는 대륙에 붙어 있고 아래로는 섬나라가 있어서 대륙과 섬으로 가는 길목이기에 늘 다른 나라와 관계해서 살아야 하는 조건을 가지고 있다. 그러므로 앞으로 오는 새 역사에는 오히려 이것이 좋은 조건이다.

③ 우리에게는 중국평원, 만주평원, 미국의 자연물자 같이 그런 풍부한

자원이 없기 때문에 큰 산업이 발달할 수 없는 조건을 가지고 있다.

함석헌은 이러한 지리적 조건을 가지고 우리의 민족성이 형성되었다고 본다. 우리 민족성에 대하여 함석헌은 일찍이 『뜻으로 본 한국역사』[43]에서 지적하였다. 이에 의하면 우리 민족성의 긍정적 측면은, 착함(仁), 예의(禮), 평화(和), 날쌤(勇), 인자(恕) 등 다섯 가지로 보았다. 그리고 부정적 측면으로는 ① 약아빠진 민족, ② 철학이 없는 민족, ③ 자존심이 없는 민족을 들고 있다.[44] 그리고 저작집 13권(1961)에서는 ④ 확신이 없는 민족성을 더 추가하고 있다. 그러면 함석헌은 우리 민족의 나쁜 민족성이 어떻다는 것인지, 그러면 그 나쁜 민족성을 치료할 대안으로 무엇을 제시하고 있는지를 알아보자. 함석헌은 우리 민족의 나쁜 점을 다음과 같이 들고 있다.

1) 철학 없는 민족성

함석헌은 우리 민족을 철학이 없는 민족으로 보았다. "우리 민족은 자기발견을 못했습니다. 우리는 철학이 없는 민족입니다. 제 철학을 말할 줄 모르는 민족입니다. 문화는 자기 나타냄입니다. 부끄러움을 면하려면 우리 고전을 연구해야 합니다."[45] 함석헌은 우리 민족이 유구한 역사를 가진 문화민족인데도 왜 우리에게 철학이 없다고 하였는가. 그것은 다음 구절에서 찾아볼 수 있다. "자기를 찾지 못하고 남의 나라 앞선 문화에 눌리고 휩쓸려 들어가 제정신을 왼통 잃고 제

---

43 일우사, 1962.

44 앞의 책, 112-131.

45 저작집 13권. 61.

가졌던 모든 보배를 도둑 당한 것이 우리 역사입니다. 엄청난 뜻으로는 우리는 문화의 말을 가지지 못한 민족이라 할 수 있습니다."[46] 여기서 함석헌이 우리가 오랜 역사를 가지고 있음에도 우리 문화를 가지지 못하고 있다고 본 것은 우리말, 곧 우리말을 통한 우리 철학을 갖지 못했음을 지적하는 말이다. 즉, "우리말이란 곧 우리의 혼이 나타난 것입니다. 말을 하지 않고는 혼이 발전할 수 없습니다(우리 문화 말이 없으니). 천만번 망해 마땅한 민족입니다."[47] 곧 우리나라 사람들이 우리의 혼이 담긴 우리 말로 된 '문화언어'가 없다고 지적한다. 이를 다음과 같이 비유하였다. "옆에 있는 중국 민족을 보시오. 어떻게 자주성이 강한가. 그들은 외국 것을 받을 때에는 꼭 번역을 하고, 번역해도 자기네의 뜻을 넣어서 합니다. 아메리카를 미국(米國), 도이치를 덕국(德國)이라 번역하는데 그들의 특징이 있습니다. 일본 사람만 해도 이름을 한자로 쓰기는 해도 산밭[山田]이니, 언덕밑[坂本]이니 제 말로 옮겨 부릅니다. 우리는 김(金)이요, 이(李)요 그대로 중국이 돼버리고 말지 않았어요."[48] "(일제강점기) 긴상, 리상 하다니 그 입에 침도 마르기 전에 이젠 미스 김, 미스터 리가 돼 버리고 말았습니다. … 학자도 문인도 종교가도 무식쟁이도 미스터, 미스로 미처 돌아가는데 참살 마음 없어집니다.[49]" 우리의 문화 언어가 없음을 개탄하고 있다. 이렇게 문화언어가 없기 때문에 우리 혼도 없고 얼도 없다고 보았다. 얼이 없으니 또한 철학도 없다고 말한다.

철학이 없는 민족이므로, 함석헌은 "우리 불행의 근본원인은 우

---

46 앞의 책, 60.
47 앞의 책, 60.
48 앞의 책, 61.
49 앞의 책, 61.

리 자신을 모르는 것입니다. 자기를 찾으려 하지 않습니다. 스스로 우리 자신을 업신여겼습니다. 내버렸습니다. 그러므로 우리 철학이 없어졌습니다. 우리의 인생관 세계관이 없고, 있다면 남의 것을 빌려온 것이니 우리말로 표현할 필요를 느끼지 못했습니다."[50]라 하여 우리 문화, 우리 철학이 없는 우리 민족을 탓하였다. 그리고 우리 민족에 철학이 있다면 그것은 우리를 망하게 하는 철학뿐이라고 지적한다. "우리에게도 철학은 있습니다. 숙명 철학, 팔자 철학입니다. 종교도 있습니다. 샤머니즘, 무당종교 이것은 20세기 과학 시대에 부끄러운 일입니다. 그들(기성세대=무식한 민중)은 숙명관에 곰보가 되고, 무당종교에 이상심리가 된 민중입니다. 우리는 이 때문에 망한 민족입니다.[51] 우리 민족이 가지고 온 철학은 숙명 철학, 팔자 철학이라고 하였다. 이 팔자 철학에서 나온 민족성은 자신에 닥친 모든 현실에 대하여 운명으로 받아들이는 체념이라고 말한다. 이러한 체념적 사고를 함석헌은 숙명관으로 보았다. 이 숙명관에서 우리 민족의 주체성 부족, 당파주의, 고식주의 등이 나왔다고 보았다.[52] 그리고 자기 개조의 철학이 없기 때문에 체면주의, 체제주의, 명분주의가 판을 쳐왔다고 안타까워했다.[53] 그래서 철학을 가진 민족이 되자고 한다.

2) 자존심 없는 민족성

함석헌은 또 우리 민족이 자존심이 없는 민족이라고 했다. "우리

---

50 앞의 책, 63.
51 앞의 책, 66.
52 앞의 책, 77.
53 앞의 책 78.

는 참 자아 주장이 약한 민족입니다."[54] 그리고 우리 민족을 속이 없는 민족으로 보았다. 더 심하게 근본을 모르는 민족으로 보고 있다. "일제를 왜놈이라 해서 사람으로 알지도 않던 일본이 무력으로 강해져서 거기 정복을 당하고 보면, 불과 36년 만에 다다미·사시미·벤또·오차가 벌써 우리 살림으로 돼버렸지요. 그것이 또 3년이 못 가서 인제는 파티·캬바레 하고 정신을 잃고 돌아가니, 대체 속이 있는 민족인가 없는 민족인가."(앞의 책, 81).[55] 더 나아가 함석헌은 우리 민족이 자존심이 없기 때문에 사대주의적 민족성을 갖고 있다고 보았다. "책마다 잡지마다 보면, 그저 '모럴'이요, '휴머니즘'이요, '레지스탕스'요. 그거 왜 그러는 것입니까. 누구보고 하는 말입니까. 그들의 머리는 아직 끼리끼리 살자던 귀족주의를 못 벗어났습니다."[56] 여기서 '귀족주의'라는 말은 중국에 사대를 하던 전근대시대 조선 양반 귀족들의 태도를 빗대어 말한 것으로 보인다. 그래서 함석헌은 우리 민족을 "자주적이지 못한 주체성이 없는 민족"이라고 하였다.[57]

또 이러한 자주적/주체적이지 못하기 때문에 자포자기를 잘하는 민족으로 평가하였다.[58] 함석헌은 우리 민족이 자존심이 없기 때문에 비겁한 민족이라고까지 평가하였다. "세상에 그런 역사가 어디 있습니까. 5천 년 역사에 한 번도 천하(天下)란 소리를 못해 본 그런 민족이 어디 있습니까. 중국은 말할 것도 없고, 몽골도 하고, 여진도 하고 마지막엔 섬 속에서 자라났던 일본도 해보는 천하통일의 생각을

---

54 앞의 책, 81.
55 앞의 책, 81.
56 앞의 책, 98.
57 「씨알의 소리」 1971년 9월호, 10.
58 저작집 13권, 83.

한 번도 꿈꾸어 본 일이 없으니 어떻게 된 일입니까. … 뜻을 한번 크게 가져보지 못했던 것을 말하는 것입니다. 이날까지 그 많은 참혹한 전쟁을 남의 땅에 가서 해본 일이 없고 내 집안에서 겪었습니다. 그런 비겁한 민족이 어디 있습니까. 이게 다 뜻을 잃어버린 까닭입니다."[59] 이렇게 세계로 한 번도 뻗어 나가지 못한 민족, 천하통일의 꿈을 가져보지 못한 민족임을 자괴(自愧)하였다. 그렇다고 전쟁을 남의 땅에 가서 못했다는 말은 결코 전쟁을 좋아하라는 말이 아니었다. 우리 민족이 큰 뜻을 가져보지 못했다는 것을 탓한 말이다. 여기서 큰 뜻은 여러 가지 의미를 가지겠지만 자존심으로도 해석해 볼 수도 있다. 자존심이 없는 민족이기에 남이 내 땅에 와서 전쟁(청일전쟁 1895, 러일전쟁 1904)을 하도록 내버려 두었다는 말이다.

함석헌은 이러한 자존심이 없는 민족으로는 문화민족이 될 수 없다고 지적하면서 자존심을 세워 문화민족이 되자고 주장하였다. "인생은 방향이 있는 것입니다. 어떻게 사느냐가 문제입니다. 왜 사느냐가 문제입니다. 그 조건을 결정하는 것이 보람입니다. 그럼 보람은 어디서 오나? 문화라는 것입니다. 문(文)이 있어야 보람이 있습니다. 생은 바탕입니다. … 생은 그저 살아 있는 것만으로는 뜻이 드러나지 않습니다. 생을 써서 무슨 뜻을 드러내는 것이 있어야 생의 보람이 있어집니다. …"[60] 이어서 "문화가 높다는 것은 결국 자기를 깊이 붙잡았다는 말입니다. 개성적이란 말입니다. 개성적이기 때문에 보편적입니다. 개성에 의해서만 보편에 이르게 됩니다. … 나를 깊이 팔수록 남을 넓게 알게 되어 있습니다. 그러므로 자중자존(自重自尊)함이 없이 문화민족일 수 없습니다. 자기를 스스로 존중하는 정신없이

---

59 앞의 책, 110.
60 앞의 책, 78-79.

문화를 낳을 수 없습니다"[61]라고 했듯이 민족의 자존을 세워 문화민족이 될 것을 주문하였다. 여기서 함석헌은 자기 자존을 내 안에 있는 '하나님에 대한 믿음'이 문화민족으로서 자존이고 자기실현이라고 보았다. 곧 함석헌은 문화창조는 물욕(物慾)에 의한 이기심이 아니고 정신적인 믿음, 곧 자존심을 갖는 '자기발견'(自己發見)이라고 하였다.[62]

3) 약아빠진 민족성

함석헌은 우리 민족성의 부정적 측면 중 하나가 약아빠진 민족성이라고 보았다. "세상에 우리나라 사람같이 약아빠진 백성이 어디 또 있습니까. 이것은 정치하는 사람들이 너무 민중을 속였기 때문에 이렇게 된 것입니다. 속을 땐 속고 실수할 때는 더러 실수를 하더라도 엉큼한 데가 있고 무엇을 해보자는 생각이 있어야 나라를 할 수 있지. 약아빠져서 제 발부리 앞만 보려고 정말 속의 생각을 한번 내놔보려 하지 않은 사람들을 가지고는 아무것도 할 수 없습니다."[63] 이렇게 약한 빠진 민족성을 갖게 된 배경으로 함석헌은 정치인의 기만적 정치수단을 들고 있다. 또 약아빠진 민족성을 갖게 된 배경으로 "정치 잘 하는 것은 백성으로 하여금 스스로 생각하도록 하는 것입니다. 그것이 이상을 가진 국민입니다. 그런데 우리나라 정치하는 사람들은 될수록 백성을 눌러 생각하지 못하게 하고 자기네들은 중국생활을 빌어다가 손쉽게 해 먹으려고만 하였습니다. 이러므로 국민은 그만

---

61 앞의 책, 80.

62 앞의 책, 79.

63 앞의 책, 110.

낮아질 대로 낮아지고 쫄아 들대로 쫄아들었습니다"[64]라 하여 스스로 생각하는 생각이 없기 때문에 국민적 이상이 없어졌다고 보았다. 이렇게 정치하는 사람들이 제 나라 사람들을 억누른 결과 제 스스로 생각하고 제 뜻을 펼 수 없게 되었고 이것이 원인이 되어 국민적 이상을 가질 수 없게 되었다는 생각이다. 그 바람에 남의 눈치만 살피는 약아빠진 그런 민족이 되었다는 거다. 또 제 뜻 하나 없이 남의 눈치만 보다 보니, 이 땅덩어리도 반쪽이 될 수밖에 없었다는 생각이다. "(얄타협정 때 우리나라 사람들이 똑똑해서) [아무에게도 끌리지 않는다. 차라리 이대로 있다가 나라가 없어지면 없어졌지 남한테 끌려가겠냐 소련의 위성국가도 될 맘이 없고 미국의 위성국가도 될 맘이 없다. 우리는 흥하든지 망하든지 하나가 되지, 한 민족이 갈라질 수 없다.] 그럴만한 힘이 있어야 하는데 그게 없었단 말이야"[65]라고 심각성이 부족한 약아빠진 민족성 때문에 나라가 커지지 못하고 분단의 비극을 맞았다고 한탄한다.

함석헌은 약아빠진 민족이 안 되려면 스스로 생각할 줄 알아야 한다고 주문한다. "세상이 달라졌습니다. 생물학, 사회학, 인류학의 연구에 따라 사람이 전의 사람이 아니고 하는 생각과 일이 전의 것이 아니다. 그러므로 종교도 흔들흔들 도덕도 트렁트렁, 그 뒤에 정치란 것은 물론 그냥 있을 수가 없이 돼가고 있습니다. (이런 시대에) 새 생각을 해야 합니다. 이 생각이란 것은 이상해서 제 스스로 생각해서 진화해 갑니다."[66]. 함석헌은 이렇게 변화해 가는 시대에 맞추어서 스스로 생각할 줄 아는 사람, 민족, 나라 사람이 되어, 국민적 이상을 갖자고 주문하였다.

---

64 앞의 책, 109; 『뜻으로 본 한국역사』(한길사, 1983), 127.
65 앞의 책, 198.
66 앞의 책, 113.

4) 확신이 없는 민족성

함석헌은 우리 민족성 중 나쁜 것은 확신이 없는 거라고 했다. "우리나라 사람같이 확신이 없는 민족에게 "하면 된다"고 가르쳐 주는 건 좋습니다.67 "사람을 자꾸 죽이면서 나라가 잘 되기를 바라는 것은 어리석은 일입니다. 세상에 우리같이 어리석은 민족은 없습니다." 우리 민족이 어리석은 것은 "양반 정치의 때를 벗지 못"하였기 때문입니다.68 그리고 "오늘날 우리가 당하는 나라 안, 나라 밖의 모든 어려움은 결국 그릇이 크지 못한 데서 오는 것이라 할 것인데, 그것은 결국 이씨네 500년의 나쁜 전통에서 내려오는 타성이라 해야 할 것입니다"69라 하여, 우리가 이렇게 확신이 없는 민족이 된 것은 조선봉건시대 양반들의 이기적인 정치에서 기인한다고 보았다. 물론 함석헌은 조선시대 양반정치를 당파싸움으로 보고 있으나, 이는 조선의 붕당정치를 당쟁정치로 본 잘못이 있다 하겠다.

함석헌은 확신이 없는 우리 민족성을 고치는 대안으로 "우리가 믿어가는 데는 '하면 되지, 내가 믿는 마음으로 하면 저 산더러 일어나서 바다로 가라 해도 된다'는 믿음이 일어야 합니다." 그러나 믿음은 "우리가 생각해서 됐나 그대로 안 됐나가 아니라 네 의무가 뭐냐"70를 깨닫는 일이라고 하였다. 그 의무는 '하나님에 대한 믿음을 확고하게 갖는 일이다. 하나님에 대한 확실한 믿음을 갖는 것이 곧 "확신을 갖는 민족"이 될 거라고 했다. 그렇다고 그리스도교적 신앙을 주문한

---

67 앞의 책, 282.
68 앞의 책, 302.
69 앞의 책, 302.
70 앞의 책, 283.

것은 아니다. 이렇게 함석헌은 우리 민족의 나쁜 민족성을 지적한 다음 이런 나쁜 민족성을 극복하는 대안을 다음과 같이 제시하였다.

3. 함석헌이 그리는 평화사상

함석헌은 우리 민족이 멸망하지 않으려면 나쁜 버릇을 고쳐야 한다고 하였다. 곧 나쁜 버릇은 위에서 말한 근본을 모르는 점, 자아의식이 약한 점, 속이 없는 점이라고 하였다. 그래서 이를 고치기 위해 역사적 사명을 가져야 한다고 하였다. 지금까지 우리 민족이 가지고 있던 부정적인 측면을 보이고 있는 민족성과 민족의 특질, 곧 "이 작은 것으로 이 가난으로, 이 없음으로, 이 약함으로, 이 더러움으로, 이 떨어짐으로, 이 빚짐, 이 죄"[71]를 가지고 역사적 사명에 도전해야 한다고 강조한다. 역사적 사명에 도전하려면, "죽음으로 말해야 할 것입니다. 지금 세계는 죽음에 직면해 있습니다"[72]라고 함으로써 역사적 사명을 담당하기 위해서 그리스도교식의 거듭남을 주장한다. 거듭나기 위해서는 지금까지 허물은 죽어야 한다는 종교적 교리를 적용하고 있다. 바로 죽어서 거듭나는 것이 "우리의 모양이 곧 우리의 사명이다. … 우리의 존재가 곧 우리의 이상이다"[73]라고 하였다. 그래서 "우리가 낡은 시대의 철학, 종교에 마비된 마음을 씻어서 우리 속에 스스로 밝아진 새 종교, 새 철학으로 말을 하면, 그 순간에 이 세계가 죽는 동시에 이때까지 알지 못했던 새 나라가 열릴 것입니다."[74] 그러면 "죽음과 동시에 새로운 삶은 믿음으로만 될 수 있습니

---

71 앞의 책, 124.
72 앞의 책, 124.
73 앞의 책, 124.

다."75 이렇게 함석헌은 새로운 시대를 맞이하기 위해서는 뜻을 세워야 한다고 하였다. 우리 민족이 뜻(평화세상을 만들기 위한)을 세우기 위해서는 ① 자아를 발견하는 것, ② 생활철학을 가지는 것, ③ 문화민족이 되는 것, ④ 역사적 사명을 가지는 것이라고 했다. 그러면 함석헌은 이를 어떻게 설명하고 있는지 구체적인 내용을 살펴보기로 하자.

1) 자아발견을 하는 것

앞에서도 말했듯이 함석헌은 우리 민족의 핵심적 성격을 '착함'(仁)으로 파악한다. 그래서 '평화'(和)를 사랑하는 민족이라고 했다. "어쨌든 우리 사람은 평화의 사람입니다. 역사 있는 이래 한 번도 남의 나라를 쳐들어간 일이 없고 전쟁을 늘 내 집에서 겪었습니다. 막는 싸움이었지 날도둑질이 아니었습니다. … 참 착한 백성이 아닙니까. 이것 때문에 생존경쟁이 살림의 철학으로 되어 있고 침략주의가 정의로 되어 있는 이 시대에는 우리는 못 견딥니다. 그러나 이제는 다른 시대가 옵니다. "평화"76입니다. 우리 민족은 착한 민족성을 지녔고 전쟁을 못하는 민족이므로 지금같이 폭력을 일삼는 깡패 나라들의 등쌀에는 견디기 어렵다고 보았다. 그런데 다행히 시대가 변하여 전 인류가 평화를 갈망하는 시대가 왔다고 한다. 이를 함석헌은 우리의 전래 동화 〈콩쥐와 팥쥐〉에서 예를 끌어온다. 그래서 우린 민족을 "세계 역사의 콩쥐"라고 했다. 당당히 자격이 있으면서 무대에 나타나지 않는, 학대를 받는 콩쥐는 우리의 상징입니다. 이제 세계인

---

74 앞의 책, 124.
75 앞의 책, 125.
76 앞의 책, 123.

들이 다 하다가 실패하고 물러서면 우리가 역할을 할 차례가 옵니다. 그래서 콩쥐의 신발은 평화의 신입니다. 그것을 역사에서 3.1운동, 4.19혁명으로 나타났습니다. 우리 역사는 고난의 역사입니다. 그러나 누더기 옷을 입고 학대를 받던 콩쥐가 나중에 신발의 주인이 되어 뭇 사람의 존경을 받듯이 우리 민족도 시간이 되면 그렇게 되리라고 확신하였다.77 그래서 하루빨리 자아를 발견할 필요가 있다고 한다. "지금까지 우리 역사는 부끄러운 역사입니다. 지금까지는 뜻(정신)보다는 일과 물건(물질)을 가지고 서로 자랑을 목적으로 삼은 역사였지만 이제부터는 뜻이 주장하는 마지막 단계에 들어섰습니다. 고난이 도리어 자랑이 되게 되었습니다. 세계의 양심 앞에 우리가 지고 있는 고난의 짐보다 더한 발언권이 어디 있어요. 이제 바로 우리 자신을 알기만 하면 정말 우리 몫을 할 수 있는 때가 왔습니다.78 이렇게 그동안 고난을 겪고 온 평화의 민족인 우리가 앞으로 올 세계 평화를 견인할 자격을 갖는다고 보았다. 때문에 세계 평화를 만드는 주체가 되어야 한다는 생각을 늘 말해왔다.

2) 생활철학을 갖는 것

앞에서 같이 함석헌은 우리 민족이 철학이 없는 민족이라고 지적하였다. 하여 새 철학을 가질 필요가 있다고 주문한다. 그 새 철학은 곧 생활철학이다. 함석헌이 말하는 생활철학은 믿음이 있는 철학을 말한다. 그래서 함석헌은 철학이 없는 종교, 이성이 없는 믿음을 경

---

77 앞의 책, 123.
78 앞의 책, 124.

계해 왔다. 종교 속에서도 철학을 찾아야 한다고 강조하였다. "종교와 철학은 따로가 아닙니다. 종교도 절대자를 찾는 것. 철학도 절대자를 찾는 것입니다. 철학을 따져 올라가면 믿음에 이르는 것이고, 반대로 참믿음 있으면 반드시 철학이 나올 것입니다. 철학을 반대하는 종교, 아무 뜻 모르고 맹신하는 종교, 그것은 미신입니다. 또 종교를 반대하는 철학, 생명의 뚜렷한 빛에까지 이르지 못하는 이론, 사색 그것은 빈말뿐입니다.[79] "철학과 종교가 구경(究竟)에는 하나"입니다.[80] 이렇듯 함석헌은 생활철학 속에서 믿음을 갖고 종교를 가질 것을 주문한다. 그는 과거의 종교와 현재의 종교가 다르다는 것을 다음과 설명한다. "사람의 빛은 이성입니다. 이성으로 감정을 억제하고 지도하고, 조화하고, 수련하는 것이 정신수양의 내용입니다. 그러함으로 원시종교(노래 음악 춤 주문이 한데 녹아들어 열광적인 흥분에서 오는 이상 심리적인 경험을 추구하는 종교)에서 점차 이성종교(감정적인 요소가 줄어들면서 이성에 의한 깊은 사색으로 뜻을 체험하는)로 나가는 것"이 종교의 역사라고 말한다.[81] 이러한 생각의 토대를 가지고 함석헌은 종교도 진화한다고 보았다. 그리고 종교의 진화과정을 다음과 같이 설명한다. "먼 옛날의 종교는 마법/주문의 종교였습니다. 과학이 발달하지 못하였기 때문입니다. 마법은 오늘 보면 그때의 과학이었습니다. 그다음에 오면 의식(儀式)이 중요한 것이 됐습니다. 의식이란 곧 마법의 모양을 변하여 안착된 것입니다. 그다음에 발달한 것이 사람의 정신이 밖의 자연 속에서 힘을 찾던 눈으로 제 마음속을 들여다보게 되었다. 그리하여 발달하게 된 것이 철학이요 종교였습

---

79 앞의 책, 72.
80 앞의 책, 73.
81 앞의 책, 74.

니다. 지금 발달한 종교는 높은 신비적/윤리적인 교리를 가지고 있습니다."[82] 이렇게 함석헌은 종교가 '마법적 종교-의식적 종교-철학적 종교'로 발전했다고 설명한다. 곧 함석헌식 '종교진화론'이다.

그러면 한국인이 가져야 할 이성적/철학적 종교는 어떤 종교인가 함석헌은 이렇게 말한다. 이성의 종교는 "사람 된 본질은 사회적 살림을 통해서 만들어집니다. 그런데 그 사회적 살림을 지도해 가는 것이 뭐냐면 전체의식, 혹은 공공의식입니다. 이것은 이성 없이는 안 됩니다. 이성이라는 이(理)는 곧 전체의 바탈입니다. 사람의 바탈은 결국 이성의 발달입니다."[83] 곧, 이성의 종교로 간다는 것은 '의식의 종교'로부터 '깨달음의 종교'로 간다는 의미다. 함석헌이 말하는 '이성의 종교'는 과학과 철학의 지식을 바탕으로 하는 종교를 의미한다. 이어 함석헌은 '이성의 종교'도 진화해 간다고 보았다. 바로 '영성의 종교'이다. 그것은 이성도 '자기한계'를 가지고 있다고 보았기 때문이다. 그러면 영성종교란 무엇인가. 영성의 종교는 이성의 자포자기 상태에서 온다고 보았다. 곧 "이성은 그보다 높은 영의 지시를 받아야 할 것입니다. 이성이 자포자기를 해야만 영을 만날 수 있는데, 이성은 제 자유를 끝까지 행사하지 않고서는 자포자기를 하지 않습니다. 이성이 완전히 이성적이면 스스로 자기를 절대자 앞에 바칩니다. 그때는 열없는 빛입니다."[84] 이렇게 함석헌은 이 철학적 종교(이성종교)는 더 진화하여 영성종교로 간다고 보았다. 영성종교를 지닐 때 인간은 평화사상을 만들어갈 수 있다고 보았다.

한편 함석헌은 철학이 없는 민족성을 개조하기 위하여 우리 민족

---

82 앞의 책, 73.

83 앞의 책, 74.

84 앞의 책 74.

의 새 철학이 필요하다고 주장한다. (우리 민족은) "착하고 두텁고 가슴 넓고 거세고 날쌘 성격을 지닌 민족이다. 자존심 강한 민족도 우리를 인(仁)하다 했고, 군자국이라 했고, 남의 어려운 일 당한 것을 보면 죽을 데 들어가 건져주는 사람들이라고 했습니다."[85] 이러한 착하고 측은지심이 많은 우리 민족이 가져야 할 새로운 철학은 "(생각을 통하여) 철학하는 마음, 믿으려는 뜻 하나만은 있어야 됩니다. 철학하는 마음, 그것이 곧, 참 되살아나는 자신(自新)하는 철학이요, 믿으려는 의지 곧 죽지 않고 부활하는 종교입니다."[86] 곧, 우리 민족이 가져야 할 새로운 철학은 '생각하는 자세', '철학하는 마음', '믿음의 의지'라고 했다. "정말 철학은 사는 철학, 하는 철학, 곧 지혜입니다. 그러므로 참 철학은 종교입니다. 내가 말하는 생활철학은 "믿음을 가져라, 믿어라!"입니다. 어느 기성종교의 교도가 되란 말 아닙니다. 되지 마시오. 그것은 종교의 껍질이지, 종교는 아닙니다." [87] 곧 자신을 새롭게 하기 위하여 생활철학을 가져야 하는데 생활철학은 '생각하는 마음', '믿음의 종교'라 했다. 곧 생활철학을 생각하는 마음이라고 하였다. 생각은 철학이다. 그리고 마음은 믿음의 마음이라 했다. 따라서 함석헌이 말하는 생활철학은 '이성의 종교'임을 알 수 있다. 그런데 이성의 철학도 영성의 종교로 진화함으로 우리 민족의 이상으로 가질 생활철학도 영성의 종교로 나아가도록 힘써야 한다고 보았다. 오늘날 타락하고 부패한 종교와 그 교역자들이 새겨들어야 할 부분이다.

---

85 앞의 책, 66.
86 앞의 책, 66.
87 앞의 책, 70.

3) 문화민족이 되는 것

함석헌은 이 책에서 내내 물질적 문명보다는 정신적 문화를 강조한다. 그리고 세상이 변하고 있다고 강조한다. 그 변하는 세상에서는 물질적 문명이 지나가고 정신적 문화의 시대가 온다고 하였다. 때문에 우리 민족도 이제는 물질문명에 매달려 있어서는 안 되고 정신문화를 창조해야 한다고 주문한다. "이 세상은 뛰는 중간입니다. 그러므로 잘한 사람 못한 사람, 앞선 민족 뒤진 민족이 있습니다."[88] 곧 인간사회는 진화의 법칙을 가지고 있는데 지금 우리의 세상은 진화의 중간단계에 있다는 뜻이다. 이 진화의 중간단계에서는 빈부의 차와 문명의 차가 생기지만 다음 단계에서는 그것이 없어진다는 암시다. 함석헌은 이러한 자신의 주장을 동양철학인 『중용』(中庸)의 "급기지지일야"(及其知之一也, 中庸 20장, 或生而知之 或學而知之 或因而知之 及其知之一也)와 『도덕경』(道德經) 의 "무위이무부위"(無爲而無不爲, 老子 48장, 爲學日益, 爲道日損. 損之又損, 以至於無爲, 無爲而無不爲) 그리고 그리스도교 『성경』(聖經)의 포도원 비유(막 12:1-12)와 탕자비유(눅 15:11-32)에서 찾는다. 이러한 사상의 토대 위에서 삶의 '상대와 절대'의 명제를 설명하면서 결과는 상황에 따라 변할 수 있음을 지적한다.

이와 같이 함석헌은 역사에서도 시대가 바뀌게 되었다고 보았다. 그래서 현재 우리 민족의 뒤떨어진 문화는 부끄럽지만, 낙심해서는 안 된다고 했다. 낙심하게 되면 천당을 목적으로 하는 종교인과 마찬가지로 어리석다고 하였다. 역사에는 선진국이니 후진국이니, 큰 나

---

88 앞의 책, 104.

라니 약한 나라니 하지만 (오랜 역사 속에서 보면) 이의 구별이 없다. 약한 자 강한 자 되고 강한 자 약한 자 된다는 논리로 앞으로 오는 세계는 선후의 구별이 없는 시대가 온다고 예언하였다.[89] 때문에 앞으로 오는 시대의 주인이 되기 위해서는 물질문명이 아닌 정신문화를 가져야 한다고 강조한다. 여기서 정신문화라 함은 정신적 가치가 담긴 문화적/종교적인 뜻을 갖는 것이라 하였다. 곧 정신적 가치로 무장된 문화민족이 되는 거라고 말한다.

　　그러면서 바뀌게 될 세상에 대하여 예언을 하였다. "세계가 이제 근본적으로 달라지려 하고 있습니다. 지금 가지지 못한 것이 다음 세대의 밑천입니다. 경제에서만 그런 것이 아닙니다. 도리어 정신적 문화라는 데서 그럴 것입니다. 미국은 이제 돈만이 걱정이 아니라, 데모크라시가 걱정이 될 것입니다. 정말 가난한 자가 복이 있습니다. 우리가 뒤떨어진 것이 지금은 부끄럽지만 그 때는 자랑이 될 수 있습니다."[90] 함석헌이 말하는 지금 뒤떨진/부족한 사회현상이 오히려 훗날에는 될 것이라는 말은, 박정희 독재권력이 의도적으로 경상도는 경제발전을 시키고 전라도는 뒤처지게 만들었다. 그 바람에 오늘날 전라도는 오히려 깨끗한 자연환경이 잘 보전되었고 경상도는 자연환경이 많이 파괴되었다. 그래서 경상도는 쾌적한 인간살이가 전라도만 못한 현실을 반영하고 있는 이치와 같다. 여기서 정신적 문화를 찾아야 한다는 말은 곧 새 뜻을 찾아야 한다는 말이다. 그리고 큰 나라가 이상이던 시대는 지나갔다고 예언한다. 그래서 오히려 약했고 고난을 받았던 우리가 새 시대의 자격이 있다고 하였다. "새 도덕이 오려 할 때, 묵은 도덕의 씨는 도리어 악이 돼버립니다. 5천 년 역사

---

89 앞의 책, 105.
90 앞의 책, 106.

에 지금 와서 뜻을 찾는 것은 부끄러운 줄 알아야지만, 부끄러운 동시에 새 시대의 자격입니다. 그 자격을 잃어서는 안 됩니다. (그래서) 우주 역사를 뜻으로 깨닫는 일입니다"[91]라 하여 5천 년 역사에서 문화민족이 못 된 것을 부끄러워해야 하지만, 부족하고 빈 상태인 것이 오히려 우주 역사의 뜻을 먼저 깨달을 수 있다고 보았다. 그래서 새 시대의 주인이 될 수 있다고 우리 민족이 이제라도 문화민족이 될 것을 주문하였다. 함석헌이 말하는 새 시대는 세계동포주의에 바탕을 둔 평화세상이다.

4) 세계사적 사명을 갖는 것

함석헌은 자아를 발견하는 일, 생활철학을 갖는 일, 문화민족이 되는 일 이 모두가 세계사적 사명을 갖기 위함이라고 했다. 세계사적 사명을 갖는 것은 앞으로 오는 시대가 요청한다고 보았다. "생명의 역사는 자라는 역사입니다. 부단히 껍질을 벗기는 역사입니다. 인류가 이 껍질을 쓰고 한 동안 살고 자라온 것은 사실입니다. 그러나 이제는 벗어야 할 때가 왔습니다."[92] 이것은 낡은 껍질을 벗고 새롭게 태어나는 시대가 온다는 예언이다. 그러면 여기서 낡은 껍질은 무엇인가 그것은 국가주의와 폭력주의라고 했다.[93] 이 폭력주의와 국가주의를 낡은 껍질, 곧 낡은 제도와 사상이라고 하였다. 그리고 우리가 새 시대의 새 사명 곧 세계사적 사명을 가져야 하는 당위성에 대해서는, 다음과 같이 말한다. "자존심 주체성을 잃어버린 민중의 원기

---

91 앞의 책, 107.
92 앞의 책, 84.
93 앞의 책, 84.

를 회복시키는 것은 세계사적인 사명감을 갖는 일입니다. 우리는 오래오래 업신여김을 받는 동안, 우리 자신도 우리를 스스로 업신여기고 내던지게 됐습니다. 그것이 가장 나쁜 죄악입니다. 그러나 이제는 역사가 바뀌는 대목을 만났습니다. 이때의 역사의 주인공은 남을 억누르는 자가 아니고, 이제껏 남에게 억눌림을 받았던 민족일 것입니다."[94] 그래서 우리가 세계혁명을 할 자격을 가졌다고 한다. 우리 민족의 사명은 곧 세계인류에 대한 사명을 갖는 것이라고 했다. "사명이란 뭣에 대한 사명이예요? 세계인류에 대한 사명이오!세계 모든 나라가 있으니까 우리나라도 있다! 우리도 세계에 대해서 이런 걸 내놓을 것이 있어야 하지 않나?"는 생각이 있어야 사람 아니겠습니까?[95] 그러면 평화세상을 위한 세계사적 사명을 어떻게 가져야 하는가.

첫째, 체제/제도의 굴레서 벗어나는 일이라 했다. 이에 대하여 함석헌은 "우리는 (전 인류가) 형제이고 하나님의 모습을 가진 거니까, 민주주의, 공산주의도 무슨 주의, 무슨 체제, 그건 성경에서 말하는 '공중의 권세 가진 자' 그것과 우리가 싸워야 하는 것"이다 고 말한다.[96] 그리고 이런 공중의 권세들이 만들어 놓은 체제, 제도와 싸움은 이것이 없어질 때가지 끝까지 싸워야 한다는 부분에서 힘을 주어 말하고 있다. 이 부분은 분명 함석헌식 아나키즘이 들어 있다. 잠시 아나키즘의 개념에 대하여 이야기를 해보자. 아나키즘은 기존의 비인간적 정치질서/ 불평등의 경제질서/ 엘리트 중심의 사회질서/ 유명인 중심의 문화질서에 거부/저항하는 성향(무정부주의가 아닌)을 강하게 띤다. 이렇게 아나키즘은 인간에 대한 아주 작은 부분에서부

---

94 앞의 책, 83.
95 앞의 책, 292.
96 앞의 책, 291.

터 시작하여 큰 부분까지를 섬세하게 아우르는 사상이다. 곧 사람 개인에 있어서 상대방에 대한 배려와 존중심(개인의 자유에 대한)부터 시작하여 사회 전체로 생각을 확대해 나간다. 곧 아나키즘은 인간의 본질적 품성(양심)에 대한 신뢰를 갖는다. 그래서 참다운 아나키즘은 인간 개개인의 가정에서 국가에 이르기까지 모든 통치권력과 권위적 존재, 그리고 일체의 '제도권력'(制度權力)으로부터 강제/억압받지 않으려는 사상이다. 따라서 아나키즘은 오로지 민인의 주체적/자발적 참여에 의한 참여만이 '양심에 의한 자유천지'(이상사회)를 만들 수 있다고 본다. 곧 민주주의 사회에서, 사탕발림으로 말하는 '선거를 통한 정치혁명', 공산주의 사회에서 말하는 '프롤레타리아 독재를 통한 공산사회 건설' 등의 주장을 부정한다. 아나키즘이 말하는 이상세계는 민인 개개인들의 자발적/주체적인 교육을 통한 정신혁명, 균산적 평등을 통한 경제혁명, '아주 작은' 소공동체 중심의 이상촌 건설이다. 아나키즘은 제국주의적인 국가우월주의/정부지상주의/권력중심주의를 반대하는 사상이다. 이런 의미에서 아나키즘을 바르게 번역해 보면, '절대적 자유주의', '자율적 자치주의', '반(反)권력주의', '반(反)강권주의' 등으로 번역할 수 있겠다. 이러한 아나키즘의 개념을 인정한 바탕 위에서 살펴본다면, 분명 함석헌은 아나키스트이다. 그래서 함석헌은 국가우월주의/정부지상주의/권력중심주의가 세상을 위하여 끝까지 싸워야 한다고 주장한다. 그래서 함석헌은 이렇게 말한다. "천만 대 내려가더라도 인간의 역사는 싸움일 겁니다. 싸움, 싸움만 있는 것입니다."[97] 그 싸움은 바로 진리 편에 서서 거짓과 싸움, 선한 편에 서서 악한 것과 싸움, 사랑 편에 서서 미움과

---

97 앞의 책, 292.

싸움, 그런 싸움이라 하였다. 함석헌이 말하는 '악과 미움'은 엘리트 중심의 권력과 권위로 똘똘 뭉쳐 있는 국가주의 민족주의(반동/침략)를 말한다. 이러한 함석헌식 아나키즘을 바탕으로, 함석헌은 우리가 갖는 세계사적 사명/세계동포주의로 가는 길이 우리 민족의 역사적 사명이라고 했다. 그래서 우리가 가야 할 역사적 사명을 함석헌은 부연 설명한다.

둘째, "우리가 지금 고난을 당하는 것은 인류의 문화에서 폭력주의란 털을 뽑는(革命) 의미에서 당하고 있다. 잘못된 국가주의를 세계사에서 완전히 뽑아버리는 일이다. 이 일은 수난을 받았던 민족만이 세계구원을 할 수 있다. 그래서 우리가 정말 국가주의/폭력주의를 완전히 청산하고 세계평화 운동에 앞장을 서야 한다.[98] 이렇게 바로 우리 민족이 가져야 할 세계적 사명은 세계평화를 위한 정의감을 갖는 것이라 하였다. 세계평화를 위한 정의감은 곧 아나키즘에서 가능한 일이다. 그리고 정의감에 대하여 함석헌은 다음과 같이 말한다. "개인이 그렇다면 민족도 그래, 민족, 민족 이름 자꾸만 팔아먹지 말고. 이 민족은 뭘 하기 위해 나와 있는가. 날더러 말하라면, '세계인류가 지은 죄악, 그 죄악의 짐을 맡아 그걸 지고 가라'고 하는 거지요. 고생의 역사, 고난의 역사란 말이야."[99] 이러한 사명감을 갖는 것을 역사의 정의감이라고 했다. 함석헌이 말하는 세계인류가 지은 죄악은 소수의 엘리트가 권력기구인 국가와 정부를 만들고 다수의 민인을 억압/통제/간섭하면서 그들의 자유를 유린한 죄악을 말한다. 그래서 함석헌은 이 죄악을 씻기 위해 늘 국가주의/정부지상주의를 거부하는 말들을 꾸준히 해온 게 아닌가 하는 생각이다.

---

98 앞의 책, 84-86.
99 앞의 책, 292.

IV. 마무리 말

이상과 같이 보았을 때 함석헌은 우리 시대를 "새 철학, 새 종교, 새 정치"를 할 때로 보았다. 새 정치는 세계를 하나로 만드는 일이다. 그렇다고 세계정부는 반드시 꿈이 아니다. 그것은 역사가 빠져나가는 단 하나의 길이라고 단언하였다.[100] 새 정치의 길은 새 종교를 갖는 데서 시작해야 한다고 보았다. 새 종교는 역사에서 그러했듯이 큰 나라에서 나오지 않고 작은 나라에서 나온다. 그래서 희망을 가질 필요가 있다. 새 종교가 나오면 새 철학도 나와야 한다. 새 철학은 "국가와 민족의 껍질을 벗는"(국가주의와 민족주의) 일이다. 바로 새 종교, 새 철학, 새 정치가 나올 때 "정말 자위하는 인간"이 될 수 있다고 하였다.[101] 그리고 우리 민족의 역사적 사명감은 세계사적 사명을 갖는 일이라고 한다. 그것은 이제까지 권력자들이 인류(나라 사람들)를 착취하고 압박하여 왔던 폭력주의적, 국가지상주의적 체제와 제도를 혁명하고 세계인류를 평화의 길로 안내하는 일이라고 설명한다. 글쓴이는 이를 함석헌식 아나키즘으로 이름을 붙이고 싶다.

그리고 함석헌은 앞으로 오는 평화의 세상은 다음과 같은 세상이 될 것이라고 예언하였다.

① 지금까지 문명은 일부 특별한 사람의 것이었지만 앞으로 사람의 문명은 민중의 것이다.[102] 그리고 민주주의도 지금처럼 다수가 소수를 제압하는 대의제가 아닌 전체주의로 가게 된다.[103]

---

100 앞의 책, 117.
101 앞의 책, 85.
102 앞의 책, 114.

② 평화의 시대는 씨올이 곧 전체이기 때문에 씨올의 시대가 된다. 씨올이 전체라는 말은 씨올과 씨올이 서로 도우면서 하나가 되는 세상을 의미한다. 즉 앞으로 시대는 지금처럼 개인이 독재적 생각을 가지고 전체를 마음대로 조정하는 시대가 아니다.[104]

③ 앞으로 시대는 또박또박 원리와 법칙을 따져 계획적으로 해나가는 과학적인 시대가 된다.[105]

이렇게 함석헌은 앞으로 시대/세상은 전쟁/폭력이 없는 평화세상이라고 단언을 한다. 함석헌은 겉으로 드러내지는 않았지만, 그가 주장하고 말한 말들과 내용을 보면, 그는 분명 아나키즘적 사상을 바탕으로 인류의 평화(천부적 자유)를 주창하였다. 인류의 평화가 오려면 폭력을 바탕으로 하는 국가주의가 사라져야 한다. 국가주의가 사라지려면, 소수의 엘리트 중심의 권력기구인 정부조직이 사라져야 한다. 한 국가의 정부조직은 전쟁과 폭력을 조장하는 핵심기구들이다. 그래서 함석헌은 정부지상주의를 거부하고 부정하였다. 이는 분명 아나키즘적 사고이다. 함석헌은 인류의 미래사상인 아나키즘적 인식으로 세계평화를 주장했다는 생각이다.

---

103 앞의 책, 115.
104 앞의 책, 115.
105 앞의 책, 116.

V. 덧붙이는 글

1. 3.1민중기의 전개과정에 대한 함석헌의 구술자료

3.1민중기의(우리 역사에서는 이를 3.1운동/3.1혁명이라고 부른다) 100주년을 맞아 3.1민중기의에 대하여 다시 살펴보는 것은 의미 있는 일이라고 생각한다. 따라서 한국역사에서 바라보는 3.1민중기의의 일반성을 알아보고 이를 함석헌이 구술하고 있는 내용과 비교해 본다.

1) 한국역사에서 바라보는 3.1 민중기의(民衆起義)의 일반성

한국 민족은 경술국치(庚戌國恥, 1910.8.29) 이래 비열한 일제로부터 야만적 식민무단통치를 당함으로써 '식민지 전략'의 비참함과 '자주적 독립'의 소중함을 역사적으로 경험하였다. 이리하여 한국민족은 '절대독립'의 근대민족주의를 배태시키면서 독립역량을 함양해 나갔다. 이러한 독립역량을 배경으로 '기회포착론'의 전략[106]에 의거

---

106 愼鏞廈, 『日帝强占期 韓國民族史』 상 (서울대학교출판부, 2001), 161. 또 趙芝薰에 의하면, "천도교의 중진인 權東鎭과 吳世昌은 1918년 12월경부터 자주 회합하여 세계의 정세를 논하여 왔다. 그런데 마침 유럽에서 독일의 식민지였던 폴란드와 체코슬로바키아가 민족자결주의에 의하여 미국 등 열강의 원조 아래 독립하고 있는 현실을 직시하고 이것이 조선독립의 '절호의 기회'라 보았다. 그러다가 이해 12월 하순 경위 두 사람은 崔麟과 만나 독립운동을 기획하기로 하고 그 실행방법으로서 일본정부와 일본의 兩院, 정당 대표 및 조선 총독에게 '國權返還請求書'를 제출할 것을 합의 보았다라 하여 천도교 측의 최린과 만난 사람은 권동진 오세창으로 되어 있다." 韓國民族運動史", 고려대학교민족문화연구소, 『韓國文化史大系』 (고대민족문화연구소출판부, 1964), 645-647.

대봉기(大蜂起)의 기회를 노리고 있다가 1917년의 러시아 사회주의 혁명의 성공, 1차 세계대전 종전 후의 파리강화회의, 윌슨의 민족자결주의 선언 등 국제적 변혁 분위기를 독립기회로 포착하고 대대적인 반일민족해방운동을 기획하였다. 이것이 성공적 형태로 나타난 것이 3.1민중기의라는 해석이 역사학계의 기본적 입장이다. 그러면 여기서는 함석헌의 구술자료와 연관하여 3.1민중기의의 動因과 그 전개과정의 일반성을 소략하게 살펴보자.

3.1민중기의의 원인을 일반적으로 내부적 원인(내적 동인)과 외부적 원인(외적 동인)으로 들고 있다. 내적 동인은 일제의 한국 강제병합과 이후의 무단정치와 헌병경찰통치로 대변되는 야만적 식민통치정책에 대한 민족의 울분이다. 그러나 3.1민중기의의 근본적 원인과 추진력은 "합방 이전 근대의식의 성장과 민족적 모순을 극복하고자 하는 민족운동의 연장선, 그리고 합방 이후 나타나는 민족의식의 변화와 성장, 여기에 사회경제적 여건의 변화에서 구해야 한다"는 주장이 일반적이다.107 여기에 최근에 한국기독교역사 연구학자들은 한국의 근대화 기점을 '내재적발전론'에 접목한 그리스도교의 도래와 사상의 전파에서 기원을 찾고, 그리스도교로 인한 민족의식의 고취와 실력양성운동, 자유와 평등의식 등 복합적 요인이 3.1민중기의로 승화되었다는 견해를 보이고 있다.108

그다음은 외적 동인이다. 1910년 말 세계정세에는 커다란 변화가 일어나고 있었다. 즉 1917년 러시아에서 볼셰비키 10월 혁명이

---

107 강만길,『고쳐 쓴 한국현대사』(창작과비평사, 1994), 42.
108 3.1민중기의의 동인을 기독교에서 처음 찾은 이는 金良善이다("3.1運動과 基督敎界", 『3.1運動50周年紀念論集』[東亞日報社, 1969]). 이만열, "3.1운동과 기독교", 김형석, "한국기독교와 3·1운동", 「基督敎思想」 3월호 (1990), 355.

성공하면서 역사상 최초로 프롤레타리아 사회주의 공동체가 실험의 길을 걷기 시작했다. 혁명으로 탄생한 레닌정권은 제1차 세계대전의 조속한 종결과 전후에 사회주의 원칙의 무합병/무배당(無合倂·無配當)에 기초한 공정하고 민주적인 강화회담을 실시할 것과 비밀외교의 폐지를 주장하였다. 그리고 사회주의 혁명정권은 즉각적으로 러시아 내의 소수민족에 대한 자결권을 인정함으로써 폴란드, 핀란드, 발트3국(에스토니아·라트비아·리투아니아)을 독립시켰다. 이러한 사회주의 정권의 조치들이 유럽의 민족혁명운동에 크게 자극되어 독일제정을 붕괴시켰다(1918.11). 이 결과, 독일지배 하에 있던 체코 등 유럽의 소수민족과 에이레, 이집트 등 약소민족이 제1차 세계폭력전쟁(이를 역사에서는 제1차세계대전이라고 부른다)의 종전을 앞두고 일제히 식민지 조선에서 본격적인 민족해방운동을 시작하였다. 이러한 국제사회의 움직임은 곧 군국주의/제국주의가 후퇴하고 인도주의/평화주의/민족자결주의가 온다는 것을 의미하고 있었다.[109] 이와 더불어 1918년 1월 8일 미국대통령 윌슨(Wilson)의 14개조 평화원칙 선언에 의한 민족자결주의와 국제연맹의 결성 등에 자극되어 끝내 독일지배에 있던 여러 약소민족이 독립을 선포하였다. 당시 조선사회도 이러한 국제적인 혁명분위기에 영향되어 자발적으로 인도적/평화적 도수혁명(徒手革命)을 일으키고자 했다. 그렇지만 아직도 일반인민들은 국내정치와 국외정세에 민감하지 못하였다. 그러던 중 일반대중에게 자극을 주는 사건이 일어났다. 바로 일제에 의한

---

109 安吉燮은 3.1운동의 동인을 들고 1917년 10월 러시아혁명에 자극되어 일어난 것이라고 판단 한 것은 잘못이라는 결론을 내리고 있다. 그러나 역사의 해석을 이분법적으로만 해석하는 것은 다른 역사적 사실을 왜곡할 우려가 있다. 安吉燮, "三·一運動에 關한 第三의 資料分析", 「神學思想」 16 (1972), 47-51 참조.

'고종의 독살설'이다(1919.1.22). 한편 러시아 사회주의혁명의 성공 (사회주의 계열)과 민족자결주의 선언(민족주의 계열)에 영향을 받은 해외의 민족해방운동세력들은 맹렬한 외교공세를 펼치고 있었다. 즉 미주의 교민들은 이승만(李承晩, 그리스도교인)을, 상하이 신한청 년당도 김규식(金奎植, 그리스도교인)을 파리강화회의 대표로 파견하 였다. 이때를 기하여 일본에 있던 최팔용(崔八鏞, 그리스도교인) 등 한 국유학생은 동경 기독교청년회관(YMCA)에 모여 한국독립을 요구하 는 선언서와 결의문을 발표하였다. 바로 2.8독립선언이다(1919). 이 소식이 국내에 전달되면서 3.1민중기의의 직접적 도화선이 되었다 는 견해가 아직까지는 일반적인 동인론이다. 여기에 최근에는 3.1민 중기의의 직접적 도화선이 되었던 2.8독립선언은 최팔용 등이 소속 한 에쿠메니칼운동의 선구적 역할을 하였던 〈도쿄조선기독교청년 회〉가 주도하였음을 강조하는 견해도 나오고 있다.[110]

다음으로 3.1민중기의의 전개과정을 살펴보자. 일반적으로 3·1 민중기의의 전개과정은 크게 3단계로 구분하고 있다. 제1단계는 민 족대표 48인이 운동을 기획/준비하고 독립을 선언한 운동의 준비/ 점화단계이다. 이 단계에서 운동을 준비한 민족대표는 부르주아민 족주의자로 대체로 종교지도자/민족자본가/신지식 층으로 구성되 어 있었다.[111] 민족해방운동을 위한 단일조직이 구성되기 전까지는 이들 부르주아민족주의자들은 각각 독자적으로 민족해방운동을 준

---

110 '2.8독립선언 선포 제86주년 기념식' (2005. 2.4, 서울 YMCA 강당) 감신대 이 덕주 교수(한국교회사)의 강연 내용 중에서.

111 일반적으로 역사학계에서는 3.1민중기의를 주도한 그리스도교계열의 민족지도자도 부르주아 민족주의자의 범주에 넣고 있다. 그러나 이만열은 그리스도교계열의 민족 지도자는 부르주아민족주의자의 범주에 넣어서는 안 된다고 주장하고 있다. 이만열, "3.1운동과 한국기독교", 「基督敎思想」, 3월호 (1990), 355.

비하고 있었다. 즉 국내의 서울지역 천도교 측(孫秉熙·崔麟)과 평안도지역의 그리스도교 측(李昇薰, 吉善宙)[112] 민족주의자들은 각자 민족해방운동을 기획하고 있었는데 뒤에 서로의 움직임을 감지하고 통일적 기획을 하게 되었다.[113] 민족해방운동의 기획이 완료되어 갈 무렵에 불교 측(韓龍雲)도 가담하게 되었다. 이들은 여러 차례 회합을 통하여 의견을 조율해 들어갔다. 이들 민족대표의 기본사상은 부르주아민족주의 사상과 애국계몽사상이었다. 이런 까닭에 민족해방운동의 기조는 비무장주의, 무저항주의에 바탕을 둘 수밖에 없었다. 그리하여 3.1민중기의의 3대 기본전략(대중화, 일원화, 비폭력)과 3대 투쟁전술(외교주의, 독립청언, 독립선언)이 정해지게 되었다. 이러한 전략/전술에 의하여 민족대표들은 3.1민중기의의 초기단계부터 무저항주의 성격을 드러냈다. 즉 대중의 폭동을 우려하여 혁명적 대중운동을 기피하였다. 그래서 민족대표들은 애초 거국적 독립기념식장으로 정하였던 탑골공원을 슬쩍 포기하고 태화관(泰和館, 서울 종로 인사동, 明月館 지점)으로 옮겼다. 그리하여 3.1민중기의 당일 부르주아 민족대표들은 태화관에서 독립선언서 낭독만으로 운동의 사명을 다하였다고 생각한 나머지 자진 신고하여 스스로 일경에 체포되었다.[114] 이들 민족대표가 스스로 종로경찰서에 구인(拘引)된 것은

112 박재순에 의하면, 길선주는 이승훈이 3.1운동을 할 것을 권했음에도 난색을 표했다고 한다. 박재순, 『씨올사상』 (나녹, 2010), 113.

113 세계1차 대전을 독립운동의 기회로 포착하고 독립만세세위를 주장하고 준비한 것은 1916년 천도교 측이다(慎鏞廈, 같은 책, 162). 그런데 3.1운동의 독립만세시위운동을 그리스도교측이 먼저 주도했다는 주장도 있다(김형석, "한국기독교와 3.1운동", 『한국기독교와 민족운동』 [보성사, 1986], 346-347).

114 태화관에 모였던 민족대표 33인(사실상 3월 1일 이 자리에 모인 인원은 민족 대표 29인이었다. 길선주, 유여대, 김병조, 정춘수은 지방에 있는 관계로 불참하였다)은 독립선언서조차 낭독하지 않고 술판을 벌인 뒤 총독부 경무총감에 전화를 걸어 투항

대중의 혁명적 분위기를 두려워했기 때문으로 보는 견해가 일반적이다. 어쨌든 3.1민중기의를 애초 기획한 민족지도자들의 투항주의적 사고와 행동은 통렬한 비판을 받아 마땅하다. 그러나 한국 〈기독교역사연구소〉 소속 학자 중에는 민족대표 전체를 부르주아계층으로 이해해서는 안 되다고 전재하고, 적어도 민족대표 중 그리스도교 계열은 민족부르주아 계급에 넣을 수 없는 종교지도자/소시민층에 속하는 자들이 많았다는 주장을 펴고 있다. 그러면 이러한 3.1민중기의의 전개과정에 대한 서울이 아닌 평양에서의 전개과정을 어떠했는지 함석헌의 구술을 가지고 자료를 만들어본다.

2) 함석헌의 구술자료 – 3.1운동 동인과 준비과정

함석헌은 일제침략기 우리 민족의 국내 3.1민중기의 동인으로 윌슨의 민족자결에 영향을 받아 일본 동경에서 일어난 1919년 2.8독립선언(이광수 등이 모임)을 들었다. 그리고 그 준비과정을 다음과 같이 구술하고 있다.

① 이미 1918년 크리스마스 경 남강 이승훈(안창호의 평양 모란봉 쾌재정 강연을 듣고 감복하여 교육에 헌신하게 됨. 오산학교를 건립한다. 1911년 105인 사건에 연루 옥살이를 한다)한테 상해 임시정부

하였다는 주장이 있다(『조선통사』 하 [1987], 72). 또 다른 기록에는 당일 태화관에는 민족대표만 모인 것이 아니라 몇몇 저명한 일본인과 내국인이 함께 자리하여 식사를 마친 후 손님들에게 독립선언서가 배부되고 낭독한 것으로 되어 있다(F.A.매켄지/신복룡, 『한국의 독립운동』(집문당, 1999. 원문 1920), 212). 이렇게 본다면 당일 민족대표의 태도는 진지하지 못하였다는 결론이 난다.

에서 선우혁이라는 사람을 보내와서 이승훈에게 "윌슨의 민족자결주의 선언이 있었다. 우리나라도 기회다. 국내에서도 성의를 표시해야 한다고 권했다." 이에 이승훈은 결심("이승훈이 이제 죽을 자리를 찾았다")을 하고 있었다.

② 2.8선언 이후 동경에서 사람이 와서 중앙학교 교장 현상윤에 선언문을 전달했다. 그 사람이 바로 송계백이다. 송계백은 모자 속에 선언문 숨겨 가지고 와 연락선을 통과하였다.

③ 현상윤은 최남선을 만났다(최남선이 천도교의 최린을 잘 알고 있기 때문).

④ 최린은 천도교 소속으로 손병희와 윤치호도 만나 거사에 대해 의논하고 두 사람의 승낙을 얻었다. 그러나 윤치호는 빠졌다. 그 후 현상윤이 여러 사람을 만났으나 모두 거부당하였다. 거절하는 사람들이 많아서 최남선의 의견에 따라 평양의 이승훈을 만나기로 했다. 그래서 최남선이 일의 성사를 위해 평양의 이승훈을 모시자고 했다.

⑤ 그래서 오산 1호 졸업생인 김도태를 이승훈에게 보냈다.[115]

⑥ 이승훈은 서울로 와서 손병희를 만나 의논한 결과, 천도교에서는 돈을 내고 기독교는 실제 행동에서 앞장을 서야 한다는 의견절충을 보고 동분서주 사람을 모으기 시작했다. 이렇게 해서 성립된 것이 3.1운동이다. 여기서 함석헌은 "기독교가 이렇게 일어나는 바람에 다른 데서도 응하고 그럭해서 일이 된 거지 그렇지 않았더라면 3.1운동 참 어려웠을 거요. 운동으로 성립되는 데는 남강선생의 힘이 굉장히 컸어"[116]라고 함으로써 국내에서 3.1운동의 시발은 그리스도교 교인인

---

115 앞의 책, 241-242.
116 앞의 책, 242~245.

이승훈 선생이 주도하였다고 구술하고 있다.

그렇다면 이제까지 역사학계에서 밝히고 있는 국내 3.1운동의 준비는 "부르주아민족주의자들이 각각 서울지역에서는 천도교 측(孫秉熙·崔麟), 평안도지역에서는 그리스도교 측(李昇薰, 吉善宙)이 각자 민족해방운동을 기획하고 있었는데 뒤에 서로의 움직임을 감지하고 통일적 기획을 하게 되었다"라고 보는 견해와는 큰 차이가 난다. 여기서 또 하나 재미있는 구술자료 중 하나가, 평양에서 3.1만세시위를 하는데 당일에 일제 군인과 경찰은 식민지조선인이 태극기를 흔들고 만세시위를 하는데 전혀 탄압을 하지 않았다고 한다. 이는 지금까지의 기록과 상이한 구술이다. 함석헌의 증언에 의하면 일제 군경의 본격적인 탄압은 3.1일 저녁부터 시작되었다고 한다.[117] 이 또한 주목할 만한 구술자료이다.

---

117 앞의 책, 236-237.

함석헌 선생은 한국기독교를 어떻게 봤는가?
─ '한국기독교는 무엇을 하고 있는가?'를 중심으로

박선균

(씨을의소리 편집주간)

I. 시작하는 말

먼저 변명부터 좀 하려고 한다.

솔직히 말씀드리면 내가 과연 함석헌학회 회원으로서 자격이 있는가? 여기 올 때마다 반성이 된다. 학회 회원이라면 적어도 학문적인 어떤 기초가 있고 공부가 있어야 하는데, 나는 그런 준비가 제대로 된 사람이 아니다. 그래서 오늘 발표 날이 왔지만, 내가 과연 무슨 발표를 제대로 할 수 있을까? 걱정이 앞선다.

그렇지만 내가 여기 나오는 이유가 아주 없는 것은 아니다. 학회와는 부족한 것이 너무 많지만, '함석헌'이라는 이름 석 자가 들어있어서, 그 이름을 생각할 때 관계가 없다 할 수 없다. 나보다 더 관계가 많은 분도 계시겠지만, 나도 적잖은 관계를 가진 것만은 분명하다. 그래서 함 선생의 글을 중심으로 '함석헌 읽기'(讀會)라는 차원에서,

부족하지만 내 나름대로 말씀을 드려볼까 한다. 오늘 내가 내 생각대로 두서없이 왔다 갔다 하더라도 용서하기 바란다.

　본 말씀에 들어가기 전에, 사람들이 함 선생에 대해서 이런저런 이야기하는 것을 먼저 말씀드리려고 하는데, 그에 앞서, 이미 많이 알려지긴 했지만, '수평선 너머'라는 함 선생의 시집 서문에, 선생 스스로 자신을 아래와 같이 말씀한다.

　　의사를 배우려다 그만두고, 미술을 하려다가 말고, 교육을 하려다가 교육자가 못되고, 농사를 하려다가 농부가 못되고, 역사를 연구했으면 하다가 역사책을 내던지고, 성경을 연구하자 하면서 성경을 들고만 있으면서, 집에선 아비노릇 못하고, 나가선 국민노릇 못하고, 학자도 못되고, 기술자도 못되고, 사상가도 못되고, 어부라면서 고기를 한 마리도 잡지 못하는 사람이 시를 써서 시가 될 리가 없다. 이것은 시 아닌 시다.

　윗글에서 선생은 '의사, 미술, 교육자, 농부, 역사, 성경, 학자, 기술자, 사상가' 등을 거론하면서, '그만두고, 못되고' 하는 말씀을 여러 번 반복했지만, 그 말씀 속에 암시하는 여러 내용이 전혀 근거 없이 말씀하는 것은 아니라고 본다. 그래서 선생을 한마디로 말하기가 대단히 어렵다. 그러나 그중에 '성경을 들고만 있다'는 말에서, 뭔가 분명하게 말한 것은 아니지만, 선생의 현주소를 말하고 있다는 생각이 든다.

　그러면 함 선생을 과연 어떤 분이라고 소개를 해야 할 것인가? 선생을 한 마디로 평하기는 힘들지만, 좀 나누어본다면 대략 다섯 가지 정도 이름을 붙일 수 있지 않을까 한다.

① 역사교사이다.

　— 오산학교 역사교사로 10년간 가르침(유일한 직업)

　— 역사책 저술: 『성서적 입장에서 본 조선역사』(후에 『뜻으로 본 한국역사』), 『성서적 입장에서 본 세계역사』(역사와 민족)

　— 『교회사』(원고 분실)와 함께 3부작으로 씀

② 농부이다.

　— 송산농사학원운영(북한), 천안씨올농장과 안반덕씨올농장(진부령) 운영, 63년 미국 방문 때 기자가 "직업이 뭐요?"라고 물었을 때, 선생은 주저 없이 "농부"라고 대답함

　— 김종태 님과 같이 밭을 매던 이야기와 농부 같은 선생의 손

③ 언론인이다.

　— 말씀(6호까지 발간. 1955.4~57.8)

　— 「사상계」(1956년 1월호부터 68년 8월까지 집필)

　— 월간 '씨올의소리'(1970년 4월 창간 10년간 95호까지 발행)

　— 언론에 관한 글: "언론의 게릴라전을 제창한다"(「사상계」 67년 1월호), "왜 말을 못하게 하고 못 듣게 하나?"(「동아일보」 63년), "언로(言路) 열어야 시민정신 깬다"(「동아일보」 82년 1월 8일 대담), "삼천만 앞에 울음으로 부르짖는다"(「조선일보」 63년 7회 연재), "삼천만 앞에 또 한 번 부르짖는 말씀"(「조선일보」 64년 1월 8일부터 4회), "세 번째 국민에게 부르짖는 말"(「사상계」 65년 5월), "오천만 동포 앞에 눈물로 부르짖는 말"(「씨올의소리」 72년 9월호) 등 수 없는 글과 말로 언론자유를 위해 투쟁하심

④ 고전풀이 강사이다.

　— 노자, 장자, 맹자, 성경(71년 4월부터 87년 5월까지) 16년간 계속함

⑤ 창조적 크리스천이다.

 ─ 함 선생은 어느 글에 '나는 불교인이다'했다는 말도 있고, 「사상계」
 집필 시, 선생의 이름 옆에는 '종교인'이라고 붙인 일이 많지만, 그것
 보다는 '창조적인 크리스천'이라는 말이 가장 잘 어울리지 않을까 생
 각한다. 이 '창조적 크리스천'이라는 말은 내가 붙인 말이 아니다. 60
 년대 후반쯤 "사상의 흐름"라는 책에 적혀있는 것을 본 일이 있다.

조금 더 설명을 한다면, 선생은 주일학교부터 교회를 열심히 나
가면서, 착실하고 모범적인 주일학교 어린이였다. 그로 인해 온 가족
이 다 교회에 나가게 되었다고 한다. 보통은 12살에 학습을 서는데
선생은 9살 때 '학습'을 섰고, 일본에 건너갔을 때 내촌에게 '세례'를
받은 것으로 알려져 있다. 선생은 장로교회와 무 교회를 거쳐 퀘이커
모임에 몸담고 있었지만, 선생은 어떤 의지를 가지고 교회를 옮긴 것
이 아니다. 자연스럽게 이동이 되었고, 한 번도 기독교를 벗어난 일은
없었다.

사회 일각에서 함 선생에 관하여 평하는 것을 보면 매우 다양하다.
'평론가이면서 역사가'(천관우), '씨올 철학의 야인'(안병욱), '지사적
사상가'(지명관), '싸우는 평화주의자'(한완상), '타고난 저항인'(계훈
제), '겨레의 어버이'(문익환), '보다 높은 민족주의자'(송건호), '영원한
청년'(김동길), '대표적 한국인'(유동식), '본질적 시인'(고은)/(씨올의소
리). '한국의 간디', '민주투사', '무교회주의자', 심지어는 '이단자' 등등
여러 가지가 있지만, 함 선생에 대한 안병무 박사의 평이 재미있다.
'함석헌 선생은 팔레스타인에서 예수에게 세례를 받고 인도에 들
려 간디의 지팡이를 짚고 한국 와서 살고 있은 이'(현존)라 하였다.
나는 이 평이 가장 마음에 들지만, 여기에 조금 첨가하고 싶은 것은,

"'팔레스타인에서 예수에게 세례를 받고, 인도에서 간디의 지팡이를 짚고', '중국에 들러 공자, 맹자와 노자, 장자를 만나고 한국에 와서 살고 있는 이'"라 하고 싶다. 여기에서 중요한 것은 "팔레스타인에서 예수에게 세례를 받았다"는 말이 가장 의미가 깊다고 생각한다.

II. 함석헌 선생의 한국기독교 비판에 대하여

함 선생의 '기독교와 신앙'에 관계된 글이 상당히 많지만, 그중에서 한국기독교를 구체적으로 비판한 글은 셋이 있다. ① "한국기독교는 무엇을 하고 있는가?"(「사상계」1956년 1월호). ② "한국기독교는 무엇을 하려는가?"(「씨올의소리」1971년 8월호). ③ "한국기독교의 오늘날 설 자리"(「씨올의소리」1977년 1월호).[1]

위의 글 외에도 한국기독교에 관하여 말씀한 것이나 쓰신 글이 더 있을 것으로 생각지만, 나는 오늘 이 세 글을 중심으로 앞에서 말한 '함석헌 읽기' 차원에서, 선생의 중요 말씀을 더듬어보고자 한다.

1. "한국기독교는 무엇을 하고 있는가?"에 대하여

1) 집필 동기

함 선생은 47년 월남하여 오류동에 거주하다가, 50년 6.25를 만나 부산까지 피난 갔다 올라와서, 서울 충정로 3가에 사실 때라고 생

---

1 함석헌 전집 3, 한길사.

각된다. 선생은 이 글이 '나의 첫 번으로 공개하는 글'이라 하면서, 글을 쓰게 된 동기를 직접 이렇게 밝힌다.

> 1955년 여름 그때 「사상계」의 편집을 보던 안병욱 님으로 부터 인생노트를 쓰라는 부탁을 받았다. 딱 잘라 거절도 못했지만 쾌히 승낙을 한 것도 아니었다. 가을이 다 가도록 다시 채근이 없기에 안심했는데, 12월에 가서 꼭 써야 한다고 독촉이 왔다. 그래서, 일기 하나 적어두지 않는 사람이 인생노트는 쓸 자격도 없고, 또 아무 거라도 좋다니, 그럼 나의 가장 관심 있는 것을 쓸 수밖에 없다 해서, 그 글을 쓴 것이었다. 논문으로가 아니라, 내 딴으로는 전체를 걱정하는 마음에서 내 보는 바를 내놓은 것이었다.[2]

2) 주요 내용

선생은 서두에 "여기 기독교라 하는 것은 천주교나 개신교의 여러 파를 구별할 것 없이 다 한데 넣은 교회를 두고 하는 말이다" 하면서, "무엇을 하고 있나? 하는 말은 해방 후 십 년 동안 그 교회가 걸어 온 길을 주로 역사적·사회적인 입장에서 보고 하는 말"이라 하고, "정말은 자기반성의 하나이다"라고 말한다. 그리고 "종교는 비판을 거부하지만 신성불가침은 비판받아야 마땅한다"고 강조하면서, 다음과 같이 지적한다.

> 지금 우리나라에 종교가 있다면 기독교다. 즉 국민의 양심위에 결정적인 권위를 가지는 진리의 체계가 있다면 그것은 기독교적인 세계관·인생관

---

2 "한국기독교는 무엇을 하려는가?", 「씨올의소리」 71년 8월.

이지 다른 것이 될 수 없다. 그런데 그 기독교가 내붙이는 교리와 실지가 다르고, 겉으로 뵈는 것과 속이 같지 않은 듯하고, 살았나? 죽었나? 의심나게 하니 묻지 않을 수 없다. … 오늘의 교회는 '미지근한 재요 시들어가는 나무'다. … 인류는 앞으로 근본적으로 생각을 새로이 할 것이지만, 아무래도 역사적인 존재인 이상 기존하는 어느 것을 기본으로 하고 나올 수밖에 없을 터인데, 그렇다면 여러 가지 점으로 보아 기독교적인데서 나올 수밖에 없다는 것이 식자들의 의견이다. 그런데 그런 지위에 있으면서 우리나라의 기독교가 왜 아무 열심도 보여주지 못할까?

답답하다는 말이다.

나는 선생의 한국기독교를 지적하는 말 중에 "미지근한 재요 시들어가는 나무"라는 비유가 충격적인 말씀 같이 들린다. 이것은 아직 불이 완전히 꺼지지는 않았고, 나무가 완전히 죽은 것은 아니나 잘못하면 완전히 죽고 만다 하는, 한국기독교에 대한 경고라는 생각이 든다. 그다음 기독교에 대한 처음의 감격을 이렇게 말한다.

… 오랫동안 정신계를 말하면 상반신 세계관적인 데 관한 한 불교적·고선도 적이었고, 하반신 도덕적인데 관한 한 유교적이었다. 그것이 일개 산 체계를 이루어 국민 생활의 척수가 되어왔다. 그런데 그것이 이조 말에 와서는 아주 썩어 버려 민심을 거느릴 수가 없어졌다. … 그렇게 된 때에 기독교가 들어와서 천지간에는 오직 한 분 신령한 하나님이 계시고 모든 인간을 그의 자녀라 하며, 그렇기 때문에 사람은 서로 사랑해야 한다. 원수도 사랑해야 한다고 가르쳤다. 그것은 종래 듣던 것보다 모두 합리적이요, 모두 깊고 큰 세계관이며 공정하고 높은 논리요, 거기는 인류 역사를 개조한다는 약속이 들어있는 복음이었다. 그리하여 민중의 마음은 섶에 불이 당

기듯이 그것을 받아 드렸다.…

그랬기 때문에 소위 쇄국주의를 버리고 개명한다고 한 이래, 국민적 일대
사가 있을 때 민심위에 결정적인 판단을 내린 것은 종래에 있던 불교적인
사상도 아니요, 유교적인 교리도 아니요, 기독교적인 것이었다.…

선생이 말씀한 그 '일대사'(一大事)란 바로 3.1운동을 가리키고 있
다. 이때는 정말로 기독교가 역사적 · 사회적으로 제대로 할 일을 했
다는 말이다.

그래서 '해방이 왔을 때 감격은 전 국민의 감격이지만, 기독교가
가진 감격은 일반보다는 독특한 것'이라고 하면서, 그것은 불교도 유
교도 가질 수 없는 것이었다고 한다.

그런데 그 기독교가 제 노릇을 못하고 있다는 것을 선생님은 네
가지 현상을 들어서 비판을 하고 있다. ① 예언, ② 교파싸움, ③ 성신
운동, ④ 교회당이다.

예언: 선생은 성경 말씀의 에서와 야곱의 이야기를 예로 들면서,
우리 속에 쌍태(雙胎)가 자랐다고 한다. 그 쌍태란 공산주의와 기독
교라는 것이다. 결국은 미 · 소가 한반도에 들어와서 주둔하면서 분단
이 되고, 어쩔 수 없는 현실을 당할 때, 교회는 한동안 환멸과 비애를
느끼고는, 그다음 일어난 것이 예언이었다고 한다.

선생의 글을 보자.

그저 저마다 예언이다. 3년 후에 통일된다, 5년 후에 된다, 어느 해는 예수
가 재림하고 소련이 망한다, 이런 것이 유행했다. 이것은 무엇을 말하는 것
일까? 그들이 역사적 문제를 전연 우연한 것으로 안 심리이다. … 이것은

그들의 신앙이 형식적 관념적이요, 실천적이 아니라는 뜻이다. 정신계의 일과 현실계의 일을 혼동하여 하늘나라의 일을 곧 지상에서 보려하기 때문이다. … 구약에 많이 있는 예언이란 그런 것이 아니다. 근본이 윤리적인 것이다.

교파싸움: '예언을 하다가 맞을 리도 없고 안 되니까 그런 예언은 다시 하지 않게 되었으나, 그다음 일어난 것이 교파싸움이라' 했다.

장로회가 이분(二分)이 되고, 감리회가 이분이 되고, 한 교회당 안에서 두 파가 대립해서 예배를 드리고, 경관을 출동시키고, 교회당 차압을 하고, 천주교는 우리는 그런 싸움 아니 한다고 자랑할는지 모르나, 그것은 마치 국민의 불평을 식민지전으로 전가시켜 겨우 통일을 유지해가는 제국주의 국가의 일과 마찬가지로, 다른 교파는 다 열교(裂敎)라는 것을 밤낮 선전해서만 유지해 가는 통일이다. … 종교싸움은 기독교 저희끼리의 싸움인데, 저희끼리의 싸움은 외적이 없어졌기 때문이다. … 교(敎)의 파쟁(派爭)이 일제강점기에는 별로 없었다.

성신운동: '한편으로 교파싸움이 날로 심한데 또 다른 한편으로 일어난 것이 소위 성신 받는다는 일'이라 했다.

삼각산이요 용문산이요 대구요 뚝섬이요 엄 장로요 박 장로요 또 무슨 장로요, 한편에서는 병이 나았다, 불이 내렸다, 또 한편에서는 사람을 때려죽였다, 재판을 한다 등등 가을들에 시든 풀이 불붙듯이 번져나간다. 그건 무엇일까? 먹지 못한 양의 몸부림이지 다른 것 아니다. … 실천적으로 노력해 보자는 마음은 본래 배우지 못했으니, 현실은 어쩔 수 없이 사방

이 막힌 것으로만 보이고, 그러니 바랄 것은 하나님의 능력뿐이고, 구하는 자에게 준다고 했고, 그러니 최후수단이 산천 기도일 수밖에 없다. … 내 마음 속에 불을 바랐으니 불이 뵌 것이고, 들은 것은 안수니 죽기까지 주무르게 되는 것이다. 병이 낫는다는 말은 하지도 말라. 그것은 기독교의 성령을 기다릴 것 없이 무당도 하는 것이다. 문제는 성령을 무엇으로 생각하느냐 하는 데 있다. 예수께서 약속하신 성령은 그 성격이 윤리적인데 있지 결코 마술적인 능력에 있지 않다.…

이제 그 현상은 예언과 마찬가지로, 또 한때 불고 지나가는 바람일 것이다. 알아야 할 것은 평소에 진리를 가르쳐준 것이 없는 교역자의 잘못이다. 그들이 신앙인이라면 그저 능력을 얻는 것으로만 가르쳤고, 복 받는 것으로만 말했고, 윤리적인 노력을 하는 것을 지도하지 않은 고로 오늘의 병증(炳症)이 나타난 것이다.

교회당: 마지막으로 교회당이 날마다 늘어가는 현상을 다음과 같이 지적한다.

이것은 무슨 현상일까? 먼저 교회당은 무엇으로 그처럼 늘어갈까? 여러 말할 것 없이 돈이 있기 때문이다. 교회당이 그렇게 많이 일어나도 이때껏 어디서 하룻밤 사이에 하나님이 하늘에서 내려 보냈다는 것은 못 들었고 인간이 지은 것들인데, 인간이 지었다면 어디서 났거나 돈이 있어서 된 것이지 건축가가 지어준 것은 아닐 것이다.…

그럼 어떻게 된 것인가? 돈의 출처는 두 곳밖에 없다. 하나는 외국, 주로 미국서 오는 원조요, 하나는 부정 매매에서 오는 것이다.…

교회경영을 생각해보면 그것이 무슨 힘으로 되나? 소위 장로계급이 중심이 되어서 돼가는 것 아닌가? 장로란 결코 신앙계급이 아니다. 돈 계급이

지. 돈 있는 사람, 교회경영을 맡을 수 있는 사람을 장로로 하는 것이요, 지금 교회의 파쟁이 대부분 그 장로급을 중심으로 하고 하는 일 아닌가? 그럼 그것이 하나님의 교회인가? 맘몬의 교회인가? 기독교인은 속죄를 받은 결과 이런 것도 죄로 아니 느낄 만큼 강철 심장이 되었는가?…

그렇게 볼 때 교회당 탑이 삼대같이 자꾸만 일어서는 것은 반드시 좋은 현상이 아니다. 그것은 궁핍에 우는 농민과는 아무 관계가 없다. 그들의 가슴속에 양심의 수준을 높여주어야 정말 종교인데 이 교회는 그와는 반대이다. 교회당 탑이 하나 일어설 때 민중의 양심에는 어두운 그림자가 한 치 깊어간다. … 석조 교회당이 일어나는 것은 결코 진정한 교회 부흥이 아니다. 그 종교는 일부 소수인의 종교지 민중의 종교가 아니다. 지배하자는 종교지 봉사하자는 종교가 아니다. 안락을 구하는 종교지 세계정복을 뜻하는 종교가 아니다.

선생은 위와 같은 한국교회 현상을 보고 다음과 같이 진단을 내린다.

이렇게 볼 때 이 교회의 증상은 고혈압이라 진단할 수밖에 없다. 뚱뚱하고 혈색 좋고 손발이 뜨끈한듯하나 그것이 정말 건강일까? 일찍이 노쇠하는 경향 아닌가? 그렇기에 이렇게 혼란해 가는 사회를 보고도 아무 용기를 내지 못한다.

한국기독교의 현상을 고혈압 환자로 진단을 하였다는 것은 아주 예리한 비유라고 생각된다. 겉으로 보기에는 뚱뚱하고 혈색 좋고 멋있고 그럴듯하게 보이는 한국교회 같으나, 내용을 알고 보면 고혈압에 걸린 환자같이 되었다는 것이다. 얼마나 더 비대해질지? 얼마나 더 열을 올리고 싸움을 할지? 언제 쓰러져 의식을 잃을지? 언제 생명이 끊어질지도 모른다는 말과도 같다. 물론 선생은 한국기독교를 "먹을 것을 다 먹고 고치에 든 누에"에 비교하면서 한국교회의 가능성을 열어놓기는 했다.

2. "한국기독교는 무엇을 하려는가?"에 대하여

1) 집필 배경

이 글은 56년 1월에 쓴 "한국기독교는 무엇을 하고 있는가?"라는 글을 집필한 지 15년 후에 쓴 글이지만, 그 글의 속편이라 할 수 있다. 이글은 71년 8월호 「씨알의소리」에 실렸다. 이때는 군사정권 10년, 해방 25년이 지난 때가 된다. 선생은 당시 군사정권과의 싸움의 일선에 서 있으면서, 한국기독교에 대한 경각심을 일으키는 글이지만 애정 어린 충고도 들어있다고 생각한다. 선생은 서두에 15년 전의 일을 떠올리면서 이렇게 말한다.

> 나는 그 글을 내고 나서, 잘했거나 못했거나, 내 마음을 알아줄 줄 알았지, 거기에 대한 시비를 하려니 생각은 하지 않았다. 그만큼 나는 어리석었다. 그랬는데 안팎에서 말썽이 크게 일어났다. 들리는 말에 개신교 측에서는 여러 목사들이 분개하여 반박문을 내자고 하다가, 누가 "그러나 사실인 것을 어떻게 해?" 해서 그만두었다고 했고, 가톨릭에서 윤형중 신부님이 반박하기를 시작해서 여러 달 두고 논쟁이 벌어졌고, 한때 화젯거리가 됐던 것을 세상이 잘 기억할 줄 안다.
> 그때 나는 한 마디로 우리나라 기독교를 늙어가는 증상이라고 진단했는데, 지금도 나는 그것을 고쳐야 할 필요를 느끼지 못한다. 물론 밖에 나타

난 것으로는 많이 활발해진 점이 있는 것을 모르지 않지만, 나는 그것을 결코 속 생명이 젊어져서 되는 것으로 보지 않고, 동맥이 굳어지는 데서 오는 건전치 못한 현상으로 본다. 언제 뇌일혈을 일으켜 전신 혹은 반신불수에 빠질는지 모른다.

선생은 이스라엘이 출애굽을 해서 넉넉잡고 일주일 정도면 갈 수 있는 가나안 길을, 모세는 뜻이 있어 길을 돌려 광야 40년의 고난의 역사가 됐는데, 거기에 우리의 역사를 대입을 시켜볼 때, "우리는 1945년 해방을 출애굽으로 한다면 25년이 지났다, 25년이라면 40년에 3분의 2가 된다, 지금은 속도시대니 지금 1년은 그때 100년과 맞먹는다, 그렇다면 우리는 이미 가나안 정복은 시작이라도 했어야 한다"고 강조한다.

"대한민국이 이미 서 있지 않느냐? 할지 모르지만, 자유와 정의를 생명으로 아는 국민이라면 그런 아첨을 해서는 안 된다"고 한다. 그러면서 "시내광야에 외국군대와 외국자본이 들어왔던가? 모세는 민중이 어리석게 반항하는 하는 것을 당하고서도 그것을 진압하기 위해 외국 사령관에게 청하고 그 무기의 원조를 받아내 백성을 쏘지는 않았다, 한편은 도둑 촌이라 불리리만큼 잘사는 사람, 또 한편에는 인간대접을 해 달라 부르짖다가 분신자살하는 사람을 만들어놓고 전진이다, 발전이다 하지는 않았다" 하면서, 당시 현실을 탄식한다.

선생은 우리의 역사를 이스라엘의 광야역사와 비교해보면 두 가지 크게 지적되는 것이 있다고 한다. 첫째는 훌륭한 지도자가 없다는 것이다. 모세와 같은 인물도 없고 여호수아와 같은 지도자도 없다고 한다. 그 훌륭하다는 점이 지도력이나 자기 훈련이나 수련도 그것이지만, 더 중요한 것은 때가 되었을 때, 다음 타자에게 모든 것을 인계

하고 자기는 조용히 물러나는 것인데, 비교가 되느냐 하는 것이다. 둘째는 이스라엘은 '가나안'이라는 뚜렷한 목표가 있고 꿈이 있는데, 우리는 뭐냐? 대한민국의 꿈은 무엇이고 한국기독교의 꿈이 뭐냐 하는 것이다. "그저 대세에 밀려서 맹목적으로 임시 임시 더듬어나가는 것은, 그 국시(國是)의 교육방침을 말하는 데 있어서 반공밖에 말하지 못한다는 것이 잘 증명하고 있다"고 한다. 그러므로 역사에 대한 새로운 인식이 필요하고 깨달음이 필요하다고 역설한다. 그 깨달음으로는 세 가지를 말한다.

① 부족사회에서 민족사회로 넘어가는 일, ② 자연력 숭배종교에서 높은 도덕적·정신적 종교로 올라가는 일, ③ 정치 이상을 생존경쟁인 데서부터 세계구원으로까지 발전시키는 일이라 하면서, 이스라엘의 역사가 겉으로 보면 실패 같지만 구약 예언자들의 활동에서 보면 세계구원의 꿈이 보인다는 것이다.

이스라엘의 광야 40년 역사에서, 출애굽해서 떠났던 60만 중 약속의 땅에 들어간 것은 오직 여호수아와 갈렙뿐이고, 모세 자신조차도 못 들어갔다는 것이 그것을 잘 말해주고 있다고 한다. 따라서 역사는 다시 새로워져야 하고, 새로운 해석을 내려야 한다고 역설한다. 선생은 다음 글에서 이렇게 주장한다.

그러한 운동의 결과가 예수였다. 그가 날 때 메시아의 소망은 거의 다 끊어졌다. 가나안은 눈과 양심이 있는 한, 하나의 깨어진 꿈이었다. 예수는 전혀 새로운 역사의 해석을 내렸다. 낡아빠진 역사를 형식적으로 반복할수록 그것은 하나의 자기 속임에 지나지 않았다. 그는 가나안을 완전히 영적인 것으로 승화시켜버렸다. 그러함에 따라 새 차원의 세계가 열렸다. 그는 그것을 하늘나라라 했고, 그 나라는 너희 안에 있다고 했다. 그러고 보면 이제 아브라함에서 난 것이 그의 자손이 아니라 그의 믿음을 계승하는 것이 그의 자손이다. 그러함에 따라 이스라엘은 밖으로는 망하면서 안으로는 세계적으로 자랐다.

선생은 가나안을 오늘에 새롭게 파악돼야 한다면서, '역사는 나선운동'(螺線運動)으로 나아간다는 점을 강조한다. 나사못을 돌리면 돌릴수록 깊이 들어가고, 수레가 제자리를 도는 것 같지만 앞으로 나아가듯이, 역사는 발전한다고 한다. 인간의 역사는 처음에는 개인 없는 전체만의 부족사회가 있었지만, 다음에 개인의 자각이 일어나 자기를 전체에서 해방시켰다. 그러나 개인 없는 전체가 있을 수 없듯이 전체 없는 개인도 없다, 그러므로 사람의 생각은 다시 전체로 돌아가게 됐다고 한다. 역사를 해석하는 데 있어서 이 점을 절대로 잊어서는 안 된다고 하면서, 우리는 오늘의 가나안을 이러한 생각 밑에서 찾아야 한다고 역설한다. 다음 글을 보면,

어느 종교나 제 출애굽과 제 가나안을 가진다. 20세기의 출애굽은 무엇일까? 그것이 국가주의인 것은 토론의 여지가 없을 것이다. 자본주의와 공산주의를 구별할 것 없이 신격화하는 자연력을 숭배하는 소수의 지배자들이 조직적으로 폭력을 써서 전체 민중을 압박, 착취하는 데서는 다름이 없을 것이다. 이 현대판 바로의 혹독한 손아귀에서 인간을 건지는 것이 교회의 사명이다.

선생은 '20세기의 출애굽을 국가주의'라고 못 박고, '현대판 바로의 손아귀에서 인간을 건지는 것이 교회의 사명'이라는 말은, 한국기독

교에 대한 일대 경종의 말이라고 생각한다. 그렇다면 20세기, 지금은 21세기지만 오늘의 가나안은 무엇인가 하는 문제가 우리 앞에 다가와 있다는 것인데, 선생은 그 가나안을 명확하게 말하지는 않았고, 방향만을 제시한 것 같다.

이 글 마지막에 선생은 "안 나가는 한국교회"라는 소제목이 재미있다. 그것은 '자살'을 거꾸로 하면 '살자'가 되지만, '가나안'을 거꾸로 하면 '안 나가'가 된다는 것이다. 선생의 지적을 좀 더 읽어보겠다.

한국기독교의 참 생명이 살아있었다면 우리야말로 20세기 가나안의 탐색 부대가 됐어야 하는 것이었다. 고난의 역사를 영광의 역사로 살리는 것은 그 길뿐이었다. 그런데 그것을 못했다. 대체로 볼 때 보수주의가 열심이 있다는 말이 있지만 그 열심은 어리석은 열심이다. 그들은 20세기 안에서 계몽주의 세례도 못 받은 17세기에 살고 있다.…

그렇기 때문에 해방과 6.25라는 중대한 역사적 시기에 있어서도 아무 것도 한 것이 없다. 새로 나라를 세우는데 높은 이념을 보여준 것이 없고, 공산주의와 만나서 기독교의 믿음과 사랑을 발휘할 때인데, 겁내고 미워하기만 했지 이긴 것이 없다. 참혹한 전쟁을 겪으면서도 민족적 회개운동도, 깊은 역사적 의미 파악의 노력도 보여준 것이 없었으며, 전쟁이 지나간 후도 새 건설의 설계도를 내는 것도 없다. 자유당 10년에 반항 하나 한 것이 없기 때문에 4.19라는 역사적 운동에 아무 참여를 못했고, 5.16에 대해서도 정당한 책망 하나 못했다. 한일회담 때는 처음에는 상당히 강한 투쟁을 했으나 오래 가지 못했고, 월남 전쟁에 대해서는 사실상 찬성을 한 셈이니, 이제 와서 무슨 소감이 있는가? 없는가? 이때껏 남의 나라의 침략 속에 사는데 평화운동 하나 일으킨 것이 없지, 젊은이들이 그렇게 고민하는데 대한 양심적 병역거부 하나 지도해 준 것이 없지, 그리고 오직 하나 생긴 것이 있다면 교회재벌이다.

사실 언제나 타락은 황금에서 온다. 광야의 교회는 금송아지 숭배로 타락했다. … 전쟁으로 인해 불쌍해진 사람 구제해주라는 물자의 종교불(弗)이 교회재벌의 밑천이 됐으니, 거기에 세계구원의 비전을 찾아보라는 것은 어리석은 말이다.

황금이란 무엇인가? 이미 있는 질서, 제도, 권력의 심볼이다. 한국 가톨릭 이백 년, 개신교 1백 년 역사에 한 가지 환한 사실은, 올 때는 밑층사회의 불쌍한 민중의 종교였던 기독교가 지금은 중류계급의 종교가 돼 버렸다는 것이다. 중류에는 중류의식이 있다. 언젠지 모르게 현상유지를 원하는 기풍이 교회 안을 채워버렸고, 그러니 가나안의 소망이 '안 나가'의 현상유지로 타락해 버렸다. 이상하게도 '가나안'이 거꾸러지면 '안 나가'가 되지 않나? 오늘의 한국교회의 특징을 말한다면 '안 나가'는 부대다.…

그러니 이 25년의 역사는 뛰쳐나왔던 애굽으로 다시 들어가 그 멍에를 쓴 것이다. 그것은 싸우다 잡혀간 것이 아니라, 옛날 노예 시대에 먹던 고기 냄비 생각에 이끌려 다시 제 발로 기어들어간 것이라 해야 할 것이다.

두 번째 한국기독교를 비판하는 글의 결론은 "한국기독교의 25년의 역사는 뛰쳐나왔던 애굽으로 다시 돌아가 멍에를 썼다"고 한다. "싸우다 잡혀간 것도 아니고 옛 노예시대에 먹던 고기냄비가 그리워 제 발로 기어들어갔다"는 것이다. 이것은 한국기독교를 '고혈압 환자'나 '늙어가는 현상'이라는 평보다도 한 걸음 더 나갔다고 하겠다.

3. "한국기독교의 오늘날 설 자리"에 대하여

1) 집필 배경

이 글은 1977년 1월호 「씨올의소리」에 실린 글이다. 1977년이라면 유신헌법에 의하여 국민의 선거권이 박탈되고 체육관 대통령이 되어 영구집권으로 들어간 지 5년여가 되는 때이다. 선생은 거기에 저항하여 1976년 3.1민주구국선언사건으로 징역 8년, 자격정지 8년을 구형받고 있던 때이다.

선생은 이 글에서도 앞에서 이미 한국기독교에 대해 두 가지 비판의 글을 다시 떠올리며 그때 했던 주장을 재차 강조하는 가운데, 신사참배문제라든지 총독부의 지시대로 성경까지 고쳤다는 이야기도 공개한다. 그런 와중에 개인적이지만 순교자가 나왔다는 것은 전체를 대신할만한 큰일이었다, 그러나 결코 교회가 순교한 것은 아니었다고 잘라 말한다. 양(羊)은 없지 않았으나 지도자가 없었다는 것을 첨가 설명한 다음, 오늘날 한국기독교의 선 자리와 앞으로 설 자리가 과연 어떤 자리인가를 말씀한다. 선생은 이제 "한국기독교의 상속권은 소수의 신신학(新神學)파에 떨어지게 되었다" 하고, "놀랍게도 세계의 눈이 모이는 곳에서 노는 우리가 되었다"고 겸연해한다.

> 신신학파도 역시 소수자이기 때문에 역사의 추세에 대해 민첩했다. 그들은 전쟁 후 새 시대의 한 징후로 일어나는 반항문학, 산업선교, 토착화문제, 이런 데 등한이 하고 있지 않았다. 그리하여 이제 해방신학을 소리높이 외치고 있다. 그런데 다수파는 믿는 데가 있었으므로 그런 추세에 그리 주의하지 않았고 정통의 의자 위에 높이 앉아 있었다.…

지금 한국기독교의 설 자리는 정통파, 소수파, 전통적인 명분파, 역사적 고지 점령의 자부에, 서로 엇갈리는 생각을 가지고 한 걸음 한 걸음을 회합 장소로 다가들고 있는 에서와 야곱의 경우와 같다. 서로 용서하고 이해하고 화합할 것인가? 싸우고 원수 갚고, 분풀이 하고 헤어질 것인가?…

기독교로서 이 시기에 반드시 알아야 할 것은 어떻게 하여서 기독교가 다시 역사의 무대에 정면으로 다시 나오게 됐느냐 하는 것이다. 이것은 4.19 이래 십여 년을 땅속으로 스며들었던 흐름이 다시 큰 울음소리와 함께 표면으로 나온 것이다. '매년 연중행사같이 한다.'는 비웃음을 듣는 학생데모에 기독교의 이름이 정식으로 오르게 된 것이 '민청사건'에서요, 그로 인해 생긴 것이 '목요기도회'요, 그 결과로 뜻밖에 얻어진 것이 '가톨릭·개신교의 연합의 시작'이요, 그 연합운동을 하다가 누구도 뜻하지 못했던 사건으로 터져 나온 것이 '3.1민주구국선언사건'인데, 이제 와 보면 놀랍게도 높이 세계의 눈이 모이는 무대 위에서 놀고 있는 우리가 되었다. 거기서는 지금 해방신학에서 한 걸음 또 나가 기쁨의 신학, 사건의 신학 소리가 나오고 있다. 연극을 하는 자신들이 보다 큰 연극을 보고 있다. 한국의 기독교는 제 설 자리를 아는가? 모르는가?

다음으로, 앞으로 한국기독교가 설 자리가 어떤 자리인가를 언급하는 가운데, "끝으로 이 연극을 놀면서 또 구경하면서 생각을 하는 동안에 얻어진 말을 끝맺음 삼아 하고자 한다" 하면서 다음과 같이 말씀한다.

예수는 보통 인간처럼 힘껏 하다 아니 되면 '할 수 없지' 하는 식의 패배주의를 가질 수 있는 이는 아니다. … 그럼 예수님의 안심은 어디서 오는 것일까?… 아직 완전히 자란 것은 아니지만 스스로 이기어 자기를 완성해 갈 수 있는 생명의 씨는 분명히 들어간 것을 알았기 때문이었다. 그것은 무엇인가? 그것은 하나 됨의 원리라 할 수 있다. 서로 다르지만 그 다른 것들이 하나가 되어 보다 높은 새 생명을 드러낸다.

예수께서 이것을 보혜사라 성령이라 하셨고, 요한 1서에는 코이노니아라고 했다. 코이노니아를 설명한다면 무엇일까? 나는 화(和)라고 하는 것이 가장 좋지 않을까 한다. 화음(和音)이라 할 때의 화다. 서로 다른 음들이지만 그것이 하나로 되어 아름다움을 드러내는 것이 화(和) 곧 하모니다. … 예수의 가르쳐 주신 것은 그런 자연적인 화만이 아니라 그 자연을 자료로 그 위에 혹은 그 속에 보다 높은 정신적인 화를 이루는 것이었다. … 예수로 인해 나타나신 것은 만물을 하나로 만드는 보다 높은 원리다. 거기 큰 즐거움이 있다.

보수파는 보수파의 할 말이 있고 해방파는 해방파의 또 할 말이 있다. 그러나 그것이 제 승리를 고집하고 보다 높은 데 이르는 화(和)를 이루지 못한다면 의미가 없다. 이 분별의 분별, 싸움의 싸움, 고난의 고난으로 시련을 당하는 이 나라, 이 기독교의 역사의 의미는 장차 오는 세계의 구원을 위해 '화의 원리'를 닦는 데 있지 않을까?

이 '화(和)의 원리'는 함 선생이 마지막까지, 임종 직전까지 노력하신 '평화(平和)의 원리'와도 상통한다고 생각한다. 선생은 한국기독교의 오늘날 설 자리로 '화(和)의 자리'를 제시하였다고 본다.

III. 글을 마치면서

함 선생의 한국기독교에 대한 비판의 말씀은, 필자의 생각에는 한국기독교가 받아들이기도 어렵고, 안 받아들이기도 어렵다는 생각이 든다. 받아들이기가 어렵다는 말은, 만일 선생의 말을 받아들인다면 기독교의 현 체제 유지가 어려울 것이다. 안 받아들이기도 어렵다는 말은 그 지적하는 말이 다 옳은 말이고 진리이기 때문이다. 가령 예를 들면 선생은 무교회를 주장하시고 양심적인 병역거부를 찬성하는 입장인데, 과연 이런 말씀을 어느 교회가 받아들일 수 있겠는가? 그러나 선생은 한국교회를 거부하거나, 군을 거부하는 말씀은 들어보지 못했다. 무교회신앙을 갖고 있지만, 어느 교회든지 선생을 초청하면 다 가서 설교와 강연을 했다. 양심적인 병역거부를 찬성하지만, 육사에 가서 강연한 일도 있고, 군 입대를 했다면 인생 훈련으로 알고 잘 견디라는 말씀도 해주었다.

선생은 1956년 1월호 「사상계」지에 "한국기독교는 무엇을 하고 있는가?"라는 글을 통하여 세상에 알려지기 시작하여, 1989년 2월 세상을 떠나기까지 30년이 넘도록 줄기차게 일관되게 하신 일이 두 가지라고 생각한다. ① 한국 민주화운동이고 ② 한국기독교를 깨우치는 일이었다. 선생이 기독교에 대해 비판의 글을 쓰신 지 어느새 40년이 가깝고, 이 땅을 떠난 지도 25주년이 지나간다. 그동안 한국기독교는 얼마나 달라졌는가? 달라졌다고 보기보다는 오히려 선생도 모르던 사실이 더 추가되었다.

그중에서도 심각한 것은 교회 세습 문제이다. '교회세습반대운동연대'에서 발표한 내용을 보면, 한국의 대형교회 61개가 세습을 마쳤거나 세습이 확실시되고 있고, 25곳이 세습 의혹이 있다고 했다(연합뉴스 2013.7.3). 그리고 교단은 300개로 분할되었고, 연합기관도 두 개에서 세 개, 네 개로 쪼개진다는 보도가 있다. 한국기독교 현실은 신·구교 연합은 고사하고 개신교 연합도 못 하고 있다. 그리고 또

한 가지 주목할 일은 순복음교회 조 목사를 한국교회 목회 성공 모델로 모든 목사들이 쳐다보고 있다는 것이다. 함 선생이 오늘의 교회를 보신다면 뭐라고 평하실까? 얼른 짐작이 안 된다. 개신교는 실제로 성장은 정지되었고, 교인들은 돌고 돈다는 말이 있고, 가톨릭은 늘어가는 듯 하지만 정상적인 성장일까 하는 의문이 없지 않다. 함 선생은 "한국기독교의 상속권이 소수의 신신학파에 떨어지게 되었다"고 했지만, 지금은 그 신신학파도 어디 가 있는지 보이지 않고 있다.

선생은 60년대부터 한국 민주화운동의 중심에 서 계셨고, 권위 있는 성명서에는 언제나 "함석헌"이라는 서명이 제일 첫 번째로 들어가 있었다. 함 선생이 제일 먼저 사인을 한 후 윤보선, 김대중 등등으로 이어졌다는 것이다. 선생은 어느 단체의 대표도 아니었고, 어느 교회를 대표하지도 않았다. 순수한 자연인이었고 기독교인의 하나였다. 선생은 어떤 자신의 이익이나, 어떤 욕심도 없이 순수한 하나의 씨올의 자리에서, 한국의 민주화를 위해 헌신한 유일의 사람이다. 선생은 말만 하고 글만 쓰는 분도 아니다. 민주화 투쟁의 현장에 온몸으로 참여하면서 수 없는 연금, 봉쇄, 연행을 당했고, 끌려가서 모욕을 당하고 고난을 겪었다.

그런 의미에서 필자는 함 선생은 "창조적 크리스천"만이 아니라, '저항적 크리스천'이라는 말이 더 가깝지 않나 생각한다. 물론 선생이 남겨놓은 40여 권의 저서를 연구하는 가운데 선생의 참모습이 더욱 분명하게 밝혀질 것으로 알지만, 김경재 교수가 쓴 글에서 이런 말을 기억한다. "불교 천년에 원효가 나왔다면, 기독교 백 년에 함석헌이 나왔다"(씨올의소리).

이 말에 거부감을 가질 기독교인이 혹 있을지 모르지만, 나는 이 말에 전적으로 동의하고 싶다. 이만 끝마치겠다. 들어주어서 감사하다.

함석헌 사상에서 본 문명비평과 종교
─ 함석헌 저작집 제19권 깊이읽기*

김영호

(인하대학교 명예교수)

I. 여는 말

우리에게 주어진 방대한 자료('함석헌 저작집' 30권)를 어떻게 읽고 소화할 것인가(가령 「전습록」을 비롯한 왕양명의 저술[전집 2권]을 비교하면, 물론 정보수집 기술의 발달 면에서 두 시대의 차이가 있지만, 양적으로 대조적이다). 그것이 우리가 당면한 과제이다. 물론 개별적으로 산발적으로 읽으면서, 감동과 영향을 받거나 안 받거나, 각자 나름대로 정보를 처리해온 셈이다. 그러나 좀 더 효율적으로 독해하기 위해서라도 어떤 지침이나 안내가 있다면 도움이 될 터이다. 그의 말글이 20세기 후반부에 사회적으로 큰 충격을 준 만큼, 이 시대에도 자극을 줄 수 있지 않을까 하는 기대를 갖고 접근할만한 이 자료집은 이전

---

* 이 글은 함석헌학회 월례 독회에서 발표한 것인데, 이 모임에서 발표하는 것이 좋겠다는 의견에 따라 뒤늦게 보완하여 내놓게 된 것이다.

판(전집)처럼이나 그 이상으로 사상의 광맥이다. 이 원광에서 필요한 재료를 골라내는 작업이 필요하다. 그래서 깊이파기, 깊이읽기 하자는 것이다. 이 발표는 그 한 가지 실험이다.

효율적인 독해를 위하여 여기서 채택한 방법은 함석헌이 일생을 두고 전개한 사상의 갈래들 가운데 어떤 것들이 이 책(제19권)에 실린 담론들 속에서 다루어지거나 제시되어 있는지 가려내서 분류하고 해설하는 형식이다. 그 결과 우리는 함석헌의 사상이 이 기간에 어떻게 형성 또는 숙성되었는지 그 내용을 다소 파악할 수 있는 부산물을 얻게 된다. 이 과정을 통해서 여과된 내용은 함석헌의 사상지도에서 한 단면도가 된다. 그것만 보아도 전체 사상의 내용을 대강 짐작할 수 있을지도 모른다. 이 단면도들(30장)이 다 모이면 전체 지도가 나오겠지만 그것은 연속사진들처럼 겹치는 부분이 많을 것이다.

함석헌은 고전을 고정된 의미로 해석하지 말고 시대마다 새로운 말과 뜻으로 새롭게 해석해야 한다고 거듭 말했다. 함석헌의 말도 이제는 '현대의 고전'이 되어가고 있다(전집과 저작집을 출판한 한길사는 '인문고전 깊이읽기' 시리즈에 함석헌을 포함시켰다). 모든 것이 급속하게 변화하고 있는 시대에, 앞선 세기의 인물의 주장과 사상이 21세기에 통용될 수 있는가, 있다면 어떻게 활용할 수 있는가 그 방법을 모색하는 것은 나름대로 새 시대를 살고 있는 새 세대와 미래 세대를 위하여 의미가 있을 터이다.

이 책은 주로 1946~1957년 기간, 즉 해방공간, 6.25, 이승만 정권으로 이어지는 약 십 년 기간에 함석헌이 써서 작은 잡지(「영단」, 「성서연구」, 「말씀」)에 게재한 단문들을 모은 것이다(그 기간 외에도 1961년에 쓴 글 두 편이 들어있다). 그리고 그가 주로 글을 쓰던 동인지 「성서조선」이 폐간 당하고 농장을 하다가 투옥당하는 등 글을 생산하지 못한 1940년대 초반 이후 월남(1947) 시점까지의 사정을 감안하면 이 책의 글들은 거의 20년을 망라한다. 이 글들은 그가 사회적 공인으로서 대중적인 활동을 시작한 계기가 된 글 대부분 "한국 기독교는 무엇을 하고 있는가"(1956) 이전에 쓴 글들이다. 그러니까 무게 있는 글들은 아니라도 중요하다면 중요한 일생의 중반기(40~50대)를 대표하는 저작이다. 그의 임무인 교육과 자유로운 발표를 할 수 없는 상황에서 그가 할 수 있는 것은 종교적인 사색과 신앙의 강화밖에 없었다. 기독교의 이해와 신앙 면에서 나름대로 성숙해지는 시기였고 사상적으로 거대 사상들이 배태되는 단계의 초입이었다. 그는 2차 세계대전을 겪고 나서 인류의 의식과 세계체제가 달라질 수밖에 없을 것이라고 전망했다. 그 생각은 6.25전쟁(1950~1953)으로 더욱 강화되었다. 그래서 1960년대에 진입해서 4.19와 5.16으로 더욱 자극을 받으면서 형성되기 시작한 사상이 초국가주의와 전체주의로 나타났던 것이다.

필자는 성서 해석이 중심이 된 이 책을 신학적 차원에서 읽기보다는 그의 사상의 틀을 이루는 세계관, 종교관이 이 시점에서 어떻게 형성, 전개되고 있는가에 초점을 두고 독해하려고 한다. 성서의 말씀에 대한 그의 말(해석) 속에 담긴 메시지 즉 그의 세계관과 종교관을 파악해보고자 한다. 이 책에는 종교를 주제로 삼은 세 개의 비교적 충실한 내용의 글이 실려 있다. (유신론적인) 종교의 중심인 신('하나님')을 주제로 한 글도 네 가지나 된다. 나머지 다른 글들은 대개 성서 해석이나 신학적인 주제들을 다루고 있다. 그 가운데 이 책의 제명으로 내세운 "영원의 뱃길"이 들어있다. 먼저 이 글의 형식과 내용을 일별해보면 성서만이 아니라 그가 많이 했던 (동양) 경전 주석의 전형을 볼 수 있을지도 모른다. 신학자의 주석이나 (보수파) 목사의 설교처럼 축자(逐字)적인 성서주석은 아니다. 기독교에만 머물지 않고 보편적이면서, 철학적, 문명론적, 또는 시사적인 내용이 담겨있다. 텍스트보다는 상황(context)을 중시하는 쪽이다. 아직은 나중에 대중에게 점점 더 다가가면서 두드러지기 시작하는 시사적인 내용이 아직은 많지는 않다.

하지만 성서 해석만이 아니라 그가 참여하기 시작한 사회적 현실과 문명 전체에 대한 담론이 위주라고 봐도 크게 틀리지 않을지도 모른다. 어떻든, 이 한 권 속에 함석헌 사상을 형성하는 주요한 주제들이 초기적인 형태로 말글의 밑바닥에 깔려있다고 볼 부분이 많은 것이 사실이다. (3권의 번역서를 제외하고, 고전 주석을 포함) 어떤 책(권)을 펼쳐 봐도 거기에는 여러 가지 갈래의 사상이 들어있을 가능성이 크다. 이 책도 비록 성서 해석이 위주이지만, 전체를 살펴보고 나면 함석헌의 사상 전체를 대강 다 보여주는 다양한 내용이 들어있다. 한 주제를 다루는 글 하나에도 다른 주제들이 함께 다루어지고 있는 경우가 많다. 그것은 살아있는 현실과 생명을 다루고 있기 때문에 종합 처방을 내리는 의사가 될 수밖에 없다. 특히 중병을 앓고 있는 나라와 문명에 대한 이야기이기 때문이다. 그래서 여러 가지 단문을 모아 놓은 이 한 권은 당시(1950년대 후반)까지 형성된 함석헌 사상과 한 단면을 보여주는 종합 꾸러미면서 또한 한국병과 문명병의 종합 진단과 처방인 셈이다.

이 책이나 어떤 책이건, 그의 저술을 읽는 과정에서 주목하고자 하는 것 하나는 사상 형성과정에서 함석헌이 다른 인물과 사상의 영향을 얼마나 받았는가, 다시 말해서 그의 독특하고 창조적인 발상의 원천이 어디에 있는가 하는 점이다. 어떤 사상가에게도 해당하겠지만, 내면적인 정신과 의식이 외부의 자극을 받아서 발현된 것이라고 볼 수 있다면, 그러한 사유의 원천은 그의 정신 속에 잠재된, 말하자면, 맹자와 왕양명이 말하는 '양지'(良知) 같은 바탕에서 나온 것이라 할 것이다. 생물학적으로 초기 진화론에서, 함석헌이 자주 인용하는, '선조(先祖)(造成, 發生, 要點) 반복'(recapitulation)설을 의식발달에 적용할 수도 있다. 그것은 지금까지 진행된 인간 진화의 과정이 태아의 성장과정에서 반복된다는 학설이다. 전통형성 과정에서 형성된 사유방식도 정신유전자(DNA)로 의식 속에 내장되어 있다가 발현되는 것이라 가정할 수 있다. 그는 이제 문명이 막다른 골목에 이른 이 시점에서 그 문명을 뒷받침해온 서양 사상과 고전이 더이상 쓸모가 없으므로 동양고전으로 눈을 돌려야 한다고 역설했다. 공맹(孔孟), 노장(老莊) 등 중국 고전과 인도의 경전을 중시하고 여러 가지 주석하고 자주 인용했다. 그뿐 아니라 우리 전통을 대표하는 '한' 개념과 틀에도 유다른 관심을 표명했다. 그의 독특하게 보이는 사상의 구조는 한국정신의 조형(祖型, archetype)을 반영한 것이라는 가설을 세울 수 있다. 무교(Shamanism)에서도 어떤 시원으로의 '반본환원'을 말하고 있다. 그 조형은 사상적으로 원효, 최치원 등의 특성적인 사상 속에도 내포되어 있다고 생각한다면, 그들과의 비교를 통해서 가설의 타당성을 논증할 수도 있다.[1]

이 책의 주요 내용을 파악하기 위해서는 전체적으로 그가 어떤 사상을 남겨놓았는지 그 갈래를 먼저 살펴볼 필요가 있다. 생애를 통해서 그는 수많은 글과 강좌 녹음을 남겼는데 주로 무엇을 주제로 이야기하고 어디에 초점을 두었는가. 특성이 있는 해석이 포함된 몇 가지 주제가 두드러진다. 대강 분류해보면, 다원주의적 종교관(신관), 인

---

1 이기영, "한국적 사상의 일 전통", 「동방학지」 제10집(연세대 동방학연구소, 1969), 159-205.

식과 실천(知行, 信行), 역사관(민중사관, 고난사관), 민중(씨ᄋᆞᆯ) 사상, 문명비평, 혁명(변화, 개혁, 진화), 비폭력-평화, 민족관, 초국가주의-세계주의, (개인주의를 넘어) 전체주의, 환경-생태, 사회비판(정치-경제, 교육, 언론)으로 정리된다. 여기서는 문명비평, 종교관, 인식과 실천(知行)을 중심으로 살펴보려고 한다. 필자의 해설보다 먼저 함석헌 말을 듣는 것이 더 중요하다. 필자는 말씀의 요체로 안내할 뿐이다.

구체적으로 성서주석의 내용과 거기에 내재된 사상의 틀을 살펴보기 전에, 함석헌이 해설자로서 이 책의 표제가 된 글("영원의 뱃길")에서 글의 소재인 '사도행전' 27장을 주석하게 된 동기가 무엇인가 살펴보면,

> 사람의 삶을 배질에 비겨 말하는 것은 예로부터 있는 일이다. 한 사람의 일생이 한 토막 배질이요, 그 배를 띄운 이 인생의 역사가 또한 배질이요, 그 역사를 실은 이 지구가 역시 호호탕탕(浩浩蕩蕩)한 대공의 바다 위에 한 조각 배요, 이른바 대우주란 것도 무한의 바다 위에 영원한 배질을 하는 한 배다. 삶이란 참말 거친 바다에 한바탕 배질이다. 그와 같이 이것도 바라보아 망망한 앞이 있고 돌아보아 아득한 뒤가 있으며 굽어보아 치 떨리는 파란이 있고 들여다보아 가물거리는 신비가 떠도는 것이 있다… 배질에서 우리는 인생을 배우자. 그를 위하여 우리는 바울의 일생 중의 한 구절을 잡아보기로 한다. 그의 생애야말로 미친 물결과 싸워간 파란의 생애인데 그 중에서도 「사도행전」 27장에 기록된 것은 그 파란이 절정에 달한, 정말 바다에서 파선을 하여 죽었다 살아난 이야기다. 이 한 장을 읽으면 2천 년 전 지중해의 한 모퉁이에서 당한 바울이란 한 사람의 혹은 그와 동행한 몇 사람의 우연한 조난의 일절이라기보다는 바로 인생 그것을 들여다보는 느낌을 금할 수 없다. 그 구절이란, 인생 영원의 뜻을 나타내기 위하여 능란한

예술가의 솜씨로 일부러 골라 엮어낸 소설이라고 하고 싶다. … 이 의미에
서 인생 자체, 생명 자체가 한 편 소설이다. 하나님의 가슴속에서 엮어 짜
내는 무한 영원한 뜻의 표현이다. … 절을 따라 읽을수록 우리는 나 자신이
바울인지 바울이 곧 나 자신인지 지중해인 줄 안 것이 곧 세상인지 세상인
줄 안 것이 곧 한 물결의 일고 거치는 것인지를 알 수 없음을 느낄 것이다
(1949)(19: 103-105).

성서주석을 위한 주석이 아니라 고난으로 가득 찬 (자기와 민족이
걸어온) 인생의 의미를 되새기기 위한 주석이다. 성서주석이 목적이
아니라 인생의 해석이 목적이다. 그가 성서를 통해서 인생관, 세계관
을 형성했는지, 아니면 이미 삶과 역사를 통해서 형성된 인생관과 신
념의 근거를 성서에서 찾아서 논증하는지 판별하기 힘들다. 어느 쪽
이든 주관적인 양심과 객관적인 권위의 만남일 수 있다. 그 시기는
해방 후 그가 평북 문교부장으로 일하면서 신의주 학생 사건의 주동
자로 몰려 생사의 지경을 넘나들다 월남(1947)하고 난 후로 격변의
해방공간을 통과하면서 일생을 되돌아보는 내용의 성격이 짙은 주
석이다. 그는 자신을 (그리고 민족을) 바울과 동일시하고 있다. 석가
모니 부처처럼 인생을 고해로 보는 것과 같은 맥락이다. 그래서 그의
역사관은 고난사관이다. 고난을 극복하는 함석헌의 해법은 기독교
적이면서도 동시에 불교적이다. 물론 표현의 차이는 있다. 여기서 그
는 인간의 고통의 근원을 "신의 가슴속에서 엮어 짜내는 무한 영원한
뜻"이라는 섭리에서 찾는다. 불교에서는 '업장'(카르마)이라 말한다.
그것을 문화적, 종교적 표현의 차이로 해석할 수도 있다(여기서 벌써
그의 특이한 문체가 나타난다. 그의 글은 산문조차 시적이다. 어떤 운율을
갖는 듯이 가슴에 와 닿는다).

성서 해석 위주인 이 책이 종교 이외에 많은 주제를 다루는 마당은 되지 못할 것으로 보인다. 하지만 함석헌은 해석을 위한 해석을 하는 성서신학자나 (종교)학자가 아니고 성서를 기준으로 사회와 세계를 비판적으로 바라보는 사회비평가/개혁가, 문명비평가로서 생각하고 말하는 입장을 취하는 지식인이었다. 그러므로 이 글 모음 속에 어떠한 사상의 싹이라도 (초기적인) 모습을 나타내고 있는지 걸러내 보고자 한다. 문명비평을 비롯하여 몇 가지 주제는 분명하게 두드러진다. 위 주제들은 대부분 유기적으로 상호 연관되어 있다. 가령 비폭력-평화사상은 다른 주제들의 실천에 바탕이 되는 요소이다. 문명비평에 있어서도 다른 주제들이 문명을 평가하는 기준이 되고 새 문명이 지향해야 할 요소들이다. 관찰의 초점은 해방공간에서 5.16(1961)까지 기간 동안에 겪은 사회변화를 함석헌이 역사철학자, 문명비평가, 종교철학자의 눈으로 어떻게 통찰하고 그 방향과 구제책을 제시하고 있는가 하는 점이다(이 책 끝부분에는 또한 이 성서 해설들보다 10여 년 늦게 쓴 내용 있는 글 한 편이 실려 있으므로 대조 자료가 된다).

II. 문명비평

함석헌은 북한에서 본의 아닌 일종의 관직을 맡으면서 소련 점령군과 위험한 갈등을 겪고 월남한 이후에는 좌우로 대립하여 갈려 싸우고 있는 현실정치와는 거리를 두고 종교와 신앙에 몰두했다. 그 사색의 열매가 이 글들이다. 그래서 당시의 글들은 사회적 현실보다는 성서 해설을 통한 종교나 문명과 같은 거대담론 쪽의 내용이 주류를 이루었다. 대략 10년간의 은둔 기간의 말미부터 언론과 강설을 통해서 사회참여의 단계로 진입하게 된다.

표제 글("영원의 뱃길")에서 함석헌은 바울이 탄 배를 인류가 탄 문명의 배로 비유한다.

> 배 부르게 먹고 밀을 바다에 버려 배를 가볍게 하였더니(사도행전 27:38). 이 탐욕쟁이 이 걱정 많은 인간이 양식을 버리는 날이 온다면 어떠할까. 일체의 해방은 밥줄에서 해방이 되어야 가능하다. "우리에게 빵을 다오" "너희에게 빵을 주마" 그러면서 혁명을 하고 해방을 부르짖지만 밥줄에 달린 한은 젖줄에 달린 어린 아이같이 자유는 없다. "배를 가볍게 하였더니." 우리 배는 얼마나 무거운가. 맘은 살 같은데 배는 무거워 더디고 더디다. 문명은 발달한다면서도, 교통능력은 날마다 늘어간다면서도 이 인류의 사람되어가는 걸음은 어찌 그리 더딘가. 7천 년 전 나일 강가에 나귀를 몰던 애굽 사람이나 7천 년 후 태평양 위에 비행기를 날리는 미국민이나 그 도덕에서 한다면 다를 것이 없다. 에덴동산 밖에서 내 동생을 박살하던 카인이나 38선에서 여수 순천에서 싸우는 카인(假人)이나 다를 것이 무엇인가. 사람이 떡으로만 사는 것 아니라고 대선언을 한 지도 벌써 2천 년이건만 이 사람들은 여전히 썩어질 만나를 쌓아 광야의 장막을 더럽게 하는 이스라엘인 모양으로 먹지 못할 양식을 다투어 쌓노라고 배질을 잊고 있으니 답답하지 않은가(130).

1세기와 20세기, 옛 이집트인과 현대 미국인, 이스라엘인과 한국인 사이에 탐욕으로 가득 찬 인성과 도덕성에서 조금도 차이가 없다. 모두가 카인의 후예들이다. 문명의 발달은 정신이 아니고 물질에 치우쳐 있기 때문에 진정한 발전과 인류의 향상이 아니라고 평가한다. 여기에 문명비평가의 모습이 엿보인다. 역사책을 쓴 역사가 함석헌은 또한 다른 역사가(슈펭글러, 토인비)처럼 문명비평가가 되고 싶은 꿈이 있었지만 꿈을 못 이룬 것처럼 말했지만, 사실상 문명비평가 노릇을 한 것은 명백하다. 문명의 타락과 종말을 거듭거듭 경고한 기록이 그 증거이다. 종말론적인 진단과 해결방법을 제시한다. 그러므로 종말론에 기초한 기독교적인 구제론(구세론)에 근거를 둔다. 주로 신앙과 관련된 것이지만 그도 예수처럼 '대선언'(1952)을 장시로 표현했다. 앞장서서 문명을 바로 세워야 할 종교인들에게 주는 경고다.

이 책에서도 여기저기서 직간접적인 문명비판을 개진하고 있다. "영원의 뱃길"(1949)보다 2년 전(1947)에 쓴 "무엇이 참 문제냐"(53-91)도 비교적 길게 쓴 성서 해석이다. 텍스트는 누가복음 18:18-30이다. 문명비평을 하기 위하여 의도적으로 선택한 구절이다. 초입부터 이렇게 말한다.

> 오늘날은 문제의 시대다. 조선이 문제, 일본도 문제, 중국도 문제, 인도도 문제, 지도를 펴놓고 한 끝에서부터 모조리 보아가노라면 문제 아닌 나라가 없다. 문제 아닌 민족이 없다. 동양도 문제요, 서양도 문제다. 약한 놈은 약함 때문에 문제지만, 강한 놈은 강함 때문에 문제요, 무식자는 무식이 문제라는데, 지식자는 도리어 지식이 문제라고 한다. 미개한 민족은 미개하니 걱정, 문명한 민족은 그 문명 때문에 더구나도 걱정. 간 곳마다 만나는 사람마다, 가슴이 시원하게 앞길이 환한 사람이라고는 하나도 없고, 모두 산 밑에 눌린 듯, 물에 빠진 듯, 무거운 공기에 숨이 막힌 듯, 꽉 막힌 가슴을 안고 있다. 역사상 일찍이 이런 시대가 없었다. 원래 이 세계부터가 문제요, 이 인생부터가 문제인 이상, 어느 시대나 문제가 아주 없어졌다는 시대는 있을 수 없다. 그러니 이 오늘이라는 시대는 문제 중에서도 문제인 시대다. 왜 그런가. 그것은 오늘의 이 세계는 그 질서가 선고를 받았기 때문

이다. 어느 시대나 그 시대는 그 시대로서의 질서가 있다. 사람의 살림도, 세계의 어느 부분 부분에 왔으며, 생활이 어느 부분에서부터 시작하여 차차로 파급되어가는 것이었다. 그러나 이번은 온 세계가 한꺼번에 문명이 통째로 근본에서부터 흔들리게 되었다. 세계의 어떤 작은 데라, 어떤 산골, 어떤 섬에라도 어지러움의 물결이 가닿지 않은 곳은 없다. 종교고, 정치고, 경제고, 문학이고, 교훈이고 할 것 없이 어느 것이나 문제 안 되는 것이 없게 되었다. 이것은 이른바 문명이 발달된 때문이다. 정밀하게 발달된 기계일수록 고장나기 쉽고, 나면 다시 어찌할 수 없이 파괴되어 못 쓰게 되는 것이다. 지금 이 세계란 배는 전력을 다하여 달아나던 도중에, 갑자기, 이때까지 써오던 닻줄·키·엔진, 모든 못이 다 삭아 조박조박이 떨어져나가기 시작하며 이때까지 믿어온 지남침은 도무지 신용할 수 없이 틀린 것임을 점점 알게 되는 동시에, 미친 놀의 한복판에 떠 있는 자기인 것을 분명히 느끼게 되었다. 즉 오늘날 사람에게 이 세계는 완전히 질서를 잃어버리고 혼돈이 되어버리고 말았다. 지금 세계를 뒤덮은 불안과 무서움은 이 때문이다. 아직도 정신이 채 들지 못한 지혜자들은 오히려 이 나라들로 세계 평화를 유지할 방법을 생각하고 있지만, 사실의 진상을 보는 눈을 가진 사람들은 벌써, 이 세계는 근본적인 어떤 개조를 하지 않는 한은, 도저히 이대로 갈 수는 없는 것을 알고 지금의 이 학문으로는 세계와 인생을 설명하여 이 불안과 무서움에 눌린 인생을 안심케 할 수는 없는 것을 말하게 되었다. 그러면 어디서 그 구제책을 발견할 것인가(1947)(23:53-).

근·현대 민족사에서 위기가 아닌 시대는 없었다. 그 '지역, 분야 할 것 없이 질서가 없어졌다. 인의예지, 법, 종교 계명, 양심, 이성 등 어떤 것이라도 제 기능을 하거나 발동되는 사회인지 의심스럽다. 방향타(지남침)가 없는 배가 된 형국이다(이 경고가 있은 지 3년 후에 6.25

라는 핵폭탄이 터지고 말았다. 함석헌은 예언자였다). 당시의 '오늘'을 지금으로 대치해도 다를 바가 없다. 개선되기는커녕 오히려 악화된 상태다. 분단과 사회분열이 있는 한 위기는 사라질 수 없을 터이고 위기의 수준은 더 격상되고 더욱 복합적인 구조가 되었다. "근본적인 어떤 개조"가 필요하다. '문제의 근본'은 어디에서 찾아야 하나. 그래서 다시 눈을 돌린 것이 성경 속 예수의 메시지였다. (물질주의에 함몰되어 정신을 잃은 서양 학문을 본 딴) '이 학문'으로는 '구제책'을 찾아낼 수 없다. 함석헌에게 정치인은 물론 학자와 지식인에 대한 불신은 늘 있었다. 다시 지적한다. 이번에는 행복을 척도로 삼는다.

그다음 학문, 지금은 연구와 사회행복과가 서로 별문제가 되어버렸습니다. 지금은 이것을 폐해로 느끼기조차 못할 만큼 되어버렸습니다. 그러나 아무래도 이것은 정상상태는 아닙니다. 고대에 있어서 학문이란 그런 것이 아니었습니다. 우리의 행복과 관련 없는 연구란 있을 수 없었습니다. 그것은 분명히 정력의 불경제입니다. 연구는 연구요, 행복은 행복이라 하면 하나의 고상한 말인 듯 들리지만 이것은 기형적으로 된 현대에 있어서의 말이지 본래 그럴 수 없는 일입니다. 그런데 이 경향은 이번 대전 후 더욱 분명해졌습니다. 연구열이 근세 이래 올라간 것은 과학만능을 믿는 사상이 있어서 된 것인데, 이번 대전은 그것을 무참히 부쉈습니다. 연구는 반드시 인류를 행복스럽게는 못합니다. 행복의 여부는 지혜에 있다는 것을 순전한 과학주의에 선다는 러셀이 말하고 있습니다. 그리고 이것은 과학만능주의에게는 섭섭한 발견이 아닐 수 없습니다. 그러나 그 책임은 현대의 학문 그 자체가 지는 수밖에 없습니다. 현대 학문의 강점이 그 전문화에 있는 것도 사실이지만 전문화가 극단으로 나가고 전체적 통일을 잊어버린 결과 지금 같은 결함에 빠진 것입니다. 학문이라면 곧 천장에 닿기까지 책을 쌓은 서재를 연상하고 학자연한 것을 생각할 만큼 현대의 학문은 현학적인 것이 되어버렸습니다. 그리하여 대학에 가면 하나의 도피소 같은 것을 생각하게 되었습니다. 대학은 학문의 연총(淵叢)이라는데, 옳게 된 학문이라면 연구가일수록 사회에 관심을 가진 사람이어야 할 것입니다. 그런데 지금은 연구에 몰두하는 사람이라면 하나의 은둔적인 사회기피적인 것을 생각하게 됩니다. 만일 사회가 싫어서 도피의 목적으로 학문을 연구하는 것이 학풍이라면 그러한 대학에서 사회의 행복을 향상시키는 힘이 나오기를 기대하지는 못할 것입니다. 그리하여 우리는 학문연구의 근본 정신이 달라지지 않는 한 인류는 자기 연구한 학문의 결과로 미로에 빠지는 수밖에 없다는 것을 느끼게 되었습니다. 학풍도 근본적으로 일변(一變)하기를 요하고 있습니다(19:159-).

개인의 행복이 문제가 아니라 '사회 행복'이다. 그것은 나중에 '전체'의 복지로 진화했다. 학문이 상아탑에 갇혀서 사회와 절연된 현학적인 연구로 변질되어 버렸다. 기껏해야 개인의 사회적 영달을 얻는 수단이 되었다. 지금은 그 당시(1959)에 비해서 너무 실용적인 쪽으로 기울어져서, 함석헌이 그 한계를 경고한 과학적인 지식과 기술 습득만 강화되었다. (철학, 종교 등) 인문학과 사회과학은 경시되는 풍조가 만연해지면서 전체가 함께 나누는 사회적 행복과는 무관한 학풍은 여전하다. 그는 (다른 글에서) 유흥을 통해서 얻는 감각적인 욕구의 만족이나 더 편리해지는 것만으로 얻어지는 것이 행복이라면 그런 것은 추구할 것이 아니라고 지적한다. 최근에 동남아국가를 중심으로 생산지수/소득지수(GNP) 대신에 행복지수(GNH)를 사용하자는 운동이 프랑스 등 여러 나라로 번지고 있다. 서구에서 행복을 주제로 다룬 연구와 출판이 늘어나고 있다. 한국에서도 최근 행복 교과서가 편찬되었다. 자살률 등 각종 지표가 가리키듯이 한국 사회가 비관적인 사회로 치닫고 있는 현실에서 함석헌이 '(사회)행복'을 학문 연구의 목적으로 설정한 것은 예언자적 선견지명이었다.

문명쇠락의 구체적인 이유로 심리적인 불안과 공포가 있지만 당장 식량문제, 인구문제가 있다.

인류의 입에서 인구가 너무 많아 못살겠다는 탄식이 나왔다는 것은 이 문명 자체가 무슨 근본적인 잘못이 있다는 것을 말하는 것입니다. 자연계에는 자연의 조화라는 것이 있습니다. 부분으로 보면 잡아먹는 놈 있고 먹히는 놈 있고 문제가 있는 듯하지만 자연 전체로 보면 하나로 어우러져 살아갑니다. 참새는 버러지를 잡아먹고 살아도 버러지가 멸종되지 않고, 참새가 인구 과다가 되어 굶어 죽었다든지 하는 일도 없습니다. 자연계는 약한 놈은 새끼를 많이 낳고 강한 놈은 적게 낳고 조건이 좋을 때는 번식하고, 나쁠 때는 억제하여 자연히 조화되어가는 것입니다. 그런데 오직 사람만이, 만물의 영장이라 자부하는 이 인간만이, 제가 낳은 제 자식 때문에 살 수가 없다는 것은 놀랄 일입니다. 이것은 그들이 스스로 의식적으로 노력하여 발달시켰노라는 이른바 문명이란 그 자체에 무슨 잘못이 있는 것을 말하는 것입니다. 그런데 지금까지의 세계가 그 문제의 해결을 위해 취해온 방법은 무어냐 하면 물자의 획득이라는 것입니다. 제각기 생활에 필요한 물자를 많이 얻어야 하는 것입니다. 자본주의와 공산주의가 경제에 대한 해결이 다르다 하여도 물건에 본위를 두는 점에서는 다를 것이 없습니다. 크게는 국가전쟁으로부터 작게는 개인의 도둑질에 이르기까지, 정당한 말로 하면 산업장려로부터 부정한 것으로 하면 블럭 간상(奸商)에 이르기까지 요컨대 물건을 얻어야 한다는 데서 벗어나지 않습니다. 그러나 지금은 그것이 막다른 골목에 들어갔습니다. 오늘날 경제란 자유거나 통제거나 기술적으로 어떻게 할 수 없다는 것입니다. 그리하여 무슨 근본적인 개조가 아니고는 인류의 장래는 암담하다는 것이 모든 사람의 말입니다(1950)(23:147-).

6.25 발발 직전에 내린 진단과 전망이다. 여기서 언급된 '블럭 간상'은 오늘에는 재벌이 되었다. 인류는 문명이 가져온 질병 곧 문명병에 걸려있다. 조화가 있는 자연계의 다른 생물보다 못하다. 그 질병을 치유하고 '근본적인 혁신'을 이루기 위해서 주요 분야에서 구체적인 방향과 방향까지 제시한다.

인간의 살림살이를 다루는 경제에 대해서도 문제점을 지적한다.

오늘의 세계는 생활의 모든 부문에 있어서 근본적인 혁신을 요하고 있습니다. 근본적이란 말은 전적이란, 온통이란 말입니다. 부분적이나 일시적이나 기술적이 아닙니다. 인간의 살림을 통째로 뜯어고쳐야 한다는 말입니다. 오늘 우리 문명에 있어서 그대로 쓸 만한 것은 하나도 없습니다. 아직 있는 것은 다만 여태까지 있었으므로, 새로 나왔어야 할 것이 아직 나오지 않으므로, 부득이 하여 있는 것이지 당당히 있을 필요가 있고 권위가 있어서 있는 것은 아닙니다. 예컨대 우리가 돈을 사용하고, 돈으로 된 세상이라, 돈 없이는 살 수 없다 하지만 돈을 미워하지 않는 사람은 하나도 없습니다. 제발 돈 없이 사는 세상이 왔으면 하는 생각은 어떤 악질 자본가라도 가지고 있습니다. 반대로 통제는 좋으냐 하면 그것도 마찬가지입니다. 긴밀한 통제경제가 수립돼야지, 배급제도가 돼야지 하여 배급표를 기다리고도 그것을 만들어내는 사람들까지도 심중에 자유로운 생활을 했으면 하는 생각은 다 가지고 있습니다. 그러면 자유경제와 통제경제는 벌써 다같이 선고받은 것입니다. 그렇다면 이 세상을 다스리고 이 사회를 이루어간

다는 그 돈, 그 경제에서 그러니 그 밖의 것은 말할 것도 없습니다
(19:160).

이 문명은 사형선고를 받은 만큼 총체적인 탈바꿈이 요구된다.
지금 존속하는 것은 새것이 나올 때까지만 불가불 유지되는 것이다.
경제의 경우, 자유경제는 지금 자유시장에 맡겨 방만하게 남용되어
양극화가 심화되고 일면 통제 불능에 이르고 있다. 통제경제는, 함석
헌의 관찰이 마치 정확한 예언처럼, 공산주의의 사실상 붕괴로 이미
선고를 받았다. 제3의 새로운 생활방식과 경제체제가 창출되어야 한
다. 새로운 공동체가 생겨야 한다. 그의 이상은 "돈 없이 사는 세상"
이다. 이 글이 써진 직후에 6.25가 발발하여 두 개의 전쟁을 겪은 함
석헌에게 선고받은 전쟁에 대한 확신을 더욱 강화시켜 주었다.
　　현존하는 국가체제에서 가장 바람직한 국가는 어디인가.

국가라면 영(英)·미(美)·소(蘇) 식의 것밖에 모르지만 제2차 세계대전이
우리에게 가져다주는 것은 도리어 그런 대국가보다는 소국가에 강미(强
味)가 있다는 것입니다. 스위스와 북구의 여러 나라들입니다. 이들 소국
은 대국보다는 훨씬 행복하게 살아갑니다. 그와 같이 정치에는 지금 국가
의 노선만 아니라 다른 노선이 충분히 있을 수 있습니다. 또 한 가지 주의할
것은 이번 대전 후 세계정부설이 대두하여 나온 것입니다. 그 실현이 언제
되겠는지는 알 수 없습니다. 그러나 그것은 정치사상에서 주의할 만한 일
입니다. 아무튼 정치에서도 우리가 느끼는 것은 근본적 개혁입니다
(19:150).

작은 나라들이다. 이들 '강소국'(强小國)들이 현재 가장 행복한 나

라, 행복지수 최상위 국가들로 조사되었다. '작은 것이 아름답다'고 한 슈마허나 노자의 이상에도 맞다. 2차 대전 종전 5년 후에 함석헌이 말한 내용이 오늘날 더욱더 사실이 되어있다. 그의 관찰은 정확하다. 세계정부도 그가 제창한 세계주의 시대에 걸맞은 제도이다. 그것은 그가 또한 주장한 국가주의 극복이 아직 달성되지 않았기 때문이다.

III. 종교관: 다원주의, 종교개혁

서구에서 쏟아져 나오고 있는 '세계 종교'(world religions, religions of the world)는 대강 종교 다원주의(religious pluralism)의 시각에서 저술될 수밖에 없다. 심지어 니니안 스마트는 스스로 불교-성공회신자(Buddhist-Anglican)라고 선언할 정도다. 스스로 '불교도'라고 표현한 함석헌도 이중 또는 3중으로 이야기할 수 있다. 동양인 특히 한국인은 태생적으로 원래 그렇다고 할 수 있는데 서구인에게도 단일한 신앙(宗籍)에서 복합적인(加宗) 종적으로 바뀌고 있다. 한 종교의 배타주의적, 우월주의적 입장에 서서 쓰기는 대학과 학문의 정신과 구조와 일치하지는 않는다. 가령 신학자나, 불교학자가 저술하기에는 적절치 않다. 지금 '종교학'은 종교과학(religionswissenschaft), 비교종교(comparative religion), 종교사(history of religions), 종교연구(religious studies) 등 명칭을 거쳐 이제 '세계 종교'로 대치될 정도로 주요 세계 종교들(7대+)의 공평하고 객관적, 가치중립적인 연구를 지향하고 있다. 그리고 그 과목은 대학에서 일반 교과목으로 정착되고 있다(이 점에서 한국교육은 낙후되어있다).

함석헌은 이렇듯이 종교학자, 종교-철학자로서 앞서가는 서구

종교학자들과 유사한 종교관을 전개했다. 시기적으로 오히려 앞서 갔다. 그들보다 먼저 종교다원주의와 세계 종교 사상을 독자적으로 전개하고 있었다. 그도 세계관, 인생관, 가치관의 확립과 발전적 전환(혁명)을 역설했다. 일찍부터 세계주의의 도래를 점친 함석헌은 새 종교의 출현을 기대했는데 그것은 세계적인(global) 포괄적인 구조일 수밖에 없다. 이 점에서 함석헌은 예언자적인 인물임이 분명하다.

(앞 장에서 다룬) 문명비판의 기준은 함석헌이 어디에서 찾는가. 그것은 종교(영성), 정신, 도덕이다. 많은 종교와 성인들 가운데에서도 기독교와 예수가 실존적인 모델로서 가장 설득적인 기준을 제시했다고 보았다. 그는 스스로 포함한 '인간을 건지기 위해서' 문명비판을 하고 성서를 그 교범으로 활용했다. 그렇지만 기존(기성)의 전통적인 조직교회는 현 문명처럼 막다른 골목에 이르렀다.

> 양식을 버린 후에는 이제 배를 버릴 차례다. 물질도 버리지만 제도도 버려야 한다. 배가 아무리 중해도 바다에 있을 동안이지 육지에 오른 후는 소용이 없다. 배는 내종에는 버릴 것인지, 버리고야 상륙이 되지 배를 가진 채로는 상륙할 수 없다. 제도 조직을 가진 채로는 하늘나라에는 못 들어간다. 우리로 하여금 이 인생의 바다를 건너게 하던 배는 그것이 한몸이거나, 가정이거나, 교회거나, 나라거나, 크고 적음을 말할 것 없이 마지막에는 버려야 하는 것이다. 배의 목적은 배를 버리는 날이 오게 하기 위한 것이다 (131).

물질, 모든 제도와 조직은 끝내는 버려야 할 것들이다. 배를 가지고 육지에 오를 수 없듯이, 강을 건너면 뗏목을 버리듯이 피안에 도달하면 모든 것(몸, 가정, 교회, 나라 등)을 버려야 한다. 뗏목을 지고 갈 수도 필요도 없다. 다 임시방편이다. 무소유(무집착)의 대상이다. 특히 제도 조직으로서 '기성 교회'는 없어지거나 근본적으로 개혁해야 할 대상이다. 이 책에 "제2의 종교개혁"(1950.4)이 그것을 정면으로 다룬다. 이러한 비판적 교회관은 아주 일찍부터 이미 20대 초반이나 그 이전에 싹트고 있었다. 그래서 일본 유학 시절(1924~1928)부터 '무교회'주의 신앙에 빠져 30년을 지속했다.

> 사마리아 여인 같은 인간! 다른 사람은 몰라도 이렇게 말하는 나 자신은 사마리아 여인이다. 내 양심은 남편을 다섯만 섬기지 않았고 여섯만 섬기지 않았다. 지금 섬기는 것도 어찌 내 남편이라 하랴! 그러나 생각한다면 나만 아니라 인간 중에 누가 감히 나는 그렇지 않다 할 자가 있을까. 우리 양심은 다 저와 같이 주인을 바꾸고 또 바꾸어 팔아먹은 계집이다. 그리하여 우리 인생의 하는 일이란 것은 매일 야곱의 우물 같은, 이른바 이 문화의 우물에서 마른 목을 축이며 살아가는 것이다. 마셔도 마셔도 그리고 마시다 죽을 줄도 뻔히 알고 마지막 숨을 넘기는 순간도 목이 타서 "물, 물"하고 부르짖다가 죽을 줄을 알건만, 인간은 그 외에 다시 더 위대한 샘을 알지도 못하고 찾으려도 하지 않았다. 그리하여 가련한 생애로 임시임시를 꿰매어간다(47).

나, 우리는 다 사마리아 여인 즉 갈보 같은 줏대가 없는 부도덕한 존재이다. '문화의 우물'은 진리의 원천은 못 된다. 이것을 진리의 통로인 종교에 적용한다면 일면 다원주의적인 종교관에 틀림없다. 다원주의는 다양성(diversity)을 인정한다는 점에서는 좋지만 자칫 통일성(unity)을 잃기 쉽다. 함석헌은 종교의 목적을 통일에 둔다. 종교는 신과 인간, 자아(atman)과 절대(Brahman), 영과 육, 성(聖)과 속(俗),

세계의 통일, 사회의 통합 등을 지향하는 것이어야 한다. 그것은 다양한 가르침들의 '마루'(宗)가 되는 가르침(敎)이요, 서양 말(religion)의 어원('religare') 즉 '연결'의 의미이기도 하다. 그러므로 이상적으로는 진리가 하나인 것처럼 종교도 하나여야 한다. '다양성 속의 통일'(unity in diversity) 그런데 우리는 그 하나, '한'을 못 찾고 있다. '일즉다'(一卽多) '이일분수'(理一分殊) 같은 개념이 중국과 한국의 사상 전통에서 논의되고, 함석헌도 '일즉다'를 언급하고 있지만, 과연 유기적인 통일이 실현되었는가는 의문이다.

위 성서 해석의 연장선상에서 나중에 함석헌은 다른 책(글)에서 이렇게 신앙고백을 한다.

> 나는 사마리아 여인입니다. 내 임이 다섯입니다. 고유 종교, 유교, 불교, 장로교, 또 무교회교, 그러나 그 어느 것도 내 영혼의 주인일 수는 없습니다. 지금 내가 같이 있는 퀘이커도 내 영혼의 주는 아닙니다. 나는 현장에서 잡힌 갈보입니다. 도덕과 종교로 비판을 받을 때 나는 한마디의 변명도 있을 수 없습니다. 나는 막달라 마리아입니다. … 내가 유다입니다. 나는 내 마음을 열어야 합니다. 내 가족과 스승과 친구에게 못한 것을 그의 앞에는 내 놔야 합니다. 나는 온 역사의 압력을 내 약한 등뼈 위에 느낍니다. 한국도 하나의 사마리아 계집이요 갈보요 마리아요 유다입니다(1971)(15:29).

나나 민족이나 도덕과 종교에서 하나를 이루지 못했다. 종교적 정체성을 두고 스스로 갈등을 느끼고 있음을 보여주는 고백이다. 다섯(퀘이커 포함 여섯) 종파는 그의 내면에 도사리고 있거나 삶의 과정에서 거쳐온 것들이다. 당시의(1970) 기독교 신앙인의 입장에서는 갈등과 죄악감을 느낄만지만 한국인 특히 민중의 종교성은 그런 식의 다원주의적 형태였다. 이 종교들은 한국인의 유전자 속에 축적된 전통의 층이다(캔트웰 스미스 교수는 종교를 '축적된 전통'과 '신앙', 두 측면으로 분석했다). 함석헌에게 한 종교(기독교)가 신앙의 축이었으나 여기서 한국인의 유전자 속에는 전통적 종교들이 겹겹이 쌓여있음을 인정하고 있다. 그러나 사실은 사마리아 여인이나 유다가 아니다(한 학자는 그래서 한국인에게는 '개종conversion'보다는 '가종加宗, addversion'이 더 맞는다고 주장했다). 함석헌은 그것이 서로 갈등을 일으킬 수 있다는 세간의 이해를 의식하고 말한 것이다. 자신이나 나라(민족)나 '갈보'였다면, 어떻게 했어야 되었는가. 무엇이 올바른 길이고 그 기준은 무엇인가. 다섯 말고 어떤 또 다른 것이 있는가. 그 한 종교나 신앙은 조형(archetype)인가 아니면 여러 가지의 종합인가. 그야말로 조형이면서 종합 즉 '한'인가. 우리가 밝혀가야 할 화두이다.

동시에 함석헌은 '종교' 개념이 두 가지로 사용되고 있음을 잘 지적했다.

> 종교도 좁은 의미와 넓은 의미가 있습니다. 좁은 의미로 하면 종교란 기독교니 불교니 하는 모양으로 어떤 일정한 조직체를 이루어 일정한 제도 아래 일정한 교리와 의식을 가지고 살아가는 사람들의 모임입니다. 그러나 다시 생각하면 그것이 참 종교는 아닙니다. 그것은 종교의 한 나타남뿐입니다. 참 종교란 정신일 수밖에 없습니다. 정신이기 때문에 그것은 무어라 이름지을 수도 없고, 형용할 수도 없습니다. 이름지을 수 있고, 형용할 수 있는 것은 이미 종교가 아닙니다. 종교의 겉껍질에 지나지 않습니다. 노자의 이른바 도를 도라 할 수 있을 만한 것이면 상도(常道), 곧 참 도는 아닙니다. 유교에서는 '중용지도'라 해서 중(中)을 희로애락의 미발(未發)의 지경(地境)이라 하는데, 참 종교란 말하자면 미발의 지경 곧 중의 자리입

니다. 그것은 인격의 분화가 일어나지 않는 전적인 지경입니다. 그러나 정신은 아무래도 발현하는 것이므로 분화하게 생긴 것이지, 아니 하고는 생활이 있을 수 없습니다. 그래 실생활의 이상으로는 발하여서 절(節)에 맞도록 되어야 한다는 것이 목표입니다. 그 목표에 맞은 것을 화(和)라 합니다. 넓은 의미의 근본종교 자리를 중이라 한다면 좁은 의미의 조직적 종교생활이란 화(和)를 목표하는 것이라 할 수 있습니다. 이리하여 종교에 두 가지 의미가 있게 되고, 따라서 종교개혁을 두 가지로 생각하게 됩니다 (141).

넓은 의미의 (참) 종교가 유(類)개념이라면, 이름붙인 종교는 '종'(種)개념을 말한다. 이것을 유교경전(중용)의 표현으로는 그 목표를 '중'(中)과 '화'(和)로 나눈다. '참 종교'는 '정신'을 가리킨다. 마음을 일심(一心)으로 말하듯이, 정신은 '하나'이다. 그런데도 사람들은 '네 종교 내 종교', '네 정신 내 정신' 구분하여 갈등을 일으킨다. '다즉일'이 상징하는 다원주의 정신이 여기서 개진되고 있다.

함석헌의 종교다원주의에 대한 신념은 한국사 저술의 명칭이『성서적 입장에서 본 조선역사』에서『뜻으로 본 한국역사』(1961년, 제3판)로 치환되는 과정에서 확립되었고, 그 후에(제4판 서문, 1965) 명시적으로 표명되었다. "내게는 이제 기독교가 유일의 참 종교도 아니요,『성경』만 완전한 진리도 아니다. 모든 종교는 따지고 들어가면 결국 하나요, 역사철학은『성경』에만 있는 것이 아니다"(30:20).

이로 보면 1961년까지는 다원주의에 대한 신념이 명확해진 것이 확실하지만, 그 낌새는 이미 앞글(1950)에서 나타나 있다. 나아가서 그보다 일찍 서대문감옥(1942-43)에서 불경을 읽으면서 불교가 기독교와 다를 바 없음을 인식했다고 생각한 시점까지 거슬러간다. 이러한 그의 종교 이해의 지평 확장은 일찍부터 점진적으로 형성되었으며, 이와 더불어 그이 사상에서 역시 주요한 자리를 차지하는 세계주의와 과학주의도, 위 글의 문맥으로 보면, 이미 지금 우리가 다루고 있는 기간(1947-61) 중에 형성되고 있었음을 의미한다. 이 기간이 그의 사상의 형성과정에서 중요한 성숙기였음이 드러난다. 세계주의와 더불어 강조되는 사상은 여기서 (민족주의도 해당되지만) 국가주의의 극복을 벌써 말하고 있다. 인류는 부족주의, 민족주의, 개인주의를 단계적으로 넘어서서 이제는 세계주의의 단계에 진입하고 있음을 그가 강조한다. 종교와 과학은 반대편에서 파들어 오다가 동굴의 한 지점에서 마주치는 경우처럼 진리탐구의 과정에서 결국 합류될 것으로 볼만큼 과학의 발달에 기대를 걸고 이성을 올바른 믿음을 갖게 하는 도구로 간주한다.

그렇다면 종교다원주의는 서구학자들이 활발한 관심을 갖기 시작한 시점(1970년대 이후)보다 더 일찍이 그가 착상하고 있었음을 알 수 있다. (기독교)신학적인 시각에서 비교종교에 대한 저술은 이전에 산발적으로 나왔지만, 중립적인 '세계 종교' 저술들이 본격적으로 나온 것은 미국에서 휴스턴 스미스가 개척적인『인간의 종교』(1958, 1991년『세계의 종교』로 개정판 냄)를 출판하면서부터였다. 이후 세계 종교는 대학의 학과목으로 급속도로 편입되었다. 이 점에서 어느 나라보다 종교 전통이 오랜 한국에서 객관적인 종교의 연구와 교육은 낙후된 상태다. 어떻든 함석헌은 서구학자들과 독립적으로 확대된 종교관을 형성한 것이 분명하다. 그것은 그가 홀로 새로 탐구한 것이 아니고 그가 내세우는 민중 속에 이미 저장된 지식을 진화론에서 말하는 '선조(先祖, 造成, 要點) 반복'을 통해서 발현된 것으로 볼 수 있다.

종교가 중요한 것은 현대인에게 필요한 정신과 세계관을 구축하는 밑바탕이 되기 때문이다.

원자탄보다 강한 것이 나오지 않으면 이 세계는 망한다고 했습니다. 원자탄보다 강한 것이 무엇이냐? 정신입니다. 원자탄 밑에 이 세계가 진동하고 죽어버리는 것은 무엇 때문입니까? 분열되기 때문입니다. 원자탄의 폭격으로 분열이 되는 것이 아니라 통일을 잃고 분열된 세계이기 때문에 폭격이 들어가는 것입니다. 원자탄이 세계의 운명을 결정한 것은 아닙니다. 운명이 결정된 세계를 원자탄이 그 실상을 폭로했을 뿐이지. 원자탄은 하나의 선언입니다. 상징입니다. 원자탄은 이 문명의 절정입니다… 원자탄이란 무엇이냐? 제 스스로가 폭발하여 자기를 만든 자와 그 만든 기계와 자료와 그 만든 학문과 목적을 한가지로 불살라 멸망시켜버리는 것입니다. '힘'을 상징하는 데 있어서 이에서 더한 것은 없고 '죽음'을 상징하는 데 이에 더한 것은 없습니다. 자멸입니다. 마지막입니다. 이것은 이 문명의 자기선고입니다. 그러기 때문에 막다른 골목입니다. 해체입니다. 그러기 때문에 위기요 고민입니다. 그러기 때문에 구원은 이 문명의 무더기 속에서는 나오지 못합니다. 그러기 때문에 낡은 것입니다. 지나갈 것입니다. 그러기 때문에 이제 여기서 구원이 되려면 새것이 나와야 합니다. 원자탄보다는 더 강한 절대적으로 강한 원리에 의한 새 통일이 서야만 됩니다. 그럼 절대적으로 강한 원리는 무엇이냐? 정신입니다. 정신만이라는 세계관입니다. 왜 신앙이라 하지 않고 세계관이라 하느냐, 종교개혁이라 하지 않고 새 세계관의 수립이라 하느냐고 묻습니까? (166).

원자탄은 현실이지만, 또한 인간의 정신분열과 세계분열을 상징한다. 핵 문제는 남북만이 아니라 아직도 국제문제로 남아있다. 따라서 근본적인 해결책과 인류 구원은 그 분열상태의 극복에 놓여있다.

새 통일의 원리가 안출되어야 한다. 그것은 물질보다 정신을 삶의 근본으로 삼는 세계관이다. 물론 실제적으로는 정신을 다루는 종교의 개혁을 통한 신앙의 역할이 크지만, 현대인의 보편적인 개념으로 세계'관'을 사용한다는 것이다.

새로운 세계관은 구체적으로 어떻게 구축해야 하는가.

세계관이란 이런 것입니다. 그러면 당초에 독일의 일부 철학자가 사용한 이 말이 이제 모든 세계인의 상식이 된 이유를 알 수 있습니다. 그러므로 세계의 근본적 혁신을 말하면서 우리는 먼저 새 세계관의 수립의 필요를 느낍니다. 이 막다른 골목에 들어간 현대를 위하여 걱정하는 어떤 이들은 우리가 살아나가기 위하여 새 문예부흥이 필요하고, 새 산업혁명이 필요하고, 새 국가관념이 필요하다 합니다. 이것은 역사상에 근거를 가진 옳은 말입니다. 근세가 나오려 할 때는 문예부흥이 있었고, 산업혁명이 있었고, 그리하여 민족국가의 완성을 보았습니다. 그와 같이 현대가 살아나가기 위하여도 학풍이 변해야 할 것이요, 경제조직이 변해야 할 것이요, 국가관념이 변해야 할 것입니다. 그러나 그보다도 먼저 필요한 것은 새 세계관입니다. 왜 그러냐? 근본정신이 변하지 않고는 이 운동들이 있을 수 없기 때문입니다. 대체 문예부흥이란 무어냐? 사람들의 정신생활의 방식이 달라진 것입니다. 산업혁명이란 무어냐? 생활에 필요한 물자의 생산과 분배의 방식이 달라진 것입니다. 정치혁명이니, 국가관의 변동이니 하는 것은 무어냐? 개체와 전체의 관계에 대한 생각과 그 둘 사이에 있는 모순되는 요구를 어떻게 조화시키고 통일해가느냐 하는 그 방식이 전과는 달라진 것을 말하는 것입니다. 그러면 조금 생각해보면 알겠지만, 이 셋이 서로 따로 돌아가는 세 운동이어서는 될 수 없는 것입니다. 이 세 신생운동이 가능하려면 반드시 사상의 근본이 되고, 경제의 근본이 되고, 정치의 근본이 되는 인생 그것, 세계 그것, 곧 생 그것에 대한 보다 높은 새 체험이 있어야 합니다(164).

특히 함석헌이 내세우는 세계주의 시대에 와서 새 세계관이 필요한 것은 당연하다. 본질적 변화와 혁명을 하기 위한 원리와 모순적인 요구를 조화, 통일시키는 새로운 방식이 요구되는데, 사상, 경제, 정치의 근본에 대한 새로운 체험이 나와야 한다. 새 세계관(Weltanschauung, world-view)은 바로 새 종교를 말한다. 철학과 종교학, 영국과 미국을 넘나든 종교학자 스마트(Ninian Smart) 교수는 세계 종교를 다룬 저술(*The World's Religion*, 1989)에서 종교를 세계관(worldviews)으로 다루었다.[2] 여기서 그는 종교적 세계관과 세속적 세계관의 거리를 좁히려고 시도했다. 말하자면 공산주의도 일종의 종교로 볼 수 있다. 현대인에게 스포츠도 종교에 버금가는 위상을 차지하고 있다. 그는 앞으로 세계가 세계 다원주의(global pluralism)로 되어가면서 종교도 '세계적 세계관'(world worldview)으로 되어 가리라고 내다본다. 무신론도 종교적 표현으로 보는 함석헌의 시각과 다르지 않다.

여기서 "개체와 전체의 관계"가 등장하는데, 함석헌의 가장 나중에 형성된 주요사상은 전체주의이다. 이제 개인주의를 넘어서 전체주의 시대에 접어들었다. 사고의 주체는 더이상 개인이 아니고 전체이다. 그렇다고 개인이 사라지는 것은 아니고 개인, 개체는 전체 속에서 새롭게 정의된다. 전체는 개체의 총합보다 크다. 마치 개인들의 집합보다 많은 '사회'와 같다. 신은 감각으로 파악할 수 없는 보이지

---

2 Ninian Smart, *The world's Religions* (Cambridge: Cambridge University Press, 1998), 10, 591.

않은 존재인데 전체 속에서 모습을 드러낸다. 정치적 전체주의와는 다른 함석헌의 전체주의 사상은 1960년대 초를 전후하여 떼이야르 샤르댕에게서 암시를 받았다고 하지만 그보다 먼저 이미, 여기서도 (1950년) 그 모습을 드러내고 있다. 종교관의 일부로서 신관에서도 함석헌은 나름의 독특한 통찰력을 보여준다. 신의 속성으로 그는 신을 한 가지 형태로 고착되어있지 않고, 인간처럼, 계속 생장하고 진화하는 실체로 본다. 신(여호와)의 정의가 "스스로 존재하는 자"(I am that I am)라기 보다는 "앞으로 존재할 자", 즉 "…이려 하는 자"(I shall be that I shall be)이다.

> 『성경』은 무수한 뱀의 허울이다. 영원에서 나와 영원으로 들어가는 생명의 뱀이 대가리도 꼬리도 아니 보여주고, 한때 한때에 벗은 허울을 남겨놓고 간 것이다. "하나님!" 할 때 벌써 하나님 아니다. 하나님은 어린이가 아침 이슬 속에 따 드는 빤짝 하는 꽃 속에 있다. 빤짝 하는 그 빛을 보고 땄지만, 따는 순간 이미 죽었다. 그러므로 버리고 또 새로 딴다. 또 새로 따고 또 새로 따서만 볼 수 있다. 모든 말은 그 순간에 때운 꽃송이다. 벌써 죽어버린 꽃송이다. 꽃은 아니다. 꽃이 다녀간 자리, 하나님이 걸어가신 발자국이다. 그러므로 하나님은 빛이란 말도 아니 된 말이다. 빛은 못 본다. 보인 것은 빛이 아니다. 하나님은 있지 않다. 있는 것은 하나님 아니라, 하나님은 있을 이, 영원히 있으려는 이다. 하나님은 …려 함이다. 빛이 밖에 있어서 들어오는 것이 아니다. 속에서 나간 것이 빛이다. 속 빛에서 빛과 눈이 생겨났다. 속은 주관이 아니다. 속에서 주관·객관이 나온다. 희로애락지미발(喜怒哀樂之未發)을 위지중(謂之中)이다(1961) (305-).

하나님을 말한 성경책은 뱀 허물 같이 지나간 자국, 벗은 허울이다. 하나님은 보거나 만날 수 없다. 보인다면 그것은, 따놓은 꽃이나 지나간 빛을 보는 것처럼, 지나간 모습, 발자국일 뿐이다. 신은 미래형(있을 이, 영원히 있으려는 이)이다. 어떤 곳이나 건축물(교회당)에 잡아놓을 수 없다. 이름을 부를 때 벌써 지나가고 없다. 그것은 허울, 우상일 뿐이고 그것을 숭배하는 종교는 다 우상종교이다. 구태여 있다고 한다면 '속'(中)에서 나온다고 하자. 속은 내 '안'에, 우리 '가운데', '전체' 속이다. 그가 마지막으로 채택한 퀘이커신앙에서는 '속의 빛'(inner light)을 찾는다. 그는 신앙의 내면성을 강조한다. 예수도 "천국이 너희 안"에 있다고 했다.

진리는 외면적인 형식과 조직을 통해서보다 스스로 획득(自得)하는 것이다.

> 맹자도 현실을 모르는 이상론이라는 비난을 받으면서도 [권세와 영화를] 물리쳤고, 예수님도 물리치고 십자가의 길을 택하셨습니다. 왜 그렇습니까? 생명의 근본원리가 그렇기 때문입니다. 스스로 한다는 것이 그 법칙입니다. 가르침이란 내가 할 것을 대신 해주는 것이 아니라 나 스스로가 살아날 수 있도록 내 속의 하나님, 내 속의 그리스도, 내 속의 부처님을 깨워주는 것이기 때문입니다. 친절한 것은 도둑이지, 내 혼을 뽑아먹고 내 속의 하나님을 몰아낸 후 저보다 더한 일곱 악마를 데리고 들어오자는 사탄의 속임수지, 나를 사랑해 자기 목숨을 아끼지 않는 참 스승이 아닙니다. 참 스승은 때로는 매정하고 잔혹할 만큼 엄한 법입니다. 그들은 대신할 수 없는 것이 생명의 법칙인 것을 잘 알고 있기 때문입니다(278).

내 안에는 신성, 불성(佛性)이 내재, 내장되어 있어서 외부의 힘에 의존함이 없이 속에서 일깨우면 된다는 것이다. 자연의 생물처럼 그리고 인간이나 신처럼, 생명의 속성은 성장하고 발전, 진화한다.

> 종교의 지경이란 생명의 근본자리인데 그 근본자리란 한정하여 말할 수
> 없는 것입니다… 한마디로 말한다면 생활이란 정신의 발현입니다. 여기
> 정신이라 한 것은 생명의 절대적인 지경을 파악한 것으로 하는 말입니
> 다… 생활은 정신의 발현이라 하면 철학자들은 곧 머리를 기웃거리고 토
> 론하자 할 것입니다. 나는 이것을 한낱 시로 말합니다. 시인에게는 토론이
> 소용없습니다. 나는 토론을 할 여가는 없습니다. 몸으로써 절대를 감득하
> 고 싶지. 아무튼 생활은 정신의 발현입니다. 순 정신적인 생명은 스스로 발
> 전합니다… 살았다는 것과 자란다는 것은 뗄 수 없이 한데 들어 있습니다.
> 하나님이라 할 때 창조 없이 생각할 수 없고, 창조라 할 때 발전 없이 생각
> 할 수 없습니다… 생명이란 그런 것이요, 정신이란 그런 지경입니다. 종교
> 는 여기 있습니다(142-).

생명도, 정신도, 그것을 다루는 종교도 발전, 성장하고 새롭게 창
조되어가야 한다. 그래서 제2의 종교개혁이 필요하다. 그것은 기독
교 같은 어떤 한 종교에 국한되지 않는다. 그것은 총체적인 것이어야
한다. 하나인 생명, 정신을 향한 '전적 혁신'이다.

> 이 셋(새 문예부흥, 새 산업혁명, 새 국가관념)도 세 가지 운동에 그치고
> 근본되는 '하나'에 가지 못하면 역시 낡은 것이요, 신생이 되지 못합니다.
> 낡은 것이 낡은 것 된 까닭은 바로 '하나'가 없는 데 있습니다. 구(舊)니 폐
> (弊)니 해(害)니 결(缺)이니 퇴(頹)니 하는 것은 다 '하나'를 잊어버린 분
> 열된 생활의 현상입니다. 삶은 통일이요, 죽으면 분열입니다. 전적 혁신이
> 라 했지만 전(全)이란 '하나'요, 생(生)이란 '하나'입니다. 그러기 때문에

필요한 것은 셋이 아니요, 하나입니다. 그 하나란 무엇이냐? 정신입니다. 세계에 대한 생에 대한 새 체험입니다(165).

나아가서 생명과 정신은 또한 우주적인 차원으로 확대된다. '우주인'의 의미는 무엇인가.

사람은 크기도 하지만 달라져야 한다. 달라짐이 정말 큼, 곧 사람이다. 나는 자라야 한다. 하늘사람이 될 때까지 자라야 한다. 하늘은 끝없음이다. 이 우주는 번져나가는 우주라더라. 하나님은 자람이다. 영원의 미완성이다. 나도 영원히 되지 못한 것이다. 되려는, 되자는 믿음이 나다. 우주여행을 한다, 우주인이다 떠들지만 아직 멀었다. 그것이 어디 우주인이냐? 어디까지나 지구인으로 하는 거지. 햇빛을 받고, 공기를 숨쉬고, 물을 마시고, 밥을 먹고야 사는 것은 지구의 아들이지 우주의 아들이 아니다. 우주인이 되려면 우주 광선을 마음대로 받고 우주 기운을 숨쉬고, 그보다는 숨쉬지 않고 살게 되어야 하지. 우주선이란 것은 옷을 한 겹 더 입은 것이다. 벗지 못하고 더 입고야 대하는 우주, 우리와 우주 사이에는 아직도 서로 대적하는 뜻이 남아 있다. 이 몸대로 지구의 어머니 품속을 떠나 대기권 밖에 나가면 대번에 얼어버리겠는지, 타버리겠는지… 달나라에 설사 간다 하지. 그것이 도둑질 들어간 것이지 어디 놀러 찾아간 것이냐? 그리고 도둑놈은 오래는 못 머무는 법이다… 우주인이면 우주 살림을 해야지. 사람 자체가 변화하여서 직접 우주를 먹고 마시고 숨쉬고 만지며 그 흙을 익혀 소꿉을 놀게 돼야지. 개밥에 도토리 같은 우주선 속의 포로, 그거 어찌 우주인이냐. 갇힌 것은, … 우주 정복이라니, 말부터 틀려먹은 것이다. 우주를 어떻게 정복하느냐… 정복할 수 있는 것이라면 우주가 아니다. 너 나, 네 것 내 것 없는 하나됨이 우주지. "돌이켜 어린아이가 되라" 함은 변화하란 말이다. 나는 늙는 것이요, 살은 사라져야 할 것이다. 내가 없어져야 하나에 참례한다. 하나님을 대한다(1961) (296).

사람도, 우주도, 신도 자란다. 나를 버리고 우주와 한 몸이 되어야 명실상부한 우주인이라 할 수 있는 것이지 우주 정복을 하는 우주인은 잘못된 명칭이다. 우주선 탔다고 우주인이 된다고 할 수 없다. "우주선 속의 포로"일 뿐이다. 우주인은 완전히 의식과 행태가 달라진 새로운 존재를 말한다. 그것은 전통적인 수행과 인식의 차원을 넘어선다. 인간은 이제 우주적으로 깨어나야 한다.

무교회주의 정신은 그 모임을 떠났더라도 평생 그의 신앙에서 일관하게 지니고 있었다. 교회는 신이 인간에게 부여한 자유와 자율성을 빼앗고 얽어매는 도구이다. 습관이 되어 허무감을 갖더라도 잘못된 조직과 제도는, 타고 간 배를 버리듯, 과감하게 버려야 한다. 불교에서 말하는 뗏목이나 고기를 잡는 통발처럼 일단 도구로서 기능이 사용되면 버려야 한다. 그것을 방편(方便)이라 한다. 왜 기성 교회를 버려야 하는가. 신은 절대의 범주에 속하므로 상대적인 시공의 차원에서 때와 장소를 지정하여 인위적인 방식으로는 접근할 수 없다. 성경에서도, 교회당에서도 찾을 수 없다. 불교와 다른 것은 정통 교회가 방편으로나마 쓸모가 있었는가 하는 점이다. 이것은 성경에도 해당한다.

함석헌은 실용주의적 검증 방식을 제안한다. 결과(효과)를 놓고 판정하자는 것이다. 과연 그것을 통해서 효과가 있었는가.

하나님의 말씀은 어디 있나? 하나님의 말씀『성경』에 있지! 하나님의 말씀이 정말『성경』에 있다면 그것을 보는 사람은 다 하나님의 사람이 되었어야 할 것 아닌가. 그런데 본 사람 다는 고사하고 그것을 밤낮으로 읽고 외고 쓸고 만지고 하는 목사·신부들도 완전히 하나님의 뜻대로 사는 사람은 되지 못하니 웬일인가. 『성경』을 하나님의 말씀으로 읽고도 그 말씀대로 안 된다면, 『성경』에는 하나님의 말씀은 있지 않은 것 아닌가.

하나님의 말씀 또 예배당·성당에 있지! 만일 하나님의 말씀이 정말 예배당·성당에 있다면 거기 가는 사람은 다 하나님의 사람이 되었어야 할 것 아닌가. 그런데 간 사람 다는 고사하고, 아침·저녁으로 오르내리는 기도꾼들도, 또는 예배당·성당이라면 거룩한 곳이라 하여 거기 대하여 조금이라도 특별한 생각을 아니 하는 이에게 치를 떨고 거품을 물고 달려들려는 감독·장로들도 그 맘은 여전히 가없은 사람대로 있으니 웬일인가. 예배당·성당을 하나님 계신 곳으로 알고 묻혀 있어 지키면서도 하나님의 사람이 안 된다면 그의 말씀은 그 안에는 있지 않는 것 아닌가.

하나님 말씀 누가 해주나? 목사·신부가 해주지! 목사·신부가 하나님의 말씀을 정말 해준다면, 왜 그 자신들은 거룩한 사람들이 되지 않나. 일러주는 그 사람이 거룩하지 못하면 그 속에 거룩한 것이 들어 있지 못할 것 아닌가. 하나님의 말씀 또 신학자·『성경』연구가들이 해주지! 신학자·『성경』연구가들이 정말 하나님의 말씀을 해준다면 그 자신들은 왜 그리 어리석고 비루한가. 예수 말씀은 그 열매를 보아 그 나무를 안다 하였는데, 어리석고 비루한 그 인간 그대로 있는 그들은 하나님의 말씀을 해주지 못할 것이 아닌가.

그러면 하나님의 말씀은 어디 가 찾을 것인가? 하나님의 말씀은 아무데도 있지 않다. 어느 곳에나 누구에게나 어느 때에 찾을 수 있는 것이 아니다. 하나님의 키는 예배당에 들어오시기에는 너무도 높으시다. 예배당은 그만두고, 견우·직녀가 달려있는, 저 하늘 궁창을 가지고도 하나님의 키를 용납할 수는 없다. 그리고 하나님은 허리를 꾸부리는 법은 없으시다. 하나님의 몸 집은 방안에 들어 앉으시기에는 너무도 크시다. 성당은 고사하고 이 지구 땅덩이 통째를 가지고도 그의 발가락 하나 올려놓을 나위도 못 된다. 그리고 하나님은 몸을 움츠리고 앉으시는 법이 없으시다(29-).

단순하면서 논리적인 논증이다. 질문에 대하여 대답하면서 제시한 근거는 신념이나 원리의 진리성 여부는 실제적인 결과에 의하여 시험되어야 한다는 실용주의적, 실증주의적 접근법과 다르지 않다. 또 하나 주목할 대목은 제단 즉 교회의 처소에 관한 부분이다. 어느 것이 성소인가.

인생이 있는 곳은 모순이 있고, 모순이 있는 곳은 제단이 있다. 하나님의 제단은 도처에 있다. 항시로 있다. 모순을 아니 느끼면 인생이 어떻게 살까, 하나님의 제단 없이 어떻게 살까. 우주의 어느 구석에나 우리 마음의 어느 구석에나 하나님의 제단이 있다. 그 제단 위에 향은 언제나 피어 있다. 누가 피운다는 것 없이 항상 피어 있다. 예수가 우리에게 하신 것은 종교는 존재해 있는 것이요, 제단은 언제나 어디나 있는 것임을 알려주신 일이다. 종교가 사람의 만든 것이 아니오, 만든 것이 아님을 알기 위하여 제단은 쌓을 수 있는 것 아니며, 쌓아서 될 것이 아님을 드러내기 위하여 그는 십자가를 들어 성소(聖所)를 부수고 제사를 부쉈다. 그는 우리를 어두컴컴한 성전에서 끌어내어 대우주에 존재해 있는 대성소로 나가게 하였다. 그는 우리를 사람이 만들었다는, 만들 수 있는 줄 아는, 있다가는 없어지는 제단에서 끌어내어, 만들지 않은, 원래 있는 대제단 밑에 엎디게 하였다. 우주 간에 존재해 있는 종교를 자기네가 만들어낸 것처럼 횡령하여 이윤을 긁어 먹으려는 간상배에게서 빼앗아 다시 대우주의 가슴에 맡겼다(23-).

구원이 교회 안에 있는가, 밖에(도) 있는가, 아니면 안도 밖도 아닌가. 그 문제는 신학자들 사이에서 오래 논쟁의 주제가 되어왔다. 보수적인 배타주의자(exclusivist)냐, 융통성이 있는 내포주의자(inclusivist)냐, 아니면 열린 다원주의자(pluralist)냐에 따라서 의견이 갈리기 마련이다. 제단은 우주의 모든 구석에만 아니라 그와 동시에 인간 내면에 있다는 해석은 함석헌의 사상 형성에서 중대한 의미를 갖는다. 그가 그 정신을 평생 지닌 무교회주의의 근거가 되는 사실이다. 내면성은 성서적 근거를 갖는다. 톨스토이도 지적한 "천국이 너희 안에"(within you) 있다는 예수의 말씀이 그것이다. 그의 영향으로 태어난 민중신학은 '우리(민중) 안(among)'을 강조한다면, 함석헌은 그것도 인정하지만 '우리 속'(in us)을 더 강조한다. 즉 종교와 신앙의 내면성이 그만큼 중요하다.

무교회주의는 '무종교주의'로 확대될 수 있다. '종교'는 제도화된 조직종교를 말한다. 성소는 우주 어디에나 그리고 인간의 심중에 있으므로 따로 제단을 쌓거나 교회나 법당을 세울 필요가 없다. 우주가 그리고 개인이 다 교회와 법당을 지니고 있다. 함석헌은 이때 이미 교회를 기업으로 여기는 오늘의 풍조를 예견했다. 오늘날 이 사회에 종교 '간상배'들이 넘쳐나고 있다. 여기서 보듯이, 무교회주의를 채용한 20대부터 함석헌은 우상파괴주의자(iconoclast)로 행세했다. 예수 이래 설치된 체제와 조직은 없애버려야 할 군더더기이다(원불교에서 선 수행의 장소를 '무처선無處禪' '무시선無時禪'이라 한 것도 같은 맥락에서 이해할 수 있다. 이러한 공통적인 사고는 우연이 아닐 수도 있다. 두 쪽이 공유하는 정신의 발원지가 있지 않을까).

이러한 여러 가지 문제를 안고 있는 교회와 종교는 정체와 퇴행이냐 본질적인 변화냐의 기로에 서 있다. 제2의 종교개혁이 필요한 이유이다. 인간은 하나님의 창조를 이어받아 발전하고 생장, 진화하도록 창조되었다. 종교는 생명의 핵심인 정신을 발현하는 현상으로 한 곳에 머물러있지 있지 않고 변화해야 한다. 기존의 형태 속에서 오래 정체된 종교의 틀을 바꿔야 하는 것은 너무나 당연한 사실이다. "역사는 혁명의 연속"이다. 종교역사도 마찬가지이다. 그런데 2천 년 동안 겨우 한 차례만 종교개혁이 있었다.

그러고 나서 함석헌은 제2의 종교개혁이 왜 필연적인지 그 '증거'들을 제시한다. 그것은 현대사회의 경제, 정치, 학문, 교육, 사회, 문명의 문제점을 낱낱이 지적하는 것이다. 이 문제점을 가진 사회가 양심이 안이해지고 마비된 '무력한 사회'가 되었다(107, 117, 155). 그래서 도덕적으로 문제가 많은 사회가 되었다. 이 책에서 지적된 사회문제는 나중에 그가 헌신한 민주화 과정을 통해서 일부 개선되었다고 하지만 오늘의 시점에서 본질적으로 크게 달라지지 않았다.

종교개혁은 사회혁명이나 물질혁명이 아니라 정신혁명이다. 정신이 인간의 본질이다. 정신개조, 의식개조를 목표로 하지 않은 혁명은 다 실패했다. 유물론, 공산주의도 그렇다.

생활은 정신의 발현이라 함은 이 때문입니다. 그러기 때문에 모든 혁신운동의 밑에는 새 정신의 뿌리가 있습니다. 세계의 새로운 해석이 있습니다. 또 모든 혁신운동의 절정에도 새 정신의 꽃이 있습니다. 생명의 새로운 여묾이 있습니다. 그러면 시작이 끝이요, 끝이 시작입니다. 정신이 알파요, 정신이 오메가입니다. 그렇다면 이 중간에 있는 것도 정신일 수밖에 없습니다. 줄기로 되고, 가지로 되고, 껍질로 되고, 잎으로 되어도 요컨대 정신의 변형에 지나지 않습니다. 카를 마르크스는 "의식이 존재를 결정하는 것이 아니라 존재가 의식을 결정하는 것이라"고 해서 큰소리한 것같이 알지만 그는 근본에서 무식한 것이 있었습니다. 존재가 정신인 줄을 몰랐던 것입니다. 그는 존재란 물적인 것으로만 알았습니다. 그러기 때문에 여태까지 사람들은 세계를 이렇게 저렇게 해석하여왔지만 필요한 것은 해석이 아니요, 세계를 변화시키는 것이라고 했습니다. 제법 힘이 있는 소리 같지만 그는 가련하게도 일과 정신을 아직도 갈라서 밖에는 생각을 못하는 구시대의 사람이었습니다(162).

존재자체의 핵심은 정신이다. 정신을 무시하는 과거의 유물론적인 혁명은 실패할 수밖에 없었다. 이런 근거에서 함석헌은 마르크스의 유물론과 공산주의를 반대한다. 종교와 정반대 편에 서 있으면서 스스로가 종교의 자리를 차지하는 이중의 죄악을 짓는 이념이다. 그러한 인식은 북한에서 그 이념이 실천되는 과정을 몸으로 겪으면서 더욱 명확해졌다.

이 시기에 함석헌이 정밀하게 전개한 입장이 한 가지 있는데 그것은 속죄(贖罪)론에 대한 것이다. 특히 십자가의 공로로 인류가 속죄되었다는 대속(代贖)론이 문제다. 그것은 인간에게 생래적으로 부여된 자유와 모순을 일으킨다. 대속에 대한 의문은 그래서 두 가지 점에서 일어난다.

첫째는 예수의 죽음이 어떻게 우리의 속죄가 되느냐 하는 이유에 대하여서다. 『성경』에는 예수의 죽으심으로 인간의 죄가 속이 됐다는 주장은 있으나, 그것이 어찌하여 가능하다는 이유에 대하여는 충분한 설명이 없다. 복음서는 물론이요, 속죄를 가장 많이 말하는 바울의 편지에서도 약간의 설명이 있을 뿐이지 자세한 것은 없고, 「히브리서」 역시 설명은 하나 간단한 것이다(195).

그것은 자연 둘째 문제에 관련이 되어온다. 즉 자유의 문제다. 자유정신에서 볼 때 십자가의 공로로 대속이 된다는 것은 알 수 없는 문제다. 십자가의 대속을 절대 진리로 인정해놓으면 자유의 정신을 희생하고라도 그것을 믿어 살려야 할 것같이 생각되는 점도 있으나, 자유정신은 어디서 온 것이냐 하면 그것도 『성경』에서 온 것이요, 또 자유 없이 속죄란, 문자로나 있었지 사실상 있을 수 없는 일이다. 그런데 자유의 입장에 설 때 대속이란 아무리 호의로 했다 하더라도 받을 수 없는 일이다. 이리하야 풀 수 없는 딜레마에 빠진다. 대속이란 말은, 본래 인격 관념이 발달하지 않았던 시대에 돈이나 물건으로 인명을 대신 하던 때에 나온 말이다(198-).

문제는 속죄가 교리로 되어 남용되고 신자들을 옥죄고 있다는 것이다. 심지어 속죄표를 판매하는 지경에 이르러 그것이 루터의 종교개혁의 한 가지 원인이 되었다. 현대에 와서도 "오늘날도 속죄표를 팔고 있는 것이지 다를 것 없다", "십자가의 공로를 믿어라"는 것이 "속죄표의 공매"이다.

어떤 종교교리라도 이성적으로 이해될 수 있어야 한다.

우리에게 인격은 무엇을 주고도 바꿀 수 없는 것이요, 그 인격의 본질은 자유다. 자유 없이 인격을 생각할 수는 없다… 내재하는 자유감을 만족시켜서만 삶이 있지, 그것이 무시된다면 나란 것도, 너란 것도, 종교와 도덕도 없다. 그러면 이 자유의 요구와 십자가에 의한 대속(代贖)이란 사상과 어떻게 조화를 시킬 것인가? 나 자주하는 인간이 그리스도와 인격적으로 접해 사는 그 생명의 사실에서는 아무 문제가 없다. 그러나 그것을 이론적으로 설명하려 할 때 그렇게 쉬운 것이 아니다… 이를 감정적으로 해결하려 해도 소용없다. 이성은 일시 속이거나 누르거나 할 수는 있으나 아무도 그것을 영구히 강제할 수는 없다. 그런데 대개의 경우에 속죄론은 우리의 이성을 만족시키는 것이 되지 못한다. 그러나 진리가 밝아지려면 이성을 만족시키지 않고는 불가능하다. 물론 종교적 진리는 이성으로 다 되는 것은 아니다. 그러나 이성도 만족시키지 못하고는 영적(靈的) 진리가 될 수 없다. 이성의 위에 초월을 하기 위하여 이성(理性)은 완전히 다하지 않으면 안 된다(191).

이성은 인식의 주요 수단인 추리의 도구이다. 종교는 이성이 미칠 수 없는 영적 진리를 다루지만, 거기까지 이르기 위해서 이성이 작동하고 안내해야 한다. 진리는 초이성적인 경지이지만 비이성적, 몰이성적인 범주는 아니다. 함석헌은 자유를 인간이 갖는 권리요 삶의 주요 가치로 믿었다. 대속관의 문제는 함석헌이 오래 몸담았던 무교회 신앙을 떠나게 만든 한 가지 이유가 되었다. 그 창시자 우치무라 간조가 대속설을 굳게 믿었기 때문이다.

IV. 인식과 실천

위 인용문에서 제기된 바와 같이 실용주의적 기준과 효과에 의하여 평가되는 신앙의 문제는 실천의 문제이기도 하다.

함석헌의 인식론에서 가장 중요한 개념은 생각이다. 그것은 단순한 분별의식에서 사유, 직관이나 깨달음 직전의 의식에 이르기까지 이성이 하는 작용의 광범위한 스펙트럼을 갖는다. 서구적인 이성의 영역을 확대하면서까지 생각의 범주를 넓혔다. 그러나 함석헌은 사유를 위한 사유를 일삼는 사상가는 아니었다. 누구보다 실천행동을 강조했다. 생각과 실천, 앎과 실천, 신앙과 행동(信行)의 유기적인 관계와 일치를 역설했다. 스스로는 실천하는 지식인, 행동하는 양심으로 평생을 살았다. 행동을 수반하지 않은 지식은 산 지식, 참 지식이 아니다. 생각도 몸으로 표현되어야 온전한 생각이 된다.

> 너와 또 이야기를 해볼까? 나는 네 얼굴을 보지 못하면서 너와 이야기를 하는 때가 참 좋더라. … 너도 얼굴을 보지 못하니 그렇지 만일 몸으로 만나 서로 얼굴을 보면서 이야기한다면 도리어 그렇지 못할 거야. 그러기에 노자가 뭐란지 너 아느냐? "내 몸 하나 없는 데야 걱정이 무슨 걱정이냐?"(及吾無身, 吾有何患) 그랬어. 그런 몸이 좋은 것도 아니지. 그러나 또 몸 없이 사람이냐 하면 물론 아니지. 생각이 아무리 있어도 몸으로 나타내지 못하면 온전한 것이 못된다. 그래 체험이라 하지 않나? 하나님은 지극한 사랑이기 때문에 몸으로까지 나타나고야 만다. 너는 내게 하나님의 사랑이 나타난 것이요 나는 네게 하나님의 사랑이 나타난 것이다. 만물이 서로 다 그렇다(1961)(255).

생각이 몸으로 나타난 것이 체험, 체득, 체화한다는 말이다. 몸과 마음이 하나(신심일여)된다는 것도 둘의 일체성을 나타낸다. 사랑은 종교적 실천의 극치이다. 생각과 행동은, 신앙의 차원에서, 참과 사랑으로 표현된다.

> 아브라함이 무엇이요, 이삭이 무엇이냐? 참이요 사랑 아니냐? 하나님은 참이요 사랑이다. 하나님을 참으로 사랑한 것이 아브라함이요 이삭이다. 그들은 마음을 다하고 뜻을 다하고 생명을 다해 하나님을 섬겼다. 그것이 참이요 사랑이다. 아무것도 없고, 있는 것은 참이요 사랑뿐이다. 참이 사

랑이요 사랑이 참이다. 참이므로 사랑이요 사랑이므로 참이다. 하나님을 아버지로 믿는다는 것은 우주 만물의 근본은 사랑이란 말이요, 사람이 사랑만은 참으로 알고 사랑만을 참으로 해서만 모든 것의 근본이 참에 이를 수 있다는 말이다(261).

참과 사랑은 불가분리의 등식 관계이다. 신은 두 가지를 한꺼번에 속성으로 갖는다. 본질적으로 일치하는 관계이므로 새삼 '합일'시키는 과정이나 동작이 필요 없을지도 모른다. 신을 개입시키지 않고, '합일'이 별도의 과정이 아니라면, 함석헌에게 지식과 실천의 관계는 왕양명의 '지행합일'(知行合一), 지행병진(知行竝進) 사상과 다르지 않은 것으로 보인다. 생각은 단순한 감각이나 두뇌 작용에 그치는 것이 아니라 행동을 유인 또는 수반하는 복합적 인식과정이다. 그는 눈앞의 현실을 떠난 추상적 관념을 들고 지적 유희를 즐기는 강단 철학자나 교단 신학자는 아니었다. 그의 사유와 사상은 개인과 사회를 탈바꿈시키는 실천방법론이다. 생각은 실천을 전제로 내놓아질 때만 참 생각이 된다. 물론 실천은 올바른 생각을 바탕으로 전개되어야 올바른 행동이 된다.

가슴에 고여서 잠자던 생각은 뭉쳐서 결정(結晶)되어 틀(체계)이 잡힌다. 그것이 사상이 된다. '사'(思)나 '상'(想)이나 다 생각이다. 생각이 사상으로 표출된다. 생각과 사상의 거리는 아주 짧다(왕양명이 앎과 행동 사이의 거리가 순간적이라 즉 호리毫釐 사이라 한 것과 같다. 구태여 학자가 끼어들 여지가 없다). 앎이나 사상은 실천을 자아내기 위한 연료이다. 불붙이기만을 기다린다. 불붙지 않은 생각과 사상은 아직 참다운 생각과 사상이 못 된다. 처음으로 불을 붙인 성인들이 우리에게 불씨를 넘겨주었다. 그 불씨를 살리는 일만 하면 된다. 생각만으로 안 되는 것처럼 행동만으로도 안 된다. 생각을 위한 생각이 무의미한 것처럼 행동을 위한 행동도 비생산적이고 위험하다.

'참 생각'은 그 자체가 행동을 유도한다. 그렇지 못하면 참다운 생각도 '산 사색'이라고 할 수 없다. 신의 말씀 속에는 행동이 함의되어 있다. 그래서 "태초에 말씀이 있었다"(요한복음)의 말씀을, 괴테처럼, "행동"으로 대치해도 큰 문제가 없다고 본다. 간디가 말한 '사트'(sat: 존재, 실체)는 진리(satya)를 가리킨다. 아힘사(ahimsa: 不殺生), 즉 비폭력은 폭력의 부정만이 아니고 적극적인 사랑의 실천을 의미한다. 상대방의 희생을 바라지 않고, 예수가 보여준 것처럼, 자기희생을 동반하는 행동이기 때문이다. 깊은 사색에 뿌리하지 못한 행동주의나 행동을 일으키지 못하는 생각은 공중누각과 같다. 뿌리 없는 무모한 행동보다는 행동을 유발하는 올바른 생각이 더 확실하고 안전한 길이다. 간디의 비폭력 운동은 진리와 비폭력(불살생)이 하나로 결합된 성공사례다. 비폭력은 단순히 목적을 이루기 위한 수단이 아니다. 비폭력이 진리다.

진리와 신은 듣기나 사고하는 것만이 아니라 삶 속에서, 그것도 이타적인 행위 즉 사랑의 실천을 통해서만 완전히 실현(인식)될 수 있다. 개인주의적, 이기주의적인 명상이나 깨달음만으로는 될 수 없다. 실제 현실 속에서 실현해야 한다. 사람은 정신과 육체, 몸과 마음으로 구성되어있는 만큼 신의 인식도 정신을 접촉하는 생각만으로 이루어지지 않는다. '몸' 부분이 빠지므로 그것은 관념일 뿐이다. 생각이나 명상만으로는 기껏 신비주의적 차원에 머무는데 그친다.[3]

---

3 다른 글에서 함석헌은 이렇게 밝힌다: "그런데 진리는 들어서만 다 되는 것이 아닙니다. 하나님은 생각함으로만 알 수 있는 이가 아닙니다. 듣고 생각하고 하는 것은 우리 이성이 하는 것인데 이성이 생명의 전부는 아닙니다… 물론 생각할 수 있고

진리 실현을 위해서는 도덕성을 갖추기 위한 '계명'(가르침)의 실천이 수반되어야 한다(불교에서도 계誡, 정定, 혜慧 삼학三學을 다 아울러 수행해야 완전한 인식에 이른다). 명상을 통한 깨달음 자체만으로는 부족하다. '실현'을 통해서만 참('정말') 깨달음이 완성된다. 종교가 추구하는 영원은 현재를 떠나서 따로 존재하지 않는다. 영원은 이 시공의 시시각각 순간순간으로 구성되어있기 때문이다. 그 무한한 연속이 영원이다. 신을 아는 것은 그의 말씀을 행하는 것을 의미한다. 실

남이 생각한 것을 들어 알 수 있기 때문에 사람이지만 사람의 생각은 한정이 있는 것입니다… 그러므로 생각하는 것만으로는 하나님을 알 수 없습니다. 모든 신비주의가 결국 불가지론에 이르고 마는 것은 당연한 일입니다. 사람은 말을 하고 생각하지만 또 행하는 것입니다. 사람은 정신을 가질 뿐 아니라 또 몸을 가지기 때문입니다. 사람의 본성은 물론 영원에 사는 것이지만 그 영원은 생각으로 하는 영원이 아닙니다. 생각으로 명상만으로 하는 한 그것은 결국 관념에 그칠 수밖에 없습니다. 사람이기 때문에, 이 세계에 살기 때문에 그가 지향하는 영원은 시시각각으로 이 시공 속에서 실현되는 영원이 아닐 수 없습니다. 행해야 합니다. 생활해야 합니다. 실현해야 합니다. 진리는 들어서만, 깨달아서만 진리가 아니라 실현해서만 비로소 진리입니다. 깨닫는 것도 실현을 통해서 정말 깨닫는 것이지 그저 생각으로만 깨닫는 것이 아닙니다. 그렇기 때문에 (요한1서 2장) 4절에서 요한은 이렇게 말했습니다. "하나님을 안다고 하면서 그의 계명을 지키지 않는 사람은 거짓말쟁이며 진리가 그 사람 안에 있지 않습니다"(1968) (14:283-).

듣기는 감각 또는 지각 작용이고 사고(생각)은 이성이나 두뇌의 작용이다. 인도철학과 불교 인식론에서 말하는 지각(pratyaksha: 現量)과 추리(anumana: 比量)에 각각 해당한다. 진리나 신은 두 가지 도구로만 이를 수 없다. 물론 '현량'은 깨달음을 일으키는 직관(intuition)까지 아우르지만 그것도 미칠 수 없다. 무엇이 더 필요한가. 시공의 장(場) 곧 삶의 현장 즉 현실 속에서 실현(realize) 될 수 있다 ('현실'을 '실현'으로 뒤바꾸면 된다). 여기에 실용주의적 모습이 나타난다. 물론 함석헌은 애초에 실용주의의 틀에 갇힐 수 없는 절대 차원을 지니고 있었다. 어떻든 여기서 함석헌은 전통적인 동·서 철학의 인식론을 넘어서있다. 개체적인 깨달음 중심의 불교수행론을 무너뜨리는 관점이다. 전통적인 명상법이나 참선수행에 의한, 돈오(頓悟)든 점오(漸悟)든, 방법론에 사형을 선고한 격이다(나아가서 전통적인 수행은 개인주의 시대에 적합한 방법이지 모두가 함께 가야 하는 전체주의 시대에는 낡은 방법이다).

천이 없는 앎은 거짓이다. 자칫 깨달음 자체가 목표가 되기 쉬운 참 선의 한계는 실천의 문제만이 아니라 우주적 차원에서도 나타난다.

> 깨달았노라 못 깨달았노라 하고 떠드는, 이른바 그 사색이란 마치 우리가 잠이 든 동안에 신경 중추의 어느 부분에서 잔 장난질을 하여 요런 꿈, 조 런 꿈이 조각조각 맺어지는 것과 비슷한 것이 아닌가? 이 우주의 커다란 대 뇌가 깨는 날 혹은 그 혼이 완전히 깨는 날 우리의 눈물 콧물을 흘리며 거품 하품을 섞어가며 토론을 하고 야단을 했던 그 모든 꿈 부스러기, 환상 부스 러기, 잠꼬대 부스러기는 다 그 모양과 의미가 환하여질 것이다(21).

사색과 명상을 통한 깨달음은 꿈처럼 신경중추와 뇌의 작용일 수 도 있지만, 어쨌든지 개체적인 깨달음은 우주의 대뇌나 혼이 깨는 단 계에서는 문제가 안 될 것이고, 그때에 그 실상이 환하게 드러날 것 이다. 인식의 개체성이 전체성으로 확대될 뿐만 아니라 우주적 차원 으로 확장된다. 이런 식으로 함석헌은 전통적인 종교인식론을 확대, 심화시킨다. 인간의 두뇌나 깨달음 또는 이성으로 우주를 측량할 수 없다. 인지과학에서는 종교의식이 두뇌에서 나왔다는 주장까지 내 세우는 판이다. 뇌 특히 직관 기능을 하는 우뇌는 (구약시대에 선지자 들이 그랬던 것처럼) 신의 음성을 듣는 안테나 역할을 한다는 이론이 나오기도 했다. 그러나 함석헌은 신과 종교가 인간의 두뇌와 사고를 벗어난 초월적인 영역임을 강조한다.

도덕적인 실천의 맥락에서 한 가지 지나치기 쉬운 문제는, 비폭 력주의의 시각에서, 개인 도덕과 단체 도덕 사이에 괴리가 있다는 것 이다.

또 하나 도덕상의 문제로는 개인도덕과 단체도덕의 서로 어긋남입니다. 극만으로 말하면 도덕은 개인에만 있지 단체에는 없습니다. 학교의 선생이 개인을 놓고 도덕을 가르칠 때는 겸손이 미덕이요, 자기희생이 고상한 도덕이지만 일단 단체 밑에 들어가면 문제는 달라집니다. 어떤 선생도 외국에 대해 겸손한 외교를 도덕이라 하지는 않고, 남의 나라를 위해 제 나라를 희생하는 일을 선이라 하지는 않습니다. 그보다도 나라를 위해서는 교만하게 자랑하고, 잔인하게 침략하는 것을 충(忠)이라 하고, 간교하게 책략을 써서 타국을 속이는 것을 선한 정치라 합니다. 이것이 현대 도덕입니다(156).

군대에서 적을 살해하는 것이나 범죄자의 사법적 사형 같은 행위가 범죄나 종교적인 죄도 안 되는 것처럼, 개인 도덕과 단체 도덕의 괴리 즉 차별적 적용은 모순이다. 이것은 간디와 함석헌이 비폭력주의에 적용한 것인데, 거대한 조직인 국가에도 적용되어야 한다는 것은 아마 함석헌만의 놀랄만한 통찰이다. 다른 글에서 그는 세계의 평화와 생존을 위하여 필요하면 우리 한민족은 희생할 각오를 해야 한다고 분명히 못 박았다. 비폭력의 철저한 실천이다.

1. 신앙과 실천

실천의 문제를 지식과의 관련 속에서 다룰 수도 있지만 좀 더 종교와 밀접하게 연관하여 다룰 수도 있다. 그것이 신앙과 실천의 문제다. 함석헌에게 신앙은 지식을 초월하는 인식의 통로이면서 동시에 그 자체가 실천 덕목이다. 믿음(信)이 유교의 오상(五常: 仁義禮智信) 가운데 하나인 것과 같다. 신앙은 단순히 어떤 한 종교와 연관된 것은 아니다. 종교와 상관없이 사람이 가질 수 있는 기능이다. 신을 대상으로 하는 것만 아니라 궁극적인 실체나 진리에 대한 확신을 가리킨다.

신앙의 차원에서 실천을 대표하는 개념은 사랑이다. 그것은 예수에서 크리슈나무르티까지 거의 모든 성인이 동의한다. 진정한 사랑을 실천할 수 있다면 신앙적으로 그 이상 바랄 수 없다. 이 중요한 사랑에 대한 세밀한 분석과 방법론이 (함석헌의 다른 어느 글에서 보다) 바로 이 책(19권)에서 구체적으로 다루어진다. 사랑은 실천의 주요한 도구이며 신앙의 결정체다. 함석헌은 신이 예수의 희생을 통해서 보여준 사랑을 종교적 인간이 본받고 추구해야 할 실천적인 목표라고 보았다. 사랑은 공자가 말한 인(仁)이나 석가가 가르친 자비(慈悲)와 동렬에 있는 개념으로 종교가 지향하는 실천수행의 정점을 대표한다. 간디의 비폭력처럼 사랑은 자기희생을 수반하는 실천으로서 진리 인식의 수단이자 목표가 된다(비폭력은 곧 사랑이다).

사랑은 추상이 아니라 타자와의 구체적인 관계 속에서 발현된다. 함석헌도 구체적인 인물을 통해서 사랑을 실험해보려고 했다. 그 한 예가 폐병 든 한 여인이었다. 그가 많은(수백 통) 서신을 보낸 대상이었다. 스스로가 사랑받기를 갈구했다기보다는 사랑을 주고 싶은 대상으로 삼았다. 말하자면 인류애를 표명하는 구체적인 통로였다. 그는 한 글에서 그 여인에 대한 사랑을 공개적으로 드러냈다. 그것은 세속적인 애정이나 동정이라기보다는 차라리 종교적인 사랑(자비심)의 표출이었다. 그는 지고(至高)지순(至純)한 사랑을 열망했다.

그러기에 노자가 뭐란지 너 아느냐? "내 몸 하나 없는 데야 걱정이 무슨 걱정이냐?"(及吾無身, 吾有何患) 그랬어. 그런 몸이 좋은 것도 아니지. 그러나 또 몸 없이 사람이냐 하면 물론 아니지. 생각이 아무리 있어도 몸으로 나타내지 못하면 온전한 것이 못 된다. 그래 체험이라 하지 않나? 하나님은 지극한 사랑이기 때문에 몸으로까지 나타나고야 만다. 너는 내게 하나님의 사랑이 나타난 것이요 나는 네게 하나님의 사랑이 나타난 것이다. 만물이 서로 다 그렇다. 그러나 또 이 몸이 그 사랑에 방해인 것도 사실이다… 내가 보이지 않는 너와 이야기를 하는 순간이면 나는 그때 하나님의 지성소 안에 대제사장으로 된다. 내 가슴 안에 열리는 지성소에 말이다. 너는 옛날 이스라엘의 대제사장이 백성들의 죄를 속하기 위하여 지성소의 장막 안에 들어가… 그 연기만을 바라보고 섰는 모양을 마음속에 그려본 일이 있느냐? 내 혼이 너와 이야기를 할 때는 그와 비슷한 줄 알아라(1961) (19:255-).

이 대화는 동정(sympathy)을 넘어 무아지경 같은 공감(empathy)의 차원으로 승화된 마음을 그린다. 신의 사랑(agape)을 체험하는 장이다. 마치 지성소에서 신을 만나는 듯 성스럽다. 지성소는 바로 내 가슴 속에 설치, 내장되어 있다. 연민과 공감을 일으키는 이 사랑의 대상은 세속적인 매력으로 내가 선택한 것이 아니다. 신이 보낸 사랑의 선물이다.

너는 나의 그림 헝겊이다. 십 년 넘은 폐병으로 살은 다 빠지고, 오줌똥을 네 몸으로 가누지 못해 그린 듯 누워 있어, 피를 뱉아 뱉아 배꽃같이 하얀 네 얼굴은 사실 한 조각 그림 헝겊이지 뭐냐? 지금 이 시간 내가 내 마음의 향로를 들고 제단 앞에 서서 너를 생각할 때, 연기처럼 맨 먼저 피어오른 생각이, "너는 내 혼의 그림 바탕이지" 하는 것이었다… 너를 부드럽고 흰 무명 헝겊같이 만들어 나로 하여금 그 위에 한 폭의 거룩한 형상을 그리게 하시기 위한 것이라 생각한다. 너를 겸손하고 깨끗하게 하시기 위한 것이란 말이다… 그렇지 않으면 한 조각 대리석이라 할까? … 내가 사정없는 참[眞]의 끝을 넣어 새겨낸다면 거룩한 동정녀의 형상 되지 않겠느냐? … 또 그렇기 때문에 욕심없는 아로새김꾼이 되게 해주어야 한다. 그러나 그보다는 차라리 너를 한 마리 양새끼라 해야지. 사실 지난번 가서 관절염까지 겸하여 꼼짝도 못하는 네가 "지금도 칼로 쑤시는 것 같아요, 언제나 그렇지요, 이젠 하나님한테 그냥 내맡기고 말았어요" 하면서 빙그레 웃는 모양을, 넘어가는 봄볕의 저문 빛에 비춰볼 때, 나는 "곧 죽음따라 끌려가는 어린 양" 하는 구절을 생각하지 않을 수 없었다(258-).

자신에게 주어진 과제는 나에게 투영된 그의 혼을 그리거나 조각을 해야 한다. 신에게 "내맡긴" 그의 혼이 자비심과 함께 영감을 일으킨다. 문학적인 낭만이라 말하기에는 너무 처절한 형상이다. 그림 헝겊(캔버스) 위에 형상을 그리는 화가나 대리석을 깎는 조각가(아로새김꾼)는 비유일 뿐이다. 이것은 눈앞의 현실을 종교적으로 바라본 서사시다. '너'는 속죄양이 되려는 이삭이고 나는 아들을 바치라는 신의 요구에 순종하는 아브라함이다.

네가 이삭이요, 내가 아브라함이라면 어떠냐? 아브라함이 백 살에 나무 등걸 같은 몸에서 낳았던 그 이삭을 잡아 하나님께 제사를 드리려고 모리아 산을 향해 사흘 길을 갈 때 무슨 이야기를 했을까? … 세상의 무슨 철학, 무슨 문학, 무슨 음악, 무슨 설교가 이 사흘 동안의 아버지와 아들의 이야기에 미칠 것이 있을까? … 아브라함은 왜 그런 짓을 했을까? 하나님이 왜 그런 일을 하라 명령했을까. 역사의 아들이 되고 민족의 아버지가 되기는 그렇게도 무서운 것이었다… 거기다 비교해보면 모든 종교 예식·식전·예배·설교는 다 장난이요 연극이요 허튼 노릇이다. 나는 내가 맹물 가져다 네 머리에 뿌리며 밀가루 떡 가져다 네 입에 넣어주어 거룩한 미사나 세례를 주기보다는, 성령 받아 안수기도한다고 다 썩어진 네 가슴 어루만지기보다는, 틀에 박힌 교리 되풀이해 신생의 쓰고 신맛 맛볼 대로 맛본 네 마음 위로 받으라 강조하기보다는 차라리 아브라함이 되어… 시퍼렇게 간 칼을 들어 네 목에 겨눌 수가 있다면 좋겠다… 내 속에 네가 영원히, 네 속에 내가 영원히, 그리고 둘이 다 그의 안에 영원히 하나가 아니겠느냐? … 내가 거기서 씨ᄋ의 어머니를 새겨내마… 나의 캔버스, 나의 대리석, 나의 어린 양, 나는 나의 피로 네 위에 그림을 그려야 하고, 내 손으로 네 살을 깎아내야 하며, … 하나님은 참이요 사랑이다… 참이 사랑이요 사랑이 참이다. 참이므로 사랑이요 사랑이므로 참이다. 하나님을 아버지로 믿는다는 것은 우주 만물의 근본은 사랑이란 말이요, … 역사는 참과 사랑의 이야기함이다(295-).

희생제물을 바치는 것은 원시시대부터 있었던 의식이었지만 인간을 제물로 삼는 일은 흔한 일은 아니었다. 인간제물은 희생의 정점으로 신앙과 충성심을 시험하는 극단적인 방식이다. 그 극단성은 다른 숭배의식, 세례, 교리와는 비교할 수 없다. 그 속에서 너와 나의 일치와 융합이 일어날 수 있다. 그것이 진리요 사랑이다. 신도 진리도 그 본질은 사랑이다. 그 사랑은 이기적인 거짓 사랑이 아니고 진리로 가는 참 사랑이다. 인간의 사랑은 그것으로 그치자는 것이 아니다. 사랑(아가페)과 진리로 가는 디딤돌이다(신앙이 인간 희생을 요구하는 또 하나의 사례는 신라시대에 주조된 에밀레종에 얽힌 전설이다. 이 이야기에서는, 이삭의 경우와는 달리 한 아이가 희생된다. 이 슬픈 이야기를 함석헌은 장시 '에밀레'[23:446-61]에 담았다. 이것은 불교의 비폭력[不殺誡] 사상과는 부합하지 않은 왜곡된 신앙의 표징이다). 여기서 우리는 사랑이 얼마나 자기 버림을 요구하는가를 깨달을 수 있다.

사랑하려면 모든 것을 다 버리지 않고는 아니 된다… 사랑은 버림이요, 빔이요, 없음이요, 죽음이다. 죽지 않고는 사랑 아니다. '내'가 죽어야 사랑이다. 어제가 죽어서 오늘을 낳고, 내일이 옴은 오늘을 먹기 위해서다. 살아서는 사랑 못한다. '나'다 함을 버리지 않고는 사랑할 수 없다. 둘이 서로 사랑하면 둘은 다 죽어버리고 새로운 하나가 나온다. 아내가 되려면 처녀는 죽어야 하고 남편이 되려면 총각은 죽어야 한다. 아내와 남편은 그전 사람대로가 아니다. 새로 난 한 사람의 두 면이다. 그러나 둘이 다 세 사람 안에 완전히 죽으면 사흘 만에 도로 세 사람으로 살아나 셋이 하나가 된다. 사람을 사랑하잔 맘은 그 자체가 완전한 것은 못 되나, 하나님 사랑을 배우자면 하나의 디딤돌이 된다. 사람이 사람을 사랑하지 않고는 못 견디지만, 또 아무도 사람의 사랑으로 만족하지도 못한다. 사람의 사랑은 반드시 파탄이 나고야 마는 것이요, 그것이 인생의 온가지 복잡한 문제의 원인이 되는 것인데, 그 까닭은 사람의 사랑은 사람 사랑에만 그치자는 것이 아니오, 하나님 사랑에까지 가고야 말자는 것이기 때문이다(19:262-).

사랑 속에서 종교가 지향하는 궁극적인 가치와 의미가 현현된다. 그것이 무집착, 공, 무, 절멸(絶滅: 니르바나)로 표현된다. 나(내)의 사망선고이다. 사랑과 결혼 속에서 두 '나', 너와 나는 죽고 새로운 'ㄴ'(우리)가 태어난다고 인식하지 못하면 결국 파탄에 이른다. 사람 사랑은 신 사랑에 이르는 다리나 디딤돌이다. 현대인이 말하는 사랑은 사람의 사랑, 아니면 자기 사랑에 그치고 만다. 함석헌이 '새 종교'를 말하는 이유가 거기에 있다. 그는 차라리 이성의 사랑을 통해서 참 사랑에 이르는 길을 제시했다. 우는 아이가 왜 우는가. 단순히 옆에 있는 엄마를 찾는 것이 아니다. 안 보이는 세계, 경지에 대한 그리움 같은 것 때문일 수 있다(그도 유년시기에 밤에 자다가 깨어나서 까닭 없이 미묘한 심정에서 앙탈을 부렸던 기억을 떠올리고 그때 만약 양친이 무시나 질책 대신 대화를 해주고 달래주었더라면 뭔가 다른 인물로 성장했을지도 모른다고 해석했다). 에로스와 아가페처럼, 두 종류의 사랑은 질적으로 다르다.

> 사랑이란 곧 사람을 뛰어넘은 뒤에 참예하잔 요구다. 사람[람]은 하나님과 하나가 되기 전까지는 행복을 느끼지 못한다. 그러므로 영원히 불행하게 마련이다. 이 의미에서 인간의 모든 사랑은 일시적인 것이요, 따라서 깨질 운명의 것이요, 인간은 근본이 비극적인 존재다. 그 모순은 하나님 사랑에 의하여서만 건져질 수 있다. 하나님 사랑은 자연과 사람에 대한 사랑 아니고는 깨달을 수 없다. 이 의미에서 모든 죄는 용서되어야 하고 또 되고야 말 것이다. 돈을 사랑하는 사람이 하나님을 사랑할 수 없고, 사람 사랑하는 사람이 아니고는 하나님을 섬길 수 없다(19:263-).

애초부터 사랑은 인간을 넘어 신의 세계에 참여하기 위한 과정이다. 사람과 자연에 대한 사랑이 과정의 출발점이다. 이웃 사랑을 통하지 않고 하나님 사랑(아가페)에 이를 수 없다. 자연만물과 사람에 대한 사랑이 깨달음의 수단이자 목적이다. 간디에게 비폭력이 진리에 이르는 수단이자 목적인 것과 같다. 신에게 바치는 사랑은 어떤 마음으로 해야 하는가?

> 하나님한테 얼마나한 것을 드리면 우리 사랑의 표시가 될까? 무한한 사랑이기 때문에 산을 드려도 바다를 드려도 부족하다. 그러므로 드리다 드리다 못해 나중엔 똥도, 하수도도, 박테리아도, 원자도, … 그래도 사실 시원치 않다. 무엇을 드리자는 그 마음조차 온통 내버리지 않고는 시원은 없다.

드리자는 마음도 버리는 것이 정말 하나님께 드림이다. 드리자는 마음은 내 것으로 영원히 두자는 마음 아니냐? 정말 드림은 버림이다… 하나님이 받으실 것을 생각하고 드리면 그것도 못 쓴다… 드린다는 생각도 받으신 다는 생각도 없이, 버린다는 생각도 잊어버림이 정말 하나님께 드림이다. 하나님도 "오냐!" 하고 받아놓는 하나님 아니다(19:266-).

불교(금강경)에서 말하는 '무주상보시'(無住相布施)와 같은 베품 (드림)이다. 아주 철저한 '비움'(空)의 정신을 가리킨다. 드림의 주체 도, 받는 대상도, 준다는 생각 자체도 비운, 몽땅 다 잊어버리고 바치 는 것이 하나님 사랑이다. 무집착(무소유)의 보살행이다. 대상인 신 도 부처도 빠지면, 사랑은 어떤 한 종교의 실천개념이 아니고 모든 종교가 지향하는 보편적인 가치를 대표한다. 사랑의 모든 공(功)은 그 원천인 신에게 회향(廻向)해야 한다.

사랑은 하나님께 돌려라. 너는 사랑하지도 못하고 받지도 못하느니라. 하 나님의 사랑이기 때문이다. 아니다, 그보다도 사랑이 하나님이다. 간디는 하나님이 참이라기보다는 참이 하나님이라고 해야 한다고 하지만, 그 말 은 또 사랑으로 바꿔놓아야 한다. 참과 사랑은 하나이기 때문이다. 하나님 은 사랑과 참이 하나로 있는 이다. 참도 빈 것, 사랑도 빈 것, 빈 것이기 때 문에 모든 것이 그 안에 있다. 참 안에도 만물이 있다 할 수 있고, 사랑 안에 도 만물이 있다 할 수 있다. 그러나 둘이 아니요 하나다(19:264).

사랑 그리고 모든 일의 공(功)은 그 근원인 신에게 돌려야 한다. 불교에서는 그런 것을 '회향'(廻向)이라한다. 다만 대상이 신 대신에 부처나 중생이 된다. 노자도 비슷한 입장이다: "일이 이루어지면 물 러난다"(功成身退)(9장). 사랑, 신, 진리, 이 세 가지는 등식관계, 동의 어적 관계이다. 참(진리)은 눈에 안 보이는 추상적 개념이고 사랑은 눈에 보이는 구체적 개념이다. 진리와 사랑은 빈 것이므로 항상 충만할 수 있다. 진공묘유(眞空妙有)한 것이다.

> 드린다는 것은 "내 거다" 하는 그 마음을 드리는 것이요, 버린다는 것은 "내가 사랑한다" 하는 그 생각을 버리는 것이다. 그런 결국 마음 하나를 가지고 버리느니 드리느니 하는데, 그 마음이란 뭐냐 하면 아무것도 아닌 텅 빈 것이다. 텅 빈 바탕 속에 공연히 쓸데없는 생각으로 무엇이 있는 듯 그런 것이 '나'란 것이요 내 것이란 것이다. 그러므로 그것을 버리면 그만이지 무슨 밑천이 드는 것 아니다. 본래무일물(本來無一物)인데 하처야진애(何處惹塵埃)요, 본래 아무것도 없는데 티끌이고 뭐고 일 데가 없지 않아? 새삼스레 닦을 것도 쓸 것도 없다. 드림도 버림도 없다(19:268-).

기독교의 '사랑'은 불교의 개념을 통해서 한층 더 명료해진다. '본래무일물…'은 선불교의 핵심 경전인 『육조단경』(六祖壇經)에 등장하는 문구다. 무아, '공' 사상이 담겨있다. (明鏡처럼) 본래 아무것도 없이 비어 있었는데 쓸고 닦을 것이 있겠느냐, 즉 그 사실만 몰록 깨달으면, 즉 돈오(頓悟)하면, 되지 수행이니 점수(漸修)니 할 것이 없다는 취지이다. 인식의 총체적 전환 즉 깨달음만으로 족하다. 사랑은 만덕의 으뜸이므로 그것을 실천할 수만 있다면 더 이상 바랄 수 없겠지만 자기희생을 수반하기 때문에 현실적으로 실천하기가 지극히 어렵다.

V. 나가는 말

위에서 우리는 함석헌 저작집 한 권(19)의 글을 중심으로 함석헌의 사상의 일부를 더듬어보았다. 해설 형식으로 될수록 그의 글을 직접 맛보고 느낄 수 있도록 다양한 주제로 인용해보았다. 그 깊이가 어떤지 대강 짐작이 갈 것으로 생각한다. 이 책은 주로 문명비평, 종교관(다원주의, 신관), 인식과 실천, 사회(정치, 경제) 등으로 한정되어 있지만, 함석헌이 50대 전후에 쓴 글들 속에는 형성 중인 다른 사상(세계주의, 전체주의, 민중사상 등)의 초기적 형태도 다소 함축되어 있다. 지식과 실천(지행)의 주제도 분명하게 다루어지거나 함축되어 있다. 중요한 문제이므로 자료를 확대하여 정리해보았다.

'인식과 실천'의 범주로 볼 수 있는 '양심'의 주제도 자주 언급된다. 함석헌이 강조하는 '양심'은 왕양명의 '양지'처럼 선험적인 바탕이라는 점에서 우선 공통성을 지닌다. '양심'을 '양지'와 '심'이 융합된 복합어적 측면이 있다고 본다면 공통성이 더 확대될 수 있지 않을까(대만에서 발행된 한 사전은 'conscience'를 양심良心과 양지良知로 번역하고 있다).[4] 함석헌은 외래종교인 기독교 신앙 속에서 사유했지만 전통적인 교리의 틀에 얽매이지 않고 동서를 아우르며 시대를 넘나들며 사유한 자유사상가로서 자생적인 민족사상가라 할 수 있다. 그는 '한'의 개념과 사상전통을 중시했다. 그의 기독교는 서구의 전통 기독교와는 확연히 다르다. 그를 이단자라고 부르면서 토착화를 거부한 한국 기독교는 시대에 뒤떨어진 낡은 종교로 남아있는 셈이다. 외래

---

4 『牛津高級英英-英漢双解辭典』(Oxford Advanced Learner's Dictionary of Current English) (臺北:東華書局, 民國78), p.247: "conscience: 良心, 天良, 良知, 道德心, 是非心".

종교의 진정한 토착화는 어쩌면 함석헌을 통해서(만) 이루어질지도 모른다. "낡은 종교는 집어서 역사의 박물관에 걸어라!"

그의 사유의 바탕이 된 자료는 역사와 현실 사회로서 자신의 통찰과 체험을 통해서 민족의 울타리를 넘어 보편적인 주제들을 다룬 거대담론을 전개하기 시작하고 있다. 그의 사상 형성 과정은 자아 속에 내장된 한국정신의 유전인자가, 초기 진화론에서 내세운 '선조 반복'처럼, 하나하나 발현되는 일종의 자기계몽 과정이었다. 그 점에서 그는 우리의 거울이 된다. 악질의 왕조와 식민지 통치를 거치면서 서구처럼 계몽주의 시대를 거치지 못한 민족, 민중이 더 이상 시행착오를 거치지 않으려면 그가 남긴 사상의 궤적을 뒤따라가야 할지도 모른다.

함석헌은 서구 물질문명을 추동해온 서양사상이 문명의 위기와 더불어 더 이상 쓸 만한 가치를 상실했으므로 동양사상에 기댈 수밖에 없다고 거듭 주장했다. 그 한 축인 중국사상을 자신이 크게 원용하고 있는 것을 그의 글 속에서 읽을 수 있다. 함석헌은 나중에 발전된 신유가 등 학파의 사상보다는 공맹의 고전, 특히 맹자와『중용』그리고 도가 경전(노장)을 많이 인용한다. 따로 영향을 안 받았더라도 왕양명의 경우처럼, 사상의 마주침이 보이기도 한다.

그의 사상은 그만큼 독창적인 데가 있다. 유교 경전의 경우 그는 몇 군데에서 그만의 새로운 해석을 내놓고 있다. 예를 들면, '수신-제가-치국-평천하'의 순서를 뒤바꿔야 한다고 주장한다. 전체주의와 세계주의 시대에 개인의 영역은 축소되었다는 시각이다. 수신보다 세계평화가 우선해야 한다는 것이다. 오늘의 세계를 보면 그렇다고 수긍하지 않을 수 없는 해석이다(이와 비슷한 독창적 사유방식은 강증산이 '모사재인 성사재천謀事在人成事在天'을 '모사재천 성사재인'으로 뒤집은 데서도 발견된다). 새로운 상황(context)에 맞는 경전(text) 해석을 통해서 함석헌은 종교(유교)의 지평을 넓힌 셈이다. 이와 더불어 다원주의적인 해석으로 유교만이 아니라 기독교에게 가장 큰 혜택이 된 셈이지만 불교에게도 획기적인 전환의 틀을 제공했다.

함석헌은 (왕양명이 집중 탐구한) '격물치지'의 해석에는 관심을 두지 않았다. 그의 관심은 개인구원보다는 '세상을 건지는 데' 즉 사회구원, 전체 구원에 있다. 그렇다고 진리와 지혜를 구하지 말라는 것은 아니다. 그것을 얻는 자료는 역사와 사회(현실)이다. 두 가지를 살피고 통찰하면 가능하다. 이 점에서 왕양명의 사상과도 접근방법에서 차이가 있다. 함석헌의 분류방식에 따르면 왕양명의 방법론도 옛 시대에 적합한 이론과 실천에 속한다. 그도 아직 정치체제로는 봉건, 왕조시대이면서 진리탐구('窮理盡性')는 개인이 중심이 되는 개인주의 시대에 속한다. 그것은 불교에도 해당한다. 개인의 깨침으로는 충분하거나 완전하지 않다. 그 방식은 더 이상 유효하지 않다. 하나님은 영이다. 사후에 진입하는 영적인 세계에서는 너/나를 분별하는 개체성이 사라진다고 말한다. 개체가 구원받는 단위라는 생각은 구시대적 발상이다.

함석헌의 주장은 아직도 개인 구원을 내세우며 신도들을 '유혹', '오도'하고 있는 전통 종교들에게 던진 도전장이다. 그렇다면 함석헌의 전체론적 구원의 처방에 인류 구원의 비결이 있을지도 모른다. 이 점에서 조직 종교들은 물론 종교(사상) 연구도 전환점을 맞고 있는지도 모른다. 함석헌은 '온고지신'을 표방하고 실천하면서 변혁(성장, 진화, 개혁, 혁명)과 의식의 탈바꿈을 주장한 종교개혁가, 예언자였다.

함석헌의 울타리 벗기기
─함석헌 접근을 위한 반성적 성찰

이민용

(한국종교문화연구소 이사장)

I. 시작하는 말

함석헌(이하 모든 존칭 생략)은 모든 분야에서의 접근을 가능하게 한다. 이분은 열려있는 분이다. 이분이 살아온 한국의 근대가 겪는 시대적 다양성은 물론이려니와 이분이 거친 현장의 수많은 굴곡들 때문만은 아니다. 오늘의 우리가 겪는 일들을 이분의 생각/사상과 행적을 통해 추체험하면 이분은 열려있다는 생각이 강해진다. 우리의 행동과 생각을 이분에게 조응시키면 곧바로 어떤 의미를 띤다. 곧 오늘의 학문의 틀이거나 사회 문화적인 규범들에 이분의 생각과 행동을 적용시키면 그때마다 일정한 의미를 지니게 되는 것이다. 우리가 정한 학문의 분류방식과 인식의 틀, 그 모든 분야에 걸쳐 있다. 그래서 함석헌을 서술하는 개념이며 용어들은 모든 것에 해당된다는 과잉상태에 빠지기도 한다. 모든 것에 해당된다는 것은 아무것에도 일치하지 않는 보편적인 것이 되어버리는 느낌이 짙다. 오늘 양명학회와의 공동학술 발표회주최의 연관성도 그런 느낌을 갖게 한다.

그가 겪은 세대는 한국의 근대기에 속하는 시기이다. 그에게서 전통적 교육과 근대적 지식과 체험이 혼용된 개화기의 계몽적 특징이 들어있는 점은 당연하다. 이분이 동양 고전에 통달하였다는 것은 그의 노자를 통한 성서 해석이거나 성서를 통한 노자해석에서도 잘 드러난다. 동양의 전통들, 유교, 도교, 불교이며 그 전통들의 텍스트인 논어, 맹자, 도덕경과 불전들이 자유자재로 인용되고 재해석되는 점을 볼 때 양명/학과의 연결 작업은 함석헌 사상의 조명을 위해 또 하나의 가능성을 타진하는 일이 된다. 더욱 최재목(교수, 이하 모든 인용하는 분들의 존칭도 생략)에 의한 "왜 양명학과 함석헌인가?"란 핵심적인 연결점을 밝힌 논문이 발표된 지금(2012년 추계학술대회) 이 시점에서 양명/학과의 종합적 연관을 밝히는 작업은 당연하다.

그러나 이 시점에서 또한 인문학적 모든 적응이 가능한 함석헌을 다시 돌이켜 볼 필요를 느낀다. 반성적 평가의 필요성이다. 곧 우리가 이제껏 진행해온 함석헌 접근 태도와 방법은 온당한 것이었는가 하는 점이다. 이제까지의 함석헌을 이해/해석하기 위해 추구한 작업들은 다양했다. 이분을 동양고전 연구가라고 지칭함은 물론 역사철학자, 시민사회 운동가, 시인이자 문필가, 언론인이란 특징을 지녔다고 그의 다면불 같은 면모를 말한다. 함석헌을 평하는 거의 모든 사람들에게 통용되는 나름대로의 자리매김이다. 그리고 그는 곧바로 확대되어 교육자, 평화운동가, 생태주의자, 생명사상가, 종교 다원주의자로도 평가된다. 그를 접근하는 사람의 관심과 그를 특징지으려는 초점이 어느 분야로 향하느냐에 따라 외연이 확대되고 또 내면의 구석구석 감추어진 부분을 조명시킨다. 이렇게 함석헌을 평가하는 작업들은 인문학에서 시작되어 사회과학의 분야에 이르는 폭넓은 스펙트럼을 지닌다.

"함석헌의 종교 이해"(김경재), "새 종교 낡은 종교"(이진구), "함석헌과 샤르댕의 사상"(이병창), "함석헌의 탈민족, 탈기독교적 평화신학 연구"(이정배), "함석헌의 비폭력 사상과 한반도의 비폭력 통일"(이재봉), "함석헌 사상의 신학적 유산"(이승구), "토인비와 함석헌 비교"(노명식), "함석헌의 조선사관에 대한 고찰"(지명관), "풍류도인 함석헌"(유동식), "함석헌과 인도사상"(김영호), "종교철학자 함석헌"(황필호)은 우선 발표자가 접한 가까이 있는 글들일 뿐이다.

그러나 이 모든 규정을 포괄하는 것으로서 "함석헌에게서 종교는 시작, 과정 그리고 마침"이라고 자리매김하며 종교는 함석헌 사상의 알파와 오메가이다라고 진단한다(김경재). 따라서 그를 규정하는 모든 범주 가운데 "종교인이자 신앙인"이 그의 특징이자 내용이 된다.

백승종은 함석헌 평전과 함석헌 관계논저가 40종이 넘는 것을 밝혔다(국사편찬위원회조사, 2011년까지). 그리고 최근의 이만열의 "신채호와 함석헌"과 김삼웅의 "저항인 함석헌 평전"을 위시하여 그의 평전과 관계 논문은 계속 나타나고 있다. 같은 시대를 호흡하며 이분을 접했건 혹은 직접 접하지는 못했지만 기억을 통한 평자들의 다양한 자리매김도 놀랍지만 글을 통하거나 함석헌에 "대하여" 언급되는 여러 경로를 통해 접하는 세대가 함석헌을 평가하는 단계에 이르렀다. 일종의 "함석헌 Business"(함석헌에 관한 일들 일체)를 외부적인 시각으로 바라보고 해석하는 단계에 이른 것이다. 함석헌은 객관화되고 객체화된 것이다.

이런 단계에서 우리가 함석헌을 일정한 틀로 자리매김한다는 것이 자의적이고 또 편의에 따른 것은 아니냐 하는 점을 생각하게 된다.

나의 이해와 나의 욕구를 만족시켜주는 일로 간주되겠기 때문이고 그런 과정을 통해 함석헌의 "나의 내면화"이거나 나를 통한 함석헌 "새롭게 만들기"가 가능해지는 셈이다. 실제로 함석헌 생존 시에 출간된 전집(20권, 1983~1988)과 2009년의 저작집(30권)의 출간 사이의 20년간 그리고 다양한 함석헌에 대한 평가의 글들 사이에는 무엇이 존재했는가를 살필 단계에 이른 것은 아닌가? 함석헌을 직접 접하지 못한 다음 세대의 한 평가는 이런 사실을 "함석헌을 이해하는 데 간격이 새로 벌어진 것인가?"라고 물으며 "함석헌을 보는 새로운 시선이 요청되는 것인가?"고 묻고 있다(신재식).

함석헌 접근의 다변성과 그에 대한 이해/해석은 모든 것이 가능하다는 열린 가능성 못지않게 함석헌 접근의 반성적 성찰을 요구하는 입장이 대두되는 것이다. 객체화, 대상화와 함께 따라붙기 마련인 신화화이며 해석학적 이해의 가능성을 정리할 필요를 느끼는 것이다.

본인이 소속된 한국종교문화연구소와 김영호는 함께 이런 요청에 부응하여 함석헌에 대한 종교학적 접근을 시도했다. 곧 "함석헌이 본 종교, 종교가 본 함석헌"이 그것이었고 함석헌에 대한 이제까지의 종교적 접근을 평가하는 작업이었다.

따라서 이 시대, 이 장소에서 새삼 "왜 함석헌인가?"라는 반성적 성찰이 제기되었다. 정진홍의 "〈함석헌현상〉의 논의에서 기대하는 것"에서의 관점은 송석중의 "함석헌, 그는 누구인가"라거나 안병무의 "씨알과 평화사상"이란 표제 아래의 연대기적 평전이나 직접 체험을 통한 함석헌 알기와는 전혀 다른 단계의 함석헌을 묻는 작업이다. 이런 반성적 질문은 황필호에 의해 다음과 같이 제기되었다.

함석헌은 누구인가? 우리는 이 질문에 대한 답변을 소상히 알고 있다고 생각한다. 그러나 우리가 그를 이렇게 규정하자마자 우리는 심각한 질문에 시달리게 된다. 그것은 마치 희랍사상이 결국 인간을 어떻게 규정해야하느냐에 따라서 이미 수많은 질문을 의도적으로 기피하는 것이 되는 것과 마찬가지이다. 희랍사상은 사랑, 우정, 운명 등에 대한 광범위한 답변을 가지고 있기 때문이다. 이와 마찬가지로 우리가 함석헌의 사상을 어느 범주 안에 잡아 넣을 때 이미 배반을 한 것이다(황필호, "종교철학자 함석헌").

함석헌에 대한 질문은 "이제 무엇이다"라고 규정하거나 함석헌에게는 "모든 것이 있다"는 단계를 지나 있다. 그리고 그것은 개인의 숭모, 개인의 신화화와는 무관한 사항이라는 것도 여러 측면에서 조명되었다. 따라서 한 개인의 위대성이나 신화화 또는 한 개인의 뛰어난 업적을 통한 모범적, 예시적 보편화가 되어서도 안 된다는 인식을 공유하게 됐다. 뛰어난 인물에게서 찾기 마련인 본질적인 것(시원적인 것)의 색출, 환원주의적 해석, 원소론적인 요인 분석과 다면적인 구성의 해체 등이 한 인물을 어떻게 굴곡시키는지를 따져보는 작업을 시도할 때가 되었다고 생각한다. 특히 한 개인의 사상/행위의 동기를 색출할 때 쉽게 빠지는 환원주의적 해석을 어떻게 극복하는가는 "함석헌이 본 종교, 종교가 본 함석헌"을 일관하는 모든 발표자들의 관심의 표적이었다. 그 점을 고통스럽게 극복하려는 시도는 기독교적인 입장에서 먼저 시도되었다. 김경재의 "함석헌의 종교이해"는 그 첫 장이 "종교를 허물어 버리는 신앙인 함석헌"이란 표제를 지닌다. 이진구의 '새 종교'와 '낡은 종교'에서 함석헌의 눈에 비친 한국개신교는 낡은 틀에서 벗어난 새로운 종교=개신교(改新敎)로서의 신앙을 표방한다. 기성종교와의 일치가 아닌, 그래서 무교회에서 퀘이커를 편력하는 그를 기술한다. 그리고 함석헌의 타종교이해/수용의 태도인 한국전통을 포용하거나 활용하는 그의 자세를 종교다원주의의 틀을 적용시키고 있다(신재식). 함석헌의 인도종교 수용은 그의 사상의 포용적 전환에 큰 영향을 미친 것은 주지의 사실이다. 송현주는 "함석헌의 사상의 후반부를 차지한 종교다원주의적 사상의 형성에는「바가바드기타」가 많은 영향을 주었다고 본다. 혹은 반대로 그가 이미 찾고 있던 사상의 방향성에 확신을 주고 적절한 논리를 준 것이「기타」였다고도 본다." 함석헌의 동양 전통 활용에 대한 자세의 분석일 수 있다. 이 모든 함석헌 이해/해석이 종교학적인 접근이겠지만 소위 종교학의 방법론적인 틀이 그대로 적용되고 있어 종교학 이론의 개념사의 백과사전 같은 느낌이 들 정도로 다양하다. 함석헌의 종교적 다면성을 말하는 것이고 그의 사상, 신행의 깊이를 웅변하는 것이겠지만 한편 지나친 개념적인 틀로의 환원이란 함정을 어떻게 벗어날 것인지는 화두일 수밖에 없다.

II. 환원주의의 함정

이번 학회의 주제는 양명/학과 함석헌과의 상관성을 짚어보는 일이 전제로 되어 있다. 앞서 지적했지만 "여기에도 있다"는 연관성 찾기이거나 유사점 찾기의 작업을 시도하는 일은 피할 수 없는 일차적 작업이다. 이런 비교론적인 접근이 가져올 수 있는 문제점 역시 검토의 대상으로 삼을 수밖에 없다. 비교론이 장점을 지니는 것만치 그것이 지닌 단점도 동시에 부각시킬 필요가 있다. 우리가 함석헌을 이해하기 위해 이제껏 사용한 도구의 대부분이 이런 비교론적인 관점을 벗어나지 못하고 있다. 더욱 그의 폭넓은 사상과 활동을 짚을 때 비교/대조의 틀은 그를 항상 새롭게 만들어 왔기 때문이다. 그런 접근은 우리의 정신적 영웅들(왕양명과 함석헌)의 입지를 활성화시킬 것처럼 보인다.

그러나 먼저 검토할 일은 비교론이 지닌 문제와 한계성이다. 비교적인 시각은 인식의 출발이자 학문의 발단이기도 하다. 하나의 사상(事象)은 그 자체만으로 파악되지 않는다. 다른 대상과의 비교를 경유할 때 그 사상(事象)의 특징들이 드러나기 때문이다. 일찍이 종교를 학문의 대상으로 삼는 종교학(Religionswissenschaft, Science of Religion, History of Religions)의 개창자라 할 막스 뮐러(Max Mueller, 1823~1900)도 "하나만 아는 사람이라면 그는 아무것도 아는 것이 없다"(He who knows only one knows none)라는 비교론의 금과옥조와 같은 말을 남겼다. 아마 함석헌의 박학다식과 모든 사항들을 거침없이 인용하고 자신의 관점과 일치시킨 발언도 어느 면 이런 비교론적인 시각을 지닌다. 특히 그의 타종교와 동양전통에 대한 깊은 이해는 보는 입장에 따라 불편해하는 것도 이 비교론적인 시각이 지닌 문제 때문이다.

무엇보다 비교를 통해 안다는 사실은 항상 가치중립적이고 객관적으로 이루어지지 않는다. 거기에는 장단(長短), 우열(優劣)의 가치판단, 심지어 개인적인 기호에 따른 심리적 선택까지도 따른다. 비교 기준의 잣대가 전제되기 때문이다. 자기가 필요로 하는 것 혹은 선호하는 것만 모아 비슷한 요인들을 나열한다거나 나의 것과 일치시키기 위해 타자의 특징을 환원적으로 처리할 수도 있다. 환원론(Reduction- ism)의 전형적인 예이다. 여기에는 나의 목적만을 위한 맹목적 일치(Blind Identification)의 작업을 시도하거나 나와 동일한 것으로 만들려 한다(Homogenization). 또는 나의 특징이거나 타자의 특징을 일반화시켜 같은 것으로 보이게끔 한다(Generalization, Universalization). 그러나 이런 과정을 겪으며 비교를 가능하게 하였어도 결국은 두 개의 사항은 끊임없는 접근만 할 뿐이고(Tangential) 동일한 공간에 똑같은 두 사물이 존재할 수 없다는 모순에 직면한다. 따라서 어느 한쪽이 다른 한쪽에 대한 예비적 전단계(Preliminary)에 위치할 수밖에 없고 착시적인 환상에 빠져 속을 수밖에(Deceptive) 없는 것이 비교론적 접근의 현장이다(Edward Conze, *Buddhist Philosophy and its European Parallels*. 또는 "Spurious Parallels to Buddhist Philosophy").

비교론이 빠질 수밖에 없는 한계이며 우리의 인식의 한계이기도 하다. 특히 종교에 관한 비교론적인 입장이 종교학을 발주시키고 정치 문화적인 영역에서의 제국주의와 기독교 선교주의를 가능하게 하였던 과거 역사는 큰 시사점을 준다. 함석헌의 행적과 사상을 이해/해석할 때 우선적으로 제기되는 문제점이 바로 이 비교론에 의한 환원주의라는 함정을 피해 가는 일이다.

김경재가 지적하듯 함석헌에게 있어 종교=기독교는 존재기반이었다. 그의 다양한 생각과 활동은 종교를 경유하지 않으면 어떤 접근도 허용되지 않는 관문과 같은 것이다. 30권에 이르는 방대한 기록 가운데 사회, 정치, 문화의 어떤 표제를 달고 있어도 그것은 종교 담론으로 이끌고 있다. 그의 사상의 표/리이고 함석헌 사상의 알파와 오메가이다. 종교는 함석헌의 "인간임"이고 "존재기반"으로 정의된다. 곧 그의 생각, 활동은 모두 종교에서 시작되고 우리의 그에 대한 평가도 종교에로 귀결짓는 데 조금도 스스럼이 없다. 그만큼 함석헌의 종교는 그를 발주 시키고 그를 귀결짓는 전체이다. 적어도 종교적/기독교적인 입장에서는 그렇다. 그가 다룬 다양한 정치 사회적 이

슈 등 그의 활동과 생각이 미치는 어떤 분야이었건 이들 분야의 핵심을 종교로 되돌려 놓는 듯 보인다. 이런 점에서 우리는 함석헌은 종교담론의 환원적인 순환 틀에 들어있다고 생각한다. 그리고 우리 자신마저 이 환원주의의 틀에 빠져 그를 이해하는 것은 아닌가 하는 의구심을 갖게 된다. 그러나 그는 결코 환원적 사고 틀에 빠져 있다고 생각되지 않는다. 우리의 해석의 틀이 환원주의에 빠져 있다고 보인다. 그는 종교/기독교를 시점으로 자신의 모든 생각과 활동을 펼치기 시작하지만 그것은 "끝이 열린 시발점"(Open-ended)이다. 곧 그는 끝이 열린 종교를 언급하고 있으며 그 도중에 어떤 형태가 되었건 종교란 틀로 되돌아감을 차단시킨다. 그의 시작은 종교였지만 귀결은 종교의 틀을 벗어남 혹은 전혀 다른 종교의 틀을 제시한다.

함석헌은 한국의 개화기 장로교를 자신의 선친보다도 앞서서 믿기 시작했다. 얼마 안 되어 무교회로 옮겨가고, 마지막 단계로 퀘이커로 옮기고, 그 사이 모든 종교 전통을 수용한 사실을 고백한다. 곧 종교 혹은 교파 편력을 말하며 자신의 종교관을 이렇게 집약한다.

나는 어려서 내가 뭔지 모를 때 자연히 장로파에서 자라났고 그 다음에 무교회에 속해 있었고 이제 지금은 퀘이커에 속해 있지요. … 사상적으로 한다면, 나 스스로 **나는 보편종교다.** 모든 종교를 따지고 들어간 **마지막 구경은 다 한가지다.** … 사상적으로 하면 그렇습니다. 일관하게 꼭 뭐 **처음부터 마지막까지 같다기보다** … 달라짐이 있더라도 내 종교라는 것이 있어야 하지 않을까? 내 종교라는 것도 그렇지요. 자기가 꼭 선택을 했어야 되는 건가 하면 그렇지도 않을 거예요. 내가 인도에 낳다면 힌두교도가 됐을지 모르고, 또 다음 불교도가 됐을지도 모르지요. … 천상 그런 형식이라는 것은 온전할 수 없으니까. … 아주 생각이 달라져서 내 **종교를 (아주) 의식적으로 변경**

을 하려면 그것도 하지 못할 거는 아니지요(신저작집 14, 158).

자신의 종교적 성장 혹은 변이의 과정을 담백하게 서술한다. 이런 그의 행적과 생각의 추이를 기독교로 환원시킬 필요가 있는지 다시 한번 그를 평가하는 우리들의 환원적 틀을 검토해 볼 필요가 있다.

외형상 종교의 보편을 언급하는 그는 보편종교란 새로운 영역의 종교를 설정하는 듯 보인다. "마지막 구경은 한가지다"라며 모든 종교를 일관하는 공통 영역(종교의 성스런 영역, 또는 Homo Religiosus)을 설정한다고 생각한다. 그러나 곧이어 그런 영역이 존재하지 않음을 확인한다. 그것을 부정하는 말이 바로 "마지막까지 같다기보다, 달라짐이 있더라도 내 종교라는 것이 있어야" 한다고 말한다. 보편종교는 가상할 수 있으나 현실적으로 낱낱의 개별종교만이 존재한다는 것이다. 곧 모든 종교를 일관하는 "구경의" 종교, 또는 에스페란토식의 보편종교를 부정하는 것이다. 개별종교마다 "그런 형식"들의 불완전성을 지니는 것이 현실이지만 그런(완전한) 형식으로서의 보편종교가 없음을 못 박는다. 이런 발언을 할 때에 이미 그에게는 기독교는 물론 종교란 초세속적 영역의 세계가 존재하지 않음을 예견한다고 생각한다. "내 종교를 변경을 하려면 그것도 하지 못할 것은 아니다"라는 언표 속에는 끊임없는 개종과 가종(加宗)(황필호)을 합리화하는 발언처럼 들리지는 않는다. 아마 속(俗)과 성(聖)의 넘나듦을 지시하는 듯하다. 엘리아데적인 성(the Sacred)과 속(the Profane)의 구분을 부정하는 것이다. 곧 종교학의 주장인 "종교적 인간", "종교만의 영역"(Homo Religiosus, Sacred)을 철폐시킨다. 이런 주제는 오늘날 종교학 영역의 가장 뜨거운 이슈가 되기도 한다(Russell McCutchenon, *Manufacturing Religion*; Talal Asad, *Geneologies of Religion*).

함석헌의 발언 속에 종교의 보편성의 강조가 오히려 기독교 팽창주의를 돕고 보편적 이념화이거나 이념화된 세계화가 형태를 달리한 제국주의의 양태라는 것을 예견하고 있다.

종교성이니, 보편성이니 하는 말들의 허구와 그 의도를 적확히 지적하는 것이다. 오히려 개별성과 구체적인 사항만이 현존할 뿐이다. 그는 자신을 이단으로까지 몰고 가는 자신의 구체성=기독교를 인정하고 구체성을 찾아 편력할 뿐이다. 그것이 무교회이고 퀘이커이고 더 나아가 힌두교와 불교를 인정하고 노자를 통한 예수 이해, 예수를 통한 노자 이해를 가능하게 한다. 이런 함석헌의 입지를 환원시킬 때 어떤 기독교, 어떤 종교 개념에 일치시킬 수 있을까?

가장 표본적인 예는 장기려 목사와의 일화에서도 드러난다.

> 내가 노자 이야기를 자꾸 하니까 염려가 되셨던가 봐요. … 청년들이 (전하며) 묻기에 '내가 노자도 … 장자도 좋아하지만 내가 믿는 내 주님이 … 예수 그리스도지, 다른 이가 있겠느냐'라고 했더니 장 박사님이 우셨어요. 나는 '야, 말도 안 하고 속으로 얼마나 염려했으면 그랬을까,' 이렇게 생각이 들어 고마웠어요"(전집 3, 171).

그에게 있어 자신의 종교적 정체성을 어느 곳에 두느냐 하는 것은 전혀 문제시되지 않는다. 그는 종교학적, 사상적 규범이라는 것도 상대적일 수밖에 없는 점을 지목한다. 그러나 현실적인 존재 양태를 부정하거나 추상화된 종교를 믿는 행태는 아니다. 장 목사를 대표 시켰지만 그런 발설의 의도는 자명하다. 종교적 정체성이거나 규범화하는 일은 그것을 발설한 사람 혹은 그 개념 틀에 의해 형상화시키고 정한 사람들의 현실적 틀에 담겨있을 뿐이다.

그는 종교의 선택을 결혼과 곧잘 비교한다. 성서에서 비유로 나왔기 때문이기도 하지만 자신의 결혼과도 적확히 맞아 떨어지는 경우이기도 했고 사랑이란 보편성이 어떻게 구체화되는지를 여실히 보여주는 경우이다. 곧 존재하지도 않는 종교란 보편성이 어떻게 현장화하는지를 그대로 보여준다.

> 어느 것을 내 종교로 삼지요. … 종교는 그 가르침 중에서 집으로 말하면 저 마룻보 같은 그런 것인데 … 그런 의미에서 택하는데 혼인으로 말하면 내 짝을 택하지 않을 수 없고 … 택한 이상에는 택하기 전과 같을 수가 없어요. **전체를 한 사람 속에서 보아야 하니까.** 내 종교를 절대화해서 '야 이거만 이 진리다' 하는 것은 지금은 못하게 됐어 … 사람이란 자주 변하고 … 몸이 변할 뿐 아니라 안다는 이 지식도 자꾸 변해요. … 체험도 고정이 돼 있는 것이 아니고 … 변동이 올 수밖에 없지 … 종교의 아주 정통이라 해서 고집하면 그렇게 잘못된 것이 없어요. … 뭐 내 종교라는 게 있느냐 그래서 모든 종교를 한데 섞어서 비빔밥 모양으로 하면 그게 참 종교냐 하면 안 그럴지 않아요?. … 마치 혼인하는 걸로 이야기한다면 … 내 남편 … 내 아내에게 충실한다 해도 그걸 절대화해서 그 사람이 제일가는 인물이지 그 이상은 없다고 그럴 수는 없는 것과 마찬가집니다(전집 14, 160-161).

함석헌에게 있어 종교는 최종적인 것이기보다 도구적(Instrumental)이고 과정적인(Procedural) 성격을 띤다. 그렇다고 종교를 상대화시키지도 않는다. 오히려 그에게 종교는 의상의 상징성을 지닌다. "문명은 옷"이란 글에서 그는 인간으로서 옷을 입지 않을 수 없고, 옷을 입어야 한 개인이 드러나듯 문명의 특징 역시 그러하다는 것이다. 전체의 한 부분으로서만 현존하는 것이 우리의 존재 양태이고 그것이 우리의 운명(또 종교적 상황)이기 때문이다. "내가 교회에서 배운 것은 기독교란 한 개의 형식이었다"(저작집 6, 243)란 말은 우리의 종교적 존재 양태를 간명하게 말해준다. 옷의 특징이란 바로 기독교, 불교, 이슬람교란 구체적인 현실의 종교를 지시하고 옷에 대한 호의적인 비판이 무신론, 거짓 종교, 반신론의 주장으로도 표출된다는 것이 또한 함석헌의 종교이론이다.

앞에 인용된 구절에 대한 해석은 다의적일 수 있지만 이런 자신의 입장을 표명한 함석헌을 어떤 종교적 정체성을 지니는 것이냐거나 또는 기독교의 한국적 요소의 심화와 다변화의 한 표본으로 삼는다면 그것은 함석헌을 기독교 제일주의이거나 종교 보편주의로 환원시키는 함석헌이 거부한 모순에 떨어진다. 또 한편 의상으로서의 종교를 설명하는 그를 우리는 종교 다원주의자로 규정한다. 또 하나의 환원주의적 시각의 위험성이다. 종교다원주의란 개념의 한국에서의 정착은 1980년대 이후로서 함석헌의 다종교 상황에 대한 포용적인 자세 이후에 도입된 개념이다. 오히려 그의 타종교 포용의 다종교적 태도는 종교혼합주의적(Syncreticism) 성격을 띤다. 실제로 이분은 자신을 그렇게 규정한 것을 거부하려 하지 않는다. 그렇다고 그런 자리매김을 수용한다는 것은 아니다. "나는 내 가는 길을 갈 뿐이지 그 자체를 규정할 자격은 없다." 다시 이 점에서 그를 그렇게 규정한 인식이나 개념의 틀을 발설자의 것으로 되돌린다. 장기려 목사에 대한 그의 반응은 그러한 태도와 자세를 적확히 보인 것이다. 곧 장 목사(혹은 그런 환원적인 입장)의 이해/해석이 그렇다면 그 해석에 일치시키라는 것이다. "전체를 한 사람 속에서 보아야 하는" 그의 입지는 다변적으로 표출될 수밖에 없다.

이 점은 전통문화와 기독교의 보편화를 주장하는 레이몬드 파니

카(Raimundo Panikkar)의 입장(What is Comparative Philosophy Comparing?)을 연상시킨다. 비교철학의 한계와 극복을 지적하며 그는 비교철학(comparative philosophy)의 불가능성 대신 imparative philosophy를 제시한다. 신조어로서의 imparative는 준비하고 (prepare) 마련하고(furnish), 제공한다(provide)란 라틴어에서 만든 새로운 조어이다. 곧 모든 사상, 문화는 유일하고 궁극적이다. 따라서 그것들을 비교한다거나(justifiably compare), 하나로 묶는다거나 (bring together, com), 동일한 것으로 만들 수(equal footing)는 없다. 오히려 다른 사람들의 사상적 체험을 겪고 경험할 준비를 함으로써 배워야 한다는 입장이다. 따라서 이런 배움의 자세는 반성적이고 비판적이게 된다. 개방적이고 모든 것을 잠정적인 것으로 삼는다. 곧 "마련하는 것"으로의 이 사상은 시/공을 초월한 어떤 지주(支柱)와 근거를 지니기를 거부한다. 자신의 입장이란 조건적이고 부수적이며 우발적인 여건을 따른다.

파니카의 해석은 무척 상대주의적인 시각으로 비칠 수도 있지만 두 사상이나 전통들의 동시적 이해/해석을 할 때 지닐 수밖에 없는 입장이다. 함석헌의 동양전통이거나 자신의 밖에서 일어나는 종교전통들이며 심지어 자신의 이단성에 대한 규정마저도 그는 수용했다. 더 앞으로 나아가기 위한 과정적인 사항이고 "끊임없이 나아가고","한없이 올라가기"일 수밖에 없기 때문이다. 두 사람의 태도는 타종교, 다른 문화를 "마련해주고" 그 종교/문화는 경우를 따라 "조건적"으로 나타날 수밖에 없다는 점을 인지하는 점에서 서로 닮아있다.

그의 이런 모습의 종교 다원주의적 태도를 다른 형태로 극복하려는 시도를 본다. 곧 탈향(脫鄕)과 귀향(歸鄕)이란 메타포를 사용하며 좁은 기독교의 울타리를 벗어남을 지적한다. 그리고 귀향이란 또 다른 기독교에로의 복귀가 아닌 열린 것으로의 지향(脫/向)이라는 개방성을 제시한다(신재식, "함석헌과 종교다원주의 ― 탈향과 귀향의 구도자"). 이런 해석은 서구종교학 개념을 차용한 축적적인 전통(cumulative tradition)과 물상화(物像化, Reification)가 기성종교, 특히 기독교의 현존양태라면 그런 기독교에서 삶의 내면의 신앙으로 옮겨간 것이 함석헌의 종교관이라 해석한다. 물상화에서 삶의 내용으로의 전이라는 서구 종교학 이론을 적용시키며(Cantwell Smith, *The Meaning and End of Religion*) 함석헌의 종교의 특징을 부각시킨다. 곧 기독교의 확대와 심화의 한 모습, 또는 개별종교의 보편화로서의 함석헌의 종교를 특징짓는다. 거의 비슷한 맥락은 기성종교와의 일치이거나 그런 교단에서의 신행을 부정함으로 낡은 틀을 벗고 전혀 다른 차원의 새 종교(改/新/敎)를 지향한다는 해석도 역시 기독교적인 전제와 보편종교 혹은 세계 종교란 개념의 틀을 벗지 못한다. 그러나 이러한 함석헌의 기독교를 초극하는 듯한 태도이거나 타종교를 수용하는 자세는 기독교적인 전제를 기본으로 하지 않을 수 없다. 다종교문화 또는 종교다원주의라는 개념의 형성 자체가 이미 기독교적인 틀의 외연확장과 종교 보편화를 예상하는 분류방식이다. 모든 종교를 병렬적으로 위치시키고 그것들의 문화 역사적 지위를 인정한다는 것이지만 그런 개념의 틀이 함석헌의 전통수용과 노자를 통한 성서 해석이거나 성서를 통한 노자(전통)해석과는 같은 위치에 있지 않다. 그리고 한 걸음 더 나아가 그의 "종교 의상론"은 자신의 입지를 설명하는 방식이자 타종교를 인정하는 기독교 유일주의의 극복으로 이해된다.

그렇다면 그의 장로교-무교회-퀘이커라는 연대기적 성장과 종교적 삶의 변화를 가져온 것은 어떻게 설명하고 이해해야 하는 것일까?

나는 지금 종교는 하나다 하는 생각이다. … 가까운 신앙의 친구들도 한때 의심을 하게 되었다. 그러니 교회에서 이단이라는 것은 말할 것도 없을 것이다. 이단이니 정통이니 하는 생각은 케케묵은 생각이다. 허공에 길이 따로 있을까? 끝없이 나아감, 한없이 올라감이 곧 길이지. 상대적인 존재인 이상 어차피 어느 한 길을 갈 터이고, 그것은 무한한 길의 한 길밖에 아니 될 것이다. 나는 내 가는 길을 갈 뿐이지 그 자체를 규정할 자격은 없다. 이단은 없다. 누구를 이단이라고 하는 맘이 바로 … 유일의 이단일 것이다(저작집 6, 251-252).

환원주의적 함석헌 해석은 한계를 지닐 수밖에 없다. 이 구절마저 함석헌의 기독교적인 사유의 심화된 것으로 이해한다면 우리는 심각한 오류에 빠진다. 함석헌의 "끝없이 나아감", "올라감", "무한한 길"이라는 "끝이 열린 것"(open-ended)을 종교 고유의 영역이 존재하고 현실과는 또 다른 영역이 존재하는 것으로 생각하는 것은 잘못일 듯하다. 곧 그를 종교만의 세계로 함몰시키는 것이다. 그런 종교적인 틀에 의한 개념화와 유형화의 표현들이 함석헌을 또 다른 형태의 무명의 기독교(anonymous Christian)라는 선교를 위한 수사적 게임의 범주로 떨어뜨린다. 환원주의는 우리의 인식의 틀이거나 이해의 틀을 다변화시키는 일을 돕는 것은 사실이나 이런 틀의 위험성을 극복하는 작업이 함석헌을 바로 보게 하는 일이고 우리에게 계속 그의 또 다른 의미를 현시하는 일이 될 터이다.

III. 본질주의적 함정

함석헌의 무교회주의에로의 전환이거나 퀘이커에로의 변신은 전통적 기독교에 대한 비판에서 시작되었고 또 신앙공동체에 대한 요청에서 나타난 결과이었다. 실제로 그의 전환이나 변신의 문제는 종교의 제도와 교회존재 방식 그리고 신앙상의 회의에 대한 돌파구이었다. 처음의 무교회로의 전환은 한국교회의 관행적 제도와 교회 존재 방식에 대한 해결책이었다면 퀘이커로의 변신은 대속에 대한 오랜 개인의 종교적인 고민 끝의 해결책이었다.

> 의문이 차차 생겼다. 전에는 문제없는 것 같던 점들이 문제가 됐다. … 나도 자주(自主)하는 인격을 가지는 이상 어떻게 역사적 인간인 예수를 신앙의 대상으로 삼고 "주여!" 할 수 있느냐 하는 것이다. 그 담은 자유의지를 갖추는 도덕 인간에게 대속(代贖)은 어떻게 이루어지는 것이냐 하는 점이다. … 복음주의의 신앙의 대답, 우치무라 선생이 해 주었던 말을 잊어서가 아니다. … 내 마음이 달라졌다. 거기에 … 논리의 비약이 있는 것 같았다. 깊은 체험보다는 감정의 도취인 것 같이 뵈는 것이 있었다. 사실과 상징을 혼동하는 것이 있다고 보았다. 자기를 완전히 부정하느니, 그리스도에게 완전히 항복한다느니, 자기가 죽는다느니, 완전히 새로 났다느니 하는 말을 지금도 모르는 것 아니다. … 분명치 않으면서도 서로 묻지 않기로 말없이 약속한 묵계가 있어 슬쩍슬쩍 넘어가는 것 같은 것이 있었다("이단자가 되기까지", 296).

대속신앙에 대한 개인적 해결은 그의 기독교 신앙의 모든 것이라 해도 과언이 아닐 정도의 함석헌 신앙 내용의 모든 것이었다. 곧 "예수의 피만이 아니라 자신의 피를 흘리는 신행"이어야 했다.

나는 대속은 이해할 수가 없었다. 대속은 인격의 자주가 없던 노예시대에
한 말이다. 대신은 못하는 것이 인격이다. … 인격 없는 자에게는 대속이란
말이 고맙게 들릴 것이나 자유하는 인격에게는 대신해 주겠다는 사실이
오히려 모욕으로 들릴 것이다. 대속이 되려면 예수와 내가 딴 인격이 아니
란 체험에 들어가야 한다. 그러면 그것은 벌써 역사적 예수가 아니다. 그런
데 대속을 감정적으로 강조하면 그 체험에 들어감 없이 대신해 주었다는
감정에만 그치기 때문에 인격의 개변이 못 일어나고 만다. 그래서 대속에
감격하는 사람은 대개는 인격의 개변, 곧 죄의 소멸은 없이 그저 기분으로
만 감사하다는 것이다. 그렇기 때문에 사실에서 그러한 감상적인 대속신
앙은 아무 실효가 없다. … 그것은 하나의 주관적 도취에 지나지 않는다
(함석헌, 윗글, 296-297).

대속 신앙은 일면 불교의 인과론이나 불성론과도 연결시킬 수 있
으며 동양 전통과도 직결되는 중요한 신학상/불교학상의 연결고리
를 지니는 문제이기도 하다. 오히려 함석헌의 입장은 이 불교 전통과
도 연결 지을 수 있는 중요한 계기를 지닌다. 그러나 불교와의 직접
적인 상관관계는 없겠지만 그의 신앙상의 문제 해결방식은 그에게
체질화된 동양전통(유교, 도교, 불교)이 중요한 역할은 하는 것은 물론
이다. 어떻건 이 대속신앙은 "예수와의 인격적인 만남, 하나 됨"을 중
요하게 여기고 하나님의 깊은 신비주의적 일치를 주장하게 된다. 그
는 "만남, 하나 됨"의 주관적 신비주의를 극복하기 위해 오히려 퀘이
커의 "단체적 신비"에로 옮겨 간다. 「기타」를 통한 주관적 신비 세계
(아트만/브라만의 일치)의 중요성을 인지하고 우치무라의 '해석을 거

부하는 신비주의'를 비판하며 오히려 그는 적극적 공동체 의식에 참여하는 것이다. 바로 신비 체험의 허점이랄까 그것이 지닌 위험성을 공동체 속에서 구하는 것이다. 그는 신앙의 체험에서 신비주의의 중요성을 깊이 인지하였다. 김영태가 지적하듯 "동양의 신비주의와 서양의 신비주의 특히 퀘이커 신비주의에서의 단체적 공유를 중요하게 여겼다. 곧 명상의 개인주의적인 것과 집단의 그것은 큰 차이를 지니고 있으며 그는 단체적 신비주의의 중요성을 감지했고 그것이 퀘이커로 가게 했다"고 말한다(김영태, "신비주의와 퀘이커 공동체").

그에게서는 오히려 신비주의의 극복으로 퀘이커를 선택하는 역현상을 보는 것이다. 곧 퀘이커의 공동체적 신비주의라는 "단체적 신비"의 중요성인 것이다. 개인의 신앙의 최대 고민인 대속신앙을 해결하자 그는 종교생활의 공동체적 성격을 생각하지 않을 수 없었을 터이고 극단적 개인주의적 이해는 그를 개인적 신비체험이라는 영역으로 빠뜨릴 위험성을 간파한 듯하다.

"내 종교라는 것"은 있어야 하고 "뭔지 모를 때 자연히 장로파에서 자랐"고 "그 다음에 무교회에 속해 있었고 … 지금은 퀘이커에 속해 있다"고 실토한 배경은 그의 종교적인 고민에 대한 해명이다. 「흰손」이란 시의 "네 피 한 방울 없어 그저 남더러 대신 흘려 달래고 싶으냐?"라는 고백과 "기독교는 위대하다. 그러나 참은 더 위대하다"라는 「대선언」의 발언은 그의 이런 종교적 고민과 개인적 탈출과 해결을 예시하는 발언이다.

물상화된 제도로서의 기독교를 극복하는 일이 무교회이었다면 대속신앙에서 스스로의 나만에 의한 자속신앙(自贖信仰)으로의 이행은 공동체 속에서 공유하는 "단체적 신비"로 옮겨오는 것이다. 그의 퀘이커에로의 이행은 단순한 개인의 종교적 이해와 만족만을 위한 일은 아니다. 그는 퀘이커로의 전향을 이렇게 증언적으로 말한다.

> 그들의 우의(friendship)에 대해 책임감을 느껴서 그렇게 결정했고 회원이
> 라 할 때는 크게 책임감을 가집니다. 전도 아니 하는 종교, 강권하지 않고,
> 퀘이커가 완전한 종교란 말은 아닙니다. 가장 훌륭한 종교란 말도 아닙니다.
> 그렇게 하는 것이 마땅하다. 그 다음은 모릅니다. **길은 인간관계에 있습니
> 다. 눈은 별을 보지만 가는 것은 땅을 디디는 발입니다**(전집 15, 354-355).

> 내가 이 글을 읽는 동안 새로 얻은 것 중의 가장 큰 것은 **공동체에 관한 이론**
> 입니다. 나는 이날까지 대체로 자유주의 속에서 살았으니만큼 개인주의
> 적인 생각을 면치 못했습니다. … 세상이 다 없어져도 나 혼자만으로도 기
> 독교는 있을 수 있다고 했습니다. 못할 말이었습니다. **이제 전체를 떠난 개
> 인이란 있을 수 없습니다.** … 개인의 뒤에는 늘 **전체가 있어서 그 하나하나의
> 행동과 사상을 규정하고 있는 것을 과학적으로 밝히고 있습니다.** 나만 아니라
> 오늘날 되어있는 종교가 다 개인주의적인 사고방식을 벗어나지 못하고 있
> 습니다. 그런 의미에서 퀘이커들이 말하는 **단체적 신비주의**는 깊이 들을 필
> 요가 있습니다(전집,15, 357).

그는 퀘이커를 통한 "공동체에 관한 이론"에 공감한다. 그리고 종
교의 신비는 공공의 영역으로 나와 사회연관성 속에서 작동하여야
함을 의식하는 것이다. 종교는 개인적 심령에 속하는 신비의 영역이
아니었다.

> 또 한 가지는 퀘이커가 역사를 대하는 태도입니다. … 미래에 대해 진지하
> 고 용감한 태도 … 세계 걱정 … 미래를 건져가는 종교가 있다면 그것은 퀘

이커 같은… 방식의 생각을 하는 종교가 아닐까, 그렇게 생각됩니다(전집 15, 357).

단순히 자신이 몸담고 있는 종교 공동체의 중요성을 강조하는 말이거나 자신의 종교적 영역을 확보하는 말이 아니다. 앞에서도 지적했지만 종교경험이며 정신적 영적 체험은 세속을 초월하는 또 하나의 영역을 설정하도록 되어 있다. 종교만의 의식상의 세계를 설정하는 것이다. 곧 본질주의적 세계의 설정이다. 현실과 현상의 배후에 나타나 있는 것과는 다른 본질을 가정하는 일이다. 제도의 종교, 의례의 종교이거나 축적된 전통이라는 물상화 이외에 다른 본질이 있는 것처럼 생각한다. 외형으로 각질화된 제도와 의례, 형식들은 한 종교가 표방하는 내용과는 상관없는 것으로 보며 또 다른 본원적인 것을 전제로 한다. 특히 오랜 전통과 정치, 사회적으로 깊은 연관을 갖는 기독교, 불교의 경우 이런 경향은 전형적으로 드러난다. 현실 현장에서 작동하는 불교와 기독교와는 다른 '본래의 기독교', "예수님의 기독교"이거나 "초기 불교", "부처님 당시의 불교"란 표현들을 사용하며 본질주의적 추구를 한다. 있어야 할 자리에 위치하지 못한 종교들의 위상과 그 결함을 지적하고 그 현실태를 부정할 때 우리는 "순수"란 원형에 사로잡혀 그런 기독교와 불교가 어디엔가 존재하는 듯 상정한다. 그리고 이 원형 속에는 영적인 것, 정신적인 것, 종교적인 것이 작동한다고 생각한다. 원형으로의 복귀는 결국 "실락원"이거나 "피안" 의식에 사로잡히게 한다. 함석헌은 이렇게 말한다.

불교인, 기독교인 그런 것은 없다고 합니다. 믿는다는 것은 究竟에 가잔 것인데 자리도 아닌 자리인데, 그 자리에 가려면… 이때까지 타고 오던 물건은 버려야 할 터인데 못 버리고 정말 내 자리엔 못 들어간 것입니다. 그래서 참 의미로는 종교인이란 것은 없습니다.

되찾고 돌아가야 할 그런 영역이 따로 존재한다는 것을 거부할 뿐 아니라 최종적으로 "종교인"마저 부정한다. 본질주의적 접근과 시각은 함석헌이 감추어 놓은 무엇이 있는 듯 오해할 빌미를 마련한다. 그는 본질을 찾은 분이 아니다. "모든 종교를 한 솥에 넣고 끓여서 거기서 승화된 것을 말해보려는 … 도저히 불가능한 일을 하려 하지 않는다"는 그의 자세는 분명 모든 종교를 일관하는(undercurrent) 본질이거나 승화된 것을 색출하는 본질(essence) 추구자는 아니다. 그는 스스로 추구자(Seeker)이기를 표방하지만 퀘이커적 현장 속에서의 자신의 위상을 추구하였지 종교적인 새 영역을 추구한 것이 아니다. 오히려 그는 구체적 현장/현실로 되돌아온다. 그는 종교 고유의 영역과 성스러움의 세계로의 이원화를 부정하고 "지금 여기"(Hic et Nunc)의 현장만을 말한다. "역사에 대한 태도", "미래에 대한 태도", "세계를 향한 태도", "미래를 건지는 태도"를 예상하고 퀘이커적인 자세에 공감한다. 심지어 퀘이커의 종교적 불완전성을 짚으면서도 그들의 현장성을 크게 공감하고 공동체적 참여를 하는 것이다. 퀘이커 참여가 함석헌을 그렇게 이끈 것이 아니라 이미 지적했듯이 대속을 거부하고 자속에서 "스스로 피를 흘리는" 민중과 민중 속에서 삶을 이끌 자세를 오래전에 표명했다. 오늘날 종교학에서 제기되는 "종교란 사회적이기도 하고 정치적이기도 하고 경제적이기도 한 것이냐"라는 종교 영역의 분화와 환원적 태도에 대한 질문과 함께 "종교란 오직 사회적인 것이고 정치적인 것이고 경제적인 것일 뿐이다"라고(Jonathan Smith) 한 질문에 대해 적절한 답변을 마련했다고 생각한다. 그때그때마다 나타나고 우리에게 보이는 "종교란 종교인/학자의 창안일 뿐"이라는 말은 함석헌의 체험을 통해 우리에게 구체적으로 현시된다. 그는 기독교 본질주의자도, 기독교에로의 환원주의자도 아니다.

함석헌은 계속 달리 보이고 재해석이 되어야 한다. 그리고 이전의 접근도 끊임없이 반성적으로 평가되어야 한다. 정진홍의 함석헌 길들이기의 위험성에 대한 지적은 그런 면에서 함석헌 평가의 새 지평을 열 수 있다. "인식주체가 스스로 설정한 범주 안에서 자신의 논리에 의하여 이른바 인식객체로 설정된 사실을 끊임없이 되뇌면서 그것을 자기 울안에 가두어 놓고 스스로 만족하는 모습과 … 길들인 객체에 대한 인식을 끊임없이 재확인하는 일입니다. … 함석헌 현상의 인식내용은 … '증언의 자리'와 '살펴 앎을 기하려는 자리', '울을 쳐 가두려는 자리' 나아가 '그렇게 길들여 내 만족을 충족시키는 자리'와 '울을 열어 살아 있는 본디 모습을 좇는 자리', 이 둘 중에서 아무래도 후자의 자리를 주목하고 서술하고 발언하고 풀어야 … 학문하는 몫을 하는 것"이 될 것이라 예상한다(정진홍).

그의 발언에 공감하며 함석헌이라는 인물의 평가는 그의 역사적 정황과 삶의 생동하는 현장 속에서 그의 종교를 논의/해체하여야지 그를 종교로 환원시키거나 종교로부터 함석헌의 행위와 사상을 연역해 내는 종교 고유의 영역/기독교의 울타리를 벗겨야 할 것 같다. 함석헌을 거듭나게 하기 위해서이다.

참고문헌

제I부 ¦ 〈함석헌과 왕양명의 만남〉

● 왕양명의 '양지'(良知)와 함석헌 '씨올', 생물권 정치학 시대를 위한 존재 사건 / 이은선

「孟子」「大學」「傳習錄」「大學問」「聖學十圖」

김경재. "함석헌의 종교사상." 「씨올의 소리」 100호 (1988).

김세정. 『왕양명의 생명철학』. 청계, 2006.

김연재. "생태역학에서 본 정제두의 생명미학." 「양명학과 지구, 생명 그리고 공생」, 제7회 강화 양명학 국제학술대회. 한국양명학회, 2010.

김조년. "함석헌의 그리스도교 이해(1)." 「함석헌 연구」 제1권 제1호 (씨알사상연구원, 2010).

김흥호. 『양명학 공부(2)』. 솔, 1999.

_____ · 이정배 편. 『多夕 유영모의 동양사상과 신학』. 솔, 2002.

노명식. 『함석헌 다시 읽기』. 책과 함께, 2011.

류승국. 『한국 사상의 연원과 역사적 전망』, 유교문화연구총서 10. 유교문화연구소, 2009.

리처드 J. 번스타인/김선욱 옮김. 『한나 아렌트와 유대인 문제』. 아모르 문디, 2009.

송호근. 『인민의 탄생』. 민음사, 2012.

이은선. 『포스트모던 시대의 한국 여성신학』. 분도출판사, 1997.

_____. 『잃어버린 초월을 찾아서―한국 유교의 종교성과 여성주의』. 도서출판 모시는 사람들, 2009.

_____. "21세기 한국 여성리더십에서의 유교와 기독교 I." 「東洋哲學硏究」 제62집 (2010).

_____. 『한국 생물生物 여성영성의 신학』. 도서출판 모시는 사람들, 2011.

_____. "仁의 사도 함석헌 사상의 유교적 뿌리에 대하여." 「陽明學」 제33호 (2012).

_____. 『생물권 정치학 시대에서의 정치와 교육―한나 아렌트와 유교와의 대화 속에서』. 도서출판 모시는 사람들, 2013.

전목/이완재 백도근 역. 『주자학의 세계』. 이문출판사 1989.

최재목. "咸錫憲과 陽明學." 「陽明學」 제32호 (2012. 8).

칭, 줄리아 /이은선 옮김. 『지혜를 찾아서―왕양명의 길』. 분도출판사, 1998.

프레드 달마이어/신충식 옮김. 『다른 하이데거』. 문학과 지성사, 2011.

한명희 외. 『종교성, 미래교육의 새로운 패러다임』. 학지사, 2007.

함석헌. 『뜻으로 본 한국역사』, 함석헌전집1. 한길사, 1986.

_____.『인간혁명의 철학』, 함석헌전집2. 한길사, 1986.

_____.『씨올에게 보내는 편지 2』, 함석헌 저작집 9. 2009.

_____.『새 시대의 종교』, 함석헌 저작집 14권. 2009.

_____.『씨올의 옛글풀이』, 함석헌 저작집 24권. 2009.

Ching,, Julia. *The Philosophical Letters of Wang Yang-ming*, tr. and ann, South Carolina, 1972.

Epstein, Mikhail, Alexander Genis, and Slobodanka Vladiv-Glover. *Russian Postmodernism : New Perspectives in Post-Soviet Culture*. New York/Oxford: Beghahn Books, 1999.

Taylor, Charles. *A Secular Age.* he Belknap Press of Harvard University Press, 2007.

Whitehead, Neil L. and Michael Wesch. eds. *Human no more-Digital Subjectivities, Unhuman Subjects and the End of Anthropology*. University Press of Colorado, 2012.

● 우치무라 간조(內村鑑三)의 양명학 이해 / 김정곤

김교신.『김교신전집1』. 부키, 2001.

_____.『김교신전집2』. 부키, 2001.

노명식.『함석헌 다시 읽기』. 인간과 자연사, 2002.

이은선. "仁의 사도 함석헌 사상의 유교적 뿌리에 대하여."「陽明學」제33호 (한국양명학회, 2012년).

최재목. "함석헌과 양명학 '한 사람: 王陽明, 大學問'을 중심으로"『생각과 실천2』. 한길사, 2012년.

_____. "心學の東アジア的展開",『日本思想史講座3—近世』. ぺりかん社, 2012.

_____. "함석헌과 양명학."『생각과 실천2 함석헌의 비교사상적 조명』. 한길사, 2012.

_____.『왕양명의 삶과 사상: 내 마음이 등불이다』. 이학사, 2003.

함석헌. "한 사람: 王陽 明,『大學問』."『씨올의 옛글풀이』, 전집20. 한길사, 1987.

_____. "百姓의 氣槪를 길러줘야해",「신동아」1983년 10월호.

_____.『咸錫憲全集4』. (한길사, 1983.

_____. "세계구원과 양심의 자유."『죽어도 죽지 않는다』. 평범서당, 1982.

山下龍二.『陽明學の研究』成立編. 現代情報社, 1971.

內村鑑三. "日本的基督教."『內村鑑三著作集 第7巻』. 岩波書店, 1953.

_____. "靈と形."『內村鑑三著作集 第7巻』. 岩波書店, 1953.

_____. "我が信仰の表白."『內村鑑三全集１』. 岩波書店, 1981.

_____. "NEED OF RE-REFORMATION",『內村鑑三全集31』. 岩波書店, 1983.

_____.『基督信徒のなぐさめ』. 岩波文庫, 1976.

_____.『로마서연구』. 向山堂書房, 1924.

_____. "다시 만인구원설에 대하여再び救拯説について."『全集30』.

鈴木範久 訳.『代表的日本人』. 岩波文庫, 1995. (원저: 內村鑑三. *Representative Men of Japan*. 警醒社書店, 1908.)
隅谷三喜男.『近代日本の形成とキリスト教』. 新教出版者, 1961.

● 왕양명과 함석헌에게 있어 둘러-있음의-세계에 대한 현재화와 존재 인식 / 김대식

김경수 역주.『노자역주』. 문사철, 2010.
김대식.『함석헌과 종교문화』. 모시는사람들, 2013.
_____.『함석헌의 철학과 종교 세계』. 모시는사람들, 2012.
김세정. "심리일원론 체계와 생명의 창출·전개." 김길락 외.『왕양명 철학 연구』. 청계, 2001.
_____. "왕양명의 유기체적 우주관",『왕양명 철학 연구』. 청계, 2001.
김영호. "함석헌과 인도 종교—다원주의적 종교관." 한민족철학자대회,「인간다운 삶과 철학의 역할」(자유발표1), 제8회 한국철학자연합대회(대회보 2, 1995).
문성환.『전습록, 앎은 삶이다』. 북드라망, 2012.
박연수.『양명학의 이해 — 양명학과 한국양명학』. 집문당, 1999.
박은식/이종란 옮김.『왕양명실기』. 한길사, 2010.
박재순.『함석헌 씨올사상』. 제정구기념사업회, 2013.
_____.『함석헌의 철학과 사상』. 한울아카데미, 2012.
유명종.『왕양명과 양명학』. 청계, 2002.
이종관.『소피아를 사랑한 스파이』. 새물결, 1995.
최재목. "함석헌과 양명학: 한사람: 王陽明, 大學問을 중심으로" 이만열 외.『생각과 실천2: 함석헌의 비교사상적 조명』. 한길사, 2012.
한정길. "왕양명 심학의 이론적 기초" 김길락 외.『왕양명 철학 연구』. 청계, 2001.
함석헌.『씨올에게 보내는 편지2』, 저작집 9. 한길사, 2009.
_____.『생각하는 백성이라야 산다』, 선집 3. 한길사, 1996.
_____. "한사람: 王陽明, 大學問."『씨올의 옛글풀이』, 전집 20. 한길사, 1990.
_____.『서풍의 노래』, 전집 5. 한길사, 1984.
_____.『두려워 말고 외치라』, 저작집 11. 한길사, 1984.
_____.『인간혁명의 철학2』, 전집 2. 한길사, 1983.
_____.『한국기독교는 무엇을 하려는가』, 전집 3. 한길사, 1983.
황갑연. "심학 체계에서 보는 '심생물'의 의미." 김길락 외.『왕양명 철학 연구』. 청계, 2001.
황종렬.『가톨릭교회의 생태복음화』. 두물머리미디어, 2008.

陳來/전병욱 옮김.『양명철학』. 예문서원, 2003.
韓林德/이찬훈 옮김.『한 권으로 읽는 동양미학』. 이학사, 2012.
Heidegger, Martin/전양범 옮김.『존재와 시간』. 동서문화사, 2012.

Klein, Wayne. *Nietzsche and the Promise of Philosophy*. State University of New York Press, 1997.

Onfray, Michel/강현주 옮김.『철학자의 여행법』. 세상의모든길들, 2013.

Störig, Han Joachim/임석진 옮김.『세계철학사(하)』. 분도출판사, 1989.

Tønnessen, Morten. "Semiotics of Being amd Uexküllian Phenomenology." *Phenomenology/Ontopoiesis Retrieving Geo-cosmic Horizons of Antiquity: Logos and Life*, Analecta Husserliana, v. 110, Part I. ed. Anna-Teresa Tymieniecka. Dordrecht: Springer, 2011, 327-340.

● 왕양명 양지론에서 '영명'(靈明)의 의미 / 최재목

「尙書」

「論語」

「老子」(王弼本)

「莊子」

「性自命出」

「玉樞寶經」

知訥.「眞心直說」

周敦頤.「太極圖說」

陳淳.「北溪字義」

王守仁.『王陽明全集』

_____.「傳習錄」

鄭經世.『愚伏先生文集』

崔濟愚.『東經大全』

김용옥.『중용 인간의 맛』. 서울: 통나무, 2012.

王守仁/정인재 · 한정길 옮김.『傳習錄』1, 2. 수원: 청계, 2001.

張學知.『明代哲學史』. 北京大學出版社, 2000.

荊門市博物館 편.『郭店楚墓竹簡』. 北京: 文物出版社, 1998.

加藤徹.『本當に危ない「論語」』. 東京: NHK出版新書, 2011.

陳來/전병욱 옮김.『양명철학(원제: 有無之境)』. 서울: 예문서원, 2003

陳淳/김영민 옮김.『北溪字義』. 서울: 예문서원, 1993.

함석헌.『씨알의 옛글풀이』. 전집 20. 서울: 한길사, 1990.

김선희. "천학의 지평과 지향."「시대와 철학」제20권 4호(통권49호), 한국철학사상연구회, 2009 겨울.

山下龍二. "陽明學の宗教性."「陽明學」第7號, 二松學舍大學陽明學研究所, 1995.

최재목. "'자연'에 대한 왕양명의 시선." 이승환·이동철 엮음.『중국철학』. 서울: 책세상, 2007.

_____. "동아시아 陽明學者들에게 있어 꿈[夢]과 철학적 깨달음[覺悟]의 문제."「陽明學」29

號, 한국양명학회, 2011. 8.

＿＿＿. "동양철학에서 '생명(生命)' 개념." 「인간·환경·미래」 봄 6호, 인제대학교 인간환경미

래연구원, 2011.4

한성구. "중국근대철학에 나타난 신비주의 경향 연구." 「中國學報」 제56권, 한국중국학회,

2007.

제II부 ┃ 〈함석헌 사상과 오늘의 한국 사회〉

● 함석헌 평화사상의 재조명 필요성 / 임헌영

김영호. "함석헌의 비폭력 평화사상과 그 실천 전략." 「우원사상 논총」 10 (2001), 198-218.

박재순. 「함석헌의 철학과 사상」. 한울, 2012.

안병무. "비폭력 저항운동과 평화사상."

요한 갈퉁/강종일 외 옮김. 「평화적 수단에 의한 평화」. 들녘, 2000.

함석헌. 「들사람 얼」, 선집 2.

함석헌. 「생각하는 백성이라야 산다」, 선집 3.

함석헌. 「씨알에게 보내는 편지」, 선집 4.

함석헌. 「죽을 때까지 이 걸음으로」, 선집 5.

함석헌. 「씨올의 옛글풀이」, 저작집 24.

황보윤식, "함석헌의 퀘이커, 집단 신비주의."

● 함석헌 사상으로 바라본 한국의 현실과 영세중립통일 / 강종일

강종일. 「한반도 생존전략: 중립화」. 서울: 해맞이미디어, 2014.

김삼웅. 「저항인 함석헌 평전」. 서울: 현암사, 2013.

김성수. 「함석헌 평전」. 서울: 삼인, 2001.

박재순. "씨알 사상의 핵: 스스로 함." 함석헌기념사업회, 「함석헌 사상을 찾아서」. 서울: 삼인,

2001.

＿＿＿. 「씨올 사상」. 서울: 나눅, 2010.

＿＿＿. 「나는 나답게 너는 너답게」. 서울: 한울아카데미, 2012.

＿＿＿. 「함석헌의 철학과 사상」. 서울: 한길사, 2012.

＿＿＿ 외. 「씨알 생명 평화」. 서울: 한길사, 2007.

박홍규. "함석헌의 간디 사상 수용." 「석당논총」 제53권 (동아대학교, 2012).

시승호. "함석헌의 평화사상과 실천." 협성대학교 대학원 석사학위 논문, 2010.

이문영. 「씨알의 소리」. 9-10월호 (2006).

함석헌. "비폭력혁명: 폭력으로 악은 제거되지 않는다." 「사상계」 1965년 1월.

＿＿＿. "간디의 참모습." 「사상계」 1965년 4월.

_____.『뜻으로 본 한국역사』. 서울: 한길사, 2003.

_____.『생각하는 백성이라야 산다』, 함석헌저작집 제5권. 서울: 한길사.

Black, Cyril E., Richard A. Falk, & Oran R. Young. *Neutralization and World Politics*. New Jersey: Princeton University Press, 1968.

● 민족주의와 통일의 당위성 문제 / 황보윤식

김양선. "3.1運動과 基督敎界."『3.1運動50周年紀念論集』. 東亞日報社, 1969.
김형석. "한국기독교와 3 · 1운동."「基督敎思想」 3월호 (1990).
_____. "한국기독교와 3.1운동."『한국기독교와 민족운동』. 보성사, 1986.
매켄지, F.A./신복룡,『한국의 독립운동』. 집문당, 1999 (원문 1920).
박재순.『씨올사상』. 나눔, 2010.
신용하.『日帝强占期 韓國民族史』상. 서울대학교출판부, 2001.
안길섭. "三.一運動에 關한 第三의 資料分析."「神學思想」 16 (1972), 47-51
이덕주. "2.8독립선언 선포 제86주년 기념식." (2005. 2.4, 서울 YMCA 강당, 이덕주 교수 강연).
이만열. "3.1운동과 기독교."「基督敎思想」 3월호 (1990).
_____. "3.1운동과 한국기독교",「基督敎思想」, 3월호 (1990)
함석헌.『우리 민족의 이상』, 저작집 13. 한길사, 2009.
_____.『인간혁명』, 저작집 2. 한길사, 2009.
_____.『뜻으로 본 한국역사』. 한길사, 1983.
_____.『뜻으로 본 한국역사』. 일우사, 1962.
황보윤식.『생각과 실천 1』. 한길사, 2011.

「경향신문」 1977.10.19. 7면.
「경향신문」 1971.3.15. 사회면.
"中華人民共和國是全國各族人民共同締造的統一的多民族國家." <中華人民共和國 憲法序言> 1982.122.4.

● 함석헌 선생은 한국기독교를 어떻게 봤는가?
   ― '한국기독교는 무엇을 하고 있는가?'를 중심으로 / 박선균

함석헌.『한국기독교는 무엇을 하려는가』, 함석헌전집 3. 한길사, 1983.
_____. "한국기독교의 오늘날 설 자리."「씨올의소리」 1977년 1월호.
_____. "한국기독교는 무엇을 하려는가?"「씨올의소리」 1971년 8월호.
_____. "한국기독교는 무엇을 하고 있는가?"「사상계」 1956년 1월호.

● 함석헌 사상에서 본 문명비평과 종교
   ── 함석헌 저작집 제19권 깊이읽기 / 김영호

이기영. "한국적 사상의 일 전통." 「동방학지」 제10집 (연세대 동방학연구소, 1969), 159-205.
함석헌. 『영원의 뱃길』. 함석헌저작집 19, 한길사, 2009.
_____. 『뜻으로 본 한국역사』, 제3판. 1961년.
『牛津高級英英──英漢双解辭典』(Oxford Advanced Learner's Dictionary of Current English). 臺
   北: 東華書局, 民國78.

● 함석헌의 울타리 벗기기 ── 함석헌 접근을 위한 반성적 성찰 / 이민용

『함석헌 전집』. 1988년간행전집 (구전집으로 표기).
『함석헌저작집』. 2009년간행전집 (신전집으로 표기).
함석헌기념사업회 엮음. 『함석헌 사상을 찾아서』. 2001.
정진홍. "<함석헌 현상>의 논의에서 기대되는 것." 「종교문화비평」 17집, 2010.
황필호. "종교철학자 함석헌." 「종교문화비평」 17집, 2010.

함석헌 저술 목록

함석헌전집(총 20권, 서울: 한길사, 1983-1988)

전집 1 — 뜻으로 본 한국역사 (1993)
전집 2 — 인간혁명의 철학 (1983)
전집 3 — 한국기독교는 무엇을 하려는가 (1983)
전집 4 — 죽을 때까지 이 걸음으로 (1993)
전집 5 — 서풍의 노래 (1993)
전집 6 — 수평선 너머 (1993)
전집 7 — 간디의 참모습/간디 자서전 (1983)
전집 8 — 씨올에게 보내는 편지 (1984)
전집 9 — 역사와 민족 (1983)
전집 10 — 달라지는 세계의 한길 위에서 (1984)
전집 11 — 두려워 말고 외쳐라 (1984)
전집 12 — 6천만 민족 앞에 부르짖는 말씀 (1993)
전집 13 — 바가바드 기타 (1985)
전집 14 — 생각하는 백성이라야 산다 (1985)
전집 15 — 말씀/퀘이커 300년 (1993)
전집 16 — 사람의 아들 예수/예언자 (1985)
전집 17 — 민족통일의 길 (1984)
전집 18 — 진실을 찾는 벗들에게 (1993)
전집 19 — 영원의 뱃길 (1985)
전집 20 — 씨올의 옛글 풀이 (1988)

함석헌선집 (총 5권, 서울: 한길사, 1996)

선집 1 — 뜻으로 본 한국역사 (1996)
선집 2 — 들사람 얼 (1996)
선집 3 — 생각하는 백성이라야 산다 (1996)
선집 4 — 씨알에게 보내는 편지 (1996)
선집 5 — 죽을 때까지 이 걸음으로 (1996)

함석헌저작집 (총 30권, 파주: 한길사, 2009)

저작집 1 ― 들사람 얼 (2009)
저작집 2 ― 인간혁명 (2009)
저작집 3 ― 새 나라 꿈틀거림 (2009)
저작집 4 ― 민중이 정부를 다스려야 한다 (2009)
저작집 5 ― 생각하는 백성이라야 산다 (2009)
저작집 6 ― 죽을 때까지 이 걸음으로 (2009)
저작집 7 ― 하나님의 발길에 채여서 (2009)
저작집 8 ― 씨올에게 보내는 편지 1 (2009)
저작집 9 ― 씨올에게 보내는 편지 2 (2009)
저작집 10 ― 오늘 다시 그리워지는 사람들 (2009)
저작집 11 ― 세계의 한길 위에서 (2009)
저작집 12 ― 평화운동을 일으키자 (2009)
저작집 13 ― 우리 민족의 이상 (2009)
저작집 14 ― 새 시대의 종교 (2009)
저작집 15 ― 펜들힐의 명상 (2009)
저작집 16 ― 한국기독교는 무엇을 하려는가 (2009)
저작집 17 ― 성서적 입장에서 본 세계역사 (2009)
저작집 18 ― 먼저 그 의를 구하라 (2009)
저작집 19 ― 영원의 뱃길 (2009)
저작집 20 ― 인생의 시 (2009)
저작집 21 ― 두려워 말고 외치라 (2009)
저작집 22 ― 진실을 찾는 벗들에게 (2009)
저작집 23 ― 수평선 너머 (2009)
저작집 24 ― 씨올의 옛글풀이 (2009)
저작집 25 ― 함석헌과의 대화 (2009)
저작집 26 ― 퀘이커 300년 / Howard H. Brinton 지음, 함석헌 옮김 (2009)
저작집 27 ― 예언자; 사람의 아들 예수 / Kahlil Gibran 지음, 함석헌 옮김;
　　　　　　날마다 한 생각 / M. Gandhi 지음, 함석헌, 진영상 옮김 (2009)
저작집 28 ― 바가바드 기타 / 함석헌 역주 (2009)
저작집 29 ― 간디 자서전 / M. Gandhi 지음, 함석헌 옮김 (2009)
저작집 30 ― 뜻으로 본 한국역사 (2009)

저작집 31 ― 사랑에는 방법이 없습니다: 가려 뽑은 함석헌 선생님 말씀 / 김영호 엮음 (2009)

편집후기

　'생각과 실천' 제3집은 함석헌을 왕양명과 함께 바라보기 위하여 『함석헌과 왕양명 그리고 오늘의 한국 사회』라는 제목으로 꾸몄다.

　함석헌은 왕양명과 '대인'(大人, 한 사람) 사상에서 만난다. 왕양명의 '대인'을 '한 사람'으로 푼다. 절묘한 일치다. '한'은 함석헌이 찾아낸 고유한 우리말로 철학적으로 가장 중요한 개념이다. 국호(대한민국, 한국)에도 들어있다. '대한'은 의미가 겹친다고 지적한다. '한'에는 다양한 뜻이 다 망라되어 있다. 큰, 하나, 여럿, 가운데, 임금 등 20여 가지 뜻을 가진 다의어이다. 두 나라 문화가 여기서 만나 상호 보완하여 의미 스펙트럼이 넓어질 수 있다. 안호상, 최민홍 등 일군의 학자들이 70년대 후반에 한 사상, 한 철학을 논의하기 시작했는데 함석헌은 그 이전에 발굴하여 '한 철학'을 말했다. 한민족이 제3의 사상을 세계에 내놓아야 할 입장인데 그 틀은 이 '한' 속에서 찾을 수 있다. 다양한 주제를 다루는 다른 논문들은 두 사상 또는 함석헌 사상의 이해를 크게 넓혀줄 것이다.

　이 책이 나오기까지 여러분들이 많은 노력을 했다. 이민용 교수(한국종교문화연구원 원장)와 윤영천 교수(인하대)는 번갈아 가며 편집위원 역할을 수행했다. 황보윤식(취래원) 박사(전 총무)는 출판사를 주선하고 마무리 편집을 출판사와 함께 진행했다. 모든 분에게 깊이 감사한다. 이 책의 출판을 기꺼이 새로 떠맡아준 도서출판 동연 김영호 대표의 결단은 오래 기억될 것이다.

필진 일동